[개정판]

공공계획론

이성근 · 최성연

法 文 社

개정판 머리말

현대사회는 계획의 시대이다. 우리나라는 60년대 근대화과정에서 국가 주도의 경제개발 5개년계획을 수립하면서부터 계획시대가 열렸다. 지금은 계획이 개인의 삶은 물론이고 사회 전반에 일상화되어 있다. 특히 공공계획은 공공부분의 전분야에서 계획행정으로 나타나고 있다. 이제 계획은 전문가의 전유물이 아니다. 모든 공공부문의 종사자들은 계획의 주체자로 참여한다. 이것이 공공부문에서 공공계획의 전문성 강화가 필요한 이유이다.

정책계획론이 출간된 지 십여 년이 지났다. 당초 이 책의 의도는 정책과 계획을 통합적으로 다루기 위함이었다. 그러나 이 책의 내용이 방대하고 체계가 복잡하여 정책과 계획을 분리하여 정책계획론과 공공계획론으로 출간하기로 하였다. 이번에 공공계획론을 먼저 출간하게 되었다.

공공계획론은 좋은 계획을 만들고 이를 성공적으로 집행하여 당초 의도한대로 결과를 이룰 수 있는 이론과 방법을 모색하는 탐구서로 쓰여졌다.

전통적으로 계획이론은 합리적 계획이론이 주류이론이다. 그러나 계획환경의 변화로 대안적 계획이론이 나타나게 되었다. 대표적으로 계획 관련 주체들간의 상호작용에 기반한 협력적 계획이론과 이해 당사자들간의 갈등조정에 기반한 조정협상적 계획이론 그리고 빅데이터의 발전에 따라 빅데이터 기반 계획이론, 사회정의 계획이론 등이 있다.

이 책의 구성은 크게 서론과 4편 20장의 본론과 결론으로 구성되어 있다. 먼저 서론에서는 공공계획론의 기초로 공공계획의 배경과 기초개념, 공공계획의 개념과 특성, 유형과 기능, 주요 이슈를 다루었다. 본론에서는 계획과정, 계획형태, 계획분석, 계획관리의 4개 편으로 구성하였고, 이를 구체적으로 소개하면 다음과 같다. 1편의 계획과정에서는 공공계획의 주류이론인 합리적 계획과정의 목표설정과 대안선택, 집행과정, 성과평가를 다루었다. 2편의 계획형태에서는 빅데이터와 계획, 공동생산적 협력계획, 주민참여계획, 조정협상계획, 사회정의계획을 다루었다. 3편의 계획분석에서는 미래예측, 계획정보, 재정분석, 경제성분석, 파급성분석을 다루었다. 4편의 계획관리에서는 계획인력, 계획조직, 계획재정, 계획공유, 계획윤리를 다루었다. 마지막으로 결론에서는 공공계획론의 전망과 과제를 다루었다.

이 책의 집필은 기존의 저자인 이성근 교수가 기존의 전체내용을 수정・보완하고 결론에서 공공계획의 전망과 과제를 집필하였다. 신규로 참여한 최성연 박사는 2편의 계획형태에서 빅데이터와 계획, 주민참여계획, 사회정의계획을 집필하였다.

저자들은 공공계획론을 집필하면서 이 분야의 국내외를 비롯한 많은 학자들의 연구업적에 크게 의존하였다. 이들 국내외 학자들에게 지면을 빌어 깊은 존경과 감사를 드린다. 특히 이성근 교수가 대표저자로 출간한 한국지방재정론과 공공투자분석론의 내용 일부와 5인 공저인 성공전략과 협상에서 이성근교수가 집필한 내용 일부를 공공계획론에 활용하였다. 함께한 공저자들에게 감사들 드린다.

저자들은 이 책의 독자층이 다양하리라고 생각한다. 대학의 계획분야 관련 학부생과 대학원생, 정책입안과 계획수립에 종사하고 있는 국가 및 지방공무원과 각급 연구원, 그리고 계획관련 전문가가 대상이다.

이 책을 집필하는 과정에서 많은 사람들로부터 도움을 받았다. 특히 영남지역개발연구회의 여러 회원들이 교정작업을 함께 하였다.

끝으로 이 책의 발간을 흔쾌히 허락해 주신 법문사 사장님과 편집에 수고해 주신 예상현 과장님을 비롯한 관계자 여러분에게 감사의 말씀을 드린다.

2019년 2월

공저자 이성근・최성연

머리말

이 책의 제목을 정책계획론으로 한 것은 정책과 계획을 통합적으로 접근하기 위함이다. 오늘날 국가적으로나 지방적으로 각종 정책과 계획이 홍수처럼 쏟아져 나오고 있고, 이들 가운데 정책과 계획의 실패 또한 상당한 실정이다. 이에 대한 책임은 누구에게 귀속될 것인가는 자명한데, 바로 국민과 주민의 몫으로 돌아온다.

저자는 지난 1980년부터 학부와 대학원에서 계획이론과 실제에 대해 강의를 해 왔고, 중앙과 지방정부, 그리고 준정부기관을 대상으로 많은 분야의 계획수립과 정책자문을 수행해 왔으며, 그 과정에서 좋은 정책과 실현가능한 계획, 그리고 의도한 결과를 얻을 수 있는 방법론에 깊은 관심을 가져왔다.

이 책은 좋은 정책과 계획을 만들고, 이를 성공적으로 집행하여 그 결과 또한 당초 의도한바 대로 얻을 수 있는 이론과 방법을 모색하는 종합적 지침서로 쓰여졌다. 이 책은 크게 6편으로 구성되었고, 그 내용은 계획기초, 계획이론, 계획형태, 계획과정, 계획분석, 그리고 계획관리로 크게 구분된다.

계획기초편에서는 계획의 학문적 성격, 계획의 특성과 본질, 그리고 계획의 이론적 기초에 대하여 서술하였다. 계획이론편에서는 계획과 관련사회이론, 계획의 주요사상과 전통, 계획의 결정모형, 그리고 대안적 계획이론에 대하여 논의하였다. 계획형태편에서는 지금까지 이론적으로, 실무적으로 발전해 온 계획의 형태를 구분하고, 이어서 최근 참여민주주의의 신장에 따라 현실사회에서 많은 논의와 활용이 되고 있는 조정협상적 계획, 시민사회로의 진전과 거버넌스시대에 유용한 협력적 계획, 무한경쟁시대로 정의되는 글로벌시대에 요구되는 혁신적 계획과 전략적 계획, 그리고 프로젝트계획을 다루었다. 계획과정편에서는 먼저 합리적 계획과정을 논의하고, 다음으로 목표설정, 대안선택, 집행, 그리고 평가와 환류과정에 대해 설명하였다. 계획분석편에서는 좋은 정책과 계획수립에 필요한 계획정보, 미래예측, 재정분석, 경제성분석에 해당하는 비용편익분석과 산업연관분석에 대하여 소개하였다. 마지막으로 계획관리편에서는 계획의 필요조건에 해당하는 계획조직과 계획재정, 그리고 계획윤리와 계획전문가에 대하여 논의하였고, 다음으로 계획의 충분조건에 해당하는 계획서 작성, 계획 설득과 프리젠테이션, 그리고 계획홍보전략에 대하여 설명하였다.

저자는 이 책의 독자층이 다양하리라고 생각한다. 대학의 계획분야 관련 학부생과 대학원생, 정책입안과 계획수립에 종사하고 있는 국가 및 지방공무원과 연구원, 그리고 계획분야 관련 직업에 종사하고 있는 전문직 종사자가 대상이다.

훌륭한 계획전문가 양성을 목표로 하고 있는 대학의 학부와 대학원에서 교재로 사용할 경우, 학부생에게는 계획의 기초, 과정, 관리편을, 대학원생에게는 계획이론과 형태 및 분석편에 초점을 맞추어 한 학기 내지 두 학기에 걸쳐 강의가 가능할 것으로 본다.

저자가 계획분야를 공부하게 된 동기는 서울대학교 환경대학원 권태준 교수님(현 명예교수)의 계획이론연구 강의와 연구조교를 하면서부터이다. 물론 계획강의를 처음 접한 것은 학부시절 영남대학교 행정학과 김승기 교수님으로부터의 기획론 강의가 시작이다. 또한 1984년 교육인적자원부(당시 문교부) 국비해외파견교수로 미국 Univ. of Illinois at Urbana-Champaign의 도시 및 지역계획학과 임길진 교수(2005년 작고)님으로부터 미국 계획이론의 연구동향에 관해 도움을 받은 것도 계기가 되었다. 귀국 후 서울대학교 대학원에서 지도교수이신 권태준 교수님으로부터 공동생산적 참여이론으로 박사학위논문을 작성한 것 또한 지속적으로 계획이론에 대한 관심을 갖게 하였으나, 능력과 열의 부족으로 계획이론분야 연구가 미흡했던 것 또한 사실이다. 그 한 가지 이유는 소속 학부가 응용사회과학이고, 각종 계획분야의 자문활동으로 순수계획이론에 대한 학문적 깊이를 더하지 못한 것이 변명 겸 반성이다.

이번에 정책계획론을 집필하면서 정책계획분야의 국내외를 비롯한 많은 학자들의 연구업적에 크게 의존하였다. 먼저 서울대학교 석·박사 지도교수이신 권태준 교수님의 "계획이론강의 및 강의노트", "정책학개론"에서 많은 가르침을 받았고, 미국 일리노이대학교 고 임길진 교수님의 "미래를 향한 인간적 계획론"과 "21세기의 도전: 계획과 전략", 서울대학교 김신복 교수님의 "발전기획론", 건국대학교 권영찬·이성복 교수님의 "기획론", 전남대학교 정환용 교수님의 "계획이론", 서울시립대학교 권원용·서순탁 교수님이 번역하신 "협력적 계획론(P. Healey(1987), Collaborative Planning)", 한양대학교 원제무·서청원 교수님이 번역하신 "공공분야에서의 계획론(J. Friedmann(1987), Planning in the Public Domain)", 영남대학교 우동기 총장님외 4인 공저의 "성공전략 협상" 등이 많은 도움이 되었다. 또한 R. Mayer 교수의 "Policy and Program Planning: A Developmental Perspective", A. Faludi 교수의 "A Reader in Planning Theory", J. Friedmann 교수의 "Planning in the Public

Domain", P. Healey의 "Collaborative Planning", P. Cooke의 "Theories of Planning & Spatial Development", 일본 宮川公男의 "政策科學の基礎" 등의 저서 또한 본서를 집필하는데 근간이 되었다. 이들 국내외 학자들에게 지면을 빌어 깊은 존경과 감사를 드린다.

이번 집필과정에서 여러분의 도움을 크게 입었다. 먼저 영남대학교 지역개발학과 학부와 대학원에서 10여년을 함께 한 이관률 박사, 마무리 집필과 교정과정에서 도움을 준 행정학과의 고수정 박사, 일본 서적을 읽고 정리해 준 경북전략산업기획단의 윤칠석 박사로부터 많은 도움을 받았다. 또한 수정과 교정에 애써준 경북전략산업기획단의 김상곤 선생, 나라감정평가법인의 서경규 선생, 행정자치부의 박의식 서기관, 그리고 (재)경북테크노파크의 안성조씨로부터 도움을 받았다. 아울러 이 책의 출판을 흔쾌히 허락해 주신 법문사 배효선 사장님과 교정에 수고해 주신 예상현 선생님을 비롯한 법문사 관계자 여러분에게도 감사드린다.

계획분야의 훌륭한 가르침, 국내외 계획이론분야 학자들의 선행연구자료, 그리고 많은 분들의 도움에도 불구하고, 이 책에는 부족함과 오류가 있으리라 생각된다. 이는 전적으로 본인의 부족함이고, 이를 계기로 분발하여 더욱 좋은 책으로 거듭날 수 있도록 노력할 것을 약속드린다.

마지막으로 결혼해서 두 딸의 어머니로서, 또한 교수의 길을 걷고 있는 아내 김미예와 건강하게 잘 성장하고 있는 두 딸, 상하와 현지에게 미안함과 감사한 마음을 함께 전한다.

2006년 8월

저자 이성근

차 례

제 2 편 | 계획형태

제 3 편 | 계획분석

서 론

공공계획론의 기초

제 1 절 공공계획의 배경

1. 계획의 이념적 배경

계획의 이념적 배경은 자본주의와 사회주의라는 양립된 이데올로기에서 찾을 수 있다. 자본주의와 사회주의의 대립적 시스템은 계획에 대해서 상반된 입장을 보이고 있다. 자본주의는 기본적으로 계획에 대해서 부정적이고 소극적인 입장을 견지해 온 반면, 사회주의는 계획에 대해서 긍정적이고 적극적 입장을 견지해 왔다. 여기서는 자본주의와 사회주의, 그리고 현재의 수정자본주의 체제 하에서 왜 계획이 필요한가에 대한 기본적 질문에 대하여 논의하고자 한다.

1) 자본주의와 계획

자본주의는 기본적으로 사유재산제도와 계약자유제도를 바탕으로 시장기구에 의한 자원배분이 중앙통제 및 계획시스템에 의한 자원배분보다 더 효율적인 것으로 간주하고 시장에 대한 정부의 개입을 최소화하는 것을 기본원칙으로 하고 있다.

따라서 정부가 개입하는 계획은 국방, 치안, 각종 공공사업 등에 국한된다. 그러나 각종 사회문제와 지역문제의 증가, 특히 저소득층의 보건복지와 소득분배 등의 문제를 해결하고, 사회전체의 공공의 선(public good)을 증진시키기 위하여 19세기 후반부터 계획의 필요성이 대두되게 되었다.

물론 자본주의 내에서도 계획에 대한 입장은 보수주의자와 자유주의자로 양분되며(이정전, 1994: 320-323),[1] 이들은 자본주의 내의 계획을 매우 다른 시각에서 접근하고 있다. 우선 자유지상주의의 전통을 이어받은 보수주의자들은 시장의 기능에 깊은 신념을 가지고 있고 비록 시장실패에 대해서도 그 결함을 시장의 활성화와 시장기능의 확대를 통해 해결하려고 하기 때문에 계획을 원천적으로 부정하고 있다. 반면 케인즈 경제학의 전통을 이어받은 자유주의자들은 시장실패의 결함을 보충하기 위해서 정부의 역할을 강조하는 입장을 취하고 있다.

2) 사회주의와 계획

사회주의는 봉건사회가 자본주의 사회로 이행하는 과정에서 발생한 노동의 착취, 이로 인한 노동자 생활의 참상, 목가적(rurality) 사회분위기의 파괴 등의 부작용에 대한 반동으로부터 출발하였다. 사회주의는 시장에 의한 자원배분 보다는 국가계획에 의한 자원배분이 보다 효과적이라고 보고 있다. 따라서 사회주의는 자본주의에 비해서 보다 강력한 계획을 추진하는 것이 일반적이다.

사회주의에서 계획은 소외의 극복차원에서 의미를 갖는다. 사회주의에서 계획은 기본적으로 자본주의와는 달리 노동계급의 이익을 대변하기 위한 수단으로서 계획이 정당화되고 있는 것이다. 특히 사회주의 국가의 경우 노동해방을 위해서 과학기술혁명(science technology revolution)에 따른 노동생산성 제고를 통해 노동계급의 해방을 도모하였다.

이를 위해 사회주의 국가는 다양한 경제개발계획과 자원동원계획을 추진하였다. 그러나 이들 사회주의 국가의 획일적인 계획은 대부분 실패하게 되었다. 그 주된 이유는 국민의 수요를 반영하지 못한 하향적 계획일 뿐만 아니라, 실질적인 목적이 체제유지에 있었기 때문이다.

3) 시장기능과 정부기능의 조화

1920년대의 대공황과 1970년대의 스태그플레이션(stagflation)[2]으로 인한 자

---

1) 보수주의자는 자유방임을 표방함으로서, 시장을 통해 개인의 자유를 증진시킬 수 있다고 보고 있다. 따라서 보수주의자는 정부와 계획의 역할은 최소화되어야 한다고 보고 있다. 한편 자유주의자는 평등과 사회복지를 중요한 가치로 강조하고 있다. 따라서 개인의 자유를 증진시키기 위해서는 정부와 계획의 역할이 중요하다고 보고 있다.

2) 스태그플레이션은 스태그네이션(stagnation)과 인플레이션(inflation)의 합성어로 경제의 산출량이 감소하는 동시에 물가는 상승하는 상황을 의미한다(김경환・김종석, 1999: 295).

본주의의 모순과 1960년대 이후 과학기술혁명에 따른 잉여산출과 효율성 부진으로 1990년대 사회주의 국가의 붕괴로 나타났다. 이로 인해 대부분의 국가들은 자본주의와 사회주의를 혼합한 수정자본주의체제를 띠고 있다.

따라서 자본주의는 자유방임에서 야기되는 여러 가지 부작용을 극복하고 자원의 낭비를 최소화하기 위해 계획이 어느 정도 불가피하게 되었으며, 반면에 사회주의는 중앙집권적 시스템에서 야기되는 여러 가지 문제점과 경직성을 해소하기 위해 통제를 완화하고 자본주의적 요소를 가미하고 있는 실정이다.

21세기에 들어 주된 이데올로기는 이분법적 대립구조가 아닌 융합의 시대로 변화해 왔다.

2. 계획의 정책적 배경

수정자본주의 체제하에서 계획의 성립배경은 정책적 측면의 필요성에서 찾아볼 수 있다. 이러한 정책적 배경에서 계획의 필요성은 크게 시장실패, 공공재, 외부효과, 그리고 분배정의의 네 가지 측면에서 살펴볼 수 있다.[3)]

1) 시장실패와 계획

완전경쟁시장의 일곱 가지 전제조건[4)]이 갖추어져야 시장이 제대로 된 역할을 수행하게 된다. 현실의 시장조건은 이들 조건을 충족하기 어렵고 시장이 불완전함에 따라 자원의 최적배분, 파레토 최적(pareto optimum)[5)]이 이루어지지 않게 된다. 이 경우 개인과 사회는 후생감소를 감수해야 한다.

현실의 시장기구는 완전경쟁시장의 조건을 모두 충족시키기 불가능하기 때문에,[6)] 일반적으로 독점적 혹은 불완전경쟁시장을 형성하고 있다. 따라서 시장기구

---

3) 임길진(1995)교수는 계획의 이론적 근거로서 시장의 불완전성, 공공재, 외부효과, 분배정의, 그리고 제도적 변화를 제시하고 있다(임길진, 1995: 93).

4) 완전경쟁시장의 기본적 전제는 ① 다수의 생산자와 다수의 소비자, ② 담합의 부재, ③ 생산품의 동질성과 동일한 생산과정, ④ 완전한 정보, ⑤ 자유로운 시장출입, ⑥ 합리적 행동(이윤극대화의 행동), ⑦ 양도가 용이한 상품 등의 일곱 가지 조건이다(박홍립, 1991: 189).

5) 파레토 최적은 자원 및 생산물을 어떠한 방법으로 재배분해도 누군가 다른 사람의 효용을 감소시키지 않고서는 어느 누구의 효용도 증가시킬 수 없는 합리적 자원배분 상태이다(박홍립, 1991: 331).

6) K. Lancester and R. Lipsey의 차선의 일반이론에 따르면, 파레토 최적을 위한 한 가지의 한계조건이 달성되지 않을 때 후생극대화를 실현하기 위해서는 나머지 일부 한계조건들도 모두 위반하는 것이 차라리 낫다

에 의한 자원의 배분은 완전경쟁시장의 조건에 비하여 낮은 수준의 산출량, 지나치게 높은 가격수준, 그리고 과대한 생산비용 등으로 말미암아 큰 사회적 손실과 경제적 비능률을 가져오게 된다. 이와 같은 왜곡된 배분상태의 개선, 파레토 개선(pareto improvement)을 위한 수단으로써 계획이 필요한 것이다.

2) 공공재와 계획

재화는 경합성(rivaliness)[7]과 배제성(exlcusiveness)[8]을 갖고 있다. 이들 속성에 따라 경합성과 배제성이 존재하는 사적재(private goods)와 비경합성과 비배제성이 존재하는 공공재(public goods)로 구분된다. 사적재는 시장메커니즘에 의해서 적정량이 공급될 수 있으나 비경합성과 비배제성을 갖고 있는 공공재는 사회적 필요량 보다 적은 양이 공급되는 것이 일반적이다.

소비주체가 합리적인 경제인이라는 기본가정에서 볼 때, 수요를 현시화한다는 것은 그 만큼 소비자가 지불해야 할 가격이 상승한다는 것을 의미하게 된다. 따라서 다른 소비주체의 소비에 따라 자신의 효용이 침해받지 않고, 소비에서 배제할 수 있는 정도가 낮은 공공재의 경우는 수요를 과소되게 현시화하는 무임승차를 하므로 사회적 필요량 만큼 적정공급이 이루어지지 않는다. 또한 공공재의 경우 대부분 대규모의 자본이 투입되고, 그 자본의 회임기간이 장기적이며 시장메커니즘에 의해서 공급되는 데는 한계가 있기 때문에, 계획이 필요하게 되는 것이다.

3) 외부효과와 계획

외부효과(external effect)는 어느 한 사람의 경제행위가 시장기구를 통하지 않고 타인의 경제활동의 선택방법이나 선택범위에 영향을 미쳐서 무상으로 효용이나 생산의 증감을 유발하는 것을 의미한다.[9] 이러한 외부효과는 긍정적 영향을 미치는 외부경제(external economy)와 부정적 영향을 미치는 외부불경제

는 것이다(박홍립, 1991: 358).

7) 경합성이란 한 사람의 소비활동이 타인의 소비활동을 방해함을 의미하는 것이다.

8) 배제성이란 사회구성원 중 어느 한 사람을 특정상품이나 서비스의 혜택에서 제외시키는 것이 시장기구에 의해서 가능하다는 것이다.

9) 따라서 외부효과를 가격기구 내부에서 설명할 수 없는 비가격효과(non price effect) 혹은 파급효과(spillover effect)라고도 한다.

(external diseconomy)로 구분할 수 있다.

시장메커니즘을 통하지 않은 거래가 발생할 경우 외부경제 혹은 외부불경제가 발생하게 된다. 이는 한정된 자원이 사회적으로 과소공급 혹은 과대공급되므로, 사회적 손실이 발생된다. 예컨대 어떤 공장이 오수를 하천에 방류하면 환경파괴에 대한 비용은 공장주가 부담하지 않기 때문에 그 만큼 제품의 가격이 낮아서 상품이 과잉공급되는 반면, 한정된 자원은 파괴 · 고갈되는 외부불경제가 발생하는 것이다. 외부경제는 이러한 외부불경제와 반대의 경우이다.

이처럼 외부효과에 의하여 자원의 최적배분이 실현되지 않을 경우에는 외부효과에 관계된 당사자들간의 자발적 교섭에 의하든가 혹은 정부의 직·간접적 개입으로 행동을 규제해서 자원배분을 파레토 최적 또는 파레토 개선을 하게 되는데 이를 외부성의 내부화(internalization of externalities)[10]라 한다. 일반적으로 외부성을 내부화하기 위해서는 외부효과에 대한 조정·통제가 필요하고 이러한 과정에서 계획이 필요하게 된다.

4) 분배정의와 계획

시장메커니즘에 의한 자원의 배분은 경제적 효율성만을 중시하고 사회적 형평의 문제는 깊이 다루지 않는다. 따라서 자원의 효율적 배분이 달성되어 파레토 최적상태가 실현된다 하더라도 그것은 어디까지나 주어진 소득과 재산의 분배상태 하에서의 최적배분을 의미하는 것이고 형평적 소득분배의 실현을 의미하는 것은 아니다(임길진, 1995: 97-98).

어떠한 형태의 배분이 바람직한 배분인가 하는 것은 수직적 형평인가 아니면 수평적 형평인가라는 문제 등과 같이 객관적으로 규정할 수 없으므로 대체로 평등한 분배가 바람직한 것으로 간주한다. 따라서 현실적으로 시장기구가 이러한 분배정의를 실현하는 것은 불가능하므로 계획에 의한 정부개입이 필요한 것이다.

---

10) 외부성의 내부화(internalization of externalities)는 외부성 발생자의 고려밖에 있었던 타인의 효용 또는 손익을 발생자의 효용 또는 이익계산의 내부에 포함한다는 의미이다. 이러한 외부효과를 내부화하는 방안에는 직접개입, 간접개입, 시장에 일임하는 방법, 교육 및 홍보방법 등으로 구분하기도 한다. 최근 들어서는 사적 측면(개인간의 협상을 통해 외부효과를 해결할 수 있는 경우)과 공적 측면(개인간의 협상을 통해 외부효과를 해결할 수 없는 경우)으로 구분하고 있는 것이 일반적이다.

3. 계획탐구의 기초개념

공공계획을 탐구하는데 요구되는 과학적 지식의 틀은 크게 경험적, 개념적, 이론적, 모형들, 규범적, 처방적 이론 등 여섯 가지로 구분할 수 있다(Judge, Stocker and Wolman, 1995). 사회과학은 발견의 논리와 정당화의 논리를 통해 탐구활동이 이루어지고, 그 결과 기술이론, 설명이론, 예측이론이 생겨난다. 계획과학은 이들 사회과학의 제 이론에다 규범이론, 통제이론, 처방이론이 더해진다. 여기서는 공공계획 탐구의 기초지식으로 강신택 교수의 사회과학연구의 논리(1981)의 이론과 구조에서 주요하게 다룬 개념과 정의, 이론과 모형, 설명과 예측에 대해 소개한다.

1) 개념과 정의

(1) 개 념

계획은 미래의 바람직한 목표설정과 둘 이상의 대안들 가운데 최선의 실현가능한 대안을 선택하는 것이다. 이를 위해서는 먼저 계획문제를 올바르게 인식하고 정의해야 한다. 우리는 계획과정의 초기단계에서 문제인식을 통해 어떤 생각이나 관념을 갖게 되는데(강신택, 1999: 42), 이를 개념(concept)[11]이라고 한다. 예컨대 국토계획의 수립시 국토문제에 대한 어떤 현상이나 속성을 용어·술어·그림 등을 통하여 추상적으로 표현한 것이 바로 국토문제의 개념이 되는 것이다.

(2) 정 의

개념은 매우 추상적으로 표현되기 때문에 현실적으로 검증하고 측정하기가 어렵다. 따라서 추상적인 개념을 구체화하는 개념화의 과정(강신택, 1999: 44)에서 개념에 의미를 부여하게 되는데, 이를 정의(definition)[12]라고 한다. 이러한 정의는 여러 가지로 구분할 수 있지만,[13] 계획이론을 비롯한 사회과학에서 주요

11) 개념의 사전적 의미는 한 무리의 개개의 것에서 공통적인 특성을 빼내어 새로 만든 관념이다(두산세계백과사전, 2001). Selltiz는 개념을 일정하게 관찰된 사실에 대한 추상적 표현이라고 정의하고 있고, Kerlinger는 특정한 현상들을 일반화함으로써 나타나게 된 추상적 용어로 정의하고 있다(남궁근, 1998: 279).

12) 정의의 사전적 의미는 말(言)이나 사물, 사상을 다른 말, 사물, 사상으로 규정하여 설명하는 것(두산세계백과사전, 2001)으로~는 ~이라고, 그 의미를 구체화하는 것이 정의이다.

13) 예컨대 정의의 방법에 따라 기존의 용어를 사용하는 실질적 정의(real definition)와 일정한 용어에 특별

한 유형은 크게 개념적 정의(conceptual definition)[14]와 조작적 정의(operational definition)라 할 수 있다.

여기서 개념적 정의는 측정대상이 갖는 속성에 대한 추상적 표현이고, 조작적 정의는 그 속성에 대한 구체적 표현이다. 계획문제에 대한 개념을 추상적으로 정의하는 것은 개념적 정의이고, 개념을 측정가능한 현상으로 전환하여 표현하는 것은 조작적 정의[15]이다. 예컨대 도시화를 '이촌향도적 인구이동'이라는 구체적이고 간단한 용어로 정의하는 것이 개념적 정의이다.[16] 그리고 도시화를 측정가능한 것으로 정의하는 것, 이를테면 도시화를 도시화율, 집중, 밀도, 이질성 등으로 정의하는 것이 조작적 정의이다.[17]

이처럼 개념적 정의에 의해 추상적인 개념이 특정화・명료화되고, 다시 조작적 정의를 통하여 현실 세계에서 측정가능하게 되는 것이다. 따라서 계획에 있어서 개념과 정의, 특히 계획문제의 개념과 정의는 계획의 방향성을 어떻게 설정하느냐와 밀접한 관계가 있고, 계획에 있어서 매우 중요하다.

2) 이론과 모형

(1) 이 론

이론(theory)은 현상을 설명하고 예측하기 위해 개념과 변수들간의 관계를 구체화함으로서, 현상에 대한 체계적 견해를 나타내는 일련의 상호관련된 구성, 정의 및 명제이다(박용치, 1997: 116).[18] 개념들간의 관계는 규칙성이나 법칙성을 갖고 있으며, 논리적 연관에 의하여 하나의 체계로 이루어진 진술이 이론이다. 이

한 의미를 부여하는 규범적 정의(nominal definition)로 구분하기도 한다(강신택, 1999; 박용치, 1997). 또한 표현형식에 따라 직시정의, 내포적 정의, 인과발생적 정의, 문맥정의 등이 있다. 이러한 정의는 순환을 피하고 모순이 없도록 구성되어야 한다(두산세계대백과, 2001).

14) 계획에서 계획문제가 선정되면 문제에 포함된 추상적인 개념을 구체화하는 작업으로 개념에 의미를 부여하는 작업을 개념화(conceptualization)라고 한다(남궁근, 1998: 279).

15) 이는 추상적 개념이나 변수를 경험적으로 측정하는데 필요한 활동이나 조작을 상세하게 기술(記述)함으로서 그것에 의미를 부여하는 작업이다.

16) 개념적 정의란 개념에 속해 있는 특성을 기준으로 하여 더욱 이해하기 쉽고 간단한 다른 용어로 그 개념을 정의하는 것이다.

17) 이러한 조작적 정의를 통하여 구성개념 혹은 변수를 측정하기 위한 측정도구나 측정지표가 마련된다. 지역문제를 인구와 소득격차라고 할 때, 지역문제는 바로 인구와 소득의 격차로 측정이 가능하게 된다.

18) 강신택교수는 어떤 현상을 연구함에 있어서 그 사실과 사실간의 연결관계를 경험적 일반론이나 법칙으로 표현할 수 있을 만큼 일정한 규칙성이 있는 경우를 이론이라 규정하고 있다. 따라서 이론은 어떤 원리나 법칙으로부터 연역적으로 추출된 가설들을 경험적으로 검증하여 어느 정도 객관화・일반화된 상태의 명제를 의미한다(강신택, 1999: 78).

러한 이론은 현상을 경험적으로 이해하고 설명·예측을 가능케 할 뿐만 아니라, 분석틀(analytical framework)을 도출하는 근거가 된다. 따라서 계획이론은 계획현상을 이해하고 설명·예측하기 위해서 관련된 개념과 변수 등을 논리적으로 체계화한 것이다. 이러한 계획이론은 계획을 경험적으로 이해하고 설명·예측을 가능하게 한다.

(2) 모 형

모형(model)은 어떤 현상을 연구하는데 활용하는 이론적 구조이다(강신택, 1999: 86). 이론을 만들기 전에 개념과 개념의 관계를 그림이나 수식 등의 단순한 형태로 표현하여 이해를 돕기 위한 것이 모형이다.[19] 이는 어떤 실증을 위해서 사용되는 것이 아니라 이론적 틀의 설계를 위해서 사용된다.[20] 이러한 모형은 계획문제를 명료하고 실증가능한 진술로 바꾸는데 중요한 역할을 할 뿐만 아니라, 계획문제에 포함된 개념이나 변수들간의 관계를 구체화시켜 주는 이론적 틀까지 포함하고 있다.

그러나 모형과 이론의 관계가 분명히 구분되는 것은 아니다.[21] 이론과 모형의 구분은 연구대상의 본질이 무엇인가에 의존한다.[22] 연구의 관심이 되는 분야는 이론이고, 그렇지 않은 것은 모형이다(강신택, 1999: 89).[23]

Lowry(1965)는 계획모형을 크게 기술적 모형(descriptive models), 예측적 모형(predictive models), 계획모형(planning models)[24]으로 구분하고 있다(C. Lee, 1973: 10-14). 우선 계획단계의 측면에서 볼 때, 현황파악과 문제정의(system

19) 이런 측면에서 모형은 크게 물리적 모형(physical model)과 추상적 모형(abstract model)으로 구분된다. 여기서 물리적 모형은 한마디로 축소된 모조품을 의미하는 것이고, 추상적 모형은 부호나 기호에 표현되는 것(계량적 모형이 대표적이다)인데, 계획에서는 주로 추상적 모형이 많이 이용된다(C. Lee, 1973: 7-8).

20) 흔히 모형은 이론에 비해서 수 많은 정리를 명확히 하는 바, 검증할 수 있는 가능성이 높다. 따라서 과학활동의 주된 관심사는 이론에 비하여 접근하기 쉽고, 구체성이 있는 모형을 주로 사용하게 된다(박용치, 1997: 129).

21) 이를테면 학자별로 이론과 모형을 규정하는 것이 상이하고, 또한 경우에 따라서는 이론과 모형을 혼용해 사용하기도 한다.

22) 따라서 이론과 모형은 경우에 따라서는 반대로 모형과 이론이 될 수도 있다.

23) 이론과 모형의 관계는 다음과 같이 표현할 수 있다. 새로운 분야의 이론적 법칙을 연구하기 위해서 이미 잘 알려진 분야의 법칙을 원용하는 경우, 이미 알려진 분야의 이론은 새로운 분야의 이론에 대한 모형이다. 예컨대 파이프 속을 흐르는 물의 흐름에 관한 이론은 전선을 흐르는 전류이론에 대한 모형으로 사용될 수 있다.

24) 한편 계획모형을 목표설정의 방법에 따라 구분하면, 순수합리모형, 점진모형, 혼합주사모형, 만족모형, 최적모형, 쓰레기통모형 등으로 구분할 수도 있다.

descriptive and problem definition)의 단계에서는 주로 기술적 모형이 사용되지만, 대안의 모색과 분석(solution generation and analysis), 그리고 대안의 평가와 선택(evaluation and choice) 단계에서는 주로 예측적 모형이 사용된다.[25] 한편 예측적 모형과 계획모형은 미래를 예측한다는 측면에서 유사성과 차이점이 있다. 예측적 모형은 단순히 현재의 상황을 미래로 추세연장하는 것이라면, 계획모형은 바람직한 결과를 도출하기 위한 대안적 성격을 가진다는 측면에서 상이하다. 따라서 계획에서는 이상의 세 가지 모형이 서로 보완적인 관계를 가진 것으로 볼 수 있고, 계획의 궁극적 목적은 계획모형의 설정에 있다.

3) 설명과 예측

(1) 설 명

계획은 기본적으로 미래지향적인 활동으로 정의된다. 계획이론은 계획현상을 설명하고 예측하기 위한 논리체계이다. 바람직한 미래상태에 도달하기 위해서는 현 상태에 대한 객관적인 설명과 미래상태에 대한 정확한 예측이 요구된다. 따라서 계획에 있어서 설명과 예측은 계획을 수립하는 과정에서 필요불가결한 요소이다. 다음에서는 설명과 예측에 대한 정의, 그리고 양자의 관계를 중심으로 살펴보고자 한다.

우선 설명(explanation)은 어떤 현상에 대한 함수관계나 인과관계를 밝혀내는 것으로서, 왜(why)라는 물음에 대답하는 것을 의미한다(강신택, 1999: 101). 따라서 과학적 연구에서 설명은 어떤 사건이나 사실에 관한 진술을 받아들일 수 있는 객관적이고 논리적으로 타당한 근거를 제시하는 것이다(강신택, 1999: 103). 다시 말하면 계획문제가 되는 사건이나 현상에 대하여 단순히 기술하는 차원을 넘어서, 그 사건이나 현상의 인과적 분석이나 근거를 밝히는 것이 설명이다.[26]

---

25) 여기서 기술적 모형과 예측적 모형은 보완적 관계에 있다. 왜냐하면 미래를 예측하고 설계하기 위해서는 현재 상황을 정확하게 묘사하고 설명을 해야 하기 때문이다.

26) 이러한 설명을 Nagel(1961)은 연역적 설명, 확률적 설명, 기능적 설명, 기원적 설명으로 구분하기도 한다(박용치, 1997: 93-95). 또한 설명은 상식적 설명(commonsense explanation)과 과학적 설명(scientific explanation)으로 구분하기도 한다. 전자는 일반인의 상식차원의 설명이고, 후자는 이론과 법칙에 기반한 설명을 말한다.

(2) 예 측

예측(prediction)은 미래에 일어날 어떤 사건이나 현상에 대한 진술로 정의된다. 예측은 어떤 현상에 대한 기술이론이나 설명이론을 근거로 연역하거나 귀납적으로 미래의 결과를 예상하는 것이다. 이러한 예측은 현상의 발생원인에 관한 충분한 설명없이 단순한 미래의 일정 시점에 그것이 발생할 것이라는 것을 추측하는 것과는 성격이 다르다. 예컨대 지난 10년 동안 고령인구의 변화추이를 바탕으로 향후 10년 간 고령인구의 변화추이를 추정하는 것이 바로 예측이다. 이러한 예측은 계획에서 매우 중요하다. 왜냐하면 장래 고령인구의 변화추이가 수립하고자 하는 계획의 정당성 여부를 결정하는 중요한 기준이 될 수 있기 때문이다.

계획에 있어서 설명과 예측은 관련성이 크다. 왜냐하면 계획과 예측은 원인과 결과의 인과성을 중요하게 고려하고 있고 논리구조가 유사하기 때문이다. 따라서 계획은 어떤 현상의 기술과 설명에 기반하여 장래 예측을 하고, 이를 토대를 촉진하거나 억제하는 수단을 강구하게 된다.

제 2 절 계획의 개념

1. 계획의 개념

1) 학자들의 개념정의

현대사회는 계획의 시대이다. 옛날부터 하루의 계획은 새벽에 세우고, 일년의 계획은 봄에 세운다고 하였다. 우리나라는 60년대 근대화 과정에서 국가주도의 경제개발 5개년계획을 수립하면서부터 계획시대가 열렸다. 지금은 계획이 개인의 삶은 물론이고 사회전반에 일상화되어 있다.

이와 같은 계획은 학자들마다 다양하게 정의하고 있다(권영찬 외 1990: 19-41).

먼저 L. Gulick(1937)은 “계획이란 사업을 위해 설정된 목표를 달성하기 위해 수행되어야 할 일과 이것을 수행하기 위한 방법들을 개괄적으로 창출해내는 것”이라고 정의하였다. J. D. Millet(1959)은 “계획이란 공공분야에서 공신력을 띠고 있는 사업의 추진을 위하여 인간이 가지고 있는 최선의 가능한 지식을 체계적이고 계속적이며 사전적으로 사용하는 것"이라고 정의하였다.

그리고 A. Waterston(1979)은 "계획이란 특정한 목표를 달성하기 위하여 이용가능한 미래의 방법과 절차를 의식적으로 개발하는 과정"이라고 정의하였다. Herbert G. Hicks는 "계획이란 일반적 목표(goal)와 구체적 목표(objectives)를 설정하고, 그것을 달성하기 위한 접근방법을 개발하는 과정"이라고 정의하였다. E. F. Lundgren은 "계획이란 목표를 결정하고, 목표달성을 위한 수단을 구체화(specification of means)하는 것"이라고 정의하였다. 그러나 이런 행태적 의미를 떠나 계획의 개념적 속성을 보다 높은 수준의 지적 활동으로 개념화하여 A. Waterson은 그 공통적 속성으로(김신복, 1999: 12) ① 장래를 내다보고, ② 목표달성을 위한 대안을 모색하고, ③ 대안을 선택하며, ④ 결과를 사전에 예측하는 활동이란 점 등을 지적하고 있다.

한편 Yehezkel Dror는 다음과 같은 일곱 가지 요소로 계획의 속성을 제시하고 있다(김신복, 1999: 12). ① 계획은 하나의 계속적 과정이다. ② 계획은 일련의 결정 작성을 준비하는 것이다. ③ 계획은 일련의 다양하면서 복합적인 결정을 대상으로 한다. ④ 계획은 행동지향적 활동이다. ⑤ 계획은 미래지향적 활동이다. ⑥ 계획은 목표를 성취하기 위한 활동이다. ⑦ 계획은 효율적인 수단을 선택하는 과정이다.

이상의 여러 학자들의 계획 개념을 종합해 볼 때, 계획은 미래의 바람직한 상태 또는 주어진 문제를 해결하기 위해서 실현가능한 두 개 이상의 대안들 중에서 최선의 대안을 선택하고 집행하는 일련의 과정으로서, 이는 미래지향적이고 지속적이며 능동적인 의사결정과정이라 할 수 있다.[27)]

2) 일반적 개념정의

계획은 미래의 바람직한 목표달성을 위해 가능한 수단의 선택과 동원에 노력을 경주하는 인간의 활동이다(권태준, 1985). 일반적으로 계획은 인간의 어떤 의도로부터 시작된다. 이때 의도란 일어나야 할 혹은 일어나지 말아야 할 사건이나 사상에 대한 '선호(preference)'나 '가치판단(valuation)'의 속성을 포함한다. 또한 계획은 계획의 목표(ends) 설정으로부터 목표달성을 가능케 할 수단(means) 선

27) 계획은 문제발견에서 문제해결까지 포함한다. 계획가는 문제발견자에서 문제해결자로서의 역할이 요구된다. 따라서 의사가 환자를 진단하고 처방하듯이 계획가도 문제를 진단하고 해결책을 강구하는 역할을 수행한다.

택의 일련의 과정에 대한 행동이전의 사전에 하는 지적 노력으로 정의할 수 있다.

따라서 계획과정은 ① 목표를 설정하고, ② 주어진 목표달성을 위한 모든 대안을 모색하며, ③ 각 대안이 초래할 모든 결과를 예측해서, 그 대안이 초래할 효율성(efficiency)과 효과성(effectiveness)을 판단하여, ④ 최적대안을 선택하는 일련의 과정을 따른다. 이 경우 주어진 목표달성을 위한 대안(alternatives)의 선택과 각 대안이 초래할 결과예측의 완전성 등은 객관적인 기준에 의해 판단되어야 한다.

어떤 계획이 모든 대안을 고려하지 못하거나 효율성과 효과성 등을 객관적으로 분석하지 못한다면 이는 객관적이고 합리적 계획이라 할 수 없다. 이와 같은 계획과정을 '계획의 순수개념(synoptic concept of planning)'이라 한다. 왜냐하면 목표와 수단의 연쇄논리에 대한 완전한 지식확보의 불가능 뿐만 아니라, 실제 계획현실의 불확실성 등은 이런 계획과정의 완전한 합리성을 보장해주지 않기 때문이다.

이런 계획의 순수합리모형은 일종의 '사고적 행위(thinking behavior)'이다.

계획의 실현단계에서는 목표와 수단의 추상적 구조가 해체를 가져오고 계획개념도 목표달성의 반복적 환류과정(iterative feedback process)으로 본다. 이때 계획과정의 합리성은 달성하고자 하는 목표의 실질적 합리성(substantive rationality)보다 주어진 목표를 어떻게 달성하는가 하는 수단적 합리성(instrumental rationality)으로 보기 때문에 목표와 수단의 합리적 연쇄란 계속적 과정을 통한 목표에 대한 수단의 합리적 선택을 의미한다.

H. A. Simon은 목표와 수단의 이원적 구분은 상대적이며 실제에 있어서 그 위계가 명확하지도 않기 때문에 수단의 반복적 연쇄과정 속에서 목표에 대한 합리적 대안의 선택과 그 영향의 분석을 통한 계획과정의 합리성을 강조한다. 계획은 사고적 행위로서 계획행위 뿐만 아니라 계획의 실천행위과정까지 포괄함으로서 계획의 합리성을 추구하려고 한다. P. Davidoff와 T. Reiner는 계획개념을 계획과정 차원에서 세 가지 측면의 선택을 고려해야 한다고 주장하고 있다. 첫째는 계획목표와 기준의 선택, 둘째는 계획목표나 기준을 충족할 일련의 대안모색과 최적대안의 선택, 셋째는 선택된 대안을 통해 주어진 계획목표달성을 위한 행동지침의 선택이다. 이 각각의 선택은 합리적 이성에 근거한 판단행위의 대상이며,

이는 각 단계의 상호연관 속에서 계획과정 전반을 흐르는 계획의 기본적인 단계라 한다.

이상에서 논의된 계획개념을 요약하여 정의하면 다음과 같다.

· 계획은 미래지향적 활동이다.
· 계획은 과학적 지식을 통한 문제해결 방법이다.
· 계획은 의사결정의 한 수단이다.
· 계획은 목표성취를 위한 합리적 행동이다.
· 계획은 이념적으로 가치중립적 전략이다.

또한 계획개념을 협의와 광의로 구분하여 정의하면 다음과 같다. 협의의 계획개념은 행동이전의 합목적성을 띤 사전 지적과정이고 하나의 발전적 가설(a developmental hypothesis)로 정의된다. 반면에 광의의 계획개념은 협의의 계획개념에다 계획집행과 결과에 대한 평가까지를 포함한다. 따라서 계획은 반복적 환류과정과 추론적 실천(discursive practice)과정(A. Habermas)으로 이해할 수 있다.

3) 용어의 정의

먼저 계획의 구성적 개념으로 계산하고 예측한다는 의미의 계(計)와 통제와 규제한다는 의미의 획(劃)의 합성어로 분석하고 예측하여 통제와 규제함을 의미한다. 계획은 개인적 차원에서부터 국가적 차원까지 다양한 형태로 존재한다. 여기서 계획은 기본적으로 공공성을 띤 것으로 한정한다. 따라서 계획은 정부개입과 이음동의어로 이해한다.

다음은 계획과 관련한 용어로 'planning' 혹은 'plan'과 그 하위의 개념으로서 'program', 'project'가 있다. 먼저 'planning'은 하나의 동태적인 과정 및 활동으로서 계획(plan)을 작성 산출하기 위한 과정인 반면, 'plan'은 planning과정을 통하여 산출된 계획안으로 두 용어를 일련의 과정과 산물로 연계시켜 정의할 수 있다. 다음으로 'program'은 사업계획으로, 'project'는 세부사업계획으로 구분하여 정의된다. 또한 계획의 수준(levels of planning)에 따라 규범적 계획(normative planning), 전략적 계획(strategic planning), 그리고 운영적 계획(operational planning)으로 구분할 수 있다. 규범적 계획은 가치지배적인 당위론

(ought to be)적인 계획이고, 전략적 계획은 정책계획(policy plan)이며 운영계획은 프로그램계획과 프로젝트계획으로 정의된다.

2. 계획과 유사개념

앞서 살펴본 바와 같이, 계획의 경우 대상범위와 접근방법이 매우 다양하기 때문에 한마디로 그 개념을 정의하기는 어렵다. 일반적으로 바람직한 미래의 상황을 위해 선택가능한 대안들 중에서 최선의 대안을 선택·집행하는 일련의 과정을 의미한다.

이러한 계획의 개념은 ① 정책결정(policy making), ② 과정(process), ③ 미래(future), ④ 합리적인 행동(a rational action), ⑤ 의사결정(decision making), ⑥ 목표설정(goal setting), ⑦ 문제해결(problem solving), ⑧ 지식(knowledge), ⑨ 집행(implementation), ⑩ 통제(control and monitoring)를 기본적 구성요소로 하고 있다.

따라서 계획은 미래예측, 통제, 조정, 집행, 정책결정 등의 개념과 유사성을 갖고 있는 것으로 이해하고, 이에 따라 계획과 이들 용어를 동의어로 대체하여 사용하기도 한다. 그러나 이들 유사개념은 계획을 구성하는 한 부문을 구성하는 부분적 특성에 불과하고, 이를 계획과 동의어로 보기에는 다소간의 문제가 있다. 미래예측(prediction), 통제(control), 조정(coordination), 집행(implementation), 정책결정(policy making) 등의 개념은 계획의 핵심을 이루고 있으나, 이들 개념들이 반드시 계획을 의미한다고 보기는 어렵다.

1) 계획과 미래예측

계획은 다양한 미래의 가능성인 대안들을 탐색하여 그 중에서 가장 소망스러운 행동노선인 최적의 대안을 선택하는 작업을 하게 된다. 이러한 작업은 과거 및 현재에 대한 이해[28]와 추세분석을 바탕으로 하게 된다. 가장 단순한 방법은 외삽법(extrapolation)과 같은 시계열분석(time series analysis)에 의해서 과거의 추세

---

28) 계획에서 현상분석과 미래예측은 중요하다. 계획대상은 현실세계이고 실증은 중요하다(If you can't measure it, it doesnt exist).

를 그대로 연장시켜 보는 것이며, 보다 발전된 형태는 변수들간의 관계를 파악해서 예측함수나 모형을 구성하는 방법을 활용한다.

그러나 이렇게 해서 예측되는 미래는 어떤 인위적인 작용이 가해지지 않는 경우에 예상되는 상태(probable future)인데 비해서, 계획을 통해서 성취하고자 하는 미래는 인간의 선호와 의지가 반영된 소망스러운 미래(desirable future)이다.[29] 그러므로 단순히 추세연장에 의한 예측(projection)이 아닌 목표설정과 정책결정을 필요로 하게 된다.

2) 계획과 통제

계획은 예상되는 미래가 바람직하지 않을 경우 자연적인 추세를 촉진하거나 억제하여 소망스러운 방향으로 이끌어가는 의도적인 노력이다. 계획은 자유와 상충되는 통제의 속성을 지니게 된다.

따라서 계획과 통제는 본질적 기능에 속하는 동시에 둘 사이에는 밀접한 관계가 있다. 통제란 결국 조직의 활동이 미리 짜여진 계획과 일치되도록 확인하는 기능이기 때문에 계획이 존재하지 않는 한 효과적 통제가 이루어질 수는 없는 것이다.

계획과정 가운데 사전에 예측하지 못한 새로운 사태의 변화에 당면해서 그로 인해서 목표달성에 장애가 초래되면, 계획주체의 통제능력(control capacity)에 의해서 극복할 수 밖에 없다. 이러한 맥락에서, 특히 계획과정에서 인간의 합리적 계획능력에 대한 깊은 의구심을 갖고 있는 A. B. Wildavsky 같은 학자는 '계획은 정치'이고, 계획의 실효성은 기본적으로 그 예측능력에 의해서 보장되는 것이 아니고 계획주체의 통제능력에 의해서 담보되는 것이라고까지 주장한다.

따라서 계획과정의 실효성은 정도의 차이는 있겠지만, 대부분의 경우에 계획주체의 능력, 그 환경적 여건 등에 따라서 예측적 능력과 통제능력의 상호보완관계에 의해서 결정된다 할 수 있다. 예컨대 예측능력에 비해서 통제능력이 강한 경우에는, 계획은 좀 더 강력한 강제적 실천력을 가질 것이고, 그 반대의 경우에는 적응적(adaptive)이거나 지표제시적(indicative)인 형태를 나타내게 될 것이다.

---

29) David C. Miller의 구분처럼 미래상태를 잠재적 미래, 개연적 미래 및 규범적 미래 등으로 구분한다면, 계획은 규범적 미래에 속할 것이다.

3) 계획과 조정

개별적 계획기관이 종합계획의 수립 시 인간능력의 한계, 시간, 재원 등의 부족으로 인해 부문계획을 담당하게 될 전문적 계획기관이 필요하게 되었고, 이들 각 전문기관들은 능률향상을 위해 다계획기관(multi-planning agencies)을 형성하여 정보처리 능력의 한계를 극복하였다.

이러한 다계획기관 내에서 전문화된 하부기관들은 같은 문제에 대해 서로 다른 관점을 갖게 되었고, 문제해결에 있어서도 부분적인 해결의 결과를 가져왔다. 또한 하부기관의 행동영역(action space)에도 서로 중첩(overlapping) 현상이 발생하게 되어 각 계획기관들 사이에 조정이 필요하게 되었다.

여기에는 두 가지 형태가 있다. 하나는 수직적 조정과 수평적 조정이고 다른 하나는 적극적 조정과 소극적 조정이다. 먼저 전자의 경우를 보자. 계획목표의 설정단계부터 각 전문기관이 협조해서 계획을 작성하는 경우에 둘 이상의 기관이 서로 융화할 수 없는 과제에 대해 충돌이 있을 때, 또 상호간의 행동영역이 중첩될 때 그 계획기관보다 한 단계 높은 수준에서 전략적 계획(strategic planning)으로 통합하는 조정형태가 필요하다. 이는 수직적 조정(vertical coordination)으로서, 주로 혁신적인 계획과정을 위한 조정형태이다.[30] 반면에 동등한 계획기관들간의 계획의 범위와 역할을 조정하는 것은 수평적 조정(horizontal coordination)이다. 다음으로 후자의 경우로 적극적 조정과 소극적 조정이다. 적극적 조정은 상대방을 예측해서 사전에 조정하는 접근방법이고 소극적 조정은 계획수립과 집행과정에서 문제가 발생했을 때 사후에 조정하는 접근방법이다.

한편 계획과정의 수직적 단면에는 결정결절(decision node)이 있다. 각 결정결절의 계획기관들은 각자 계획의 독자성과 타 계획기관과의 공통관심사에 대한 한계를 결정해야만 한다. 이러한 한계결정은 현재의 계획 수준보다 한 단계 높은 수준(strategic planning agencies)인 전략계획기관에서 결정하게 된다. 전략계획기관은 전략적 계획(strategic planning)을 수립한 이후에 각 하위계획기관의 행동영역과 자원의 배분과 임무를 지시하며 종합한다.

30) 이러한 수직적 조정의 접근방법은, 첫째 각 계획기관이 추구하는 목표와 통제의 힘(power of control)과 자원에 있어서 제한요소의 전문화에 관련되는 결정을 내리는 계획전략(planning strategy)을 사용하는 방법으로 지침(guidelines)설정을 해주며 나머지는 하위차원의 계획기관에 맡기는 것이다. 둘째는 중요한 문제영역에 관심과 자원을 집중시키고 다른 것은 무시하는 것과 같은 방법이다.

이처럼 계획은 다부문의 영역과 기능상의 중복을 조정하는 역할을 하게 된다. 따라서 계획은 중복된 부문에 대한 합리적 조정과정이라고 보기도 하지만, 이는 계획의 부분적 특성에 지나지 않는 것이라 하겠다.

4) 계획과 집행

계획의 집행과정에 관한 이론은 아직도 낮은 수준이고, 가장 기초가 되는 것은 혁신 또는 변화의 전략에 관한 이론이다. Chin과 Benne가 분류한 전략은 계획된 변화를 성취하는 접근방법들을 잘 요약하고 있다.

첫째는 합리적・경험적 접근방법(rational-empirical approach)으로서 기본전제는 인간이 합리적 존재이므로 합리적인 사고를 통해서 자기의 이익을 추구해 나갈 것이라는 입장이다. 따라서 계획된 변화는 그 타당성이 합리적으로 입증되고, 그것이 이루어질 때 혜택을 받게 된다는 것만 보여줄 수 있다면 용이하게 성취될 수 있을 것으로 본다.

둘째는 규범적・재교육적 접근방법(normative-reeducative approach)으로서 인간이 합리적이고 이성적이라는 가정은 부인하지 않지만, 인간의 행동유형은 사회・문화적 규범에 의해서 큰 영향을 받는다고 전제한다. 따라서 혁신은 태도・가치관 등 개인의 규범적 성향에 근본적인 변화를 가져올 때만 가능하다고 본다.

셋째는 권력적・강제적 접근방법(power-coercive approach)으로서 정치적인 권력 또는 기타의 강제력을 사용하는 방법이다. 정통성을 부여받은 권력이나 권위를 배경으로 혁신을 위한 계획 및 구체적인 방안을 일방적으로 부과하는 방식이다. 따라서 이 전략의 핵심은 법적인 권위나 행정적인 지원을 획득하는 일이다.

그러나 이러한 분류만 하더라도 이미 고전적인 견해에 속한다. 최근 계획이론에서 제시되고 있는 실천전략은 일반적으로 ① 교육-학습(education-learning), ② 참여－교환(participation-exchange)이론 등으로 나눌 수 있다. 결국 계획의 실천과정에서 절실히 요청되는 것은 사회적 상호작용을 통한 설득과 교육, 의사소통 등이라는 것을 알 수 있다. 이러한 사회심리적 차원에서의 행태변화전략은 최근에 계획관계문헌에서 많이 다루어지고 있다.

이상에서 살펴본 바와 같이, 계획은 집행의 성격을 매우 강하게 함축하고 있고, 실제 계획이 달성되기 위해서 가장 중요한 것은 합리적인 계획의 집행이라고 할 수 있으며, 계획은 바로 집행을 통해서 달성되게 된다. 그러나 집행은 단순히 주어진 계획의 목표와 수단을 기술적으로 추진해 나가는 과정으로, 계획은 집행의 개념까지를 포괄하는 광의적 개념이라 할 수 있다.

5) 계획과 정책결정

계획과 정책의 관계는 그 양자가 갖는 본래의 의미를 어떻게 이해하느냐에 따라서 달라질 수 있다. 우선 정책은 적용범위가 넓고, 파급효과가 지속적인 결정으로서 주로 공권력이 포함된 행위의 지침을 정책이라고 한다.

그러므로 정책은 일종의 상비계획(standing plan)이라고 할 수 있으며, 장래의 의사결정에 일반적인 지침이 되는 것이다. 이에 비해서 계획은 정책보다 특정성과 구체성을 띤다는 점에서 상대적인 차이를 갖는다고 할 수 있다. 그렇다고 하여 정책이 반드시 계획보다 광범위한 상위의 개념이라고 할 수는 없다. 예컨대, 경제개발 5개년 계획은 수없이 많은 정책들을 포함하고 있기 때문이다.

결국 이 두 개념간의 구분은 계획의 수준과 관련하여 비교해 볼 수 있다. 문제해결이나 관리과정으로서 계획은 공권력이 없는 의사결정과 유사한 반면에 사회변화나 국가발전의 일환으로서의 계획은 정책결정과 깊은 관계가 있다. 따라서 계획과 정책은 중복적으로 사용될 수 있을 뿐만 아니라, 계획을 정책의 상위개념 혹은 정책을 계획의 상위개념으로 보는 혼란이 야기되기도 한다.

이러한 계획과 정책의 개념을 명확히 구분해 보면 다음과 같다. 첫째, 계획은 정책보다 상위적인 개념으로서 보다 많은 세부계획이나 정책을 포함한다. 둘째, 계획은 정책보다 장기적인 전망을 가지고 있어, 정책에 비하여 보다 미래지향적 속성을 띠고 있다. 셋째, 계획은 정책에 비하여 일반적으로 이상적인 목표를 설정하게 되어, 정책보다 계획은 창조적인 목표를 설정한다. 넷째, 계획은 정책에 비하여 포괄성이나 일관성을 보다 강조하는 경향을 보인다. 다섯째, 계획은 장기적인 관점에서 많은 내용을 포괄하면서 일관성을 요구하고 있어, 정책에 비하여 그 내용이 하나 하나의 행동으로 연결될 수 있을 만큼 구체적이지 못하다. 여섯째, 계획은 대안탐색, 대안평가 등에 있어서 보다 정치적 영향을 받는 정책에 비하여 훨씬 합리적인 방법으로 수행된다. 일곱째, 계획은 정책에 비하여 집행력 또는 실현가능성이 보다 약하다. 왜냐하면, 계획은 포괄성, 일관성, 합리성을 강조하기 때문에 현실적인 문제해결에서 정치적 실현가능성이 취약하기 때문이다.

3. 계획의 특성

계획 개념은 학자에 따라 여러 가지로 설명되고 있다. 또한 사회·역사적 배경에 따라 다양하게 사용되고 있다. 계획의 특성 또한 매우 다양하게 논의되고 있다. 합리적 계획모형의 기본적 특성은 합목적성이다. 이는 계획의 방향성(vector)과 의지(telesis)[31]를 포함한다. 여기서는 계획의 특성을 크게 목표지향성(goal orientation), 변화지향성(change orientation), 선택의 표현(expression of choice), 합리성(rationality), 집단적 기초(collective basis) 등에 대해서 구체적으로 살펴보고자 한다(R. Mayer, 1985: 4-9).

1) 목표지향성

계획의 가장 중요한 특성은 목표지향성(goal orientation)으로 이루어져야할 어떤 직무(affairs)의 미래의 상태에 대한 가정이다. 일반적으로 어떤 목표를 향한 방법은 두 가지로 구분할 수 있다. 첫번째 방법은 의사결정가가 현재의 문제를 해결하기 위하여 존재하지 않는 대안을 생각하는 것으로서, 이 방법은 현 상태보다 미래에 관하여 주목하기 때문에 보다 혁신적이라고 할 수 있다.

두번째 방법은 사람들의 의도나 의지를 결집하는 것이다. 계획은 계획적인 변화를 가져오기 위한 사람들의 동기를 산출해 낸다. 따라서 목표에 대한 어떤 명백한 주의가 없는 의사결정은 존재하지 않는다.

한편 미래지향적(a future-oriented) 혹은 목표지향적(a goal-oriented)이라고 불리는 계획은 응용사회과학과 매우 상이하다. 사회과학은 현재의 상황이 어떻게 현존하는 방법을 취하였는가에 대한 경험적 연구에 기반을 둔다. 그러므로 사회과학의 이론은 어떻게 현재의 일의 상태가 어떻게 발생하였는가에 관한 설명적인 진술이다. 사회과학의 적용은 동적이고 혁신적이기보다는 정적이고 결정론적인 경향이 있다는 것을 의미한다. 분명한 목표가 정해져 있다는 것은 자산(asset)일

---

31) 인간의 의지와 관련하여 성공은 지능(IQ)이 아니라 용감성(trit)에 있다고도 한다.

그림 1 계획에 활용가능한 변수

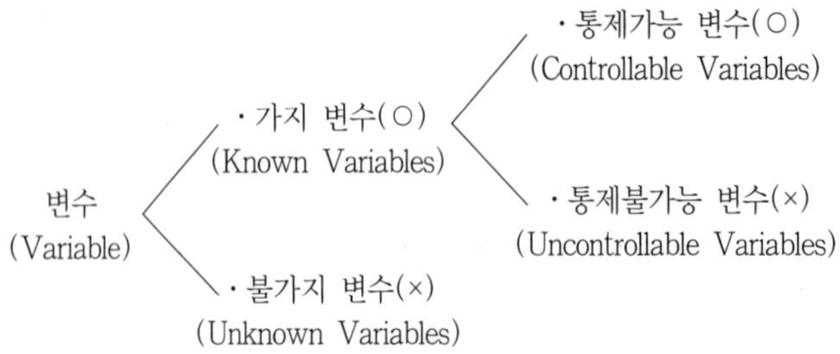

뿐만 아니라, 부담(liability)일 수 있다. 목표는 변화에 대한 계획의 대응력을 확장하지만, 반대로 목표는 실패의 척도를 제공한다. 그러므로 모든 계획은 시작부터 실패의 가능성을 포함하고 있다.

이러한 역설을 확인한 J. Friedmann(1978)은 상당한 수의 알려지지 않은 변수를 포함하는 복잡한 상황에서 계획은 가장 필요하나 성공의 가능성은 아주 적다고 지적했다. 모든 변수가 알려진 상황에서, 통제가능한 변수가 많을때는 계획의 성공가능성이 높으나 이러한 계획은 일상적인 상황에서는 흔하지 않다. (그림 1)과 같이 일반적으로 계획에 사용되는 정보와 지식인 변수는 극히 제한적이다.

실용적이고 결과지향적인 사회에서 그리고 인간행위가 업적에 따라 평가되는 곳에서, 계획은 그 가치가 줄어들게 된다. 이 딜레마를 둘러싼 방법은 우리의 성공기준을 재고하는 것이다. 개별적인 성과물의 양(quantity)보다는 의도된 목표를 향한 행위를 평가하는 것이다.

2) 변화지향성

모든 계획적 노력의 주제는 어떤 바람직한 방향으로 현 상태를 변화시키기 위한 계획 또는 정책들로 언급되는 활동이나 조정의 일체이다. 이러한 면에서 계획은 분석과 구별된다. 계획은 수행될 수 있고, 그러한 분석들에 근거하는 대안적 행동 일체와 각각의 관련된 장점을 고려하는 것을 포함한다.

한편 변화지향성은 수 많은 관리 또는 행정과 계획을 구분시켜 준다. 그러나 계획이 관리의 기능 또는 다른 말로 관리자들이 조직의 중역으로서 그들의 책임을 수행하기 위해 맡는 행동의 하나인지 아닌지에 대해 논쟁의 여지가 있다.

비록 관리의 진보된 관점이 계획기능을 통합한다고 해도 L. D. Mann(1978)에 의하면, 계획의 주요한 초점이 프로그램이나 정책들의 일체를 이동시키는 어떤 바람직한 방향성에 있는 반면 관리의 주요한 초점은 계획이나 정책과 관련하여 조직을 유지하는 데에 있다.

3) 선택의 표현

계획의 다른 중요한 특성은 선택하는 행위라는 것이다. P. Davidoff와 T. Reiner(1962)의 주장에 의하면, 계획의 궁극적인 임무는 광범위한 선택의 기회이다. 선택이라는 것은 목표를 달성하기 위해 의사결정가가 둘 또는 그 이상의 흥미로운 대안으로부터 단 하나의 대안을 선택하는 것이다. 계획의 이러한 특성 때문에 재화와 서비스의 공급은 고객의 특성 혹은 소비자의 선호에 따라 다르게 된다. 선택은 특별한 수요를 충족시키기 위한 한 가지 이상의 서비스 형태의 존재와 활용가능한 자원을 이용하여 각종 서비스를 공급할 수 있음을 의미한다.

공공의 의사결정과정에서 선택행위는 다음과 같은 두 가지 이유에서 매우 중요하다. 첫째, 선택은 현실의 제한된 자원을 이용한다. 어떤 조직이든 그들이 바라는 모든 행위를 달성하기 위한 자본, 인력, 시간과 같은 충분한 자원을 가지지 못한다. 합리적 계획모형은 최소비용으로 최대의 효과를 얻기 위한 행동을 결정하는 역할을 한다. 비록 주어진 목표의 달성이 가능할지라도, 공공부문의 의사결정은 다수의 목표를 추구하는 특성을 지니고 있다. 따라서 하나의 목표를 달성하기 위한 자원의 무제한적인 소비는 다른 동등한 수준의 목표 달성을 위한 노력을 방해하게 된다. 예컨대, 건강보호를 위한 비용의 증가는 교육서비스를 제공하는 능력을 제한하게 된다. 혹은 암치료를 위한 비용의 증가는 지역의 외래환자 보호를 위한 자원을 감소시킨다.

선택의 두번째 이유는 혁신을 위한 기회제공이라는 계획과정의 본질적인 특성이다. 특별한 문제해결을 위한 계획은 전통적인 관습 혹은 현재의 관행을 사용하는 경향이 있다. 결론적으로 한 가지 문제해결을 위한 계획과정인 경우, 이것은 다분히 보수적인 경향을 띨 것이다. 여하튼 목표를 달성하기 위한 행동대안이라는 측면에서 계획가는 효과가 있었던 과거의 계획뿐만 아니라, 아직 신뢰할 수 없는 계획 혹은 프로그램을 모두 고려해야 한다. 이러한 방식은 계획과정이 현상과 가치들의 관계 속에서 변화의 가치를 검토하는 기회를 제공한다.

4) 합리성

계획은 의사결정가에 의해 명백하게 발표된 기준의 토대 위에서 선택이 이루어진다는 점에서 합리적이라고 일컬어진다. 결정된 선택과 확정된 기준간의 일관성은 계획의 합리성의 정도를 나타낸다. 일반적으로 계획의 합리성을 판단할 때 사용하는 기준으로서는 효율성(efficiency), 적정성(optimality), 그리고 종합성(synthesis)[32]의 세 가지가 있다(R. Mayer, 1985: 10-13).

효율성은 행위의 방향으로부터 기대되는 편익(benefit)과 비용(cost)간의 관계를 의미하는 것이고, 적정성은 일정한 자원의 집합(set)과 이에 비교되는 이익결합(mix)의 바람직함을 의미하는 것이며, 종합성은 의사결정가에 의해 받아들여지거나 고려하게 될 '행위의 방향'과 '다른 행위의 방향'간의 조화의 정도를 의미한다.

이러한 합리성의 기준은 계획과 정치를 구분하는데 종종 사용된다. 그러나 이 구별은 각 요소가 합리적인 성격을 가지도록 추구하는 논점에서 발견될 것이다. 계획에 있어서 행위는 어떤 희망했던 목표(desired objective)에 대한 기여를 근거로 하여 가장 엄격하게 평가된다. 반면에 정치에 있어서는 유권자 지지에 대한 공헌에 보다 많은 비중이 있다.

이러한 측면에서 볼 때, 계획은 정치과정으로 특징지워지는 지역사회의 조직화(community organizing) 또는 교섭(bargaining) 및 협상(negotiation)과 구별될 수 있다. 이것이 일정한 계획의 성공적인 채택에 대한 조직화 및 교섭의 중요성을 부인하는 것은 아니다. 오히려 계획은 정치와 동등하게 다루지 않아야 한다는 것을 인정하는 것이다(J. W. Dyckman, 1978). 계획가는 많은 정치적인 지도자에 의해 인정되고 평가되는 사실과는 다른 논점을 제안하기도 한다. 그러므로 계획가는 정치가와 분석가의 논점과는 다른 공공정책의 발전이라는 견해를 갖는 것이다.

---

32) 다중지능이론가인 하워드 가드너는 미래의 생산적 인간의 다섯 가지 마인드 가운데 하나로 종합성 마인드(synthesis mind)를 들었다. 가드너가 제안하는 미래를 결정짓는 다섯 가지 마음교육은 "훈련하고, 종합하고, 존중하고, 창조적이고, 윤리적으로 사고하라"이다.

5) 집단적 기초

계획은 공동체의 참여를 통한 의사결정과정이다. 공동체란 협력적 행동을 하는 공식적 집단과 비공식적 집단을 포함한다. 이들 집단들은 합법적이든, 집행적이든, 사법적이든지 간에 정부의 대리가 될 것이다. 이는 병원, 학교, 청년서비스 활동가 등과 같은 공공적 이익 측면에서 서비스하고, 활동하는 자발적 혹은 비정부적인 조직을 포함한다(R. L. Warren, 1967).

예컨대, 국가도시연합(The National Urban League)은 도시내부 젊은이들을 고용하기 위한 공공직업프로그램을 위한 계획을 작성하고, 여성유권자연합(The League of Women Voters)은 선거체계를 개편하기 위한 계획을 수립하거나 또는 이웃주민조직은 학교의 새로운 관계 혹은 건강센터를 위한 계획을 수립한다.

이들 활동이 정부 안과 밖의 어디에서 수행되든지 간에, 또한 법적 인가가 있든지 없든지 간에 공공계획은 한정된 자원에서 공동체의 요구 내에서 다른 예측들을 일치시키도록 노력하는 특성을 갖는다. 이러한 점에서 계획은 개인이나 이익집단의 사익추구를 위한 행동과는 구분된다.

대체로 공동체에 의해 정해지든 혹은 어떤 특별한 하위분류로 대표되어지든 계획과정은 정책들이나 프로그램의 합리적 발전을 달성하기 위한 단계와 절차를 가질 때 정당성을 확보하게 된다. 폭넓은 참여는 더 많은 시간소비와 복잡한 과정을 거칠지 모르지만, 이는 계획의 본질과 기능을 변화시킬 수 있다.

제 3 절 계획의 유형과 기능

계획의 유형은 다양한 기준에 의해서 여러 가지로 분류할 수 있으나, 여기서는 계획성격과 규모, 계획수준, 계획밀도, 그리고 계획단계에 따라 그 유형을 분류하고자 한다. 우선 계획성격과 규모를 기준으로 종합계획, 통합계획, 전체계획으로 분류되고, 계획수준을 기준으로 상위계획과 하위계획, 공간계획과 집단계획, 세부사업계획 등으로 분류된다. 그리고 계획밀도를 기준으로 개념적 계획과 마스터플랜으로 분류되고, 계획단계를 기준으로 정책계획, 기능계획, 재정계획, 시설계획, 운영・관리계획 등으로 분류된다(藤井隆, 1984: 5-6).

1. 계획성격과 규모에 따른 유형

1) 종합계획

종합계획(comprehensive planning)은 각 계획주체가 장래계획을 현시점에서 망라하고, 동시에 현시점에서 서로 일관성(consistency)을 가질 수 있도록 조정한 계획이다. 이러한 종합계획은 망라적 특성을 갖고 있으나, 장래에 있어서도 일관성을 유지할 수 있는가에 대해서는 한계성을 나타낸다.

2) 통합계획

통합계획(integrated planning)은 두 개 이상의 계획주체에 걸쳐있는 계획이 장기간에 걸쳐 관계된다. 목표 · 수단 · 효과의 관계가 상호의존적 또는 누적적인 계획이다.

3) 전체계획

전체계획(total planning)은 종합적임과 동시에 통합적인 계획을 의미한다. 여기서는 다음의 두 가지 경우가 있음을 주의해야 한다. 첫째, 계획의 대상으로서 사회에 있어 전체라고 하는 경우이다. 이것은 역으로 말하면 종합계획과 통합계획의 조건과 내용을 모두 포함하는 것으로서 조정된 계획이라 할 수 있다. 그러나 이런 맥락에서 전체라고 하면 정책밀도에 따른 계획분류와 유사해질 수 있고, 국가계획의 기조라고 말하는 것이 일반적이다. 둘째, 전체는 계획주체 혹은 계획조정주체의 권한 범위로서 전체라고 말하는 것이다. 예컨대 많은 다른 계획의 내용을 포함하고 있다 하여도, 이것은 국가계획에서 본 안정보장계획 또는 경제계획에서 본 공공사업계획이라고 하듯이, 타 기관에서의 위임사항 혹은 권한 이외 사항은 기대사항과 요망사항이라는 형태로 나타나게 된다.

2. 계획수준에 따른 유형

1) 상위계획과 하위계획

계획에 있어서 상위계획과 하위계획[33]의 구분은 계획의 대상인 자치의 수준에 관한 것이다. 예컨대 자치의 범위가 상이한 중앙정부에서 수립한 계획과 지방정부에서 수립한 계획을 구분할 때, 상위계획과 하위계획이 성립하는 것이다. 그러나 자치수준이 아니라 단순히 계획주체에 따라 국가계획, 광역시·도계획, 시·군계획으로 구분하는 것, 그리고 모기업계획과 자회사의 계획 등을 상위계획과 하위계획으로 구분하는 것은 별개이다. 따라서 상위·하위를 중앙과 지방으로 바꾸어 말해보면, 이 관계는 한층 더 확실할 것이다. 중앙집권적 계획과 지방분권적 계획은 바로 자치의 수준에 관한 것이다.

2) 공간계획과 집단계획

국토계획, 지역계획, 도시계획 등과 같이 공간과 밀접하게 관계하는 계획을 일반적으로 공간계획(spatial palnning)이라고 말한다. 이때 공간적 범위를 엄격히 규정할 때, 이를 지역계획(regional planning)이라고 한다. 이에 반해 OECD의 계획과 삼성그룹의 계획 혹은 캐나다 대도시연합의 계획은 집단계획(group planning)이라고 말할 수 있다. 따라서 공간계획은 기본적으로 공간을 바탕[34]으로 한 계획인데 반하여, 집단계획은 공간과는 완전히 독립된 계획이라 할 수 있다.

일반적으로 물리적인 요소가 강한 투자계획 혹은 SOC투자에 관계된 계획일수록 입지라는 의미에서 공간과 밀접한 관계가 있고, 한편 계획이 장기적일수록 공간과의 관계는 희박해지는 경향을 보인다. 따라서 공간계획과 집단계획, 그리고 상위계획과 하위계획의 관계는 자율성(autonomy)의 수준에 의한 것이라고 할 수 있다.

---

33) 먼저 상위계획과 하위계획은 전체계획과 부분계획의 구분과는 상이하다. 예컨대 부분계획은 어디까지나 부분(part)이나 구성요소(component)로서 전체계획의 일부이다. 이는 부분시스템이 전체시스템의 일부라는 관계설정과 유사한 것이다.

34) 비록 그 공간이 특정지역에 국한된 것이 아니라, 한 지역에서 멀리 떨어진 다른 지역까지 결쳐 있는 경우, 예컨대 도시연합 혹은 유럽연합계획 같은 것은 공간계획이라 할 수 있다.

이러한 공간계획과 집단계획은 어느 경우에도 거시정책(macro policy)과 미시정책(micro policy)이 존재하지만, 반드시 거시정책이 상위계획이고 미시정책이 하위계획이라고만 할 수 없다. 왜냐하면 하나의 자치수준에서 거시계획과 미시계획이 성립되기 때문이다. 이런 경우는 집단계획에 있어서도 동일하다.

3) 세부사업계획

공간계획과 집단계획이 장기간에 걸친 계획이라는 점에서 계획의 또 다른 하나의 유형으로서 세부사업계획이 있다. 세부사업계획은 개발의 개념이고, 본질적으로 자치의 존재를 전제로 하지 않는 반면에, 계획은 개발주체와 계획주체의 형성에서 시작되는 것이다.

이처럼 세부사업계획(project)의 개념은 자치를 전제로 하지 않기 때문에 상·하위의 관계는 본질적으로 전체와 부분이라는 관계와 일치하게 되는데, 이는 물리적 분야 출신의 설계자가 계획개념과 설계개념을 구별하지 않는 것과 같은 맥락이라 하겠다.

그러나 세부사업의 개념이 정해지고, 계획주체가 설정되면 세부사업을 하나의 자치로 집행할 것인가 혹은 복수의 자치연합으로 집행할 것인가도 개발목표로서 계획의 대상이 된다. 이것은 세부사업이 엔지니어링에서 관리과학으로 이행될 때 필연적으로 나타내는 과제이다.

한편 세부사업계획에서 상·하위계획의 구분보다 더 중요한 문제는 바로 우선과 차선의 개념이다. 이것은 공공투자효과의 누적성이라는 형태로 잘 알려져 있는 것이지만, 상·하위계획과 구분해서 살펴보면 시간적 우선순위 선정의 문제라 할 수 있다.

그리고 이러한 세부사업계획은 일반적으로 투자환경의 개선계획이다. 따라서 세부사업계획의 우선계획과 차선계획이 공간계획과 집단계획에 있어서 구조개선의 서열을 변화시키게 되는데, 여기서 세부사업계획은 단독계획이 아니라, 연속계획(serial planning)의 성격을 띠는 계획이다.

3. 계획밀도에 따른 유형

1) 개념적 계획

일반적으로 상위계획일수록 기조적 특성을 보이고, 장기적일수록 계획의 밀도가 달라진다. 따라서 계획밀도의 차이는 계획의 추상성과 구체성에 따라 개념적 계획과 마스터플랜으로 구분할 수 있다. 개념적 계획은 전략적 계획이라 하고, 마스터플랜은 전술적 계획이라 부른다.

개념적 계획(concept planning)은 계획기간이 장기적인 계획으로서, 계획개념도 혹은 개발구상도 등으로 표현되기도 한다. 이러한 개념적 계획은 사회의 자율적 발전역량을 기초로 한 장래에 대한 전망에 근거하여 계획요소와 조건을 실현하기 위한 계획수단의 기능적 개념이다.

한편 급속한 사회환경 변화로 인하여, 개념적 계획은 장기간에 걸친 시뮬레이션으로 설정이 가능하다. 이런 의미에서 개념적 계획을 기능계획(planning of function)이라고 할 수 있다. 그러나 엄격히 보면 기능계획이란 이론과 숫자에 뒷받침된 상세한 계획내용이라고 말할 수 있으나, 이에 비하여 개념적 계획은 디자인적 요소가 빠져있고 수단의 실현방법을 문제 삼지 않는다는 측면에서 기능계획과 차이가 있다.

2) 마스터플랜

일반적으로 마스터플랜(master plan)이라는 표현은 물리적 계획에서 사용되고 있다. 그 이유는 마스터플랜이 개념적 계획에 비해서 디자인적 요소와 규모적(scale) 요소를 갖고 있기 때문이다. 여기서 디자인적 요소라 함은 단지 물리적인 것만이 아니고, 제도나 조직도 포함하는 것이다. 따라서 규모도 물적 척도가 아니라 상대관계나 일관성을 유지하는 시스템으로 이해해야 한다. 그러므로 경제계획이나 사회계획에 있어서도 기본구상으로 마스터플랜이 있다.

마스터플랜은 많은 개발도면과 세부사업도면을 그리는 것이 일반적이지만, 목표의 결과만을 표현하지는 않는다. 도시계획에서 그림과 표를 이용하여 마스터플랜을 표현하기도 한다. 그러나 대부분의 다른 계획에서는 계획내용을 서술적으로 기술한다.

계획밀도 측면에서는 마스터플랜은 개념적 계획에 비하여 당연히 높다고 할 수 있지만, 마스터플랜이 디자인이나 양적 일관성이 있다고 해서 그대로 실현되는 것은 아니다. 마스터플랜 보다 계획의 밀도가 높은 상세계획(detail plan)으로 가면 갈수록 계획의 실현성 및 집행성은 더 높아지게 되는 것이다. 따라서 계획기간이 장기적일수록 계획밀도는 낮아지게 된다.

그러므로 계획조건, 계획환경, 정책자료 등이 불변인 단기계획에서 개념적 계획과 마스터플랜 없이 상세계획을 수립하는 것은 장기적 측면에서 볼 때, 개념적 계획이나 마스터플랜의 달성에 대한 저해요인을 발생시키는 결과를 가져오게 된다. 계획의 기조나 계획의 기본구상이 명확하지 않는 경우에 상세계획을 수립·집행하는 것은 바람직하지 않으므로, 보이는 계획에서 보이지 않는 계획을 파악하는 것이 중요한 것이다.

4. 계획단계에 따른 유형

계획을 단계(phase)에 따라 구분해 보면, 정책계획, 기능계획, 재정계획, 시설계획, 운영·관리계획으로 유형화된다. 거시계획(macro planning)은 계획주체, 시행주체, 그리고 시행조직 등을 전제로 하는 경우에는 기능계획에서 끝나는 경우도 있지만, 미시계획(micro planning)은 공간계획과 집단계획, 그리고 세부사업계획 등을 불문하고, 모든 단계를 거치게 된다. 특히 물리적인 요소를 포함한 계획에서는 이들 모든 단계를 생략할 수 없다.

1) 정책계획

계획과정은 반드시 순차적으로 순환하는 것은 아니다. 따라서 계속적으로 발생하는 각 단계에서 선택된 계획의 공간적 배치나 시간과정으로서 서열은 분명히 정책의 이행과정과 대체과정의 속성을 갖게 된다. 그러므로 제1단계의 정책계획(planning of policies)이 중요한 것이다.

2) 기능계획

계획의 전 대상영역이 계획 과정상에서 어떻게 관계를 설정하는가는 매우 중요하다. 따라서 제2단계의 기능계획은 당면한 계획이 기능적으로 어떻게 위치하느냐와 관련되어 있다. 기능계획은 계획의 전 대상영역과 어떻게 관계를 설정하느냐 하는 것으로, 이는 경제계획, 사회계획, 문화계획 등의 형태로 나타나게 된다.

기능계획은 가장 효율적인 최선의 기능을 마스터플랜에 부여하는 것이라 할 수 있다. 그러므로 기능계획의 단계야말로 계획가의 창의적 능력을 가장 많이 발휘해야 하는 영역이고, 이론적으로는 기존이론을 넘는 새로운 이론을 개발해야할 영역이라고 말할 수 있다.

3) 재정계획

기능계획이 결정되고 난 이후에는 기능계획을 어떻게 실현할 것인가를 결정해야 한다. 제3단계에서는 재정순환계획이라 불리는 재정계획(plannig of finance)을 구성하게 된다. 따라서 재정계획은 재정순환과 그 실현가능성 연구에 근거하여 계획의 실효성과 효율성을 확보하는 것이다.

재정계획에 의해서 계획은 비로소 유효하게 되고 필요한 제도나 조직, 시설, 동원을 포함한 상세계획으로 구체화될 수 있을 뿐만 아니라, 디자인도 마스터플랜 단계에서 상세디자인으로 구체화될 수 있는 것이다.

한편 재정계획에서 실현가능성은 민간부문의 재원으로 실현가능성을 확보하는 민간적 실현가능성(private feasibility), 공공부문의 내부재원으로 실현가능성을 확보하는 내부공공적 실현가능성(inner public feasibility), 그리고 일시적으로 민간부문의 재원을 이용하여 실현가능성을 확보하는 외부공공적 실현가능성(outer public feasibility)으로 구분할 수 있다. 따라서 재정계획단계에서 가장 중요한 것은 바로 가능한 한 많은 수의 대안을 개발하며, 재정적 자립을 이룩하는 것이다. 단일의 계획체계에서 다수의 계층구조를 형성함으로써 실현가능성이 높아지게 된다. 이는 포스트 포디즘적 생산구조로 변화될수록, 다수의 소기업이 대기업보다 중요하게 되고, 지방분권화된 시스템이 중앙집권적 시스템보다 유리해지는 것과 일치하는 것이다.

4) 시설계획

제3단계의 재정계획은 결과적으로 시설계획(planning of facilities)이나 각종의 제도 혹은 조직계획에 구체적인 규모와 수준을 부여하게 된다. 따라서 제4단계의 시설계획은 재정계획에 합당한 구체적 규모와 수준을 결정하는 것이다. 예컨대 기업설립의 경우 자본규모를 결정하는 것과 제도설립의 경우 입법과정을 결정하는 것이 바로 시설계획에 해당된다.

이러한 시설계획에서는 구조로서 시설과 제도를 구분해야할 뿐만 아니라, 기능으로서 시설과 제도를 구별해야 한다. 예컨대 거리는 개선되었으나 주민의 생활은 과거의 모습일 수도 있고, 반대로 거리는 과거의 모습으로 복원되었으나 주민의 생활은 새롭게 될 수도 있는 것이다. 따라서 시설계획에 있어서는 바로 시설과 제도에 적합한 조직을 구성해야 하는 것이다.

5) 운영 · 관리계획

기능계획, 재정계획, 시설계획의 3요소 외에 바로 제5단계의 운영 · 관리계획(operation and management planning)이 성립되지 않으면, 완전하게 계획이 성립될 수 없다. 그러므로 재무계획이나 자재계획, 생산계획, 인사계획 등의 소위 경영계획(management planning)이 필요한 것이다.

따라서 운영 · 관리계획에서 계획이 새로운 체제로 도약(take off)하고, 다시 발전과정으로 환류될 경우 계획은 정착하게 되는 것이다. 제1단계의 정책계획에서 제5단계의 운영 · 관리계획의 전 과정이 시스템화함으로써 계획적 순환과정이 완성되는 것이다.

한편 계획이론적 측면에서 경영계획은 단지 특정한 자치조직과 특정기업내 경영계획과는 성격이 다르다. 따라서 경영계획이 계획의 목표인 사회적인 자치조직의 계층구조를 형성하는 것과는 분명히 구별되는 것이다. 그러므로 제5단계에서의 운영 · 관리계획은 기업이나 행정기관의 내부조직에 의한 일상관리적 측면의 계획은 아닌 것이다.

제 4 절 계획의 주요이슈

지금까지 계획의 개념과 특성, 그리고 유형 등에 대하여 살펴보았다. 계획은 정책 혹은 프로그램 개발을 위한 합리적 과정의 특성을 갖고 있음을 광범위하게 확인할 수 있다. 그러나 윤리적 관점의 소망성(desirability)에서부터 정치적 관점의 실현가능성(feasibility)에 이르기까지 계획에 대한 이슈가 끊임없이 제기되고 있다.

이러한 광범위한 이슈에 대해서 명확하게 규명하고 해결할 수는 없으나, 여기서는 ① 지식과 행동(knowledge and action), ② 분석과 가치선택(analysis and value choice), ③ 엘리트주의와 참여주의(elitism and participation), ④ 예측과 불확실성(prediction and uncertainty), ⑤ 집단주의와 개인주의(collectivism and individualism), 그리고 ⑥ 환원주의와 종합주의(reductionism and synergism)에 대해서 살펴보고자 한다(R. Mayer, 1985: 23-26).

1. 지식과 행동

계획에 있어서 주어진 목표를 달성하기 위한 최적의 대안을 합리적으로 선택하는 것은 중요하다. 목표달성을 가능하게 하는 대안은 경우에 따라 수 없이 많고, 이 중에서 최적대안을 선택하는 것은 매우 힘든 작업이다. 따라서 이와 같은 대안선택은 계획과정의 지적 가능성을 논의하는 척도가 되기도 한다. 특히 수단적 합리성을 강조하는 계획에서는 주어진 목표에 대한 계획가의 합리적 지식과 기술에 근거한 대안의 선택은 곧 실천과학으로 계획방법론의 주요 부문이 된다.

대안선택에서 최적의 대안이라는 것은 목표달성을 효율적으로 달성할 수 있는 수단이 된다. 이와 같은 수단이 효율적일 경우 이 계획을 합리적이라고 한다. 일반적으로 효율적이라고 하는 것은 그 계획이 달성하는 가치(편익)가 그 때문에 희생되는 가치(비용)를 상회할 경우, 편익/비용비(benefit/cost ratio)가 다른 대안들보다 클 때, 그 계획은 가장 효율적이라고 한다.

이처럼 가장 효율적인 대안을 선택하기 위해서는 계획가가 계획환경을 완전히 통제가능해야 할 뿐만 아니라 완전한 지식, 정보, 능력을 가지고 있어야 한다. 그러나 현실적으로 지식, 정보, 능력은 한계가 있다. 이처럼 지식이 불완전하고 계획환경이 계획가에 의하여 통제되지 않기 때문에 최적의 대안을 선택하는 것은 거의 불가능하다.

한편 계획실천의 주요 초점을 의사결정과정보다 행동에 두고, 이를 구체화시킨다면 현실세계에서 보다 효과적인 결정기준이 될 수도 있다. 실체에 변화를 가져오지 못하는 계획은 실제적으로 효용성이 없다. 개념적으로 행동은 보통 목표지향적 행동을 의미하는 것이며, 행동의 가정적 합리성(presumptive rationality)을 강조하여 왔다. H. Arendt의 견해에 따르면, 행동은 현실세계에 새로운 어떤 것을 추구하는 것이라고 한다. 목표달성이 행동의 필수적 조건만은 아니다. 예컨대 행동을 새로운 목표를 찾아내는 것으로 이해할 수도 있고 특정집단의 가치를 추구하는 것으로 볼 수도 있다. 행동의 유일한 필요조건은 그 행동의 결과를 책임질 수 있는 사람이 행동의 주체가 된다는 점이다.

이상에서 살펴본 바와 같이, 계획은 합리적인 지식과정에 의해 도출된 수단을 행동하는 것으로 계획이 원활히 수행되기 위해서는 합리적인 지식과정에 의해 행동이 수행되어야 할 것이다.

2. 분석과 가치선택

합리적 계획과정에 대한 비판은 계획 혹은 프로그램개발시 가치의 역할을 무시한다는 것이다. 계획은 분석적 노력이 큰 부분을 차지한다. 계획은 가능한 한 증거로부터의 귀납적 논쟁의 과정 혹은 주어진 전제로부터의 연역적 논쟁의 과정이다. 광범위한 계획들은 합리적인 과정을 통하여 도달되지 못한다. 계획과정은 명확한 윤리적 측면에서 나쁜 정책과 좋은 정책을 구별하지는 못한다.

따라서 합리성은 가치선택의 함축적 의미를 확인하는데 도움을 준다. 계획은 대안들의 가치선호의 일관성을 증명하는 과정이고, 최종적으로 선택된 대안의 가치를 증명하는 것이다. 계획은 가치평가를 포함하고 있으나, 분석과 의사결정의 기반이 되는 특별한 가치를 선택하는 근거를 제공하지는 못한다. 왜냐하면, 가치의 첫번째 원칙 혹은 전제는 신념체계 혹은 이념체계로부터 기원하고, 기본적인 형태는 분석적 과정에서 기인되기 때문이다. 따라서 효과적인 계획은 확실한 신념체계 혹은 이념체계에 의존하는 것이 일반적이다.

3. 엘리트주의와 참여주의

미국의 경우, 계획이론의 역사적 맥락은 의사결정의 구조로서 바로 엘리트주의와 관련되어 왔다. 이는 특정한 관련은 개인만이 공공의 또는 공동의 이익을 분별하는 지식이나 통찰력을 지니고 있다고 생각하는 정치철학에서 기인한다. 이러한 견해는 계획이 일반적인 것이 아닌 전문화된 기능을 요하며, 계획과정에서 고도로 복잡한 기술을 사용하는 것이 증가하는 것과 관련이 있다.

계획과정에 대해 제한된 접근은 민주주의의 신념체계와 양립할 수 없다. 비록 계획과 엘리트주의간에 관련이 실제로 나타났으나, 이는 필수적인 것은 아니다. 계획은 공공의사결정에서 목표·수단의 관계를 합리적으로 결정하기 위한 과정이다.

따라서 계획은 엘리트주의 접근방식으로 구성된 의사결정뿐만 아니라 공동체적 접근방식으로 구성된 의사결정에도 적용할 수 있다. 비록 의사결정에서 공동체적 접근방식이 보다 많은 시간이 걸리지만, 계획의 실현가능성을 높여 주기도 한다. 이러한 과정은 보다 효과적인 계획을 도출하는데 매우 유용하다. 특히 최근의 중요한 연구는 계획과정에서의 보다 많은 참여민주주의 모형을 정립해가는 것으로 관심이 고조되고 있다. 계획에 있어서 참여의 범위와 방식은 계획가의 구성뿐만 아니라, 정치철학과 의사결정체제의 구성에 의하여 결정된다. 엘리트주의가 다소 비민주적인 입장이지만, 대중의 직접참여에 의한 계획은 물리적으로 한계가 있을 뿐만 아니라 반드시 바람직한 것만도 아니라는 것을 간과해서는 안된다.

현실적으로 계획수립에 있어서는 다수의 대표자들이 참여함으로써 공익을 반영하되 기술적으로는 전문적 엘리트들에 의해서 주도되는 것이 바람직하다. 이 경우에 전문엘리트, 특히 기술관료들은 선출된 대표자들에 의해서 통제를 받게 된다. 물론 이러한 대표자 속에는 정치적 대표뿐만 아니라 노동조합이나 직능단체, 시민단체 등 각종 이익집단의 대표들도 포함된다.

4. 예측과 불확실성

계획의 실현가능성을 비판하는 것으로 자주 언급되는 것 중에 하나는 계획을 둘러싸고 있는 불확실성으로 인해 미래를 예측하는 것이 어렵다는 것이다. 계획이 미래시간에 걸친 행동과정을 포함하는 것이기 때문에 물리적이든 혹은 사회적이든 미래를 정확하게 예측하는 능력 여부에 의해 실현가능성이 좌우된다.

불확실성은 두 가지 원인으로부터 기인된다. 첫번째 이유는 계획이 통상적으로 자연의 복잡한 현상에 기초한다. 그리고 두번째 이유는 이러한 현상들은 결코 정적이지 않기 때문이다. 결과적으로 우리가 이해할 수 있고, 합리적 예측을 할 수 있는 현상의 속성들은 변화하거나 우리의 예측을 부정확하거나 무의미하게 만든다.

그러나 계획의 유용성을 판단하는 적정한 기준은 미래 사건을 조절하는 능력이 아니라, 미래 사건에 영향을 주는 능력이다. 계획은 사람들이 어떤 문제에 있어서 수동적으로 관련되기보다는 능동적으로 관련되기를 선호한다는 가정에 의존한다. 따라서 계획의 유용성은 어떤 사건이 발생할 것을 예측하고 전망하는 것과 다른 방향으로 미래의 사건이 발생할 경우 이를 통제하는 것에 있다. 그래서 계획의 예측과 계획이 관계하고 있는 사실을 둘러싼 불확실성의 상이함은 모순되는 것이다. 여하튼 계획은 어떤 현상에 대한 반작용적 행동(reactive)이기보다는 사전적인 행동(preactive)이라고 할 수 있다.

5. 집단주의와 개인주의

바람직한 계획에 대한 또 다른 이슈는, 개인적 이익(individual interests)과 집단적 이익(collective interests)에 부합하는 결과를 가져오는가 아닌가 하는 것이다(F. Hayek, 1994; B. Wootton, 1945). 이들의 견해와 동일하게, 만약 개인이 자신들의 문제를 해결하기 위한 노력을 인정한다면, 다른 사람들의 이익도 충족되었을 것이라고 인정한다. 어떤 이익이 개개인에 의하여 받아들여진다면 어떤 문제가 집단적으로도 해결되어, 개인에게 균등함을 강요하는 것보다 더 개인적 수단에 적합하게 될 것이다. 이런 경우 개인주의는 자유주의와 유사하다. 그러나 개인주의에 의한 문제해결은 일체의 무자유로부터 야기되는 집단주의이다.

한편 공공재이론(theory of public goods)에 의하면, 어떤 재화와 서비스를 집단적으로 공급할 경우 개인이 원하거나 요구하는 어떤 재화와 서비스를 안정적으로 공급할 수 있다. 예컨대 개인은 오염으로부터 자유로운 환경에 살기를 원하지만, 오염은 오직 집단적인 행동으로 해결할 수 있다. 또한 개인은 총체적인 부의 불평등에 의해 기인되는 소외로부터 자유로운 사회에 살기를 원하지만, 부의 재분배는 오직 집단적인 행동에 의해서만 성취된다.

따라서 공공부문의 의사결정에 있어서 제기되는 집단주의와 개인주의의 본질적인 갈등은 계획에서 나타나지 않는다. 계획에서 다루는 목표는 집단적인 행동을 통해서 성취될 수 있기 때문이다. 그러므로 현실적인 이슈는 사실상 집단적인 목표의 성취를 원하는가에 관한 것으로서, 이는 특별한 문제의 관계와 주어진 계획의 수립을 위한 동기에 의해서 해결될 수 있다.

6. 환원주의와 종합주의

계획에 대한 다른 비판의 하나는 1970년대의 급진적인 시각에서 생겨났다. 계획은 현상의 변화를 위한 단편적인 부분으로 구성되지만, 궁극적으로 이러한 현상을 다루는 기계론적 과정이다.

실제로 그 부분들은 그것들이 속해있는 전체로부터 고립된 상태에서는 존재하지 않거나 이해될 수 없다. 그러한 부분성(partialization)은 실행할 수 없을 뿐만 아니라 독특한 이익과 전체에 발생되는 현상으로부터 파생되는 시너지 효과를 저감시킨다.

계획에 있어서 분석은 구성부분들 사이의 상호관계에 의하여 현상을 이해하는 환원주의이다. 그러나 계획은 장기적이고 광범위한 전통을 지니는데, 그것은 설계과정의 반영이고, 이는 전체를 창조하는 행위이다. 집단결정을 위한 분석기술의 발전을 찾지 못한 계획은 종합주의의 이익을 반감할 가능성을 가지고 있다. 이러한 이유로 계획이 분석적인 기술의 사용으로 인하여 환원주의일지라도, 그것은 설계과정에 이용되었을 때 종합주의가 중심이 된다.

이상의 논의는 공공의사결정을 둘러싼 여러 문제에 영향을 미친다. 이러한 문제제기의 목적은 단순한 문제의 논의로 인식되지 않고 공공의 복지와 공익의 실현을 위한 과정으로서 계획의 여러 면을 설명하는데 있다.

탐구학습

1. 주요개념과 요약
   - 공공계획의 배경
     - 자본주의와 계획
     - 사회주의와 계획
     - 양 체제의 수렴
   - 계획탐구의 기초: 개념과 정의, 이론과 모형, 설명과 예측
   - 광의의 계획개념과 협의의 계획개념
   - 계획과 유사개념: 미래예측, 통제, 조정, 집행, 정책결정
   - 계획의 특성: 목표지향성, 변화지향성, 선택의 표현, 합리성, 집단적 기초
   - 계획의 유형과 기능
     - 계획성격과 규모: 종합계획, 통합계획, 전체계획
     - 계획수준: 상위계획과 하위계획, 공간계획과 집단계획, 세부사업계획
     - 계획밀도: 개념적 계획, 마스터플랜
     - 계획단계: 정책계획, 기능계획, 재정계획, 시설계획, 운영·관리계획
   - 계획의 주요 이슈: 지식과 행동, 분석과 가치선택, 엘리트주의와 참여주의, 예측과 불확실성, 집단주의와 개인주의, 환원주의와 종합주의

2. 토론과 과제
   - 시장에 대한 정부개입은 필요한가, 필요하다면 그 근거는 무엇인가?
   - 다양한 계획개념을 범주화하고 범주별 계획특성에 대하여 논하시오.
   - 계획유형화를 위한 기준은 어떤 것이 있는가?
   - 계획의 주요 이슈를 들고, 이슈별 주요 논점과 내용에 대하여 설명하시오.

참고문헌

강신택(1999), 사회과학연구의 이론, 서울: 박영사.

권영찬 · 이성복(1990), 기획론, 서울: 법문사.

권태준(1985), 계획과정론 강의노트.

김경환 · 김종석(1999), 맨큐의 경제학, 서울: 교보문고.

김신복(1999), 발전기획론, 서울: 박영사.

남궁근(1998), 비교정책책연구, 서울: 법문사.

박용치(1997), 현대조사방법론, 서울: 경세원.

박홍립(1991), 경제학원론, 서울: 박영사.

이정전(1994), 주류경제학, 서울: 한길사.

임길진(1995), 미래를 향한 인간적 계획론, 서울: 나남출판사.

정환용(2001), 계획이론, 서울: 박영사.

Altshuler, A.(1972), "The Goals of Comprehensive Planning", in Fainstein and Fainstein, *The View from Below*, Boston: Little, Brown.

Baum, H. S.(1994), "Community and Consensus", *Journal of Planning Education and Resaerch*, Vol. 13.

Campbell, S. & S. S. Fainstein(1996), *Readings in Planning Theory*, Oxford: Blackwell Publishers Inc.

Davidoff, P.(1965), "Advocacy and Pluralism in Planning", *Journal of the American Institute of Planners*, Vol. 31, No. 4.

Dyckmann, J. W.(1978), "Three Crisises of American Planning", in *Planning Theory in the 1980's*, ed R. W. Burchell & G. Sternlieb, New Brunswick, N. J.: The Center for Urban Policy Research, Rutgers Univ.

Faludi, A.(1973), *A Planning Theory*, N. Y.: Pergamon.

Forester, J.(1989), *Planning in the Face of Power*, Berkely: Univ. of California Press.

Freidmann, J.(1978), "Innovation, Flexible Response and Social Learning", in *Planning Theory in the 1980's*, ed R. W. Burchell & G. Sternlieb, New Brunswick, N. J.: The Center for Urban Policy Research, Rutgers Univ.

Hall, P.(1988), *Cities of Tomorrow*, Oxford: Blackwell.

Harvey, D.(1985), *The Urbanization of Capital*, Baltimore: John Hopkins Univ. Press.

Harvey, D.(1992), "Social Justice, Postmodernism and the City", *International Journal of Urban and Regional Research*, Vol. 16. No. 4.

Hayek, F.(1944), *The Road to Serfdom*, London: Routledge.

Judge, D., G. Stocker and H. Wolman, eds.(1995), Theories of Urban Politics, London: Sage.

Mann, L. D.(1978), "Planning Behavior and Professional Policymaking Activity", in *Planning Theory in the 1980's*, ed R. W. Burchell & G. Sternlieb, New Brunswick, N. J.: The Center for Urban Policy Research, Rutgers Univ.

Mayer, R.(1985), Policy and Program Planning: *A Developmental Perspective*, New Jersey, Prentice-Hall, Inc.

Moore, T.(1978), "Why Allow Planners to do What They Do", *Journal of the American Institute of Planning*, Vol. 44. No. 4.

Squires, G. D., ed.(1989), *Unequal Policy Partnerships*, N. J.: Rutgers Univ. Press.

Walsh, A. H.(178), *The Public's Business*, Cambridge: MIT Press.

Warren, R. L.(1967), "The Interaction of Community Decision Organizations", *Social Service Review*, Vol. 41. No. 3.

Wootton, B.(1945), *Freedom under Planning*, North Carolina: Univ. of North Carolina Press.

藤井隆(1984), 政策計劃の Planning Conceptについて, 經濟科學, 第31巻 第2号, 東京: 日本經濟政策學會.

제 1 편

계획과정

제 1 장 계획과정

제 1 절 합리적 계획과정 모형

Abraham Kaplan의 표현을 빌리면, 계획은 일반적으로 결정행위를 조장하고 합리화하기 위한 것이라고 할 수 있다(권태준, 1985). 인간의 결정행위에 있어서 합리성은 그 결정의 전제가 되는 목표를 명료하게 하고, 동시에 그것을 달성하는 과정에 영향을 미치게 될 사실관계에 관한 분석과 평가를 통하여, 수단과 방법을 선택하는 지적 능력이라고 할 수 있다. 따라서 계획은 대안의 논리적 분석과 명료화, 관련된 상황의 실증적 조사와 그에 따른 사실관계에 관한 법칙성의 과학적 확인, 그리고 당면 결정행위의 의미를 평가하는 행위라고 정의할 수 있다.

달성하려는 목표가 정해져 있고 명료화되어 있다고 가정하면, 계획의 합리화 내지 그 존재이유는 그 목표를 가장 효율적이고 효과적으로 달성하는 방법을 강구하기 위한 것이라고 할 수 있다. 더욱이 인간이 노력하지 않아도 자연발생적으로 일어나게 될 사태에 대해서는 계획적인 노력이 필요치 않다. Aaron Wildavsky의 말대로, 이미 되도록 되어 있는 일을 위해서 계획은 필요치 않다. 따라서 계획은 그 환경에 변화를 초래하고자 하는 의도를 전제로 한다. 따라서 환경변화를 초래하기 위한 합리적 결정행위는 그로 인해서 일어날 미래의 변화를 사전에 알고, 달성하고자 하는 목표와 그 달성과정에 초래될 것으로 예상되는 변화간의 관념적 구상을 사전에 해 보는 것이라고 할 수 있다.

이상과 같은 일반적인 정의에 따르면, 계획의 합리성은 첫째, 환경 변화에 대한 예측 능력, 둘째, 목표의 구체성, 그리고 목표달성 과정에 대한 통제능력의 세

요소로 구성된다. 이 세 가지 요소들에 관해서 좀 더 설명해보자. 우선 계획과정은 우선 환경에 어떤 변화를 초래하고자 하는 의도의 성립으로써 시작한다. 이 의도에는 변화에 대한 선호(preference) 또는 평가(valuation)가 내포되어 있다. 변화에 대한 선호 또는 평가를 통하여, 계획적으로 성취하려는 목표를 정하는 것은 계획목표 정립의 배경 또는 그 전제로써 일종의 가치선택이 있음을 뜻한다. 그러나 그같은 가치선택의 결과로써 세워지는 계획의 행동목표는 단순히 그 가치(worth)만을 위한 계획적 노력이 필요하다는 것이 아니고, 그 목표를 달성하기 위한 적절한 대안들이 있을 것이라는 판단을 합리적으로 도출할 수 있어야 한다. 이 같은 목표와 수단의 연쇄(ends-means chain)에 관한 판단은 주관적인 가치판단(value judgement)이 아니고, 앞으로 추진될 계획과정에서 일어날 것으로 예상되는 사실관계의 변화에 관한 과학적 조사와 분석에 근거한 객관적・예측적 정보 내지 지식의 양과 질에 대한 사실판단이다. 다만 이 경우에 사실판단은 미래에 일어날 변화에 관한 것이므로, 그 결과는 예측적 정보 내지 지식에 근거한 것임을 특징으로 한다. 이러한 뜻에서 계획을 미래에 있을 행동의 사전설계라고 할 수 있다. 또 이 같은 예측적 정보 내지 지식의 양과 질이 높으면 높을수록 목표－수단 연쇄의 합리성이 증진된다는 논리가 성립된다.

종래의 계획개념은 이상에서 살펴 본 바와 같은, 행동이 있기 전에 목표와 수단의 연쇄를 엮는 사전설계 작업만을 의미하는 것이 보통이었다. 다시 말해서 계획은 목표달성을 위한 대안들을 관념적으로 선택하는 행위에 그치는 것으로 정의되고, 그 같은 사전설계가 선행된 다음에 그에 따라서 실제 행동에 옮기는 과정은 집행(implementation)이라는 개별적 현상으로서 파악하여야 할 것이라고 본 것이다. 그러나 행동의 사전설계 단계에서의 목표와 수단의 연쇄는 근본적으로 예측적 정보에 근거한 것으로 사태가 변함에 따라서 단절될 가능성이 있다. 따라서 이같은 목표와 수단의 연쇄는 계획과정이 전개되어 가면서 계속적으로 새로운 사실의 변화에 의해서 불가피하게 수정되고 보강되는 것이라고 파악되어야 할 것이다. 이러한 점에서 계획은 그 전개과정의 처음부터 끝까지 반복되는 과정(iterative process)이라고 파악하는 것이 타당하다는 논리가 성립된다.

이와 같이 계획과 집행의 관념적 구별이 그 실용적 의의를 잃음에 따라 계획의 목표와 수단의 관계도 동태적인 것으로 파악하는 것이 타당하다. 어떤 특정 수단의 가치와 그 사회적 의미는 목표가 달성되는 정도에 의해서 평가될 것이고, 이러한 평가에 필요한 정보는 계획과정이 진행됨에 따라서 지속적으로 환류되어서, 본래의 목표-수단의 연쇄를 수정하지 않을 수 없게 된다. 이 같은 환류·수정 가운데 목표의 타당성과 수단의 실천 가능성은 동시에 상호작용적으로 평가될 것이다.

또한 이러한 의미에서 계획은 목표지향적 행동의 행태적 전개과정이고, 그 동태성은 관념적 설계와 그 설계의 실천적 집행간에, 그리고 동시에 목표와 수단 선택간의 반복적 환류작용관계로서 표현될 수 있다(권태준, 1985). 이 같은 환류과정은 계획의 구상단계에 있어서 예측능력의 한계와 계획과정상 발생하는 환경적 변화의 불확실성 때문에 불가피하다. 따라서 계획과정의 합리적 관리는 결국 계획체제의 예측능력과 환경적 변수의 통제능력 배합에 의해서 좌우된다고 할 수 있다.

제2절 단계별 계획과정

합리적 계획과정은 정적(static)이라기 보다는 동적(dynamic)이고, 선형이라기보다는 나선형의 과정이다. R. Mayer에 의하면 이러한 합리적 계획과정은 일반적 목표의 설정, 수요평가, 구체적 목표의 확정, 행동대안의 설계, 행동대안의 사전평가, 행동대안의 선택, 집행, 평가, 환류의 아홉 단계로 구분된다. 각 단계들은 서로 상호의존적인 특성을 지니고 있다. 이러한 R. Mayer의 계획과정은 너무 구체적으로 제시되어 있어 보다 일반화해야 할 것이다. 여기서는 계획과정을 목표의 설정, 대안의 선택, 계획의 집행, 계획의 평가 및 환류의 네 단계로 크게 분류하고, 구체적 내용은 다음과 같다.

1. 목표의 설정

1) 일반적 목표의 설정

일반적 목표(goal)는 계획을 통하여 달성하고자 하는 이상적인 미래의 상태

(an ideal future state)를 나타내는 것이다. 일반적 목표는 계획 또는 프로그램이 각각의 구체적 목표(objective) 달성을 통해서 도달하고자 하는 장기적 목적을 제시해준다. 따라서 일반적 목표는 계획의 구체적 목표가 반영된 실제상황의 중요성이나 적절성을 평가할 수 있는 배경이 된다는 점에서 본질적으로 광의의 개념이다. 그러나 추상적 개념인 일반적 목표는 측정할 수 없지만, 여기서 도출된 구체적 목표(objectives)는 측정가능하다. 일반적 목표의 결정은 특별한 의사결정체제 또는 집단의 요구를 표현하는 것이다. 따라서 일반적 목표는 그 체제 외부에서는 아무런 의미가 없다. 일반적 목표라는 단어는 발전적 계획과정과 점진주의적 계획과정에서 서로 구별된다.

2) 수요평가

수요평가는 바람직하지 않은 상황의 발견을 통하여 결정된다. 또한 수요평가는 구체적 목표의 확정과 병행되는 것처럼 보여진다. 일반적으로 우리는 구체적인 목표의 실체 또는 그것이 달성되었는가를 알 수 있도록 하는 관찰가능한 상황이 발견되기까지는 평가할 수 있는 욕구가 무엇인지 알지 못한다. 이에 반해, 우리는 수요평가의 기능에 포함되는 상황을 알기 전까지는 구체적 목표를 통하여 추구하는 변화의 정도를 결정할 수 없다.

3) 구체적 목표의 확정

구체적 목표는 일반적 목표의 조작적 정의로 구성된다. 구체적 목표는 일반적인 목표를 반영하면서 관찰가능한 실제상황을 확인하는 것이다. 구체적 목표의 확정은 이용가능한 자원 혹은 정해진 시간 내에 수행할 수 있는가와 같은 측정가능한 양적 단어들로 표현되는 상황들의 변화를 위한 일련의 목적을 정하는 것이다. 자원의 한계, 수용가능한 변화율, 그리고 기술적인 지식의 이용가능성 등이 구체적인 목표를 유형화시키는데 영향을 미칠 것이다.

2. 대안의 선택

1) 행동대안의 설계

이 단계에서 의사결정체제는 구체적인 목표를 달성할 수 있도록 일련의 행동과정 혹은 수단의 정도에 대해서 설계하거나 확인한다. 합리적 계획과정에서 의사결정가는 상대적으로 효율적인 대안에 대해서 고려한다. 점진주의 과정에 사용될 때 유일한 행동조치는 이미 알려진 것에 대해서 고려할 것이다. 발전적 계획에서는 선험적인 것에 대해서 비교적 덜 고려하고 그 대신 새로운 행동과정에 대한 시도가 고려될 것이다.

2) 행동대안의 사전평가

이 단계에서는 행동대안의 분석을 통하여 그 결과에 대해서 평가한다. 그 결과가 긍정적인 영향을 미치는 것으로 나타났다면 구체적인 목표를 달성할 수 있는 것으로 판단된다. 대안의 분석에는 비용, 인적자원, 물적자원 등에 대한 고려가 모두 포함되며 의도하지 않은 결과도 판단한다. 집행하기 이전에 이루어지는 이러한 평가(estimation)는 집행 이후에 이루어지는 평가(evaluation)와도 연관이 있다.

3) 행동대안의 선택

이 단계에서는 의사결정체제 또는 의사결정의 대표집단, 혹은 책임을 지고 있는 계획부처에 의해서 실제적인 대안이 선택된다. 이러한 선택은 행동대안의 사전평가 단계에서 이루어진 대안간의 상대적인 비용효과(cost-effectiveness) 분석에 의해서 먼저 결정될 수도 있다. 그러나 기술적인 분석은 국민들에게 영향을 미칠 수 있는 책임있는 계획적인 과정에 의해서 이루어져야 한다. 따라서 실질적인 대안의 선택은 국민들의 여론에 대한 고찰이 이루어진 후에 이루어져야 한다. 이 과정에서는 대안의 사전평가단계에서 고려되지 않은 가치들과 상이한 선호에 의해서 초래되는 결과들에 대한 것도 고려되어야 한다.

그림 1-1 합리적 계획단계

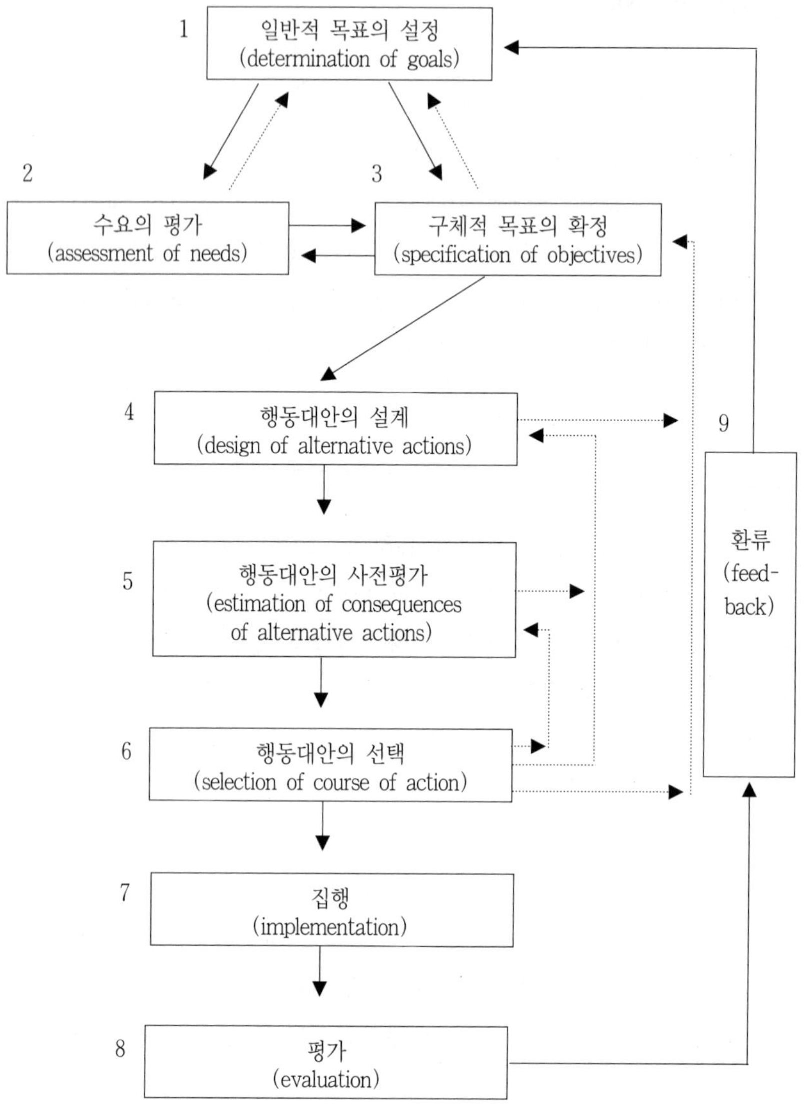

3. 집 행

집행은 선택된 대안을 행동화하는 것으로 계획이나 프로그램에 의해서 운영절차를 설계하고, 계획에 대해서 책임을 지는 운영기구들에 의해서 운영절차가 구체화되며 이를 수행하는 단계이다.

4. 평가 및 환류

이 단계에서는 집행의 결과를 평가한다. 평가에는 일반적으로 모니터링 혹은 형성평가(formative evaluation)와 효과성 혹은 총괄평가(summative evaluation)로 구분된다. 전자는 계획한대로 집행되었는가를 평가하는 것이고, 후자는 원하는 구체적인 목표를 달성했는가를 평가하는 것이다.

이러한 평가결과에 따라서 환류과정에서는 계획이 원래 추구하던 일반적인 목표가 잘 달성되었는가를 판단해보고, 만약에 다른 구체적인 목표가 필요하다거나, 다른 행동과정 혹은 집행절차 변화가 필요한가를 결정한다. 따라서 환류단계에서는 프로그램의 순환이 가능하도록 하거나 혹은 1년 단위로 반복할 수 있도록 만든다.

탐구학습

1. 주요개념과 요약
   - 합리적 계획과정
   - 합리적의 계획과정 중 1, 2, 3단계(일반적 목표의 설정, 수요평가, 구체적 목표의 확정)의 관련성
   - 합리적의 계획과정 중 4, 5, 6단계(행동대안의 설계, 행동대안의 사전평가, 행동대안의 선택)의 관련성
   - 계획과정에서 집행과 평가, 그리고 환류의 중요성

2. 토론과 과제

- 계획과정의 중요성과 합리적 계획과정에 대하여 설명하시오.
- 목표설정에서 1, 2, 3단계의 관련성에 대하여 설명하시오.
- 수단선택에서 4, 5, 6단계의 관련성에 대하여 설명하시오.

참고문헌

권태준(1985), 계획과정론 강의노트.

Mayer, R.(1985), *Policy and Program Planning: A Developmental Perspective*, New Jersey: Prentice-Hall, Inc.

宮川公男(1994), 政策科學の基礎, 東京: 東洋經濟新報社.

宮川公男(1997), 政策科學の新展開, 東京: 東洋經濟新報社.

제 2 장 목표설정

제 1 절 일반적 목표의 설정

1. 계획과정에서의 목표

계획과정에 있어서 목표의 기능 또는 역할은 크게 두 가지로 나눌 수 있다. 목표의 첫번째 기능은 목표가 달성될 때 실현되는 것으로서 구체적 내용에 따라 환경의 개선, 물가안정, 사회적 형평의 달성 등 사회를 바람직한 상태로 변화시키는 역할을 수행한다. 두번째는 계획과정에서 이루어지는 것으로서 정책활동의 기준 또는 지침으로서의 기능이다. 계획목표는 계획의 존재이유이고, 정당성의 근거가 되기 때문에 계획활동에서 판단의 기준 또는 지침으로서의 역할을 수행한다. 즉, 계획형성과정에서는 최선의 대안을 선택하는 판단기준으로서[1], 집행과정에서는 집행과 관련된 결정과 행동의 지침으로서, 그리고 정책집행과정 중이거나 집행이 끝난 뒤 계획을 평가할 때는 평가기준으로서의 역할을 수행한다.

일반적으로 계획결정이 발전적 계획의 목표달성과정인지 또는 어떤 당면한 문제의 부분점진주의의 해결과정인지에 따라 서로 다른 목표들이 구체화된다. 발전적 계획의 목표는 의사결정가가 소망하는 어떤 궁극적인 목표로부터 나오고, 반면에 부분점진주의는 어떤 존재하는 문제 상태를 해결하려는 욕망으로부터 나온다.

성과평가에 있어서 계획결정가는 목표와 현재상태를 비교한다. 그러므로 발전

1) 다른 조건이 같다면 목표의 달성도가 큰 대안일수록 좋은 대안이라고 볼 수 있다.

은 쉽게 증명된다. 반면에 목표지향적인 계획에서 의사결정가는 항상 목표와 경험한 적이 없는 문제점들의 미래 상태를 비교한다. 이와 같은 비교에서는 발전을 확인하기가 어렵다.

2. 일반적 목표의 개념과 성질

1) 일반적 목표의 개념

계획과정에서 일반적 목표[2)]와 구체적 목표는 계획이 달성하고자 하는 미래의 바람직한 상태를 의미한다. 계획과정에서 목표가 가지는 기능으로는 대안의 탐색, 대안의 평가, 집행의 지침 작성, 집행실적의 평가 등에 지침으로서의 기능을 한다.

목표의 설정에서 고려해야 할 변수로는 문제의 정의, 문제의 원인, 계획 대상 집단의 성격과 범위, 기관의 정책, 자원상태, 문제해결을 위한 대안 등이 있다. 계획목표의 기본 조건으로는 계획이념과의 적합성, 계획내용과의 충분성, 목표의 실현가능성이다.

목표를 설정하는 과정은 목표로 삼을 범위를 넓게 설정하고, 그 범위 내에서 하위목표들을 설정하며, 하위목표들 간의 관계를 설정한다. 그리고 하위목표들 간에 논리적인 관계가 있어야 하고, 하위목표의 상대적인 평가에 의하여 우선순위를 결정한다. 그리고 이를 종합하여 계획 또는 지침으로서 궁극적 목표를 설정한다.

예컨대, 경제활성화란 계획목표를 설정하였다면 이를 구체화하는 하위목표로 고용증진에 의한 실업율 감소라는 것을 설정한다. 이를 실현하기 위하여 일반목표로 2020년 말까지 실업률을 5%로 한다고 설정한 다음 구체적 하위목표로 2020년도에 20만명에게 일자리 마련을 설정한다. 구체적 목표를 설정하여 보다 구체적으로 접근한다. 이에 대한 세부목표는 실천에 가까운 하나의 사업형태로 설정되는데 2020년도에 10만명 대상 재취업 교육실시라는 형태로 설정된다.

---

2) 일반적 목표와 구체적 목표는 둘 다 이루고자 하는 바를 가리키나, '일반적 목표(goal)'가 어떤 일을 하게 하는 원동력으로서의 동기나 이유에 초점을 두는 반면, '구체적 목표(objective)'는 이루고자 하는 일이 구체적으로 무엇인가에 초점을 둔다. 따라서 일반적 목표는 추상적이고 다소 막연한 것일 수 있으나, 구체적 목표는 달성하기 위해서 반드시 상당한 노력이 따라야 하는 것으로서, 대체로 현실적이고 실현이나 성패 여부가 분명히 판가름되는 것이다. 예컨대, '삶의 일반적 목표'는 '왜 사는가'의 문제라면, '삶의 구체적 목표'는 '무엇이 되고자 하는가', '무엇을 얻고자 하는가' 등의 문제라 할 수 있다.

2) 일반적 목표의 성질

일반적 목표는 문제점들의 바람직한 미래상태를 하나의 가치로 표현한 것이다. 일반적 목표의 특징은 다음과 같다.

첫째, 일반적 목표는 대중들이 인식할 수 있도록 광범위하고 일반적인 형태로 제시된다. 이와 같은 목표의 공공성은 여타 다른 견해들을 해결하는 데 있어서 기본이 된다.

둘째, 일반적 목표는 미래지향적이고 가치지향적인 형태로 행동의도를 표현한다.

셋째, 광범위하고 일반적인 형태로 제시되므로 일반적 목표달성은 측정될 수 없다. 발전은 일반적 목표로부터 나온 분명한 대상으로서만 측정될 수 있다.

넷째, 일반적 목표는 자신이 속한 조직의 가치선호를 반영하므로 사회조직 밖에서 가치선호의 표현은 정당성을 갖지 못한다.

3. 일반적 목표의 유형

1) 범위에 따른 목표의 유형

일반적 목표는 대상 범위에 따라서 세 가지 유형으로 구분할 수 있다. 이를 구체적으로 살펴보면 다음과 같다.

첫째, 개인들의 상태나 행동에 관계된 목표이다. 예를 들면 젊은이들 사이의 반사회적 행동이나 비행을 막기 위한 계획 또는 독립적인 생활시설에서 나이 많은 사람들을 부양하기 위한 계획이 있다.

둘째, 지역공동체나 사회의 조직적 특성에 관계된 목표이다. 예를 들면, 국가경제성장을 증가시키기 위한 계획 또는 인종이나 다문화집단들 사이에 사회적 평등을 달성하려는 계획이 있다.

셋째, 기구나 조직의 특성에 관계된 목표이다. 예를 들면, 기업의 생산성 증가, 조직에서 직원들의 동기부여, 서비스 전달에서 신기술의 증가를 위한 계획이 있다.

2) 수준에 따른 목표의 유형

계획의 일반적 목표는 목표의 수준에 따라 한계치 목표, 충족치 목표, 기대치 목표, 이상치 목표의 네 가지 종류로 나눌 수 있다.

첫째, 한계치 목표는 한계치 기준으로서 계획의 시작단계부터 절대로 그 이하의 상태로 떨어지지 않도록 하는 최저한도의 목표이다. 이러한 목표는 주로 계획의 행동지침으로서의 역할에 해당한다고 할 수 있다. 이는 화재나 사고에 대한 계획시에 새로운 목표를 설정할 때에 주로 사용된다. [그림 2-1]에서 X''가 한계치이고, 이 경우에 계획목표의 범위는 $X''-Y=Z''$이다.

둘째, 충족치 목표는 충족치 기준으로서 계획목표가 이 수준까지 달성되면 일단은 만족하는 것으로 인지하는 목표치이다. 중앙정부나 자치단체에서 중기계획이나 3개년 계획을 수립할 때 계획활동의 기준으로 삼는다. 이러한 목표들은 대부분 충족목표치이다. [그림 2-1]에서 충족치를 X'라 하면, 계획의 목표범위는 $X'-Y=Z'$이다.

셋째, 기대치 목표는 계획의 이상적 목표가 불충분하다고 생각해서 가능하면 이 수준까지 도달하기를 기대하는 목표치로 각종 협회 등에서 설정한 안전기준, 선진도시의 달성수준, 그리고 중앙정부의 장기계획의 목표 등이 이에 해당한다.

그림 2-1 계획목표의 수준

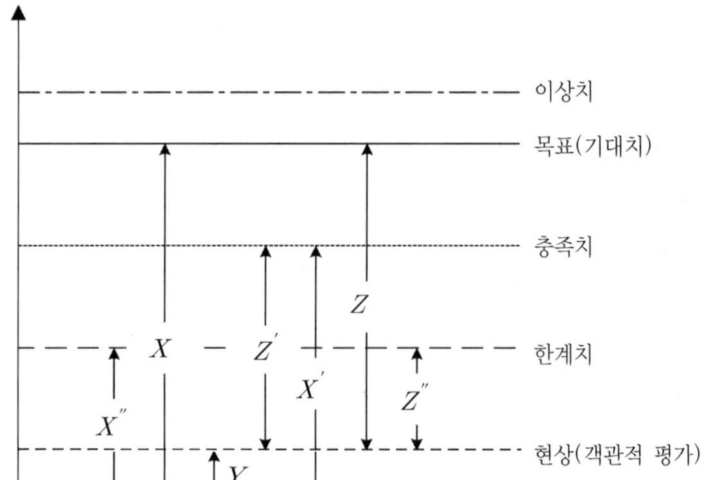

이것은 [그림 2-1]에서 X의 높이로 표현된다. 계획목표의 범위는 $X-Y=Z$로 표현된다. 이 기대치 기준에 근거하여 계획이 입안되고 집행되면, 당초에 낮게 설정되었던 계획수준도 서서히 한계치 기준, 충족치 기준을 넘어서 기대치 수준에 근접하게 된다.

넷째, 이상치 목표는 초장기적인 시점에서 달성해야 할 목표이다. 위의 세 가지 목표수준은 계획수립에서 기준으로 삼아야 할 계획목표인데 반해서 실제 집행에 있어서는 초장기적인 시점(30~50년)도 필요로 하는 경우가 있다. 이러한 경우에 기대치 기준 위에 이상치 기준이라는 개념을 설정한다.

3) 관계성에 따른 목표의 유형

다양한 일반적 목표들 상호간의 관계성에 의한 목표의 유형은 상호의존적(inter-dependent), 독립적(independent), 상충적(conflict)인 세 가지의 형태로 구분할 수 있다. 다양한 일반적 목표들 사이의 조화는 다음과 같다. 첫째, 목표들은 상호의존적이다. 즉, 한 목표의 성취가 다른 목표의 성취를 가져올 수 있다. 둘째, 목표는 독립적이다. 즉, 목표자체의 권리에 있어서 바람직하다고 할 수 있다. 셋째, 목표 사이에 갈등이 존재한다. 즉, 한 목표의 성취가 다른 목표의 성취를 방해하기도 한다.

4. 일반적 목표의 설정방법

1) 일반적 목표의 원천

목표는 의사결정체제 안에 있는 다양한 근원들로부터 도출될 수 있다. 미국정치체제에서 공공정책 목표의 최종근원은 헌법, 특히 국민의 기본인권에 관한 선언과 연방법원의 해석이다. Dyckman(1974)에 의하면, 가장 기본적인 인식에서 계획은 법을 작성하는 과정이라는 것을 밝힌 것으로 알 수 있다. 예컨대, 연방법원은 범죄자들의 처리와 정신병환자들의 보호를 위해, 그리고 다양한 사회적 · 경제적 배경으로부터 어린이들의 교육을 위한 적절한 목표를 설정하기 위해 여러차례의 개정안을 마련해 왔다(D. Horowitz, 1977).

또한 공공정책의 목표설정에 가장 자주 사용되는 근원은 입법부의 법령이다.

국회는 고용자들의 능력과 의지, 그리고 구직자들이 유용한 고용기회를 제공받을 수 있는 상황을 만든다. 정부는 모든 실질적인 수단을 포함하는 정부의 다양한 정책과 계획을 수립한다.

2) 일반적 목표설정을 위한 기법

목표설정을 위한 기법은 주로 내용분석(content analysis)과 관련되어 있고, 이미 토론된 바 있는 모든 문서자료를 검토하는 것이다. 신문의 내용, 새로운 잡지, 특별정책분야의 정기 간행물, 대형 학술지, 그리고 정책보고서가 검토되어야 한다. 대학의 도서관이나, 정부, 공공도서관의 관련된 도서는 그러한 요소를 확인하고 조사하는데 특별히 도움이 된다. R. Mayer와 E. Greenwood는 사회정책의 다양한 영역에서 정기간행 책자는 상세한 지도와 같다고 했다(R. Mayer and E. Greenwood, 1980: 98-119).

계획가가 의사결정가에게 올바른 접근법을 가지고 있을 때, 그리고 기존의 계획이 현재 상태에서 실패했을 때 관련된 목표는 개발되어야 한다. 이를 위해서는 현재의 정책에 영향을 미치는 요인을 조사해야 한다. 그리고, 기존의 목표수립과정을 알아보는 것은 매우 유용하다. 적절한 목표를 개발하기 위해서는 의사결정가들간의 상호작용과정에 대해서 파악하는 것이 무엇보다 중요하다. 이를 위해서 주로 자문위원회(advisory groups), 델파이(delphi), 그리고 지역사회토론회(community charrette) 등이 이용된다.

첫째, 자문위원회에는 선택된 개인이 공식적인 임시조직(formal ad hoc organization)에 참여한다. 참여자들은 계획과정상의 목표개발을 목적으로 여론형성에 영향을 미칠 수 있는 사람(사회・정치 엘리트), 현재 상태에 대해 지식이 있는 사람(전문가, 잠재적 고객), 의사결정체제 내에서 다양한 이익집단을 대표할 수 있거나 가치선호에 대해서 지식이 있는 사람(사업자, 노조대표 등)들로 선택된다. 자문위원회는 목표설정이 합의될 때 까지 운영된다. 미국에서는 이같은 자문위원회가 널리 활용되었고, 중앙정부로부터 재정지원을 받아 더욱 활성화되었다.

둘째, 델파이는 의사결정에서 도출된 합의에 대해서 선택된 개인과 집단 내에서 무기명의 토론을 하는 절차이다(O. Heimer, 1967). 델파이는 다음과 같이 운영된다. 잠재적인 목표의 목록은 집단에서 각 개인의 제안으로 개발된다. 이러한 목록을 종합하여 모든 구성원들에게 돌린다. 그러면 그들은 정해진 기준에 따라서 각 목표에 동의하는 정도를 표현한다. 이러한 과정의 반복으로 다수의 견해를 통계적으로 분석·종합함으로써 적절한 목표를 개발할 수 있다.

셋째, 참여관점에서 목표수립을 위한 가장 급진적 기술은 지역사회토론회이다. 토론회는 계획이 합의될 때까지 고객, 시민, 계획가가 설계, 비평, 수정의 긴 과정에 참여한다. 계획과정의 어느 단계에나 사용될 수 있을 만큼, 목표의 설정에서 적절한 방법이지만, 많은 경우 가장 어려운 의사결정 단계이다.

3) 목표설정에서 계획가의 역할

목표는 공동가치의 직접표현이므로 목표의 설정은 결정과정체계 또는 정당하게 선출된 대표자들에게 달려있다. 그래서 계획가는 계획과정의 이 단계 중에서 정부차원의 계획에서는 선출된 공무원들의 보조역할을 하고, 조직차원의 계획에서는 집행위원회의 보조역할을 한다. 계획전문가의 역할을 구체적으로 살펴보면 다음과 같다.

첫째, 계획과정에 관한 지식을 가진 계획가들은 방향을 제시하고, 공공지지를 획득할 수 있는 목표의 중요성에 관하여 의사결정가를 교육시킬 수 있다.

둘째, 목표의 핵심 내용이 합리적 분석을 통하여 결정될 수 없을지라도 계획가들의 의견이 합리적 분석이 될 수 있다. 계획가들은 윤리적 모형에서 명료함과 일반성, 지속성을 표방하는 합리적 기준들에 부합하기 위하여 의사결정가들에게 제시할 목표를 분석할 책임을 가진다. 특히 계획가들은 주어진 계획의 정해진 목표와 결정과정체계 또는 기존의 계획이나 프로그램에 이미 포함되었을 수 있는 목표들 안에서 표출되는 다른 목표들 사이의 잠재적인 상충을 확인하는 책임을 가진다. 궁극적으로 계획가들은 종합적이고 전체론적인 기준들에 근거한 실질적인 합리성을 향상시킨다.

마지막으로, 계획가들의 합의가 도출되지 않았고, 결정과정체제에서 흥미로울 수 있는 목표를 다룬다면, 계획가들은 아직 표출되지 않은 가치체제에 근거한 문제들을 위한 목표를 주장할 수도 있다. 예컨대, 보건계획에서 결정권자는 질병이나 장애상태의 감소를 목표로 정할 수 있다. 이와 같은 목표는 다양한 질병의 발병률과 신체적 장애에 초점이 맞추어 진다. 계획가는 건강증진이라는 목표대안을 가지고 의사 결정가에게 도전할 수 있다. 그와 같은 목표는 어떤 생활형태의 개선 측면에서 계획의 목표를 개념화할 수 있고, 이런 목표는 스트레스나 긴장, 육체적 활동, 영양섭취와 유독한 물질로부터의 자유로움 등의 정도와 관계가 있다. 그와 같은 목표들은 질병과 장애상태를 낮출 수 있고, 목표달성도 쉽게 할 수 있게 한다.

제 2 절 수요평가

1. 계획과정에서의 수요평가

계획수립의 첫 단계에서는 주로 현재상태와 성취하고자 하는 미래상태간의 간격을 염두에 두고, 검토할 문제에 대한 상세한 정보를 수집하여야 한다. 이 정보를 기초로 달성할 목표를 설정하는 틀을 마련하는 것이다.

일반적 목표가 집단화된 행동에 의한 구체적인 목표의 평가근거를 제공한다면, 수요평가는 경험적인 근거를 제공한다. 구체적인 목표의 설정을 위한 경험적인 근거는 첫째, 의사결정가가 직면한 잠재적 과제의 정도를 평가하고, 둘째, 형평성과 효과성을 증진시킬 수 있는 분배의 반영, 셋째, 바람직한 상태를 저해하는 요인과 바람직하지 못한 상태를 유지하는 요인을 알 수 있다는 세 가지 이유에서 중요하다.

수요(needs)를 측정해서 여러 가지 대안들과 전략을 선택해야 한다. 수요평가(assessment of needs)는 계획목표 설정을 위한 절차이며 수단이다. 수요평가의 과정에서는 여러 출처에서 수집한 자료를 분석하고 다수 견해를 조정해야 한다. 수요평가는 자료수집에서 그치는 것이 아니고, 대안적인 해결안 선택을 용이하게 함으로써 계획단계로 연장된다. 그러나 수요평가의 목표는 해결책을 제시하는 것은 아니고, 시급하게 해결책이 필요한 영역을 식별하고 해결을 위한 규범적인 기준을 설정하는데 있다.

수요평가와 평가(evaluation)는 분명히 밀접한 관계를 맺고 있다. 계획가의 관점에서, 수요평가는 새로운 사업으로 중요한 욕구를 충족하기 위하여 미래를 예측하는 것이다. 사업이 실시되고 나면 평가는 과연 그 사업이 욕구를 충족시켰는지, 이것을 앞으로 더 계속할 것인지, 수정 또는 중단할 것인지를 결정하기 위해서 과거를 돌아보는 것이다.

2. 수요의 개념과 성질

1) 기초수요의 개념

심리학에서는 수요를 인간욕구로 보고 있으며, 인간의 행동을 이 기본욕구의 충족과정으로 설명하고 있다. A. Maslow는 인간의 기본적인 욕구는 계층으로 배열되었다고 주장하고 높은 계층의 욕구는 낮은 계층의 욕구가 충족되기 이전에는 활발하게 작용하지 않는다고 주장하였다.

C. Alderfer는 A. Maslow의 욕구분류를 가지고 이것을 더 기본적인 세 가지 범주로 분류하였다. 생존의 욕구, 타인과 관계하려는 사회적 욕구, 그리고 개인적인 성장의 욕구인 자아실현의 욕구가 그것이다.

D. C. McClelland의 기본적인 욕구이론은 성취의 욕구, 권력의 욕구 및 친화의 욕구가 그것이다. D. C. McClelland는 사회의 경제적인 건실함은 기업가적 활동에 달려있다고 주장하고 이런 활동들은 역사적으로 그 사회를 구성하는 구성원들의 강한 성취동기와 밀접하게 관련되어 있다고 주장하였다.

F. Herzberg의 위생적·동기적 요인에서 이 욕구들은 구체적으로 직업과 관계되어 있고 또한 사람들이 하는 일로부터 나타나는 구체적인 사실들을 반영한다. 그러나 때에 따라서 원하는 것이 달라지고 또한 자기 직업에의 의미성 부여가 달라지기 때문에 F. Herzberg이론의 유효성 문제는 계속 고려되어 왔다.

2) 계획과정에서 수요의 개념

계획과정에서는 수요 개념의 모호성 때문에 이를 사용하는 데 있어 상당한 혼란을 초래했다. 원래 수요 그 개념은 조직체에 있어서 생명유지에 필요한 요소로 간주하는 생물학에서 빌려왔다. 계획분석에서는 어떤 서비스가 체제유지를 위한 조건으로 정당화 될 수 있다면 의사결정가는 그러한 서비스가 제공되어야 하는지 또는 누구에게 제공되어야 하는지 하는 곤란한 이슈에 직면하지 않는다. 수요의 정의는 생명을 구성하는 것이 무엇인지, 그것을 유지하기 위한 사회의 책임성을 구성하는 것은 무엇인지에 관한 사회적 가치의 표현에 근거를 둔다. 이럴 때 우리는 다시 일반적 목표설정의 중요성을 인식하게 된다. 왜냐하면 일반적 목표가 구체적 목표간의 가치 갈등을 해결할 수 있는 계획의 기초이기 때문이다.

3) 수요의 유형

J. Bradshaw(1977)는 수요를 규범적 수요, 주관적 수요, 표현된 수요, 그리고 비교수요의 네 가지 유형으로 구별하고 있다.

(1) 규범적 수요(normative needs)

개인, 집단, 지역은 하나의 신념체계를 형성한다. 그러므로 수요는 각 집단 및 지역의 독특한 신념체계에 의해 좌우된다. 미국에 있어서는 그 지역사회 또는 이해 당국의 기준에 비추어 볼 때, 표준이하의 생활을 하고 있는 개인들의 상태를 나타내는 말로 사용되어지고 있으며, 이 때 빈곤은 네 식구 단위의 최소식량의 양을 측정해 정부에서 정한 기준에 적절한 범위 내에서 저소득층에게 보조금을 지급한다.

(2) 주관적 수요(felt needs)

주관적 수요는 개인에 의해 인정된 수요를 의미한다. 이는 개인이 처해있는 상황의 자각과 개인 자신이 수용할 수 있는 기준에 의하여 제한된다. 주관적 수요는 개인적인 문제에 의해 자각되는 수요이며, 개인들이 제공받기를 원하는 수요에 관한 어떤 조사의 개인적 응답을 반영하는 것과 동일시되며, 여기서의 수요는 욕구(want)와 같은 개념으로 사용된다.

(3) 표현된 수요(expressed needs)

표현된 수요는 주관적 수요에서 수요를 만족시키고 이행시키기 위한 개인의 시도로 전환하는 수요를 의미한다. 주로 질문지법, 설문지법과 실험 등의 자료수집과 진정서를 통해 얻은 개방수요가 이에 속한다.

(4) 비교수요(comparative needs)

비교수요는 비교될 만한 개인집단에 있어서 그 상황의 평균수준 아래에 있는 개인의 상황으로 간주된다. 그러므로 이것은 박탈과 관계되는 사회학적인 개념과 동등시 된다. 즉, 개인이 처한 상태가 수요가 된다.

4) 수요평가의 구성요인

(1) 유지요인과 장애요인

수요평가를 실시할 때는 원하는 상태의 현실화를 저지하거나 바라지 않는 상태를 유지하고자 하면서, 욕구의 충족을 방해하는 요인들이 발견된다. 이러한 요인들을 유지(sustaining) 또는 장애(blocking)요인이라고 한다.

유지요인과 장애요인은 정책연구의 문헌연구에 의해 규명될 수 있다. 그러한 요인은 또한 그 상황을 다루었거나 적당한 수요의 서비스를 제공하는 전문가의 가설을 통해서 규명되어질 수 있다. 또한 이러한 가설은 전문적 실습에 대한 문헌이나 전문가와의 심도있는 토론을 통해서 얻어낼 수 있다.

(2) 계획 혹은 프로그램의 목록

수요평가의 또 다른 요소는 상황이나 수요문제의 해결을 다루는 기존의 정책이나 계획의 목록이다. 이같은 목록은 적당한 해결책이 이미 존재하는지, 존재하지 않는지 혹은 새로운 계획이나 정책을 세워야 하는지를 결정하기 위해 필요하다. 정책은 계획과 구조상 다르다. 계획의 적용은 의지력이 없고 사례별 조사보다는 사전에 종류를 미리 결정하는데 기초를 둔다. 따라서 세 가지 특성은 적극 고려되어야 한다.

첫째, 적용범위이다. 이는 계획이 다루는 범위를 의미한다. 적용범위는 편익을 받을 대상(target group)이 누구인가? 또는 관리되어야 할 상황 또는 행태는 무엇인가? 등에서부터 개별법, 행정법 등에 이른다.

둘째, 집행절차는 집행 중인 계획의 특정절차와 계획채택에 정확히 반영된 절차 수행의 행정적 메커니즘을 나타낸다.

셋째, 상벌조항의 타당성은 정책의 보상이나 처벌의 충분성이 문제를 수정할 수 있음을 나타낸다.

3. 수요평가의 방법

1) 자료의 원천

자료원천의 다양성은 수요평가에 관련된 분석수행에 필요한 자료를 얻는데 도움이 된다. 자료에는 모집단, 계획관리자와 실무자, 서비스 기관의 서비스 기록, 지지집단, 기존자료 등을 포함한다. 자료는 위험에 직면한 개개인의 집단, 전체집단에 존재하는 지지기능과 장애기능, 그리고 자료는 기존의 정책과 계획의 특성을 지닌 계획관리자와 실무자로부터 수집할 수 있다.

이들 각각의 원천은 장·단점을 지니고 있다. 모집단은 문제의 본질과 상황, 수요의 확대와 관련된 가장 광범위한 원천이다. 그러나 모집단 내의 개인은 사회적으로 정의되는 상황들을 인식하지 못하며, 반대로 개인적 상황보다도 사회적 유행을 더 반영하는 수요를 포함할 것이다. 모집단에서 수집된 자료의 한계점은 계획관리자와 실무자로부터 수집된 자료로 극복될 수 있다. 이들은 모호한 상황을 인식할 수 있으며, 사회적 문제해결에 객관성을 지니고 있다. 지지집단들은 모집단의 위험성이나 현재 계획 또는 프로그램에 대한 자체적인 조사에 기반을 두고 상대적인 자료들을 제공할 수 있다.

2) 자료의 분석기법

수요평가를 위한 자료의 분석기법은 2차적 자료로부터 수집된 것을 사용하는 방법과 1차적 자료로부터 수집된 것을 사용하는 다음의 두 종류로 나눌 수 있다.

(1) 2차적 자료

2차적 자료를 통한 수요평가의 기법은 관련논문의 재검토와 현재의 자료에 대한 재분석을 내포하고 있다. 계획가는 의문이 제기되고 있는 수요의 가장 적절한 평가에 대한 연구를 해야 할 것이다. 정책분야의 전문잡지, 이 연구에 가장 적합한 정부주관 위원회의 보고서, 대학연구소의 출판물, 자문기관 등에서의 연구가 그러한 분야에 가장 근접한 것이다. 이상과 같은 것들을 이용하는 것은 분명히 시간과 노력을 절약할 수 있을 것이다.

(2) 1차적 자료

1차적 자료로부터 수집된 자료이용기법은 조사, 현지관찰 그리고 구조화된 집단과정 등 세 가지 유형으로 구분해 볼 수 있다. 조사는 가장 체계적이고 문서화된 접근방법이다(R. Mayer and E. Greenwood, 1980). 조사는 계량화된 모집단에 대한 표본조사로부터 정보를 유도해 내기 위해서 표준화된 질문지나 인터뷰의 이용을 포함하고 있다.

현지관찰은 추정된 상황과 관련된 직접적인 경험을 포함하고 있다. 주어진 서비스의 수용성 여부를 추정하기 위해서 계획가는 자신이 지원자의 역할을 하고, 그 서비스가 공급되는 경로를 직접적으로 관찰해야 한다. 이러한 과정을 통해 현지관찰은 단순히 조사하는 것보다 더 심도있는 통찰력을 길러준다.

구조화된 집단과정은 최근에 가장 많이 사용되는 것으로 문제상황에 대한 토론을 이끌어 갈 지역사회 각계각층의 대표를 선출하고, 지역사회 공개토론회로부터 명목집단에 이르기까지 그 범위를 정한다. 구조화된 집단과정은 위의 방법들보다 더 경제적이고 참여자들의 상호작용을 통해서 정보의 다양성을 유발할 수 있는 이점이 있다. 그러나 약점은 그러한 정보들의 대표성을 부과할 능력이 없다는 것이다.

제 3 절 구체적 목표의 확정

1. 계획과정에서의 구체적 목표

일반적 목표(goal)는 계획활동을 통하여 달성하고자 하는 바람직한 상태이다. 이것은 계획 전반에 있어 나아가야 할 지침을 알려주는 역할을 하므로 미래지향성과 방향성을 갖게 된다. 계획이 미래를 예측하는 활동인 만큼, 어떤 계획의 나아갈 방향을 정해 주는 일반적 목표는 불확실성의 위험을 가지고 있다.

일반적 목표(goal)는 일반적으로 '가치－일반적 목표－구체적 목표(value-goal-objective)'의 체계로 계획에 실질적으로 적용된다. 가치는 시·공간을 초월한 이상적인 상태로 조직이나 집단 혹은 좁은 의미로는 계획가의 가치라고 볼 수 있다.

일반적 목표는 합목적성과 시간성을 지닌다. 계획의 첫단계인 목표설정은 일반적으로 이러한 일반적 목표를 설정하는 것이 된다. 구체적 목표는 가치와 일반적 목표를 실현가능한 상태로 만들어내기 위해 현실에 적용될 수 있는 보다 구체적이고 세부적인 목표로서, 시·공간을 모두 수반한 목표의 상태이다. 이것은 목표를 설명할 수 있는 구체적 기준이며, 계획에서는 실질적인 기능을 가지게 된다. 이러한 이유에서 구체적 목표는 기준(criteria)과 지표(indicator)라는 용어들과 혼용되기도 한다.

2. 구체적 목표의 개념

일반적인 목표는 계획의 큰 지침을 제공해 주므로 특정집단의 지향 상태를 달성해 내기에는 한계가 있다. 일반적 목표는 목표달성을 위한 수단을 찾거나, 달성의 정도를 측정하는 데 적합하지 않은 상태인 것이다. 이러한 목표를 구체화시키기 위해서는 수요평가 단계를 반드시 거쳐야 한다. 수요평가는 목표의 시 · 공간성, 대상집단, 현 상태에서의 변화정도를 정하고 가늠할 수 있는 기준을 제공하게 된다.

바람직한 기능을 수행하기 위해서 일반적 목표는 가능한 한 구체적이고 명확하게 제시되어야 한다. 그렇게 제시된 목표가 있다 하더라도 계획가는 '구체적인 목표(objective)'를 설정해야 할 필요성을 느낄 것이다. 계획의 1단계 과정인 일반적 목표설정 이후 '수단-집행-평가 및 환류'의 절차로 진행되는 계획과정에서 이를 쉽게 확인할 수 있다.

목표가 명확하게 설정되어 있지 않으면 목표달성을 위한 수단의 선택도 어렵게 된다. 집행단계에서도 목표가 명확하게 설정되어 있지 않으면 집행자가 혼란에 빠져 계획이 표류될 가능성이 크다. 집행은 목표-수단의 관계에서 하위수단을 결정하는 것, 계획의 수단을 구체화시켜 가는 과정으로 볼 수 있기 때문이다. 또한 목표를 얼마 만큼 달성했는가를 판단하는 것은 계획을 평가하는 핵심적인 활동이라 할 수 있으므로 목표가 불명확할 경우 목표의 달성정도를 평가하기란 매우 어렵다. 예컨대, '고용 확대 또는 실업자 감소'라는 목표는 막연하고 추상적이지만, 이것을 '실업률 3% 이내로 억제'라고 할 경우에는 더 명확하고 구체적이어서 목표의 달성도를 평가하기가 쉬울 것이다.

목표는 계획과정에서 판단의 기준, 행동의 지침으로서의 기능을 지속적으로 수행해 내기 위해서 목표는 가능한 한 구체적이고 명확하게 설정되어야 한다(김신복, 1999: 94).

3. 구체적 목표의 성질

구체적 목표는 분명하게 기술되고 이해하기 용이하며, 일방적이 아니고 구체적이며, 측정가능하고, 산출지향적이며, 집행조직의 신념이나 목표들과 일관성을 유지하고, 결과 지향적인 것일 때 잘 작성된 목표로 평가된다(노화준, 1999: 64). 그러나 여기에서는 좀더 공식화된 네 가지의 구체적 목표의 성질을 살펴보려 한다. 구체적 목표는 ① 수요에 있어 측정가능한 상태이어야 하고, ② 그 대상이 되는 모집단을 한정해야 하고, ③ 변동량을 포함하고 있어야 하며, ④ 목표달성의 기간을 구체화해야 한다(Robert R. Mayer, 1985: 139).

1) 측정가능한 상태(measurable condition)

측정가능한 상태란 개인, 조직 또는 지역사회의 상태나 수요를 계산이나 다른 어떤 방법을 통해 관찰할 수 있고 양적으로 측정할 수 있는 상태이다. 그러므로 구체적 목표는 측정가능한 형태로 제시되어야 하는 것이다. 이런 측정가능한 상태는 2단계 수요평가에 의해 이루어지고, 이에 의한 구체적 목표는 1단계에서 결정된 목표를 직접적으로 표현할 수 있어야 한다.

2) 모집단의 한정(finite population)

모집단은 물리적 공간으로 한정되는 개인이나 조직, 지역사회의 일체로서 관찰 가능한 대상이다. 이들 모집단은 계획의 대상으로 관찰되어 왔는지의 여부를 알기 위해 일정한 지리적 영역 내에 위치해 있어야 한다. 이러한 모집단의 한정은 모집단의 상태를 평가하고 현 상태를 변화시킬 수 있는 성공의 정도를 결정하는데 큰 역할을 하게 된다.

3) 변동량(amount of change)

수요평가가 실시되고 난 이후에는 구체적 목표를 설정할 수 있게 되는데, 이때 계획가는 달성하고자 하는 측정가능한 상태의 변동량을 정하게 된다. 그 변화는 일정한 기준에 의해 표현되어 질 수도 있고, 위기상황에 있는 모집단에 대해 분배상태를 바꾸는 것에 의해 표현되어 질 수도 있다. 달성하고자 하는 변동량은 절대적인 수치나 퍼센트(%)로 나타낼 수 있다. 이런 구체화는 대안을 찾게 되는 단계나, 집행 이후 결과를 평가하는 단계의 기초가 된다.

4) 시기(time period)

구체적 목표에 있어서의 시기라고 하는 것은 일정한 계획이나 정책을 집행하여, 기대되는 결과들이 나타나게 되는 기간이다. 달성하고자 하는 구체적 목표에 따라 그 계획은 단기성이 될 수도 있고, 장기성이 될 수도 있는 것이다.

4. 다양한 목표들 사이의 관계

하나의 계획이 여러 가지 구체적 목표를 지닐 수도 있다. 그 이유는 세 가지로 볼 수 있다. 첫째, 복잡하거나 다양한 차원의 현상 때문에 목표는 다양한 구체적 목표들에 의해 가장 잘 표현되어질 수 있다. 둘째, 많은 근원으로부터 다양한 구체적 목표들이 생기는 경우이다. 다시 말해 주어진 계획이나 정책이 다양한 목표들을 설정할 수도 있는데, 설정된 각 목표들이 적어도 하나의 구체화된 목표로 표현된다 해도 구체적 목표는 다양화 될 수밖에 없다. 셋째, 의도하지 않은 결과를 통해서 구체적 목표가 다양화되는 경우이다. 의도하지 않은 결과가 긍정적일 경우, 이는 부가적 이익을 가져다 줄 것이므로 구체적 목표는 별다른 문제를 일으키지 않을 것이다. 그러나 그 결과가 부정적이라면 구체적인 목표는 계획에 심각한 문제를 일으킨다. 그러므로 구체적 목표들은 의도된 사실상의 구체적 목표로 다루어야 한다(Robert R. Mayer, 1985: 142). 이들 구체적 목표들은 경우에 따라서는 상호 모순·충돌하기도 하고, 서로 보완적이기도 하며 때로는 독립적이기도 하다(정정길, 2001: 56).

1) 부가적 관계

부가적 관계는 긍정적 관계라고도 할 수 있는데, 구체적 목표들이 부가적(additive) 관계를 맺고 있다면 어떤 구체적 목표의 성취는 다른 구체적 목표의 성취를 강화시켜 주는 것이다. 구체적 목표들은 절대적인 상호의존성으로 연계되어 있다. 그러므로 하나의 구체적 목표를 희생시켜 다른 구체적 목표를 달성하는 것은 부차적으로 볼 때 최적의 결과를 이끌어 낼 수 있을 것이다. 구체적 목표들의 달성에 있어 가장 이상적인 시기는 한 목표의 달성으로 다른 목표가 달성되는 것이다.

2) 타동적 관계

타동적(transitive)인 목표는 상호연관성이 없는 독립적 관계이다. 한 구체적 목표의 달성이 다른 목표를 달성하는데 아무런 영향을 주지 못하는 것이다. 구체적 목표의 달성은 의사결정가가 평가함으로서 가능하다. 구체적 목표들 간의 우선권을 확립하거나 목표를 평가하기 위한 절차는 문헌과 일반적인 실천 속에서 결정해야 한다.

일반적으로 목표의 우선순위를 결정하게 되는 기준은 ① 그 계획만이 추구할 수 있는 고유한 가치, ② 필요성과 수요의 충족 등을 포함한 사회 전체적인 공익의 증진, ③ 상위 목표달성을 위한 전략적 효과성, ④ 실현가능성 등으로 정리해 볼 수 있다(노화준, 1999: 69).

3) 부정적 상호의존관계

부정적 상호의존관계에서 한 구체적 목표의 추구는 다른 구체적 목표의 달성을 방해한다. 부정적이면서 의도하지 않은 결과는 의도적인 결과와 연관을 맺고 있으면서 의도한 결과를 달성해 내려고 하면 할수록 의도하지 않은 결과의 부정적 효과가 나타나는 것이다.

이런 부정적 상호의존관계(negative interdependent)에 있는 구체적 목표를 다루는 가장 바람직한 방법은 가능하다면 부가적인 목표 속에서 이들을 변화시키는 것이다. 의도하지 않은 결과의 경우, 계획의 목표달성을 최대화하는 동안 그것의 부정적 효과를 감소시키는 정책이나 프로그램을 구상하는 것이다. 독립적 관계의 구체적 목표들의 경우에는 자원을 더 적게 사용할 수 있는 새로운 계획이나 프로그램을 창안하고, 이에 따라 의사결정가가 존재하는 기술로 가능하다고 판단되는 기준 아래 구체적 목표들을 추구해 나가는 것이 된다.

그러나 인간의 정교함에는 한계가 있고, 따라서 동시에 만족될 수 없는 부정적 상호의존성의 구체적 목표들을 남길 수도 있다. 이러한 경우 적절한 방법은 최대-최소 전략(maxi-min strategy)일 것이다. 이는 의사결정가가 하나의 구체적 목표의 부정적 효과를 최소화하는 동안에 다른 한 구체적 목표의 긍정적 효과를 최대화하는 전략이다. 이것은 의도하지 않은 결과가 부정적일 때 사용할 필요가 있다. 의도하지 않은 결과는 의도된 결과의 제약조건이다.

요약하면 구체적 목표들이 부가적 관계일 때 구체적 목표들은 통합작용을 하게 되고, 구체적 목표들이 독립적일 때에는 우선순위를 매길 수 있으며, 구체적 목표들이 부정적 상호의존 관계일 때에는 최적화(optimizing)시킬 수 있다.

5. 구체적 목표확정의 기법

계획에서 구체적 목표는 편익을 얻으려고 하는 어떤 집단의 복지에 영향을 준다. 변화된 상황은 집단구성원들의 생활환경을 대표하면서 정치적 관할권, 회사나 자발적 조직에도 영향을 미친다. 그리고 추구하게 되는 변동량은 현실적으로 축적된 자원을 사용할 것이다. 그러므로 목표를 구체화하는 것은 관련된 모든 정당과 직접적 연관을 가지게 되고, 정치적 결정은 필수가 된다.

구체화된 목표를 확정하는 데는 몇 가지 기법들이 있다. 첫째는 자문기구(citizen advisory group)로 공식적인 임시 집단이다. 둘째는 델파이 기법(delphi technique method)으로 전문가 집단을 활용하는 것이다. 델파이 기법은 목표설정뿐 아니라, 미래예측 방법으로도 주로 사용되어진다. 명목집단 조사기법(nominal group process technique)은 델파이기법의 변형형태로 연령, 소득, 지위 등에 따라 모여 집단과정을 통해 목표의 구체화에 참여하게 되는 방법이다. 셋째는 지역사회토론회(community charrette)로서, 각 분야의 전문가들이 모여 목표를 구체화시키는 작업을 하게 된다.

목표의 구체화는 집단 구성원들이나 필요에 의해 선출된 대표자들에 의해서만 달성될 수는 없다. 계획가는 네 가지 중요한 분석적 임무를 수행함으로써 양질의 목표 구체화 확정에 주요한 공헌을 하게 된다(Robert R. Mayer, 1985: 146).

첫째, 목표가 계획을 동기부여 하는 상황의 잠재적 범위를 확인하는 것이다. 공식화된 구체적 목표를 둘러싼 실제적 상황 속에서의 선택이 의사결정가의 선호에 의한 것이지만, 선택의 범위는 합리적 분석을 통해 확대될 수 있다. 이러한 분석은 목표의 다양한 범위를 통해 목표를 개념화하고, 그 범위로부터 추론해 낼 수 있는 관찰 가능한 상황의 범위를 확인하는 것이다. 의사결정가들은 종종 시간과 능력, 자원이 부족하다고 생각한다. 따라서 목표를 구체화시키는 데에 그들의 선택은 한정적일 수밖에 없다.

둘째, 의사결정가에 의해 구체화된 다양한 목표에 자원배분 절차를 결정하는 것이다. 이 임무는 다양한 목표들 사이의 관계에서 논의되었던, 구체적 목표들간의 자연적 관계를 분석하는 것과 연관된다. 그리고 의사결정가가 각 목표달성에 기여할 수 있는 자원량을 배분할 수 있는 적절한 절차를 확인한다.

셋째, 개선된 상황의 변동량과 변화를 가져올 수 있는 성공가능성의 관계를 확인하는 것이다. 구체적 목표들을 지나치게 높게 설정하면 본래의 달성하고자 하는 바를 이룰 수 없게 된다. 계획가가 이러한 관계를 확인하기 위해서는 고려중인 정책이나 계획과 관련된 기술에 대해 충분히 알고 있어야 한다.

마지막으로, 변화가 이루어지는 시기와 변화를 가져올 계획이나 정책을 필요로 하게 되는 시기를 점검해야 한다. 고도의 정치적 환경 하에서 계획이 가지는 문제점 중의 하나는 구체적 목표가 종종 비현실적인 시기에 놓여지게 된다는 것이다. 흔히 선출직 공무원들은 구체적 목표달성의 시기와 변화를 가져올 계획이나 정책의 여건에 맞추기보다는 종종 다음 선거시기에 맞춘다. 그 결과는 변화를 일으킬 정부의 능력을 시민들이 신뢰하지 않아 정부 정책의 실패를 되풀이하는 것이다.

구체적 목표의 설정에 있어 부적절한 시기를 이용하고자 하는 유혹을 뿌리치는 것은 계획가의 책임이다. 그런 유혹을 뿌리치기 위해서 계획가는 문제상황에서 변화를 불러 일으키게될 잠재적 계획이나 정책이 요구하는 전문성을 갖추어야 한다.

6. 제약요인과 기회요인

구체적 목표를 설정함에 있어서 환경적인 제약요인과 기회요인이 존재한다. R. Mayer에 의하면, 구체적 목표를 설정하는 데 있어서 제약요인은 재정(financial cost), 이용가능한 기술(available technology), 그리고 의도하지 않은 결과(unintended consequences)를 들고 있다. 그리고 기회요인으로는 새로운 자원의 이용, 새로운 기술이나 공적 지원 등을 들고 있다(R. Mayer, 1985: 140-141).

한편 발전적 계획과 부분점진주의 사이에는 계획의 제약요인과 기회요인을 서로 다르게 인식한다. 우선 발전적 계획의 경우 제약요인과 기회요인은 목표를 달성하는데 공헌할 수 있는 자원으로 이해한다. 반면에 부문점진주의의 경우 제약요인과 기회요인은 계획의 궁극적 방향을 결정하는 요인으로 작동하게 된다.

1) 제약요인

현실적으로 목표를 구체화하는 것은 지극히 어려운 일이다. 대체로 목표를 구체화하는 데 있어서는 다음과 같은 제약(constraints)이 따른다(노시평, 2001: 171). 첫째, 목표의 설정단계에서 목표가 구체화되는 경우 관련 집단의 반대에 부딪칠 가능성이 크다. 즉, 목표의 구체화 단계에서는 자원이 투입되고, 변동을 나타내게 될 모집단이 특정적으로 나타나게 된다. 예컨대 '제조업 투자확대를 통한 경제발전'이라는 목표가 비교적 구체적이라 한다면, 1차 산업의 종사자나 3차 산업의 종사자들의 반대에 부딪칠 가능성이 있다는 것이다. 둘째, 구체적 목표의 달성은 수단의 존재 여하에 따라 영향을 받기 때문에 처음부터 명확하게 설정하기에는 한계가 있다. 이용가능한 재정상태라든지, 이용가능한 기술의 존재여부 등은 구체적 목표달성에 있어 수단으로서 작용을 하게 된다. 이런 제약조건은 얼마든지 변동의 가능성이 있으므로 목표를 명확하게 설정해 놓기에는 무리가 크다. 따라서 목표를 먼저 설정하고 다음에 수단을 탐색하는 것이 아니라, 목표를 개략적으로 설정하고 개략적인 수단을 탐색해 본 후 여기에서 도출된 정보를 바탕으로 목표를 수정・보완하여 구체화시켜 가는 것이 목표구체화의 올바른 방법이라 하겠다. 셋째, 목표가 구체적으로 결정되면 될수록 설정 후에 수정의 필요성이 커지게 된다. 가령, 고용정책의 목표를 '고용안정'이라고 했을 경우에는 경제상황의 변화에 따라 목표를 수정할 필요가 없지만 '실업률 5% 이내'라고 구체적으로 설정했을 경우에는 경제상황의 변화에 따라 수정할 필요성이 그만큼 커지게 되는 것이다.

이와 같은 이유들로 목표는 목표설정 단계에서 추상적으로 결정되고 수요평가, 수단 모색, 그리고 좀더 넓게는 집행단계까지도 구체화 작업을 계속하게 되는 것이다.

2) 기회요인

기회요인(opportunities)은 구체적 목표의 성격과 규모를 변화시킬 수 있다. 기회는 새로운 자원(sources of funds), 새로운 기술(technology)이나 공적 지원(public support)의 등장이다. 예컨대 인간의 달 착륙은 우주기술이 그것을 가능하게 만들 때까지 결코 목표로 설정될 수 없었다. 특별한 상황이나 주어진 목표를 가장 잘 표현하는 수요를 선택함에 있어서 계획가는 자원, 기술, 의사결정을 하는 사람들에게 선택될 수 있어야 한다.

그러므로 구체적 목표를 설정하는 과정이나 구체적 목표를 달성할 수 있는 대안을 모색하는 과정 중에 이러한 새로운 기술이나, 자본, 구체적 목표를 달성시켜줄 수 있는 공적 지지가 나타난다면 계획가는 이러한 새로운 기회조건에 맞게 구체적 목표를 수정해야 한다.

탐구학습

1. 주요개념과 요약
   - 계획과정에서 목표의 중요성
   - 일반적 목표의 설정: 개념, 성질, 방법
   - 수요의 평가: 개념, 성질, 유형, 방법
   - 구체적 목표의 확정: 개념, 성질, 관계, 기법, 제약요인, 기회요인

2. 토론과 과제

- 일반적 목표의 성질과 설정기법에 대하여 설명하시오.
- 수요의 유형과 수요평가기법에 대하여 설명하시오.
- 구체적 목표의 성질과 확정기법에 대하여 설명하시오.
- 목표설정과 관련한 제약요인과 기회요인에 대하여 설명하시오.

참고문헌

권영찬 · 이성복(1990), 기획론, 서울: 법문사.

김신복(1999), 발전기획론, 서울: 박영사.

노화준(1999), 정책분석론, 서울: 박영사.

박우서 · 박경원(1995), 현대기획이론, 서울: 나남출판.

정정길(1993), 정책학원론, 서울: 대명출판사.

Bradshaw, J.(1977), "The Concept of Social Need", In N. Gilbert & H. Specht, *Planning for Social Welfare Issues, Tasks, and Models*, N. J.: Prentice-Hall.

Dykman, J. W.(1974), "Planning Within a Decentralized Framework", In R. Moronev & R. Morris, *Centrally Planned Change*, Urbana: Univ. of Illinois Press.

Helmer, O.(1967), *Systematic Use of Expert Opinion*, Calif.: Rand Corporation.

Horowitz, D.(1977), *The Courts and Social Policy*, Washington D.C.: Booking Institution.

Mayer, R. and E. Greenwood(1980), *The Design of Social Policy Research*, N. J.: Prentice-Hall.

Mayer, R.(1985), *Policy and Program Planning: A Developmental Perspective*, N. J.: Prentice-Hall, Inc.

宮川公男(1994), 政策科學の基礎, 東京: 東洋經濟新報社.

宮川公男(1997), 政策科學の新展開, 東京: 東洋經濟新報社.

제 3 장 대안선택

제 1 절 행동대안의 설계

1. 대안설계의 의의

대안설계의 단계는 계획의 목표를 달성하는데 기여할 수 있는 모든 가능한 수단을 개발하고 확인하는 과정이다. 이 과정에서는 과거에 시행되었거나 현재 시행되고 있는 계획은 물론 이를 토대로 또 다른 대안을 개발하고 창안하는 활동까지도 포함한다. 이러한 특징으로 인하여 대안설계의 단계는 계획과정에서 가장 창의성이 요구되는 단계이다(R. Mayer, 1985: 149).

대안의 설계는 조직 및 환경의 요인에 의하여 제약을 받을 수 있다(권영찬·이성복, 1990: 264). 여기에서 모색 또는 설계란 현재의 상태를 바람직한 상태로 변화시키기 위하여 행동의 방향을 강구하는 행위로 해석할 수 있다(박우서·박경원 역, 1995: 87).

2. 대안의 개념 및 특징

1) 대안의 개념

일반적으로 대안이란 의제로 설정된 정책문제를 해결하기 위하여 고려되는 행동방안이다(이종수 외, 1996: 228). 계획가가 그것을 사용함으로써 원하는 목표를 달성할 수 있을 것이라고 믿는 수단이나 방법을 말한다. 대안은 계획가가 문제의 해결과 구체화된 목표의 달성을 위하여 채택 가능한 여러 가지 수단(means)을 지칭하는 것이다. 예컨대 '대학입시의 문제 해결'이라는 목표를 설정한 경우 이를 해결하기 위해서 채택할 수 있는 고등학교에서의 직업교육의 확대 실시, 대학입학 정원의 확대, 대학입시제도의 개선 등을 대안이라고 할 수 있다. 그리고 목표의 달성과 관련하여 동일한 기능을 수행하는 것뿐만 아니라 대안들간에 상이한 기능을 수행하면서도 문제의 해결에 기여할 수 있는 대안들까지도 고려된다. 따라서 목표와 수단과의 조합으로 이해할 수 있다(강근복, 1994: 101-102).

2) 대안의 특징

하나의 대안을 선택하면 동일한 선택가능한 대안의 묶음(choice set)에 있는 다른 대안은 선택되지 않는 특성이 있다. 이는 이용가능한 자원의 제한 때문에 나타나는 특징이다(R. Mayer, 1985: 151).

3. 대안의 유형

1) 연속적 대안과 불연속적 대안

대안은 크게 연속적 대안과 불연속적 대안으로 구별할 수 있다. 연속적 대안은 예산액의 결정과 같이 연속적 범위에 있어서 특정한 점을 선택하는 경우의 대안을 의미하고, 불연속적 대안은 상호배타적인 여러 개의 불연속적 대안을 의미한다.

2) 정치적 대안과 기술적 대안

대안은 그 문제의 성격에 따라 정치적 대안과 기술적 대안으로 구분할 수 있다. 정치적 대안은 국방비, 사회보장비 등 예산의 배분문제와 같은 정치적 성격을 내포한 대안을 의미하고, 기술적 대안은 신장병의 여러 가지 치료법과 같이 전문적인 판단과 기술을 요하는 대안을 의미한다(유훈, 1995: 255-256). 그러나 이러한 대안은 배타적으로 명확하게 구분된다기 보다 양자의 성격을 어느 정도 가지고 있는 상호교차적인 성격이 있는 것이 대부분이다.

4. 대안의 설계과정

1) 대안설계의 절차

대안을 설계하는 절차는 다음과 같다. 첫째, 문제에 대한 개념적 틀 설정이다. 이는 기존의 지식 등을 토대로 계획문제의 내용, 성격과 중요성 등 관련된 요소를 분석하는 것이다. 둘째는 문제해결을 위한 다수의 대안개발로 여기에서는 창의적 대안을 위하여 자유롭게 진행되어야 한다. 그리고 가급적 많은 수의 대안이 창출되어야 한다. 셋째, 개발된 대안이 안고 있는 잠재적 적합성을 검증하는 것이다. 이는 계획과정에서 대안설계단계 이후인 대안의 평가단계에서의 작업을 줄이기 위한 것으로, 대안의 기초적 평가라는 의미를 지닌다. 그리고 마지막으로 대안이 채택되어야 하는 논리를 개발하는 것이다. 이때의 논리는 그다지 완벽하지는 않아도 된다. 그러나 이 논리가 집행단계까지 연계되므로 대안의 비용과 편익 등 유의한 설명을 위하여 다소 구체적이어야 한다(R. Mayer, 1985: 152-156).

2) 대안설계에 따른 기준

대안설계의 절차에 있어서 세 번째 단계인 잠재적 적합성 검증단계에서 적용되는 기준은 네 가지가 있다. 첫째, 자원의 유용성(availability of resources)으로 대안의 비용은 예견되는 자원의 범위 내인가 하는 것이고, 둘째, 기술의 유효성(availability of technology)으로 대안의 집행을 위한 기술과 지식이 충분한가 하는 것이다. 셋째, 가치수용성(value acceptability)으로 대안이 선호나 의사결정체제의 가치체계에 적합한가 하는 것이며, 마지막으로 적절성(adequacy)으로 이는 구체적인 목표를 달성하기에 얼마나 적합한가 하는 것이다(R. Mayer, 1985: 155).

5. 대안설계의 기법

1) 대안의 원천

대안의 원천으로는 흔히 과거의 유사한 해결대안, 타 조직에서 해결대안으로 사용된 것, 이론 및 모형으로부터 새로이 창조되는 것, 문제의 해결을 요구하는 집단 등을 들 수 있다. 특히 대안을 탐색하는 과정에서 모형 또는 이론이 부족하거나 타 조직에서 경험적으로 사용한 적이 없는 경우에 대안을 탐색하는 기술을 개발하는 것이 매우 중요하다. 이 경우에 집단토의(brainstorming)와 델파이 기법(delphi technique) 등을 활용할 수 있다(권영찬·이성복, 1990: 265).

2) 대안설계의 기법

(1) 합리주의적 방법

① 합리주의적 방법의 의의

일반적으로 복잡하고 다양한 문제가 제기되는 계획을 둘러싼 여건으로 인하여 선형적인 계획은 문제해결 능력이 낮다. 따라서 발상의 전환이나 어떤 획기적인 변화가 필요한 오늘날의 복잡하고 다양한 문제해결에는 그에 맞는 합리적 방법이 요구된다. 합리적인 계획대안을 개발하기 위해서는 기존의 편견이나 선입견을 초월한 창의적인 요소가 절실히 요구되는바(강근복, 1994: 122-123), 이에 적용하는 대안모색 방법을 합리주의적 방법이라 한다(이종수 외, 1996: 228-289).

② 합리주의적 방법의 종류

가. 독창적 사고

H. A. Simon은 대안의 설계는 기계적인 합리적 사고(mechanically rational thinking)로 해결될 수 있는 것이 아니라 독창성을 요하는 활동이라고 주장하고 있다. 대안의 설계를 위한 최선의 방안은 독창성을 지닌 인재를 채용하고 독창적인 사고를 조장하는 조직의 풍토를 조성하는 것이 무엇보다 중요하다(유훈, 1995: 254).

독창성 또는 창의성을 계발하기 위해서는 두 가지의 접근방법이 있다. 첫째는 개인 창안으로 이에는 자유로운 상상력, 비판적인 탐색의 습관화, 인접정책이나 학문에 관한 전문성, 다양한 접근방법의 습득 및 활용이 매우 중요한 요인이고, 둘째는 집단창안으로 자유로운 창안자 육성, 창안을 막는 사람들(idea killer)의 배제, 새로운 교육 및 경험부여, 연구부 등의 전문조직 활용 등이 매우 중요하게 작용한다(이종수 외, 1996: 229-230).

나. 과학적인 지식과 기술 및 모형

과학·기술의 발달이 새로운 대안의 창출에 이바지할 수 있다(유훈, 1995:

255). 예컨대 태양열에 관한 기술개발이 에너지부족 문제를 해결하기 위한 하나의 대안이 될 수 있다. 이는 과학적 지식이나 기술이 목표와 수단의 인과관계를 포함하기 때문이다. 이러한 경우 과학적 지식이나 기술을 모형화시켜야 하기 때문에 모형의 개발이 대안모색의 하나의 수단이 되기도 한다(강근복, 1994: 123).

다. 전문가 활용

이는 여러 전문가들의 상호 토론을 통하여 문제해결을 위한 대안을 모색하는 방법이다. 여기에는 세미나(seminar), 패널(panel), 심포지움(symposium), 포럼(forum) 및 분임토의(syndicate) 등을 총괄하는 개념인 토론과 정책델파이(policy delphi), 브레인스토밍(brainstorming), 브레인라이팅(brainwriting) 등이 있다.

(2) 점진주의적 방법

① 점진주의적 방법의 의의

점진주의(incrementalism)적 대안모색 방법은 이미 알려진 대안들을 중심으로 선택적 모방의 방식에 의거하여 대안을 모색하는 방법이다. 점진주의적 대안모색 방법은 기본적으로 다음의 네 가지를 주장의 근거로 삼고 있다.

첫째, H. A. Simon의 합리모형[1]이나 만족모형[2]에서 제기한 주장처럼 과거의 정책을 완전히 무시하고 새로운 계획을 만들어내는 것은 계획가의 시간, 지식, 비용 등의 한계로 인하여 매우 어렵다는 것이다.

둘째, 매몰비용(sunk cost)의 증가이다. 일단 집행된 계획이 잘못되었다 하더라도 이미 투입된 비용이 있기 때문에 기존의 계획을 완전히 바꾸는 대안을 선택할 경우 그간 투입된 비용 때문에 오히려 더 불합리한 것이 될 수 있다는 것이다.

셋째, 정치적 실현가능성으로 사회적 가치의 근본적인 재분배를 초래하게 되는 새로운 대안보다는 점진적 대안이 대체로 정치적으로 실현가능성이 높기 때문이다. 일반적으로 대안은 정책화됨을 전제로 하고 이를 위해서는 정치적 집단간의 새로운 타협과 조정이 필요하다. 이러한 절차는 기존과 다른 정치적 이해관계

1) 종합주의(synopticism)라고도 불리는 합리모형은 계획결정에 있어서 최대한의 합리성 다시 말해 무제한적 합리성을 기초로 하고 있다. 목표와 수단을 정의하고, 대안을 선택할 때 계획가는 전지전능함을 가정으로 하고 있다. 이후 점진주의자에게 많은 비판을 받고 있다(유훈, 1995: 68-69).

2) 합리모형에 대한 비판이 거세지자 등장한 모형으로 계획가의 지식, 학습능력, 기억능력, 계산능력 등의 제한으로 인하여 최적의 대안을 선택하는 것이 아니라 다만 현실적으로 만족스러운 대안을 선택한다고 주장하는 이론이다(유훈, 1995: 70).

때문에 잘 이루어지지 않기 때문에 발생하게 된다.

넷째, 안정성을 들고 있다. 점진적인 변화를 추구하기 때문에 계획의 계속성, 지속성이 보장되어 안정성을 확보할 수 있기 때문이다(강근복, 1994 114-115).

② 점진주의적 방법의 종류

가. 문헌검토

문헌검토(review of the literature)는 문헌을 통하여 대안을 모색하는 것으로 가장 다양하게 사용되는 기법 중의 하나이다. 여기에서 문헌은 서적, 정부기관 및 민간연구소 등의 정기간행물 등을 포함하는 개념이다(R. Mayer, 1985: 156). 이는 대안의 원천 중 과거의 유사한 계획대안과 깊이 관련된다.

나. 비교사례연구

비교사례연구(the comparative case study)는 문제를 해결하기 위한 기존의 노력이나 체계적인 지식의 존재에도 불구하고 해결되지 않는 문제에 대한 대안을 모색하기에 가장 유용한 기법이다(R. Mayer, 1985: 157). 이 기법은 다른 조직의 경험적 대안을 통하여 적용가능한 대안을 모색하는 것이다. 동일한 계획문제를 해결하기 위한 여러 유사한 조직에서 동시에 또는 어느 정도의 시차를 두고 문제의 해결을 위한 대안을 모색하는 경우가 많다(유훈, 1995: 254). 예컨대 전남도청과 충남도청의 이전사례는 경북도청의 이전계획에 대한 대안이 될 수 있을 것이다.

③ 점진주의적 방법의 특징

점진주의적 대안모색 방법은 비용을 절감시키고 불확실성을 극복하게 해주며 정치적 실현가능성을 증대시킨다는 면에서 매우 유용하다. 그러나 계획상황은 매우 복잡하고 가변적이기 때문에 기존의 계획으로부터 도출된 대안의 실현가능성은 그리 높지 않으며, 새롭게 설정된 문제를 해결하기 위한 대안모색의 방법으로는 적절하지 않다. 대안설계 방법에 사례로는 상호관련 의사결정분석(The Analysis of Interconnceted Decision Areas: AIDA), 형태론적 상자모형, 이상화된 설계, 그리고 사안별 정보체계(Issue Based Information System) 등이 있다. 그러나 이러한 설계방법이 채택되거나 활용되는 경우는 극히 한정되어 있으며, 계획과 관련된 문제에서는 체계적인 설계가 적용되는 경우가 희박하다(박우서 · 박경원, 1995: 90).

6. 대안설계의 한계

일반적으로 대안설계에서 모든 변수를 고려하고 그들 변수간의 상호관련성을 완전히 파악한다는 것은 거의 불가능하다. 그 이유는 다음과 같다. 첫째, 시간상의 한계로 일반적인 대안설계에서는 소요되는 시간이 매우 길다. 특히 기존에 없었던 새롭고 창의적인 대안의 설계는 더욱 많은 시간이 필요하다. 따라서 위급한 상황이나 신속한 처리가 요구될 때는 대안모색이 매우 힘들거나 부적절한 대안의 설계로 인하여 정책실패까지 야기될 수 있다.[3)]

둘째, 정보상의 한계이다. 대안의 설계단계에서는 지극히 많은 양질의 정보가 필요하다. 이의 획득, 정보의 진실성, 정보의 원활한 가공·처리 등이 설정된 문제의 속도보다 늦으므로 대안모색이 힘들게 된다.

셋째, 계획가의 자질이나 능력이다. 대안을 모색하고 설계하는 계획가에게는 전문적 지식, 경험, 의욕, 창의성, 도덕성, 공익추구성, 객관성 등이 엄격히 요구된다. 그러나 이러한 많은 요소 중 일부만이 결여될 경우 대안은 계획으로서의 가치를 상실하게 된다.

제 2 절 행동대안의 사전평가

1. 계획과정에서 대안평가의 의의

계획의 다섯번째 단계로써 각각의 행동대안으로부터 기대되는 긍정적(positive), 부정적(negative), 그리고 상대적인 효과를 분석하는 단계이다(R. Mayer, 1985: 107).

행동대안의 선택단계에서 의사결정가는 분석가가 제시한 분석기법의 적용결과와 대안평가를 토대로 최적안을 선택한다. 대안평가는 분석기법과 적용결과에

3) 물론 대안의 평가 또한 시간적 시급성으로 인하여 부적절하게 진행됨을 전제로 한 것이다. 이 경우 계획의 집행에서 오류가 발생할 수 있다.

따라 모색된 계획대안을 평가기법을 통해 평가하여 다음 단계에서 의사결정집단의 종합적인 의사결정과정에 최적안이 선택되게 한다(원제무, 2000: 13).

2. 대안평가의 개념과 기준

중요한 계획대안들이 각각 어떠한 결과를 가져올 것인지를 예측하고 난 후에는 이러한 대안들 중에서 어떠한 대안이 계획목표를 달성하는데 가장 크게 기여하는지 알기 위해 일정한 기준을 적용하여 대안들을 비교·평가해야 한다. 대안들 간의 우선순위를 정하는 것이다(강근복, 2000: 94).

특정한 계획문제의 해결방안들을 비교평가하는 데에는 분야별로 특수한 평가기준들이 적용될 수 있으나 광범위한 계획대안들을 비교평가하기 위해서는 보편적으로 적용될 수 있는 평가기준이 요망된다(노화준, 1999: 94-95). 계획대안에 따라 평가기준으로 설정되어야 할 기준은 효율성, 형평성, 정치적 실현가능성이 있다.

전통적인 관점에서는 효율적이고 효과적인 대안의 분석에만 치중해 왔으나 현실의 많은 계획결정에서는 계획비용과 효과를 양적으로 측정할 수 없고 계획결정에는 여러 개인이나 집단의 이해관계가 상충하는 경우가 많다. 또한 실제로 현실의 계획결정에서 사회적으로 적합성을 가진 대안이 정치적 요인이나 다른 요인을 포함한 계획대안의 비교·평가를 위해서는 실현성 차원의 비교·평가도 중요시 되고 있다.

3. 대안평가의 방법과 유형

1) 효율성 기준의 비교·평가방법

(1) 비용편익분석[4)]

① 의 의

비용편익분석(cost-benefit analysis)은 어떤 대안이 좋은 대안인가를 평가하

4) 비용편익분석에 대한 보다 자세한 내용은 제3편 제14장을 참고하기 바란다.

기 위한 대표적인 방법이다. 비용편익분석은 사업으로 인해 발생하는 모든 비용과 편익을 화폐로 측정한다. 이러한 비용편익분석에서 의사결정의 기본원칙은 가장 큰 순편익을 제공해주는 대안을 선택한다. 만약 예산의 제약이 있는 경우 여러가지 대안 중에서 순편익이 가장 크고, 그리고 편익/비용비가 1보다 큰 것을 선택하게 된다.

② 분석절차

공공부문 투자사업의 평가절차는 민간부문 투자사업의 평가절차와 대체로 유사하나 비용과 편익의 측정을 위한 항목이나 할인율의 결정 등이 민간부문의 그것과는 크게 다르다. 비용편익분석의 절차는 다음과 같다(김홍배, 2003: 75-77).

첫째, 대안의 모색과 선정

둘째, 각 대안들의 편익과 비용을 추정

셋째, 대안의 비교・평가 기준의 결정

넷째, 기준에 의한 대안의 비교・평가

③ 기본전제

첫째, 비용과 편익의 판별이다. 이윤극대화를 추구하는 민간부문의 투자에서 순편익을 계산할 때 오직 사적비용과 사적편익만을 고려한다. 그러나 공공부문에서 의사결정을 할 때에는 사회구성원 전체의 이익을 고려해야 하므로 공공부문 계획의 경우 직접적 편익과 비용 이외에도 다른 유형의 편익과 비용이 고려되어야 한다.

둘째, 사회적 할인율을 결정해야 한다. 계획에 의해 투입되는 비용은 사업초기에 집중적으로 투입되는 반면, 계획에 의한 편익은 사업기간 전반에 걸쳐서 장기간에 의해 발생한다. 따라서 비용의 소요시점과 편익의 발생시점간에는 시간적 차이가 발생한다. 그러므로 미래의 편익을 현재의 가치로 환산해야 하는데, 이를 위해서 할인율을 적용하게 된다. 할인율에는 민간할인율, 사회적 할인율, 자본의 기회비용 등이 있는데, 일반적으로 공공사업의 평가에서는 시장이자율 보다 낮은 사회적 할인율을 적용하는 것이 일반적이다.

셋째, 잠재가격의 추정이다. 시장가격이 사업에 대한 진정한 사회적 가치를 반영한다고 할 때에는 여기에 하나의 중요한 전제조건이 충족되어야 한다. 그러나 현실세계에서는 완전한 시장이란 존재하기가 어렵다. 이때의 시장가격은 진정한 사회적 가치를 반영하지 못한다. 따라서 이러한 경우의 사회적 가치평가를 위해서는 시장가격을 완전경쟁적인 가격으로 조정해야 하는데, 이렇게 조정된 가격을 잠재가격(shadow price)이라고 한다. 잠재가격은 왜곡된 시장에서의 자원의 기회비용, 즉, 진정한 사회적 가치를 반영하는 가격이라고 정의할 수 있다.

④ 평가방법

비용편익분석에 있어서 적용되는 판단의 기준은 대체로 순현재가치(net present value: NPV), 편익/비용비(benefit-cost ratio: B/C ratio), 그리고 내부수익률(Internal Rate of Return: IRR)로 구분해 볼 수 있다.

가. 순현재가치

순현재가치(NPV)는 투자사업의 전 기간에 걸쳐 발생하는 순편익의 합계를 현재가치로 환산한 값을 의미하며, 이 순현재가치가 정(+)으로 나타나면 그 사업은 타당성이 있는 것으로 평가된다. 순현재가치는 비용편익분석에서 가장 널리 사용되는 보편적인 기준이다. 그러나 의사결정에 있어서 이를 전적으로 의존하는데는 문제가 있다. 이 기준의 가장 큰 취약점은 대규모 사업이 소규모사업에 비해 큰 순현재가치가 발생하게 되어 대규모 사업이 통상 유리하게 평가된다는 점이다.

나. 편익/비용비

편익/비용비(B/C ratio)는 계획의 총편익을 계획에 투입된 총비용으로 나눈 값, 즉, 단위비용당 편익을 가리키는 것이다. 편익/비용비의 기준은 편익/비용 비율이 높은 대안일수록 경제적 타당성이 높은 것으로 평가하는 기준이며 여기에서도 적절한 사회적 할인율을 적용하여 비율을 계산한다. 대안의 편익/비용비가 1보다 크면 그 대안은 비용에 비해 더 큰 편익이, 그리고 편익/비용비가 1보다 작은 대안은 비용에 비해 낮은 편익이 발생됨을 가리킨다.

다. 내부수익률

내부수익률(IRR)은 계획이 원만히 진행된다는 전제하에서 기대되는 예상수익률로서 계획의 전 기간에 걸쳐 발생하는 편익의 현재가치와 비용의 현재가치를 일치시켜 순현재가치(NPV)가 영(zero)이 되게 하는 어떤 할인율로 계산된다. 현재가치의 편익과 비용을 서로 동일하게 만드는 할인율을 말하는 것이다. 내부수익률은 현재가치법과 마찬가지로 시간대별로 편익과 비용이 발생하는 정책을 평가하는데 널리 사용하는 방법이다.

⑤ 한계와 해결방안

비용편익분석은 계획 및 대안의 타당성 평가에 있어서 아주 보편적으로 사용되고 있을 뿐 아니라, 방법론적으로 큰 신뢰성을 가지고 있다. 그 결과 비용편익분석의 적용범위는 과거에 비해 확대되고 있다. 그럼에도 불구하고 비용편익분석은 불확실성의 처리, 사회적 형평성의 미고려, 무형적 편익의 측정 등에 있어서는 방법론적 한계가 지적된다.

첫째, 불확실성의 문제이다. 기본적으로 비용편익분석은 계획의 사전평가에 주로 사용된다. 따라서 비용편익분석에서는 수립된 계획이 원활하게 수행되었다고 전제를 하고 효율성 평가를 수행하게 된다. 비용편익분석시 고려해야 할 비용과 편익은 변화가 없고, 적용하는 할인율도 변화가 없으며, 계획의 성과에도 변화가 없다고 가정하는 것이다. 그러나 현실적으로 계획의 집행과정에서는 다양한 환경변화가 발생한다. 이러한 문제점을 보완하기 위해서 민감도분석(sensitivity analysis)을 수행한다.

둘째, 사회적 형평성의 미고려이다. 비용편익분석에서는 계획집행결과 총편익보다 총비용이 크면 그 계획은 타당하다고 보고 있다. 그러나 현실적으로 모든 계획은 수혜집단과 피해집단이 발생하게 된다. 따라서 비용편익분석에서는 계획성과가 누구를 대상으로 한 것인가에 대해서는 관심을 가지지 않는다. 오직 총편익이 총비용보다 얼마나 더 큰가에 관심을 가지고 있을 뿐이다. 이러한 문제점을 보완하기 위해 사회적 비용편익분석을 수행한다.

셋째, 무형적 편익의 가치추정이다. 비용편익분석의 가장 큰 장점은 모든 비용과 편익을 금전화함으로써, 서로 상이한 대안을 비교・평가하여 우선순위를 선정할 수 있다는 것이다. 대부분 비용은 화폐단위로 측정가능하다. 그러나 다수의 편익과 일부의 비용은 화폐단위로 측정하기 어려운 경우가 있다. 이러한 문제점을 보완하기 위해서 조건부가치평가법(contingent valuation method: CVM)을 편익과 비용 추정시 사용한다.

(2) 비용효과분석

① 의 의

후생경제학에 바탕을 둔 비용편익분석(cost benefit analysis)은 비용과 편익 모두를 화폐단위로 환산하여 NPV, B/C ratio, IRR 등을 도출함으로써 계획에 대한 타당성 평가를 수행하게 된다. 그러나 편익을 금전적 가치로 추정하기가 거의 불가능한 경우도 있다. 이러한 경우에는 합리성을 결여하면서까지 편익을 금전적 가치로 환산하는 것이 아니라 총비용과 총효과를 비교하여 계획을 평가하게 되는데, 이러한 기법을 비용효과분석(cost effectiveness analysis)이라고 한다. 따라서 비용효과분석은 편익이 비금전적인 단위로만 측정될 수 있거나 혹은 경쟁적인 대안의 편익의 크기와 유형이 비교될 수 있으리라고 예상되는 경우에 사용할 수 있다.

② 평가기준

비용효과분석에서 비용은 화폐단위로 측정되지만, 효과는 화폐단위로 측정되지 않기 때문에 계획 혹은 대안의 평가기준은 크게 최소비용기준과 최대효과기준으로 구분되는데, 그 구체적인 내용은 다음과 같다.

첫째, 최소비용기준(least cost criterion)이다. 바람직할 것으로 판단되는 효과성의 기준을 설정하고, 이 기준을 만족시키는 대안 가운데 최소의 비용을 부담하는 대안을 선택하는 기준이다. 둘째, 최대효과기준(maximum effectiveness criterion)이다. 이는 비용의 상한선의 기준을 설정한 다음, 이 기준을 만족시키는 대안 가운데 최대의 효과를 나타내는 대안을 선택하는 기준이다.

③ 장 · 단점

먼저 비용효과분석의 장점을 살펴보면 다음과 같다. 첫째, 비용효과분석은 편익을 화폐가치로 측정하는 문제를 피하므로 비용편익분석보다 사용이 간편하다. 둘째, 비용효과분석은 계획대안의 효용을 경제적 기준이나 사회복지의 총량적 기준으로 판정하는 것이 아니기 때문에 기술적 합리성을 대표하는 것이라 할 수 있다. 비용효과분석은 어떤 계획을 다각도로 검토할 수 있게 한다. 셋째, 비용효과분석은 시장가격에 의존하지 않으므로 민간경제부문에서 사용하는 이윤극대화의 논리를 따르지 않는다. 따라서 외부경제와 불가측가치의 분석 등에 비용편익분석보다 더 적절하다고 하겠다.

이상의 장점에도 불구하고 비용효과분석은 다음과 같은 단점이 있다. 첫째, 비용효과분석에 의한 계획 혹은 대안의 평가는 총량적인 사회복지와 관련된 판단기준을 제시하지 못하는 제약점을 가진다. 둘째, 비용편익분석은 어떠한 경우에도 화폐단위로 비용과 편익이 계산되기 때문에 일률적인 평가의 기준이 존재하지만, 비용효과분석은 여러 가지 측면의 효과를 다각도로 검토하는 경우가 많은데, 이때 최적대안의 선택은 궁극적으로 평가항목의 중요도에 대한 주관적인 판단에 의존하지 않을 수 없다는 제약점을 가진다. 셋째, 비용효과분석은 동일한 목표를 가지고 있는 대안들의 효과/비용비를 계산하여 최종대안을 선택하기 때문에 서로 다른 목표를 가지고 있는 대안들에 관해서는 비교평가할 방법이 없다. 넷째, 비용효과분석은 계획에 투입된 자원이 어느 정도의 효과를 내느냐를 밝히는 것이 주 목적으로 사용된 자원의 경제적 효율성의 판단에는 아무런 근거자료를 제공하지 못한다.

2) 형평성 기준의 비교 · 평가방법

형평성(equity)은 동등하게 또는 공정하게 배분된 상태를 말한다. 형평성의 원칙과 밀접히 관련된 중요한 원칙은 John Rawls의 정의의 원칙이다. 형평성과 효율성은 계획과 정책분야에서 두 가지 주된 목표이며, 종종 형평성과 효율성 양자간에 상충(trade-off) 관계를 보인다. 형평성의 개념은 때로는 효율성의 기준과 서로 상치되는 기준이 되기도 하지만, 때로는 서로 보완적 관계를 가지고 있어서 형평성을 높이는 것이 효율성을 높이는 결과를 가져오는 경우도 있다.

(1) 형평성의 유형

학자들은 형평성을 여러 가지 기준에 따라 유형화하고 있다.

① MacRae와 Wilde의 유형구분

첫번째, 수평적인 '형평성은 동등한 여건에 있는 사람을 동등하게 취급하는 것'으로 형평성의 다른 측면에 비해 덜 논쟁적이다. 두번째, 수직적인 형평성은 '대등하지 않은 상황 하에 있는 사람들은 서로 다르게 취급한다'는 원칙으로써 일반적으로 이에 의해서 서로 다른 상황에 처해 있는 사람들을 좀더 동등하게 만들 것을 목표로 하는 판단의 기준이다(노화준, 1999: 114).

② S. R. Chitwood의 유형구분

전통적으로 정부의 조세구조와 관련해서 사용되어 온 것으로 동일한 서비스, 비례적 서비스, 차별적 공공서비스로 구분된다. 첫번째, '동일한 서비스'는 적용에 있어서 매우 제한적이어서 내부분의 공공서비스는 모든 시민에게 동일하게 효용을 주지 못한다. 두번째, '비례적 형평성'은 공공서비스를 어떤 구체적인 특성에 따른 단순 증가함수로 공급하는 것을 의미한다. 세번째, '차별적 공공서비스'는 수혜자가 소유한 어떤 특성의 차이에 따라 서비스공급을 차별화하는 것이다. 특성에 따라 제공되는 공공서비스의 양이 비례적일 필요가 없으며 대상집단간의 적절한 차이의 특성을 누구의 입장에서 구별하는 것인지가 중요하다.

(2) 형평성의 측정기법

형평성을 측정하는 기법으로는 상관관계분석, Schutz 지수, 그리고 Gini 계수로 구분된다. 우선 상관관계분석(correlation analysis)에서는 두 변수간의 관련성을 나타내는 단순상관계수, 두 개 이상의 변수들과 하나의 다른 변수간의 관련성을 나타내는 것이다.

그리고 Schutz 지수는 지수방법 중에서 형평성을 측정하는 가장 간단한 지수로써 이는 로렌쯔 곡선[5]에 입각해 있지만 지니계수에 비해 계산하기가 더 용이하다. 끝으로 Gini 계수는 소득분배의 불평등도를 나타내는 수치로써 일반적으로 분포의 불균형도를 의미하지만 특히 소득이 어느 정도 균등하게 분배되어 있는가를 평가하는데 주로 이용된다.

3) 실현성 기준의 비교·평가방법

대안이 당위성 차원에서 타당성을 지니게 되면 다음으로 그것이 과연 실현가능한 것인지를 비교·평가해 보아야 한다. 대안의 실현가능성은 그것이 계획으로 채택되고 그 내용이 집행될 가능성을 뜻한다(Krone, 1980: 32).

실현가능성 분석(feasibility analysis)은 계획분석가가 미래를 바라보는 미래지향적인 질문들에 대답하기 위한 정보를 산출하기 위한 조망적 방법(prospective

---

5) 지니계수는 로렌쯔곡선의 45도 이하의 면적에 대한 불균등면적의 비로서, 지니계수는 0에서 1사이의 값을 가진다. 한편 지니계수가 0이면 완전균등상태이고, 지니계수가 1이면 완전불균등상태이다.

method)에서 분류된 논리적 판단방법 중에 착수직전분석으로 부르기도 한다.

계획의 집행가능성을 협의의 실현가능성으로 볼 때 흔히, 계획의 제약조건과 표리의 관계에 있다(Majone, 1975: 49-50). 계획의 제약조건 또는 제약요인은 계획의 실현을 제약하는 요인이나 조건들을 말하며 기술적, 재정적, 경제적, 행정적, 법적인 요인들이 있다. 이외에 사회윤리적 실현가능성은 계획분석가가 계획분석을 할 때에는 목표론적(teleological) 판단기준과 비목표론적(nontelogical) 판단기준을 사용한다(노화준, 1999: 99-100).

(1) 실현가능성의 종류

계획대안의 실현가능성은 다음과 같이 나누어 볼 수 있다(Baker, Michales & Preston, 1975: 101-102).

① 기술적 실현가능성

기술적 실현가능성(technical feasibility)은 계획대안이 현재 이용가능한 기술로 그 현실이 가능한 정도를 말한다. 기술적 실현가능성의 향상은 이에 따른 필요한 예산이나 재정적 지원에 의하여 좌우되는 경향이 있기 때문에 재정적·경제적 실현가능성과 밀접히 관련되어 있다(노화준, 1999: 97).

② 경제적 실현가능성

계획대안의 경제적 실현가능성(financial feasibility)은 계획대안의 집행을 위해서 필요한 재원의 확보가 가능한지의 여부를 의미한다. 이때 가장 문제가 되는 것이 예산상의 제약 때문에 계획대안이 실현불가능한 경우이다(강근복, 1994: 158-159).

③ 행정적 실현가능성

행정적 실현가능성(administrative feasibility)은 계획대안의 집행을 위하여 필요한 집행조직, 집행요원 및 전문인력 등의 이용가능성을 의미한다. 계획대안을 추진하기 위해서 기존의 행정기구로서 집행이 불가능하거나 기존의 행정인력으로 집행이 어려우면 행정 능력상 제약이 있는 것이다(Van Meter & Van Horn, 1975: 460-465).

④ 법적 실현가능성

법적 실현가능성(legal feasibility)은 계획대안이나 정책의 내용이 다른 법률의 내용과 모순되지 않을 가능성을 의미한다. 법적 실현가능성을 넓게 보면 반드시 법률의 제약에 국한되지 않고 다른 정책과의 일관성을 포함하는 것으로 이해할 수 있다.

⑤ 정치적 실현가능성

정치적 실현가능성(political feasibility)은 정치체제에 의하여 계획대안이 채택되고 이것이 집행될 가능성을 말하며 상호 밀접히 관련된 행위자, 계획대안 및 정책분야 등과 관련하여 정의될 수 있다(노화준, 1999: 99). 정치적 합리성과는 달리 계획대안의 정치적 실현가능성이 계획대안의 정치적 합리성이나 그 밖의 측면에서의 바람직한 특성과 일치되려면 현존하는 정치권력의 분포가 이상적이다(정정길, 1993: 499-500).

(2) 실현가능성의 비교 · 평가방법

계획대안의 실현가능성을 평가하기 위한 대표적인 방법으로는 정책델파이(policy delphi)와 실현가능성평가기법(feasibility assessment technique)을 들 수 있다(강근복, 1994: 161-162).

① 정책델파이

정책델파이(policy delphi) 방법은 계획대안의 결과예측뿐만 아니라 대안들 간의 우선순위를 비교 · 평가하는데도 적절하게 이용된다. 본래 전문가들로부터 미래의 사건들에 대한 판단(informed judgement)을 체계적으로 얻어내고 교환하며 개발하는 직관적 판단 방법(Dunn, 1981: 195-210)이기 때문에 대안들이 과연 실현가능성을 갖는가를 판단하고 만약 가능성이 낮은 경우 실현가능성을 증대시킬 수 있는 방안을 얻어내는 데도 도움을 줄 수 있다.

② 실현가능성 평가기법

실현가능성평가기법은 계획대안의 실현가능성을 평가하기 위한 방법이다(Dunn, 1981: 206-210). 이 기법은 특히 정치적 실현가능성을 평가하기에 적합한 기법으로 어떤 계획대안의 채택이나 집행에 찬성하거나 반대하는 집단의 영향력을 평가하고 그러한 계획대안이 현실적으로 채택되거나 집행될 수 있을 것인가를 사전적으로 분석하는 것이다. 이 기법도 다른 판단적 예측방법과 마찬가지로 주관적 추정에 근거하고 한 사람의 분석과 복수의 전문가 집단에 의해 활용될 수 있다.

③ 실현가능성의 문제

평가자들은 사회실험에 의한 정책의 평가연구를 시행함에 있어서 타당성의 문제와 아울러 이러한 실현가능성의 문제를 세밀하게 검토하여 평가계획을 작성하여야 할 것이다. 또한 실현가능성의 문제는 실험연구를 시행하는데 소요되는 많은 경비와 소요되는 오랜 기간 때문에 실행가능성이 낮은 경우도 있다(노화준, 2001: 259-260).

④ 실현가능성 증대방안

대안의 실현가능성을 증대시킬 수 있는 방안으로는 다음과 같은 것들이 있다(강근복, 2000: 165-166).

첫째, 필요한 재원확보 방안을 제시한다.

둘째, 주요 권력기관의 관심과 지지를 유도한다.

셋째, 계획대상집단의 수용성 확보를 위한 설득력을 강화한다.

넷째, 대중매체를 활용한다.

마지막으로 기술 수준의 향상을 도모하여 정책분석가는 기술의 발전 가능성을 분석하고 이에 필요한 인적・물적 자원의 확보 방안을 함께 제시하는 것이 필요하다.

제 3 절 행동대안의 선택

1. 행동대안 선택의 의의

행동대안 선택단계는 계획수립과정의 마지막 단계로서 비교・분석된 결과에 비추어 최선의 대안을 찾는 것이다. 이 단계에서는 계획의 목표들을 달성하기 위한 행동대안노선의 사실적 선택이 이루어진다. 행동노선의 선택과정은 앞 단계에서 이루어진 대안설계에 대한 검토단계라 할 수 있다. 행동노선의 선택에 있어 설계된 대안에 대한 검토과정의 필요성은 계획결정이 이루어지는 공공조직의 특성에서 찾을 수 있다. 공공조직은 대부분의 경우 피라미드형으로서 계획과정에 참여하는 사람과 최종적으로 이것을 검토하여 채택여부를 결정하는 사람이 다르다.

최종적인 계획의 결정권자는 계획목표의 설정과정에 직접 참여하거나 또는 설계된 계획의 검토과정을 통하여 발견된 사실들을 목표, 행동대안의 설계, 행동대안이 가져올 결과의 추정활동 등에 환류함으로써 설계된 계획을 보완, 수정 또는 재설계하도록 할 수 있다(노화준, 1999: 201).

2. 행동대안 선택의 주체

1) 선택의 구성요소

행동대안 선택단계에서 가장 중요한 문제는 행동노선 선택시 누가 참여하느냐이다. 이 문제를 풀기 위하여 이 과정에서의 행위자들을 고려해 보아야 한다. 여기에는 세 유형이 있다. 첫째, 의사결정체제이다. 이는 자신을 위해서 계획이 결정되도록 하는 사람의 집합체이다. 둘째, 의사결정가이다. 이는 계획을 채택하도록 권한이 주어진 사람들의 부분집합이다. 셋째, 계획가이다. 의사결정가들에 의해 계획준비에 대한 책임감을 부여받은 사람들이다.

계획가는 의사결정체제의 구성원이 될 수도 있고 안 될 수도 있다. 의사결정과정에 누가 참여하느냐에 대한 문제는 그 체계에서 누가 계획을 수용하거나 거부하는 권한을 가지느냐에 달려 있다.

2) 선택의 기본모형

주어진 체계 내에서 권한이 어떻게 할당되느냐에 대해 알아보기 위하여 계획조직의 세 가지 기본모형인 독립모형, 행정모형 및 참여모형에 대해 살펴볼 필요가 있다(Robert R. Mayer, 1985: 175).

(1) 독립모형(independent model)

독립모형은 계획기능이 어느 누구에게도, 그리고 체계에 대해서도 책임지지 않는 독립된 기관에게 양도되어 있는 모형이다. 본질적으로 계획기관은 계획을 수용 혹은 거부하는 것에 대하여 최종적인 책임감을 지니고 있다. 독립모형은 의회 또는 도시계획위원회가 좋은 예이다. 이 모형에서는 의사결정가들이 계획기관의 구성원이거나 총괄적으로 직무를 대행하는 기관의 지도자이다.

(2) 행정모형(administrative model)

최고행정관료나 공공서비스를 제공하는 정부의 기관에 계획기능이 맡겨진다. 따라서 행정모형은 계획기능과 집행기능을 하나의 기관에서 수행하는 모형이다. 각급 행정기관이나 지방자치단체의 장이 좋은 예가 된다. 이 모형에서 의사결정가는 최고행정관료나 정부위원회의 구성원인데, 이들 중 누구든지 계획결정에 대한 궁극적인 재량권을 지닌다.

(3) 참여모형(participatory model)

계획기능의 책임감은 체계의 구성원에게 달려있는데 이들은 총괄적으로 집행하거나 그들에 의해 선출된 대표를 통해 집행하기도 한다. 참여모형의 좋은 예로는 주요한 공공사업 프로젝트에 대한 주민투표를 들 수 있다. 이 모형의 경우 의사결정가는 체계의 구성원이거나 정식으로 선출된 대표이다.

여기에서 독립모형과 행정모형의 계획조직이 구조면에서 참여모형의 그것과 매우 다르다는 것을 알 수 있다. 앞의 두 모형에서 볼 때 계획에 의해 영향을 받는 의사결정체제의 구성원들은 의사결정에 대하여 직접적인 개입이 불가능하다. 이러한 이유로 다양한 기술들이 비참여구조를 극복하기 위해 사용된다. 구성원들의 참여를 통한 대안의 선택은 대안에 대한 동의와 지지의 획득이 용이하고 결과적으로 성공적인 집행에 기여한다. 비참여적 조직에 독립적이고 행정적인 계획의 주체들을 보충하기 위해 의사결정가가 아닌 다른 이들에 대한 대안들의 검토를 수반한 부분과 의사결정가들에 의한 대안들의 검토를 수반한 부분을 구분하여야 한다. 전자를 외부검토라 일컫고, 후자를 내부검토라 일컫는다.

3. 행동대안의 선택과정

행동대안의 선택과정은 ① 보고서 작성, ② 외부검토, ③ 내부검토, ④ 수정, ⑤ 구성요소의 환류의 5단계로 구분할 수 있다.

1) 보고서 작성(preparation of reports)

보고서는 계획가가 기본적으로 의사결정가를 중심으로 작성되어야 하지만 분석의 대상이 된 계획과 관련된 모든 이해당사자들을 대상으로 작성하는 것이 바람직하다. 왜냐하면 의사결정가들도 분석결과를 근거로 이해당사자들을 설득하고 그들의 이해를 증진시킬 수 있는 객관적 자료로서 이용가능하기 때문이다(강근복, 1994: 219). 보고서는 체계적인 목차의 구성이 가장 중요하고 내용이 간결해야 하며, 기술적이고 전문적인 용어의 사용은 자제하여야 한다. 또한 도표와 그래프를 적절히 활용하여 쉽게 이해할 수 있도록 하고 계획가 자신의 생각이 개입된 감정적인 표현은 배제되어야 한다.

2) 외부검토(external review)

외부검토는 선택된 대안에 대해 이해관계를 갖고 있는 사람이나 집단에게 설득을 구하거나 그 분야의 전문가에게 제시하여 의견과 논평을 구함으로써 선택의 타당성을 검증할 수 있고 많은 사람으로부터 지지와 동의를 확보할 수 있게 된다(김수영, 1987: 253). 가장 광범위하고 전통적인 방법은 전문가, 이해관계자, 구성원 등의 의견을 듣기 위해 개최되는 대규모의 공식집회인 공청회(public hearing)이고 그 외에 워크숍(workshop), 자문위원회(advisory committee) 등이 있으며 중요한 계획에 대해서는 여론조사를 실시하기도 한다. 보다 신중을 기하기 위해서는 선택된 대안을 시험적으로 시행(pilot run)해 보는 방법도 있다.

3) 내부검토(internal review)

내부검토는 별로 어렵지 않은 문제이다. 의사결정가는 전 계획단계를 통해서 발견된 증거들과 함께 외부검토에서 모아진 증거들을 면밀히 조사하여 결론에 이른다. 여기에서는 전제의 타당성 여부, 선택기준의 객관성이나 근거자료의 신뢰성 및 선택된 대안의 실현가능성에 대해 재검토할 필요가 있다(김신복, 1999: 143). 전제가 잘못되면 분석 및 선택과정 전체가 달라져야 하므로 그 근거와 관점을 재확인할 필요가 있고, 대안을 선택하는 주체가 인간인 이상 주관적인 가치판단과 비합리적인 영향을 완전히 배제하기 어려우므로 평가 및 선택의 기준은 가능한 한 객관적으로 규정해 놓아야 하고, 비교·평가의 근거자료들에 대해 재검토하여 신뢰할 수 없는 자료는 제외하거나 보완하여야 하며, 선택된 대안의 구체적인 실현가능성에 대한 점검을 위해 세부실천계획을 수립해보는 것이 좋다.

4) 수정(revisions)

고려를 요구하는 4번째 단계는 제출된 계획에 대한 수정이다. 여기에는 외부검토 및 내부검토과정에서의 결과를 토대로 목표설정에서 충분하게 반영되어지지 않은 가치나 행동대안의 탐색과 분석시 고려되지 않은 사항 등에 대해 수정을 검토한다.

5) 구성요소의 환류(feedback to constituents)

선택과정의 단계는 일방향적인 과정이 아니라 반복적이고 순환적인 과정이며, 이러한 반복과 순환을 통해 좀 더 바람직한 대안을 선택할 수 있다. 환류(feedback)는 대안선택의 각 단계에 걸쳐 이루어진다. 보고서 작성, 외부검토, 내부검토 및 수정의 각 단계에서 이전 정책의 경험과 교훈 등을 반영하게 되는 것이다.

탐구학습

1. 주요개념과 요약

- 대안설계의 의의: 개념, 특징, 유형
- 대안설계의 과정: 절차, 기준
- 대안설계의 기법: 합리주의적 방법, 점진주의적 방법
- 대안의 사전평가기준: 효율성, 형평성, 정치적 실현가능성
- 대안평가기준별 방법
  - 효율성기준: 비용편익분석, 비용효과분석
  - 형평성기준: 상관관계분석, Schutz지수, Gini계수
  - 실현성기준: 정책델파이, 실현가능성 평가
- 대안선택의 과정: 보고서 작성, 외부검토, 내부검토, 수정, 환류

2. 토론과 과제

- 대안의 설계과정을 설명하고, 그 적용사례를 하나 선정하여 구체적으로 대안설계를 해 보시오.
- 모색된 대안에 대한 사전검토를 해 보시오.
- 대안평가기준의 하나인 비용편익분석과 비용효과분석의 사례를 조사하고 그 내용을 비교하

시오.
- 하나의 계획 또는 정책사례를 예시하고, 대안선택과정별로 설명해 보시오.

참고문헌

강근복(1994), 정책분석론, 서울: 대영문화사.
권영찬·이성복(1990), 기획론, 서울: 법문사.
김동건(1997), 비용·편익분석, 서울: 박영사.
김신복(1999), 발전기획론, 서울: 박영사.
김홍배(2003), 정책평가기법, 서울: 나남출판.
노화준(1999), 정책분석론, 서울: 박영사.
박우서·박경원(1995), 현대기획이론, 서울: 나남출판.
유훈(1995), 정책학원론, 서울: 법문사.
이종수 외(1996), 새행정학, 서울: 대영문화사.
정정길(1993), 정책학원론, 서울: 대명출판사.
Bradshaw, J.(1977), "The Concept of Social Need", In N. Gilbert & H. Specht, *Planning for Social Welfare Issues, Tasks, and Models*, N. J.: Prentice-Hall.
Dykman, J. W.(1974), "Planning within a Decentralized Framework", In R. Moronev & R. Morris, *Centrally Planned Change*, Urbana: Univ. of Illinois Press.
Helmer, O.(1967), *Systematic Use of Expert Opinion*, Calif.: Rand Corporation.
Horowitz, D.(1977), *The Courts and Social Policy*, Washington D. C.: Booking Institution.
Mayer, R. and E. Greenwood(1980), *The Design of Social Policy Research*, N. J.: Prentice-Hall.
Mayer, R.(1985), *Policy and Program Planning: A Developmental Perspective*, N. J.: Prentice-Hall, Inc.
宮川公男(1994), 政策科學の基礎, 東京: 東洋經濟新報社.
宮川公男(1997), 政策科學の新展開, 東京: 東洋經濟新報社.

제 4 장 집행과정

제 1 절 집행의 의의

1. 집행의 개념

계획집행(planning implementation)은 계획의 내용을 실현시키는 과정[1]으로서(정정길, 1993: 463), 일련의 활동으로 구성된다. 일반적으로 계획의 내용은 목표와 수단으로 조성되고 계획의 내용을 실현시킨다는 것은 수단을 실현시키는 것이 집행의 핵심이다. 예컨대, 지역경제의 진흥을 계획목표로 설정하고 지역혁신체제의 구축을 그 수단으로 하는 경우, 우선 현재의 지역혁신체제를 파악하고 지역에 보다 적합한 혁신체제를 구축·운영할 수 있는 제도적 장치를 갖추는 활동으로 계획목표가 달성될 수 있다.

그러나 계획수단이 실현되더라도 계획목표가 반드시 달성되는 것은 아니다. 왜냐하면 계획목표가 달성되는 경우도 있고 그렇지 않는 경우도 있기 때문이다. 그러나 어느 경우나 계획집행은 이루어진 것으로 본다. 지역혁신체제에 대한 진단 이후 지역에 보다 적합한 혁신체제를 구축·운영할 수 있는 제도적 장치를 갖추었더라도 반드시 지역경제가 진흥되는 것은 아니기 때문이다. 그러나 지역경제가 진흥을 하였든 그렇지 않든간에 지역혁신체제 구축이라는 계획수단이 실현되었기 때문에 집행은 이루어진 것이다. 다만 지역경제의 진흥이 달성되지 않은 경

1) 이러한 집행은 미리 설정된 목표를 실천에 옮기는 단일방향적인 과정이 아니라, 순환적 과정이라고 보는 것이 바람직할 것이다.

우, 당초 계획목표와 수단 사이에 인과관계가 존재하지 않았거나, 계획집행상의 잘못으로 계획효과가 나타나지 않을 수도 있다.

따라서 계획수단이 실현되었으면 계획집행은 이루어진 것으로 보고, 계획집행이 이루어짐에도 불구하고 계획목표가 달성되지 못한 경우는 미집행이 아니라 계획내용이 잘못되었거나 혹은 효과적이지 못한 계획집행 때문에 실패한 것으로 본다.

2. 집행의 특성

집행의 특성은 ① 의사결정과정, ② 복잡한 과정, ③ 상호적응적 과정, 그리고 ④ 순환적 과정의 특성을 가진다. 이에 대해서 보다 구체적으로 살펴보면 다음과 같다.

첫째, 집행은 하나의 의사결정과정이다. 집행은 결정으로서의 집행이다. 왜냐하면 계획은 집행되는 가운데 재해석되고, 수정되며, 또 새로이 결정되기 때문이다.

둘째, 집행은 복잡한 과정이다. 집행과정은 여러 단계로 세분되며, 각 단계들은 상호영향을 교환함은 물론 여러 사람과 조직들이 참여하는 복합과정(complex process)이다. 그 이유는 집행기관마다 구조, 운영방식, 정치적 지지, 전문기술, 계획지향 면에서 차이가 있기 때문이다.

셋째, 집행은 상호적응적 과정이다. 집행은 과거처럼 단순히 기계적 의미의 집행이 아니라, 현지상황에 적응될 수 있도록 수정되고 재설계되어야 한다. 그렇게 함으로써 계획표류(planning drift)를 방지하고 계획발전을 확보할 수 있기 때문이다.

넷째, 집행은 순환적 과정이다. 집행은 계획과정 중 단일방향적 과정이 아니며, 계획수립 및 평가과정과도 상호작용을 한다. 그리하여 계획과정의 여러 단계들은 순환과정을 거친다.

제 2 절 집행의 접근방법

집행을 연구하는 관점은 크게 두 가지로 구분된다. 성공적 계획집행을 연구목표로 하는 하향적 접근방법(top-down approach)과 계획집행 현장에서 실제로 일어나고 있는 상태를 기술·설명하는 것을 연구목표로 하는 상향적 접근방법(bottom-up approach)이 있다.[2)]

1. 하향적 접근방법

하향적 접근방법은 정부의 계획으로부터 출발한다. 우선 계획가와 대상집단의 행동이 계획에 관한 결정과 어느 정도 부합하는가를 규명하고, 이어서 계획목표가 얼마나 달성되었는가를 검토한다. 다음으로는 계획산출에 기여한 요인들이 무엇인가를 검토하고, 계획이 어떻게 수정되고, 변동했는가를 살펴보는 것이다.

이러한 하향적 접근방법에 대해서는 여러 가지 비판이 가해지고 있으며, 자체적인 반성도 있었다.

첫째, 하향적 접근방법은 중앙 계획가의 관점에서 출발하여 다른 관계자들을 지나치게 등한시한다. 다시 말해서 계획가들을 주된 행위자로 보는 까닭에 민간부문, 일선 관료, 지방의 계획담당자로부터도 계획이 시작될 수 있다는 점을 간과하고 있다.

둘째, 다양한 정부의 지침과 많은 행위자가 있으나, 핵심적인 계획이 없으며 그 어느 하나도 지배적인 위치를 차지하지 못하는 상황에서는 하향적 접근방법을 사용하기 어렵다는 것이다.

셋째, 하향적 접근방법은 계획목표의 달성을 어렵게 하거나 계획을 그들의 특수이익의 추구를 위하여 활용하고자 하는 일선 관료들이나 대상집단의 전략을 무시하거나 과소평가할 우려가 있다는 것이다.

---

2) 학자에 따라서는 하향적 접근방법을 전방적 접근방법(forward mapping)이라 하고, 상향적 접근방법을 후방적 접근방법(backward mapping)이라고 하기도 한다(정정길, 1993: 490).

넷째, 하향적 접근방법이 전제로 삼고 있는 계획형성과 계획집행의 구분이 어렵거나 불필요하다는 비판도 있다. 이에 대하여 Sabatier는 계획형성과 계획집행의 구분이 어려운 경우도 있으나, 많은 경우 양자의 구분이 가능할 뿐만 아니라 필요하다고 반박하고 있다.

2. 상향적 접근방법

1970년대 후반 이후 전개된 상향적 접근방법은 하향적 접근방법의 결함을 시정하기 위하여 등장하였다. 상향적 접근방법은 서비스를 대상집단에 전달하는 집행자로부터 출발하여 그들의 목표, 전략, 활동, 접촉자 등을 규명하고 더 나아가 관련된 정부계획이나 비정부계획을 수립하고, 재정적 뒷받침을 제공하며 집행을 담당하는 지방자치단체나 중앙정부의 관계자들에 대해 고찰한다는 것이다. 상향적 접근방법은 일선 관료들로부터 출발하여 정부부문이나 민간부문의 최고결정가로 거슬러 올라간다는 것이다.

이러한 상향적 접근방법에는 다음과 같은 몇 가지 비판이 제기된다. 첫째, 하향적 접근방법이 중앙부의 역할을 지나치게 강조하고 있는데 비하여, 상향적 접근방법은 주변부의 역할과 중요성을 지나치게 강조하고 있다는 비판을 받고 있다.

둘째, 일부 상향적 접근방법은 집행구조의 현재 참여자만을 중요시하고 과거 참여자들의 역할을 등한시하는 경우가 많다.

셋째, 많은 상향적 접근방법은 참여자들의 인식과 활동을 중요시 하나, 이들 참여자들의 행태에 간접적으로 영향을 미치는 요인이나 직접적으로 영향을 미치지만 참여자들이 인식하지 못하는 요인들을 제대로 분석하지 못하고 있다는 비판도 제기되고 있다.

넷째, 상향적 접근방법이 계획집행의 실태를 올바로 파악하여 계획집행과정에 있어서 때로는 집행담당조직의 하위층이 중요한 역할을 담당한다는 사실을 기술적으로 연구하는 것은 긍정적이지만, 보다 전문적인 계획가가 주요 계획수립을 담당하지 않는다는 것은 전문성의 관점에서 볼 때 문제가 있다.

다섯째, 상향적 접근방법에서는 바람직한 계획을 실현가능한 계획으로 인식한다. 즉, 계획담당조직의 하위층이 선호하고 기존의 일상적 관행에 합치되는 계획이 실현가능성이 높은 계획이고 바람직한 계획이라는 주장에 문제가 있다는 것이다.

3. 양자의 비교

집행에 대한 하향적 접근방법과 상향적 접근방법을 비교 · 분석해 보면 다음과 같다.

1) 최초의 초점

하향적 접근방법은 새로운 공해방지법과 같은 정부의 계획에 관한 결정에서부터 출발하는데 반하여, 상향적 접근방법은 환경보전과 같은 계획분야에 관련된 지방의 집행구조에서부터 시작된다.

2) 주된 행위자의 인식방법

하향적 접근방법은 정부에서부터 민간부문으로 내려가는 까닭에 계획결정가나 집행담당가를 주된 행위자로 보는데 반하여, 상향적 접근방법은 정부와 민간부문을 포함하여 주된 행위자를 식별하고자 하는 것이다. 이러한 집행과정에서 계획의 전달자를 중요시하는 주장이 있는가 하면 대상집단이나 민간부문의 역할을 중요시하는 사람들도 있다.

3) 평가기준

하향적 접근방법은 공식적 목표의 달성도인 효과성이 주된 평가기준이 된다. 정치적 중요성이나 의도하지 않았던 결과도 염두에 두는 경우가 있으나, 이는 선택적 기준에 불과하다. 반면에 상향적 접근방법의 평가기준은 불명확하다. 정부의 공식적 결정은 평가기준으로서 중요성을 지니지 않으며, 평가자가 계획이슈나 계획문제와 관련이 있다고 생각하는 모든 것이 평가기준이 될 수 있다. 그러므로 하향적 접근방법에서는 목표확정평가(goal fixed evaluation)를 택하는 반면에, 상향적 접근방법에서는 목표중립평가(goal free evaluation)를 택하게 된다.

4) 전반적 초점

하향적 접근방법은 계획결정가가 의도한 계획성과를 달성하기 위하여 집행체제를 어떻게 운영하고 있느냐에 초점을 두는데 반하여, 상향적 접근방법에서는 계획네트워크(planning network)에 있어서의 다수의 행위자들의 전략적인 상호작용에 초점을 둔다는 것이다.

5) 적합한 상황

하향적 접근방법은 핵심적인 법률이 있으며 비교적 구조화된 상황에 적합한 접근방법인데 비하여, 상향적 접근방법은 핵심적인 법률이 없으며, 독립적인 다수의 행위자가 있는 상황에 적합한 접근방법이라 할 수 있다.

제3절 집행의 과정

집행단계에서 집행계획은 프로그램계획(program planning)과 운영·관리계획(operation or management planning)으로 구분할 수 있다. 전자는 구체적인 목표를 성취하기 위해 적절한 계획을 설계하는 것이고, 후자는 선택된 계획을 수행하기 위한 시행절차를 설계·선택하는 것이다.

한편 추상적 개념의 수준에서는 구체화된 집행단계에서 계획의 적용이나 서비스의 전달은 목표(ends)가 되고, 이러한 목표의 시행은 수단(means)이다. 따라서 계획과 집행간의 구분은 매우 중요하다. 예컨대 Pressman과 Wildavsky(1973)의 지적과 같이, 최선의 계획은 집행때문에 실패할 수도 있기 때문이다. 따라서 계획을 평가할 때, 계획과 집행은 확실하게 구분되어야 한다.

일반적으로 집행단계에서는 ① 주어진 계획에 의해 운영과정을 구체화하는 작업이 수행되고, ② 그러한 운영에 의해 구체화된 과정을 수행하게 된다. 따라서 집행단계에서는 운영과정의 구체화(specifying an operational procedural)와 책무적 과정의 구체화(specifying accountability procedures)가 중요하다.

1. 운영과정의 구체화

주어진 계획의 운영과정은 대안들의 비용을 평가하는 것으로 이미 계획설계 단계에서 예측되어진다. 이러한 계획의 운영과정은 특별한 상황의 요구에 따라 계획설계 단계에서 정밀히 작성되어질 수도 있고 그렇지 않을 수도 있다. 특히 계획이 복합하거나 광범위할 때, 그리고 계획과 집행이 서로 다른 조직에 의해서 수행될 때 보다 상세하게 계획의 운영과정이 작성되어야 한다. 이러한 상황에서 면밀한 계획의 운영과정은 분리된 계획문서(planning documents)의 결과로 자체 계획순환을 이루게 한다.

운영계획(operation planning)이 확정되었던 되지 않았던, 계획과정의 집행단계에서는 집행의 방향을 제공하기 위해서 기본적인 운영과정을 구체화해야 한다. 구체화된 운영과정은 대부분 대인서비스계획의 요소들에 의해 정형화되고, 서비스전달체계에 있어서 세부적으로 논의되어진다. 운영과정의 각각의 요소들은 선택을 포함하므로, 이것의 선택은 합리적 운영계획을 전제로 하고 있다. 이러한 각각의 요소들을 살펴보면 다음과 같다.

첫째, 활동의 연속성(sequence of activities)이다. 이는 수행하는 계획 혹은 프로그램에 참여하는 고객의 경험과 같은 활동의 연속성을 포함한다.

둘째, 인력(staffing)이다. 계획집행을 수행하기 위해서는 다양한 형태의 자질있는 인적 자원들이 많이 필요하다.

셋째, 공간적인 위치(spatial location)이다. 활동하는 위치는 공간적인 관계에 따라 발생하고, 인구적인 측면에 영향을 미친다.

넷째, 시설(facilities)이다. 요구되는 시설물은 이런 활동을 수행하는데 필요하다.

다섯째, 재정메커니즘(financing mechanisms)이다. 계획활동을 촉진시키기 위해서는 서비스에 대한 정부출연금(appropriations), 보조금(grants), 계약금(contracts), 수수료(fees) 등을 통해서 재원이 조달된다.

여섯째, 조직적인 후원(organizational auspice)이다. 행정기구(agency) 혹은 조직단위는 계획을 수행하는데 있어 필요하다.

일반적으로 이상의 요소들은 집행계획의 특성과 효과성을 위해 중요한 함축성을 지니고 있다. 한편 거대한 계획행위는 지역환경변화에 대처할 수 있어야 하고, 장기간 소요되는 계획은 미래의 불확실성을 고려해야 한다. 따라서 운영과정의 구체화는 의사결정의 창조적인 측면에서 예상되는 혼란을 줄임으로써 계획집행의 내실화를 기할 수 있다.

이러한 이유로 어떤 계획이든지간에 일정한 재량권은 집행의 책임을 지는 누군가가 가지고 있다. 그러나 이 재량권은 한편으로는 계획에 있어서 유일한 약점이 될 수 있다. 예컨대, 계획에 대한 책임과 집행에 대한 책임이 의사결정의 관료들에게 다양하게 분포되어 있는 경우 계획의지를 왜곡할 수 있기 때문이다.

2. 책무적 과정의 구체화

주어진 계획을 책임질 수 있는 집행이 되기 위해서는 책무적 과정을 분명하게 해야 한다. 이는 책임이 발전적 계획과정(developmental planning process)의 중요한 기초가 된다는 점에서 그러하다. 한편, 명확한 책무적 과정은 집행권한의 장악(up for grabs)과 확대(piling on) 등과 같은 집행게임에 의해 야기되는 구체적 목표(objectives) 혹은 계획요소에 대한 명료성을 가져다 준다.

다양한 책무적 과정은 정부의 사회프로그램이 시작된 이후 발달하였다. 다음에서는 주로 행정적 통제와 행정통제의 대안을 중심으로 살펴보고자 한다.

1) 행정적 통제

행정적 통제(administrative controls)는 행정모형에 의해 계획이 수행될 때 매우 유용하고, 또한 집행이 계획에 적합한 의사결정가(decision makers)에 의해서 수행될 때 유용하다. 일반적으로 행정적 제재(administrative sanctions)는 순응(compliance)을 가져올 수 있는 경우에 사용된다. 그러나 집행이 순응적이든 그렇지 않든간에, 또한 제재가 적용되든 그렇지 않든간에 행정적 통제과정은 반드시 결정되어야 한다.

일반적으로 행정적 통제를 사용하기 위한 과정은 프로그램 통제, 지출통제, 그리고 시간통제로 구분된다. 따라서 다음에서는 이들 세 가지 과정에 대해서 살펴보고자 한다.

첫째, 프로그램 통제(program monitoring)이다. 프로그램 통제는 주어진 계획을 수행하는 것과 관련된 활동에 대해 정기적으로 보고하기 위한 체계적인 과정이다. 이는 정보의 저장과 검색(retrieval)을 위해 컴퓨터를 사용하는 고도로 계량적인 경영정보시스템(highly quantitative management information system)의 형식을 취하거나 혹은 매우 정성적인 스토리텔링의 계획보고서(narrative program reports) 형식을 취하기도 한다. 어떤 형식의 보고서를 취하던 간에, 프로그램 통제는 계획활동에 대한 명확한 정의를 갖춘 보고서를 요구한다. 이러한 활동들은 계획의 성공적인 집행을 위해 모든 사람들에 의해 반드시 추진되어야 할 행위이다. 이러한 행위는 증진적 활동(promotional activities), 수익평가(intake assessment), 사례배분(case assignment), 사례처리(case treatments), 그리고 사례정리(case disposition) 등을 포함한다. 한편 집행에 관련된 양적인 활동을 보고하거나 대인서비스에서 프로그램 통제를 하는 경우에도 질적인 방법으로 평가하는 것이 증가하고 있다. 따라서 프로그램 통제가 책무적 과정으로 사용될 경우, 계획은 보고서를 만들 수 있는 구체적 형태로 만들어져야 하고, 또한 집행활동은 보고되는 형태로 구체화되어야 한다.

둘째, 지출통제(expenditure monitoring)이다. 지출통제는 주어진 계획의 집행을 위해 사용된 재화와 서비스의 비용을 추정하고 관리하는 것이다. 만약 계획에 할당된 기금이 사용되지 않았다면 혹은 지출이 재화와 서비스를 고려한 계획설계에 의해 조달되지 않았다면, 집행이 성공하기 어렵다. 이러한 지출통제는 성공적인 집행을 위해 필요한 여러 종류의 예산과 상당한 지출을 요구할 뿐만 아니라, 예산의 사용내역에 대한 정기적 보고과정도 요구된다. 이러한 요구들은 계획의 집행단계에서 착수되어야 한다. 한편 단일의 구체적 목표와 단순한 설계에 의한 계획의 경우에 품목별 예산(line-item budget)이면 충분하다. 반면에 지역보건센터과 같이 다수의 구체적 목표를 갖고 있는 경우와 새로운 행정관청의 신설과 같이 개발이 몇 단계로 구분되는 경우에는 프로그램 예산(program budget)이 요구된다. 이러한 프로그램 예산의 경우 별개의 재화와 서비스를 위한 자금은 계획의 구체적 목표 혹은 개발을 위한 세부단계에 따라 할당된다.

셋째, 시간통제(time monitoring)이다. 일반적으로 계획수행에 포함된 활동의 발생은 미리 예측된 시간계획(time schedule)에 의해서 행해진다. 만약 촉진적 활동이 수행되지 않았거나 혹은 직원훈련(staff training)이 구성원들의 발전에 기여하지 못한 경우, 집행은 문제를 지닐 가능성이 있다. 또한 시간통제는 계획활동의 효과성을 증진시키는데 있어서 중요하다. 예컨대, 어떤 의료치료는 약물치료 혹은 질병상태에 따라 각 시기별로 알맞은 처치를 요구한다. 이러한 시간통제를 위한 과정은 성과평가재검토기법(Performances Evaluation Review Technique: PERT)에 의해 수행된다(R. Mayer and Greenwood, 1980; York, 1982). 이러한 시간통제가 필요한 계획의 경우에는 활동과정을 구체화해야 한다.

2) 행정통제의 대안

행정통제는 역현상(counter-productive)을 초래할 수 있다. 만약 집행자의 역할 중에서 계획의 위임이 없는 경우, 최선의 성과보다 못한 결과가 나타날 수도 있다. 왜냐하면 대부분의 경우 행정가들이 성과를 증진하기 위하여 통제적 과정(control procedures)에 의존하면 할수록, 계획의 집행은 왜곡(subversion)되거나 혹은 부분최적화(sub optimality)가 이루어지게 된다.

이러한 현상이 발생하는 것은 집행이 의사결정시스템 밖에 있는 개인 혹은 집단에 의해 이루어지는 경우 사용될 수 있는 행정통제의 대안이 다양하기 때문이다. 흔히 사용되는 행정통제의 대안은 계약(contracting out), 능력향상(capacity building), 공공정보 캠페인(public information campaign) 등을 들 수 있다.

첫째, 계약(contracting out)이다. 관련기관간의 행정통제가 비효과적이라고 판단되면서, 중앙정부와 지방정부간의 계약이 점차 증가하고 있다. 이러한 계약과정에 의해서, 의사결정가는 계획을 집행하는데 있어 수행되는 활동들의 정확한 설명을 입찰과정(public bidding process)을 통하여 제출하고, 개개의 활동을 위해 지불해야 할 가격을 첨부해야 한다. 따라서 의사결정가는 개인 혹은 조직이 선호하는 것을 선택할 수 있을 뿐만 아니라, 만족할만한 성과를 기대할 수 있게 된다. 계약은 다음의 두 가지 조건, ① 입찰자들 사이에 경쟁이 존재할 때, ② 계약의 성공적인 달성을 위해 수행되어야 할 활동들에 대하여 충분한 구체성이 존재하는 경우 효과적인 절차(effective procedure)가 될 수 있다.

둘째, 역량의 제고(capacity building)이다. 역량의 제고는 계획의 집행능력을 증가시키는 의사결정가의 노력에 관한 것이다. 역량의 제고라는 측면에서 보면,

집행자들에 의해 상이한 이익 뿐만 아니라, 원활한 활동을 수행하는데 필요한 조직적 · 기술적인 능력의 부족에 의해서도 불응(noncompliance)이 야기된다. 따라서 역량의 제고라는 접근방법은 새로운 사회계획을 수행하기 위해서 필요한 지식과 기술을 개발하기 위해서 중앙 혹은 지방정부에 의해 지원되는 다양한 관료개발(staff development)과 부서원의 훈련계획에서 찾을 수 있다.

셋째, 공공정보캠페인(public information campaign)이다. 공공정보캠페인은 할당된 조직, 기금의 출처, 유권자 집단(constituent groups), 그리고 잠재적 의뢰인 등과 같이 집행자들이 생존을 위해 의지하고 있는 개인 혹은 집단의 주목(attention)을 위한 계획집행의 성과를 촉진하는데 사용된다. 이러한 캠페인은 상위적 계획집행기관 보다는 오히려 행정적으로 독립적인 계획조직에 의해 주로 사용되고, 집행을 위해 필요한 자원의 배분을 통제할 수 없는 계획기관에 의해서도 사용된다. 이러한 캠페인이 효과적이기 위해서는 행정기관의 성과에 대한 신뢰할 수 있는 유용성 혹은 신뢰할 수 있는 평가의 자료를 사용해야 한다. 또한 집행에 의한 순응을 확보하기 위해서는 관련된 조직의 기대를 보장해야 한다.

집행단계에서 이러한 책무적 과정을 고려할 때는 의도하는 방향을 명확히 해야 한다. 이를 위해서는 우선 계획의 조직적 맥락(organizational context)을 명확히 해야 하고,[3] 다음으로 발전적 계획과정(developmental planning process)을 따르는 것이며, 마지막으로 집행자의 기대와 계획목표가 일치하는 정도를 살펴야 한다.[4]

제 4 절　집행의 제약요인

최근 몇년 동안 국가계획과 지역계획간의 비효율성에 관심이 집중되어 왔다. 특히 계획의 집행과정에서는 계획의지의 왜곡이나 전환이 발생할 수 있는 문제점을 안고 있다.

---

3) 만약 참여모형에 의해 집행을 할 경우에는 책무적 과정은 필요하지 않겠지만, 행정모형에 의해 집행을 할 경우에는 책무적 과정은 필요하다.

4) 만약 계획목표와 집행자의 기대간에 불일치의 정도가 높을 경우에는 행정통제의 대안에 의존해야 한다.

계획의지의 왜곡방법은 Bardach(1977)가 창의적으로 규정한 집행게임(implementation games)에서 검증되었다. 이들 게임은 모두 계획과정에서 발생하는 것은 아니며, 오히려 어떤 게임은 행정실무를 통해서 발생하기도 한다. 그러나 이들 집행게임을 검토하는 것은 계획의 집행이 의도대로 되었는가를 확인하는데 도움이 된다.

1. 예산의 시혜적 배분

예산의 시혜적 배분은 지방분권 국가에 비해 중앙집권 국가에서 주로 나타난다. 이는 권한과 재정이 중앙에 집중되어 있기 때문이다. 또한 이러한 경향은 민간부문에 비하여 공공부문에서 보다 뚜렷해진다. 지나치게 높은 가격에 응찰한 자가 정부와의 계약에 의해서 중요한 계획요소의 공급책임을 맡게 되면 집행과정에서 문제가 발생하게 된다.

2. 예산의 과다지출

현대 정부에 보편적인 점진적 예산행태로 인하여 보다 많은 예산을 집행한 기관일수록, 다음 회계연도에서 보다 많은 예산을 배정받게 된다. 이러한 예산행태는 비생산적인 지출을 초래하게 된다. 특히 중앙정부가 지방정부에 대하여, 혹은 광역정부가 기초정부에 대하여 보조금을 분배하는 경우와 같은 재정중개기능의 경우에 가장 심하게 나타난다. 이러한 경우 보조금 지급기관의 실적은 대체로 지출능력에 따라 평가되기 때문에 여타의 경우보다 더욱 비효율적으로 예산이 사용된다.

3. 선심용 계획

정부계획의 효과성이 최고 수준에 도달할 수 있도록 자원을 집중시킬 필요가 있을 때 정부계획은 부정적인 결과를 초래하게 된다. 예컨대, 지역혁신거점 구축을 위한 시범테크노파크사업의 경우 당초 계획단계에서는 전국에 2개를 조성할 예정이었으나, 계획의 심사시기가 대통령선거와 맞물리는 관계로 시범 테크노파크사업의 지원금액은 줄어든 반면에, 대상지역은 6개로 늘어나게 되었다.

4. 계획의 확대

새로운 계획이 초기에 어느 정도 성공을 거두면, 그 계획에 관심을 두지 않았던 많은 기관·단체들이 그 계획의 성공에 편승해 동일한 혜택을 누리고자 관심을 갖게 된다. 이러한 경우 계획확대 게임이 끝나면 본래의 계획목표는 상당한 정도로 퇴색되고, 그 목표의 지지세력은 새로운 이해관계자들의 압력에 의해서 붕괴되고 만다.

5. 집행권한의 장악

여기서 갈등은 옹호자와 비옹호자간의 것이 아니라, 바람직한 계획목표에 대하여 서로 다른 견해를 가진 두명 이상의 옹호자간의 갈등이다. 이 경우 최고결정가가 어떤 견해를 갖느냐에 따라 계획집행의 내용이 달라지게 된다.

6. 기금의 극대화

기금의 극대화는 보조금의 규모를 극대화할 뿐만 아니라, 보조금의 사용에 대한 규제를 최소화하려는 것으로 주로 보조금 수혜기관이 보조금 지급기관에 대하여 사용하는 게임이다. 그러나 이 게임은 가끔 지급기관의 묵시적 공모하에 수행되기도 한다. 그러나 많은 경우에 공공계획의 효과성을 측정하는 것은 매우 어렵기 때문에 기금의 효율적 사용여부에 대한 보조금 집행기관의 책임을 추궁하기가 쉽지 않다.

7. 무사안일

무사안일의 가장 전형적인 예는 실제로는 일을 열심히 하지 않으면서 겉으로는 열심히 하는 것처럼 보이는 것이다. 어떤 계획의 집행은 관료들의 무사안일적 행태가 지속되거나 새로운 독창적인 수행 방법이 요구되는 경우에는 어려움에 처하게 된다.

이상의 집행게임을 검사하는 방법으로 Hudson(1980)은 참여적 전략(participatory strategies)과 계층적 전략(hierarchical strategies)을 제시하고 있다. 참여적 전략은 목표달성을 위하여 구체적 목표(objectives)와 수단(means)의 설계를 주요 임무로 하는 집행계획이다. 반면에 계층적 전략은 계획주체가 계획을 수립하고 그 계획의 집행을 위해 다른 조직에게 위임하는 집행계획이다. 이는 앞에서 계획조직에서 계획유형을 참여모형, 독립모형, 그리고 행정모형으로 구분한 것과 유사하다.

참여모형에 의해 계획을 수립할 경우, 집행게임의 가능성은 최소화된다. 집행을 위한 참여모형에서 책임은 계획발전에 관계된 것이기 때문에 집행자들의 이익(interests)과 계획목표 사이의 조화를 이룰 수 있다. 반면에 독립모형이나 행정모형에 의해 계획을 수립할 경우 집행게임은 일반적으로 나타나게 되는 바, 합의된 기대이익을 예측하기에는 불가능하다. 그러므로 독립모형이나 행정모형에 의한 계획 집행자들에게 집행을 위한 책무성을 가질 수 있도록 정교하게 설계해야 한다.

탐구학습

1. 주요개념과 요약
   - 계획집행의 개념과 중요성
   - 계획집행의 특성: 의사결정과정, 복잡한 과정, 상호적응적 과정, 순환적 과정
   - 계획집행의 접근방법: 하향적 접근방법, 상향적 접근방법, 양자의 비교
   - 계획집행의 과정: 운영과정의 구체화, 책무적 과정의 구체화
   - 합리적 운영과정의 요소: 활동, 인력, 공간, 시설, 재정, 지원
   - 행정통제의 방안: 프로그램 통제, 지출통제, 시간통제
   - 행정통제의 대안: 계약, 역량의 제고, 공공정보 캠페인
   - 계획집행의 제약요인: 예산의 시혜적 배분, 예산의 과다지출, 선심용 계획, 계획의 확대, 집행 권한의 장악, 기금의 극대화, 무사안일

2. 토론과 과제
- 계획과 집행의 관계에 대하여 설명하시오.
- 계획집행의 상향적 접근방법과 하향적 접근방법에 대하여 설명하시오.
- 성공 또는 실패한 정책과 계획의 집행사례를 하나 들고, 그 요인에 대하여 설명하시오.

참고문헌

강근복(1994), 정책분석론, 서울: 대영문화사.
권영찬 · 이성복(1990), 기획론, 서울: 법문사.
김동건(1997), 비용 · 편익분석, 서울: 박영사.
김신복(1999), 발전기획론, 서울: 박영사.
김홍배(2003), 정책평가기법, 서울: 나남출판.
노화준(1999), 정책분석론, 서울: 박영사.
박우서 · 박경원(1995), 현대기획이론, 서울: 나남출판.
유훈(1995), 정책학원론, 서울: 법문사.
이종수 외(1996), 새행정학, 서울: 대영문화사.
정정길(1993), 정책학원론, 서울: 대명출판사.
Bradshaw, J.(1977), "The Concept of Social Need", in N. Gilbert and H. Specht, *Planning for Social Welfare Issues, Tasks, and Models*, N. J.: Prentice-Hall.
Dykman, J. W.(1974), "Planning within a Decentralized Framework", In R. Moronev and R. Morris, *Centrally Planned Change*, Urbana: Univ. of Illinois Press.
Helmer, O.(1967), *Systematic Use of Expert Opinion*, Calif.: Rand Corporation.
Horowitz, D.(1977), *The Courts and Social Policy*, Washington D. C.: Booking Institution.
Mayer, R. and E. Greenwood(1980), *The Design of Social Policy Research*, N. J.: Prentice-Hall.
Mayer, R.(1985), *Policy and Program Planning: A Developmental Perspective*, N. J.: Prentice-Hall, Inc.
Palumbo, D. J. & D. J. Calista(1990), *Implementation and the Policy Process*, N. Y.: Greenwood Press.
Pressman, J. & A. Wildavsky(1984), *Implementation*, Berkeley: Univ. of California Press.
宮川公男(1994), 政策科學の基礎, 東京: 東洋經濟新報社.
宮川公男(1997), 政策科學の新展開, 東京: 東洋經濟新報社.

제 5 장 성과평가

제 1 절 평가의 의의

1. 평가의 정의

계획에 있어 평가(evaluation)는 현재 검토 중인 대안을 평가하기 보다는 현재 진행 중에 있거나 최근 그 행동이나 과정이 끝난 것을 평가하는 사후평가(after-the-fact evaluation)의 성격이 강하다. 평가단계는 계획목표의 달성을 위해 계획과정의 처음단계로 환류시키고, 순환과정인 계획결정을 위한 기초자료를 제공하는 것이다.

평가란 일반적으로 어떤 활동의 가치를 판단하는 일반적인 과정으로 이해된다(김명수, 2000: 5). 쓸모있는 것과 쓸모없는 것, 가치있는 것과 가치없는 것을 구분하는 과정이며 장점, 유용성, 가치 등의 판단과 관련된 지적인 과정이라고 할 수 있다.

Hooley는 계획의 평가란 현재 집행 중에 있는 프로그램이 그 목표를 달성하는데 효과적인가를 따져보는 것이다. 따라서 그 프로그램의 효과를 그 상황에 작용하는 다른 요인들의 영향으로부터 분리, 구분하기 위하여 연구설계에 의존하며, 현재 운용하고 있는 프로그램의 수정을 통하여 프로그램을 개선하는 것을 목표로 하는 의도적인 노력이라 하였다(노화준, 1999: 31). P. Healy는 계획평가, 특히 정책평가를 특정한 정부사업이 국민에게 미친 모든 장·단기적 효과에 관한 정보를 제공하기 위해 특정한 정부사업을 체계적으로 검토하는 것이라 하였다(김명

수, 2000: 5).

2. 평가의 목표

평가를 실시하는 목표로는 책무성(accountability), 프로그램 향상(program improvement), 기초지식의 발전(basic knowledge advancement), 그리고 전략적 목표 등을 들 수 있다. 첫째, 책무성은 일선 정책실무자들이 그들에게 주어진 권한을 적절하게 행사하고 있는지, 또 그들의 의무를 정당하게 수행해 왔는지를 판단하는 것이다.

둘째, 프로그램 향상은 프로그램 운영과 방향을 점진적으로 개선하고 개정하는 것으로, 기본전제는 어떻게 하면 프로그램을 더 나은 것으로 만들 수 있을까 하는 것이다.

셋째, 기초지식 향상은 평가의 현실에 대한 전반적인 이해를 증진시켜주는 기초학문연구로 간주되며, 평가에 도움이 되는 학문분야의 전체적인 지식을 증진시키고 개선시키는 것을 의미한다.

넷째, 계획이나 프로그램들은 항상 현실사회를 대상으로 하기 때문에 정치적 혹은 조직적인 목표를 포함하고 있다. 그래서 그 과정이나 운영에 있어 계획시 고려되었던 부분들이 소외될 수도 있다. 따라서 평가는 정치적·행정적 전략을 알아내어 순수하게 계획집행이 가능하도록 하는 것을 목표로 한다.

제 2 절 평가기준, 절차 및 유형

1. 평가기준

1) 과정성에 기초한 평가기준

(1) 계획의 집행여부

실제의 계획 또는 프로그램의 집행에서는 계획개념 또는 의도가 왜곡될지도 모른다. 평가의 첫번째 단계는 집행된 계획 또는 계획된 계획 또는 프로그램 사이의 일치와 모순을 결정하는 것이다. 이 결정절차는 프로그램통제(program monitoring), 재정통제(fiscal monitoring), 시간통제(time monitoring)로 한다. 이 절차들은 주어진 계획을 집행할 때 설정된다. 어떤 평가설계의 우선순위는 이 절차들의 결과를 분석하는 것이다. 그리고 평가의 형태는 프로그램통제(program monitoring), 투입평가(input evaluation), 과정평가(process evaluation), 그리고 계획된 프로그램과 실제 집행된 프로그램의 비교 등이다.

(2) 구체적 목표의 성취도

계획 또는 프로그램을 집행함에 있어서 의사결정가는 그 결과가 바람직하기를 원한다. 평가의 형태는 결과평가(outcome evaluation) 또는 프로그램의 사전과 사후를 비교하는 것이다.

(3) 정책 또는 프로그램의 효과성

계획집행 이후에 관찰되는 상황의 변화가 계획 또는 프로그램의 직접적인 효과에 의해서 발생한 것인지, 그리고 그 변화가 유용한 것인지를 평가하는 것이다. 효과성 평가는 계획의 수단－결과간의 인과성을 구축하기 위한 것으로, 계획의 집행여부와 구체적 목표의 성취정도를 연계시키려는 것이다. 효과성을 평가하기 위해서 우선 상태변화가 계획이나 프로그램의 집행 이외의 다른 요인들에 의해서 발생한 것인지를 판단해야만 한다. 만약 다른 요인들에 의해 변화가 발생한 것이라면 계획이나 프로그램은 효과적이지 않은 것이라고 할 수 있다. 요인을 결정하기 위해서는 실험설계와 준실험설계가 사용된다.

(4) 계획 또는 프로그램의 효율성

계획 또는 프로그램의 효율성은 비용편익분석을 사용하여 계획이나 프로그램의 경제적 편익이 비용을 초과하였는가를 알아보는 것이다. 효율성을 평가하는 방법으로는 비용편익분석과 비용효과 분석이 있으며, 이의 분석을 위해서는 실제 정책실행을 바탕으로 한 자료가 필요하다.

2) 합리성에 기초한 평가기준

합리성에 기초한 평가기준으로는 효율성(efficiency), 효과성(effectiveness), 형평성(equity) 등이 있다.

(1) 효율성(efficiency)

효율성은 일반적으로 투입과 산출의 비율로 표현되는데, 투입을 계획 및 집행에 필요한 비용으로 하고 산출은 효과로 대변된다. 효율성은 특히 계획이나 프로그램의 확장시 고려되는 기준으로 비용까지 고려하는 것을 의미한다. 또한 효율성을 평가하는 것은 투입과 산출이 다같이 동일한 척도인 화폐가치로 측정이 가능한 투자사업과 경제사업의 평가로써 발전된 것이며 비용편익분석(cost-benefit analysis)이 많이 이용된다.

(2) 효과성(effectiveness)

효과성은 목표의 달성정도를 의미하는데, 이는 계획평가에 있어 가장 중요한 요소이다. 효과성 평가는 단순히 의도했던 효과가 어느 정도 발생했는지를 평가하는 것이 아니라, 해결하고자 했던 문제나 달성하고자 했던 목표가 어느 정도 이루어졌는지 등도 평가의 대상이 된다. 따라서 효과성 평가의 내용에는 첫째, 의도했던 효과가 과연 그 대안 때문에 나타났는가, 둘째, 발생한 효과의 크기는 목표와 대비하여 어느 정도인가, 셋째, 효과의 크기는 달성하고자 했던 목표에 충분하였는가 등의 내용이 포함된다.

(3) 형평성(equity)

형평성은 동일한 경우는 동일하게 취급하고, 서로 다른 경우는 서로 다르게 취급하는 것을 의미하며 사업효과 및 비용이 전 구성원에게 형평하게 배분되었가를 보는 것이다(정정길, 1993: 340). 계획 및 프로그램효과와 비용의 배분이 사회정의로서의 배분적 정의에 합치되는 정도를 의미한다.

2. 평가절차

평가는 그 유형이나 결과의 활용목표, 사용되는 평가의 방법 등에 따라 절차가 달라질 수 있다. 다양하게 구성되는 평가절차들 중 미국정책평가학회에서 제시한 평가의 기준과 절차는 형성과 협상, 평가의 구조화와 설계, 자료의 수집과 설계, 자료의 분석과 해석, 의사전달과 발표, 활용 등으로 구조화되어 있다(노화준, 2001: 76-80).

첫째, 형성과 협상단계는 계획이나 프로그램에 대한 평가를 시작하기 전 평가를 담당할 평가자와 피평가자들간에 이 평가를 통해 무엇을 어떻게 그리고 왜 해야 하며 장애 또는 제약요인들은 무엇인가에 대한 논의를 하는 단계이다.

둘째, 구조화와 설계단계는 계획이나 프로그램 평가의 방향과 방법에 대해 계획하는 단계로 접근방법의 명료화, 영향평가에 있어 계획을 집행하지 않은 집단에 대한 효과의 추정문제, 표본추출방법, 측정방법과 측정도구, 평가방법에 대한 정당화 등이 고려되어야 한다.

셋째, 자료의 수집과 준비는 평가의 대상이 되는 자료를 수집하는 단계로 계획에 따라 자료를 수집한다. 이 때 사전적인 자료수집계획, 원래의 자료수집계획에서 벗어난 경우의 대처방안, 자료수집에 대한 교육, 수집된 자료에 대한 타당성과 신뢰성에 대한 추정, 자료의 수집과 처리과정에 대한 보안, 자료분실에 대한 대비책 등을 고려하여야 한다.

넷째, 자료의 분석과 해석단계는 각종 통계적인 방법이나 모델링방법 등을 이용하여 평가목표에 따른 정보를 산출하는 단계로 창의적인 자료처리 능력이 요구되는 과정이다. 이 때 자료분석방법과 자료측정방법의 합치도, 선택된 분석방법의 정당화, 발견 사실에 대한 객관성 유지 등이 고려되어야 한다.

다섯째, 의사전달과 발표단계는 평가에 대한 전반적인 사항을 보고서 또는 구두로 표현하는 단계로 프로그램의 성격, 평가에 대한 기대, 요구되는 평가유형, 그리고 자의적인 해석이나 개인적 의견과 객관적 사실과의 분명한 구분 등을 위해 필요하다.

마지막으로 평가결과의 활용단계는 프로그램의 운용실태와 효과를 파악하고 그 정보를 다음 계획에 피드백(feedback)시키는 단계이다.

3. 평가유형

1) 평가자 소속에 따른 평가유형

평가자의 소속에 따라 평가는 자체평가, 내부평가, 외부평가로 구분할 수 있다(김명수, 2000: 100). 첫째, 자체평가(self-evaluation)는 계획이나 프로그램의 집행을 담당하고 있는 사람들 자신이 수행하는 평가를 말한다.

둘째, 내부평가(inside evaluation)는 계획이나 프로그램의 집행자는 아니나, 그것의 시행에 책임을 지고 있는 기관의 직원이 수행하는 평가이다.

셋째, 외부평가(outside evaluation)는 제3자적인 위치에 있는 외부전문가가 수행하는 평가를 의미한다.

2) 평가 수행 횟수에 따른 평가유형

평가를 수행하는 횟수에 따라 1회성 종합평가, 수시평가, 주기적 평가로 구분할 수 있다(노화준, 2001: 60).

첫째, 1회성 종합평가는 1회에 걸쳐 계획이나 프로그램에 대해 전반적이고 종합적인 평가를 하는 것이다.

둘째, 수시평가는 평가에 대한 시기가 정해져 있지 않고 그 필요성에 의해 이루어지는 평가를 의미한다.

셋째, 주기적 평가는 평가시기가 정해져 있는 평가를 의미하고, 정기감사가 그 예라 할 수 있다.

3) 학자에 의한 평가유형

학자들은 평가를 수행하는 목표와 평가기준에 의해 평가유형을 제시하고 있다. 평가를 프로그램의 개념화와 설계를 위한 평가, 프로그램 집행의 모니터링, 그리고 프로그램의 효용성에 대한 평가로 구분하였다(노화준, 1986: 56).

그리고 평가의 목표에 따라 노력평가(evaluation of effort), 성과평가(evaluation of performance), 성과의 충분성 평가(evaluation of adequacy of performance), 효율성 평가(evaluation of efficiency), 그리고 과정평가(evaluation of process)로 구분할 수 있다(김명수, 2000: 103-104).

또한 Nachmias는 평가를 과정평가와 영향평가로, Hodey는 사업수준에 따라 국가사업의 영향평가, 국가사업의 전략평가, 개별 지방사업의 평가, 그리고 개별 지방사업의 상대적 효과성 평가로 구분하였다(김명수, 2000: 106-107). 이 밖에도 평가방법에 따라 과학적·체계적 평가와 비과학적·주관적 평가로 나눌 수도 있다(정정길외, 1997: 39).

제 3 절 주요 평가방법

평가를 위한 방법은 평가 실시 목표와 분류기준에 따라 여러 가지로 나누어 볼 수 있다. 먼저 목표의 특정성과 다양성 여부에 따라 단일목표기법과 다목표기법으로 나눌 수 있고, 정책효과의 계량적인 측정여부에 따라 계량적 기법과 비계량적 기법으로 분류할 수 있다.

또한 분석의 중점에 따라 정치적 합리성에 관한 기법과 경제적 합리성에 중점을 두는 기법으로 분류할 수 있고, 완전성의 정도에 따라 분석적 기법, 사이버네틱스(cybernetics)기법으로 구분할 수 있으며, 합리성의 정도에 따라 최적모형기법과 만족모형기법 등으로 구분할 수 있는데, 이를 정리해보면 〈표 5-1〉과 같다.

한편, 계획의 영향력을 평가하는 방법으로 실험방법에 의한 평가방법이 있다. 계획이 집행되면 직간접적으로 대상집단에 영향을 미치게 되는데 이들의 효과를 평가하는 것이 실험방법이다. 실험방법에 의한 평가방법에 대해 자세히 살펴보면 다음과 같다.

표 5-1 유형별 평가방법

분류기준	분류	주요기법	
목표의 특정성과 다의성	·단일목표기법	·비용편익분석 ·항목별점검표 ·임계치분석	·비용효과분석 ·목표성취도분석 ·계획수리기법

	· 다목표기법	· 의사결정분석 · 투표기법 · 일치성분석
분석대상의 계량성 여부	· 계량적기법	· 비용편익분석 · 시계열분석 · 인관분석 요인분석
	· 비계량적기법	· 델파이기법 · 위원회토의법 · 역사적 유추법
분석의 중점	· 정치적 타당성 기법	· 주민투표 · 위원회토의법
	· 경제적 타당성기법	· 비용편익분석 · 시계열분석 · 인과분석 · 요인분석
완전성의 정도	· 분석적 기법	· 수리계획법 -선형계획법 -네트워크분석 -동태계획법 -게임이론 -정수계획법
	· 사이버네틱스 분석	· 사회 및 환경영향평가 -델파이기법 -민감도분석 -시계열분석 -회귀분석
합리성의 정도	· 최적모형기법	· 수리계획법 -선형계획법 -네트워크분석 -동태계획법 -게임이론 -정수계획법
	· 만족모형기법	· 여론조사에 의한 기법 · 공공선택에 의한 기법 · 배점표에 의한 종합분석기법

자료: 충청남도연구원, 1986: 170-172에서 재정리.

1. 실험설계의 논리

계획의 효과성을 평가하기 위한 방법에는 실험설계(experimental design)라는 일반적인 논리가 있다. 이 논리는 의사결정가가 관심을 가진 집단들의 둘 또는 그 이상 집단의 상호비교로 구성된다.

2. 실험설계에서 조절되는 요인들의 유형

계획이나 프로그램의 효과성을 평가하기 위해 조절되어야 할 요인들의 범위는 다음 다섯 가지로 구분할 수 있다.

첫째, 정적인 모집단의 특성(characteristics of the population that are fixed)이다. 이는 개인의 성, 인종 또는 역사, 조직목표 또는 통치형태, 지역사회의 위치 또는 자연자원 등의 특성을 나타내며 계획에 따라 변화할 수 있다.

둘째, 동적인 모집단의 특성(characteristics of the population that are dynamic)이다. 이는 개인의 나이, 수입 또는 학력수준, 직업 또는 지도자, 지역사회 거주인, 또는 경제적 복지 수준 등의 특성을 말하는 것이며, 계획에 따라서 그 대상이 달라질 수 있다.

셋째, 환경적인 사건(environmental events)이다. 이는 모집단의 환경특징의 변화를 나타내며 개인의 가족구조, 조직기금, 지역경제 등이 예라 할 수 있으며 인구환경의 특성에 따라 변화한다.

넷째, 평가된 모집단의 인식(the population's awareness of being evaluated)이다. 정책 또는 프로그램은 실험에 대한 인식보다는 특별한 계획 또는 프로그램에 의해 평가된 행위에 반응하게 되는데, 이 현상을 호손효과(Hawthrone effects)라고 한다.

다섯째, 자기선택(self-selection)이다. 이는 프로그램에 참여하거나 주어진 정책에 그들 자신을 노출하기 위한 개인의 경향이다. 이는 자발적인 계획의 요소이기도 하다.

3. 실험설계의 유형

1) 소집단설계(one-group design)

계획의 집행 전과 집행 후의 상태를 측정한 다음 이들 두 측정간의 차이를 계획의 효과성의 범위로 나타내는 것이다. 이 설계(design)는 계획 또는 프로그램 전후 여러 시점에서 측정할 수 있고 사전·사후설계(before and after program design)와 시계열설계(time series design)를 일반적으로 사용한다. 한편 모집단이 고정되어 있을 때 통제가 가능하다.

2) 비동질 두집단의 설계(nonequivalent two-group design)

먼저 모집단에서 선택한 두 집단의 계획 또는 프로그램을 제외한 상태에서 가능한 모든 특성을 연계시켜, 집단들간의 사건을 자연적 과정을 통해 형성시킨다. 이 설계는 자기선택(self-selection)을 위해 통제할 수 없고 집단도 동등하지 않고, 집행 전에 사용하면 자연실험(natural experiment)이 되고 집행 후에 사용하면 사후실험(expost facto experiment)이 된다. 그리고 이 설계는 정적인 특성, 동적인 특성 그리고 환경적 사건을 통제한다.

3) 순수실험(pure or controlled experiment)

이 설계는 다섯 가지 조절 요소를 모두 사용한 방법으로 평가시 각 집단은 모수가 된다. 두 집단 설계(two-group design)에서는 계획에 노출된 한 집단에 인구의 수를 무작위로 추출하여 할당한다.

4. 실험설계의 계획기준

주어진 계획 또는 프로그램의 효과를 분석하기 위한 계획을 수립하는데 있어 사용되는 기준은 추론능력, 실무적 능력, 무작위 추출능력, 그리고 설계의 효율성 등이 있다.

첫째, 추론능력(ability to infer)은 계획의 원인이 되는 요소를 자연적 사건에 근거하여 유추하는 능력이다.

둘째, 실무적 능력(practical ability)은 둘 또는 그 이상의 비교소집단을 창출할 수 있는 능력을 말한다.

셋째, 무작위 추출 능력(ability to randomize)은 계획 또는 프로그램의 평가를 노출시키며, 일정한 계획안을 다루는데 있어 무작위하게 추출하여 각 집단 또는 계획안에 영향을 미치는 집단을 결정하는 능력을 말한다.

마지막으로, 설계의 효율성은 계획기준의 선택에 영향을 미칠 것이다. 집단설정과 변화측정의 비용측면에서 한 집단은 적은 비용이 들고, 다수 집단은 더 많은 비용이 든다. 계획대안을 선택할 때 각 계획대안의 효과성을 측정하여 비용이 적게 드는 계획을 선택한다.

제 4 절 평가의 활용

계획의 평가부문은 답을 요구하는 특별한 질문(the particular questions to be answered), 사용되는 설계유형(the type of design to be used), 자료를 뽑아내는 자원(the sources to be drawn on for data), 평가기간(the timing of the evaluation), 평가수행을 위한 책임할당(the assignment of responsibility for carrying out the evaluation) 등의 요소를 확실히 해야 한다.

1. 평가활용의 개념

평가결과의 활용이라는 개념은 크게 협의의 개념과 광의의 개념으로 구분하여 살펴볼 수 있다.

협의적 차원의 평가결과의 활용은 평가보고서에 제시된 결론이나 건의에 따라 즉각적으로 해당하는 계획이나 프로그램과 관련된 어떤 결정을 내리는 것을 의미한다. 이러한 입장은 특히 평가이론이 대두되었던 초창기에 많이 논의되었으며, 현재도 평가결과의 활용에 있어 주류를 이루는 견해이다(김명수, 2000: 214). 이와 같이 협의적 차원의 평가결과의 활용은 실제적인 사업 및 프로그램의 성패여부에 대한 판단문제와 평가결과에 의한 계획 및 사업의 존폐결정이라는 한계점도 가지고 있다.

광의적 차원의 평가결과의 활용은 협의적 차원의 평가결과의 활용이 가지는 한계점을 보완하는 것으로 수단적 활용(instrumental use)과 개념적 활용(conceptual use)을 모두 포함하는 개념이다(김명수, 2000: 214). 수단적 활용이란 평가에서 제시된 결론을 특정한 결정에 적용하는 것을 의미하고 개념적 활용이란 평가결과가 어떤 특정한 결정에 영향을 미치지 않는다고 하더라도 그것이 계획결정가나 사업관리자와 같은 평가결과의 이용자들의 평가대상 사업 및 프로그램에 대한 이해에 영향을 미치는 것을 의미한다.

2. 평가결과 활용의 영향요인

평가결과 활용에 영향을 미치는 요인으로는 적실성(relevance), 적시성(timeliness), 평가연구방법의 질(methodological quality), 의사소통(communication), 그리고 개인적 요인(personal factor) 등이 있다(김명수, 2000: 218-23).

첫째, 적실성은 평가가 어느 정도 평가결과 이용자의 요구를 충족시켜 주고 있는가에 관한 것으로, 적실성이 높으면 높을수록 평가결과의 활용가능성은 높아진다.

둘째, 적시성은 평가가 얼마나 시의적절했는가에 관한 것으로 여기에는 학자에 따라 평가결과의 적시성과 평가보고서의 적시성에 대해 의견이 상반되기도 한다.

셋째, 평가연구방법의 질은 평가에 사용된 방법론의 문제로 그 수준이나 질이 높으면 높을수록 평가결과에 대한 활용은 증대된다.

넷째, 의사소통은 평가자와 평가결과 이용자 사이의 의사전달과정을 의미하며, 의사소통빈도가 높고 의사소통이 직접적이며, 의사소통방법이 용이할수록 평가의 활용은 증대된다.

다섯째, 개인적 요인은 잠재적 이용자의 지도력, 관심, 열의, 결의, 적극성 그리고 호의 등을 의미하며, 이의 정도에 따라 평가의 활용에 차이가 생긴다.

탐구학습

1. 주요개념과 요약
   - 평가의 개념과 목표, 평가의 중요성
   - 계획평가기준과 절차, 평가유형과 방법
   - 계획결과 평가의 활용
   - 환류(feedback)의 개념과 기능

2. 토론과 과제

- 계획결과 평가의 중요성과 활용에 대하여 설명하시오.
- 계획결과 평가유형과 주요 방법에 대하여 설명하시오.
- 계획결과 평가의 활용과 환류방안에 대하여 설명하시오.

참고문헌

강근복(1994), 정책분석론, 서울: 대영문화사.
권영찬 · 이성복(1990), 기획론, 서울: 법문사.
김명수(2000), 공공정책 평가론, 서울: 박영사.
김신복(1999), 발전기획론, 서울: 박영사.
김홍배(2003), 정책평가기법, 서울: 나남출판.
노화준(1988), 계량분석개론, 서울: 법문사.
노화준(1999), 정책분석론, 서울: 박영사.
정정길(1993), 정책학원론, 서울: 대명출판사.
충청남도연구원(1986), 개발사업의 선정과 우선순위결정.
Mayer, R. and E. Greenwood(1980), *The Design of Social Policy Research*, N. J.: Prentice-Hall.
Mayer, R.(1985), *Policy and Program Planning: A Developmental Perspective*, New Jersey: Prentice-Hall, Inc.
宮川公男(1994), 政策科學の基礎, 東京: 東洋經濟新報社.
宮川公男(1997), 政策科學の新展開, 東京: 東洋經濟新報社.

제 2 편

계획형태

제 6 장 빅데이터와 계획

제 1 절 빅데이터의 의의

1. 빅데이터의 개념

빅데이터란 용어가 처음으로 사용되는 것은 1990년대 중반으로서 당시에는 단순히 대용량 자료를 다루고 분석하는 것을 의미하였다 (Diebold, 2012). 빅데이터는 기존의 관리 및 분석체계로 감당할 수 없을 정도의 거대한 데이터의 집합을 의미하며 기존의 관계형 데이터와 비교하여 양, 속도, 다양성, 복잡성에서 그 차이가 있다. 최근에는 데이터 자체뿐만 아니라 데이터를 관리하기 위한 하드웨어, 이를 기반으로 하는 응용프로그램과 이용방법을 포함하는 개념으로 사용데이터를 구성하고 있는 물리적 하드웨어로부터 시작해 이를 기반으로 하는 애플리케이션과 소프트웨어를 포괄하는 거대 플랫폼이다(최봉, 2014; 미래창조과학부, 2013). 따라서 빅데이터는, 동태적으로 생산된, 엄청나게 많은 양의 다양하고, 정교한, 연동된 자료들로 구성되어 있다. 예컨대 2012년 당시 페이스북과 같은 소셜 네트워크 서비스의 경우 메일 25억개의 새로운 콘텐츠(링크, 코멘트 등), 27억개의 '좋아요' 액션, 그리고 3억개의 사진 업로드를 생산하였으며, 세계적인 기업인 월마트는 매시간 백만명의 고객들과 관련된 $2.5\times(10^{15}$바이트) 이상의 자료를 생산한 바 있다(Kitchin, 2017). 이러한 거대한 데이터를 관리하기 위한 하드웨어 및 소프트웨어 등 모든 프로세스는 바로 빅데이터 플랫폼을 의미한다. 빅데이터는 통상적으로 사용되는 데이터 수집 및 관리, 처리와 관련된 소프트웨어의 수용 한계를 넘어서는 크기의 데이터를 말하며, 빅데이터의 사이즈는 단일 데이터 집합의 크기가 수십 테라바이트에서 수 페타바이트에 이르며, 그 크기가 끊임없이 변화하는 것이 특징이다(위키피디아). 빅데이터는 기존 데이터에 비해 규모가 방대하고, 형식이 다양하며, 생성・유통・이용 속도가 매우 빨라 가치 있는 정보를 추출하기 위해 새로운 처리・분석 방식이 필요한 데이터로 정의된다(정연우 외, 2015). 공간정보 또는 위치정보가 포함된 빅데이터는 공간 빅데이터로 불리어지기도 한다.

2. 빅데이터의 중요성

우리는 이제 데이터중심의 시대에 살고 있다. 특히 빅데이터는 다양한 분야에서 관심을 받고 있다. 빅데이터라는 용어 자체는 구글, 아마존, 페이스북, 트위터 등 글로벌 기업에서 자사의 서비스 개선을 위해 적극적으로 도입된 것이며, 특히 이러한 서비스가 국경을 가로지르는 인터넷에 기반하고 있다(NESSI, 2012).

우리나라도 2015년 스마트폰 보급률 83%(세계 4위), 1인당 데이터 이용량 월평균 3GB를 돌파하여 빅데이트의 주요 생산국이다 (고정률, 2016). 빅데이터가 우리의 사회생활에 유용한 자료로 등장하게 되는 이유는 첫째, 트위터, 페이스북, 유튜브 등의 소셜미디어, 포털 등을 통하여 수집되는 비정형데이터가 급격하게 증가되고 있기 때문이다. 비정형데이터는 미리 정의된 데이터모델이 없거나 미리 정의된 방식으로 정리되지 않은 정보를 말한다. 비정형 정보는 일반적으로 텍스트 중심으로 되어 있으나 날짜, 숫자, 사실과 같은 데이터도 포함할 수 있다. 예를 들면, 그림, 영상, 문서, 의료기록, 음성정보, 기업내 각종 문서, 홈페이지, 고객의 소리, 고객센터 상담메모, 사이버 상담 자료, 이메일, 트위터 , 블로그처럼 모바일 기기와 온라인에서 생성되는 데이터 등을 포함한다(고정률, 2016). 1998년에 메릴린치는 잠재적으로 이용 가능한 모든 비즈니스 정보 중 약 80~90%가 비정형 형식에서 기원되는 것으로 주장하고 있다(Grimes, 2007). 둘째, 다행히도 기술진보에 따라서 빅데이터의 저장 및 처리능력이 확대되었고, 반대로 데이터 저장 및 처리비용은 급격하게 감소되었으므로 빅데이터 분석의 필요성이 높아지고 있기 때문이다(김용, 2017).

공공계획과 관련하여 빅데이터의 활용가능성도 점점 증대하고 있다. 감지기가 도시기반시설에 설치되어 있을 뿐만 아니라, Global Positioning System(GPS), 모바일 전화기, 웨어러블 등을 이용하여 사람이나 차량의 움직임을 추적하기도 한다. 이에 따라서 도시에서 실시간으로 일어나고 있는 현상에 대하여 보다 빨리 이해할 수 있게 되고, 이는 우리가 도시를 보다 스마트하게 계획하고 관리하는데 도움이 된다. 계획가들은 계획의 수립과정에서 다양한 자료를 활용한다. 빅데이터는 다양한 계획수립단계 비저닝, 문제의 평가, 시나리오 계획, 계획집행 등을 보다 충실하게 할 가능성을 높인다. 빅데이터는 현재의 상황을 보다 잘 이해하고 미래를 보다 정확하게 예측할 수 있도록 함으로써 계획가와 정책결정자들에게 큰 도움이 된다. 종합계획의 수립을 위한 자료수집에 필요한 엄청난 시간과 자원의 양은 빅데이터의 덕택으로 더이상 필요하지 않을 것이다. 빅데이터의 시대에 빅데이터는 공공부문 또는 민간부문을 망라하여 그 운영방식에 있어서 엄청난 혁신을 가능하게 하는 새로운 형태의 지식을 창출해 낸다. 물론 이러한 새로운 지식이 공간과 연계되어 있으면 이는 새로운 형태의 공간분석 및 공간계획을 가능하도록 한다(Kitchin, 2017).

이제 다양한 종류의 빅데이터가 쉽게 수집, 저장 및 분석이 가능하게 됨에 따라서 계획분야를 포함하여 정치, 사회, 경제, 문화, 과학 기술 등 전 영역에 걸쳐서 공공부문과 민간부문을 막론하여 우리에게 가치있는 정보를 제공할 수 있게 됨에 따라서 그 중요성은 더욱 커질 예정이다.

제 2 절 빅데이터의 특성과 종류

1. 빅데이터의 특성

빅데이터의 특성은 3V를 최소한의 기준으로 하고 있다. 이는 데이터의 크기(volume), 데이터 생성 속도(velocity), 형태의 다양성(variety)을 의미한다(Doug Laney, 2001;O'Reilly Radar Team, 2012).

1) 크기(Volume)

데이터의 크기가 대용량이라 테라바이트(terabyte), 페타바이트(petabyte), 엑사바이트(exabyte), 제타바이트(zetabyte)까지 이른다. 예를 들면, 1제타바이트는 10^{21}바이트의 대규모 데이터 저장용량을 나타내는 것으로서, 1000엑사바이트 또는 10억 테라바이트를 의미한다. 한편 네트워킹 하드웨어, 보안 서비스 등을 제공하고 판매하는 회사로 널리 알려져 있는 시스코(cisco)는 전세계의 인터넷 데이터의 흐름의 분석 및 예측을 행하고 있는데, 시스코는 전세계의 인터넷 사용이 2016년 9월에 1제타바이트에 도달하는 것으로 추정한 바 있다(Barnett, Jr., 2016).

2) 속도(velocity)

데이터가 생성되거나 처리하는 속도를 말한다. 데이터가 생성되는 속도나 변화되는 속도가 빠르고 이에 따라 실시간이나 실시간에 가까운 서비스를 위해서는 이를 생성하는 즉시 처리가 필요한 데이터를 말한다. 데이터를 받아서 동작을 취하는 속도까지 포함할 수도 있다. 일반적으로 고속 데이터는 디스크에 기록되지 않고 메모리에 직접 스트리밍된다.

3) 다양성(variety)

데이터베이스 내에 저장된 정형화된 데이터를 포함하여 비정형화된 데이터-소셜네트워크 데이터, 머신 데이터-까지 포함한다. 흔히 비정형적 데이터(unstructured data)로 불리는 것들, 즉 계량화 및 수치화가 힘든 데이터까지도 포함하는 것이 빅데이터이다. 예컨대 소셜네트워크 서비스 상에서 오가는 무수한 잡담들, 유튜브 영상이나 음원 파일 등도 빅데이터 분석에 사용될 수 있다.

2. 빅데이터의 종류

빅데이터가 발생되는 원천을 이해하면 빅데이터의 특성과 그 이질성을 알 수 있다. 우선 빅데이터의 원천은 대체로 빅데이터의 생산방식에 따라 유도된(directed), 자동적(automated), 자발적(volunteered) 등 세 가지 유형으로 나눈다(Kitchin, 2013). 첫째, 유도된 빅데이터는 디지털 형태의 수집매체에 의해서 생산되는데, 사람 조작원 (human operator)이 수집매체를 사람 또는 장소에 초점을 맞추어 필요한 자료를 수집하게 된다. 예로서 closed-circuit television, spatial video, and LiDAR(light detection and ranging) scans 등을 들 수 있다.

둘째, 자동적으로 생산되는 자료는 수집매체에 내재해 있는 자동기능에 따라서 생산된다. 수집매체는 디지털 매체로부터의 다양한 기록들 예를 들면, 스마트폰에 기록되어 있는 개인의 통화기록, 디지털 네트워크상에서의 거래 및 활동내역, 사람들이 인터넷 웹사이트 또는 앱을 통하여 어떻게 자료를 탐구하는지를 기록하는 clickstream자료, 대중교통승차권 등과 같은 기계로 해득이 가능한 사물의 스캐닝 등을 말한다.

셋째, 자발적 자료는 이용자들에 의하여 생산되는데, 소셜 미디어에의 참여(예: 페이스북과 같은 소셜미디어에 코멘트, 관찰, 사진등을 업로드하는 것)와 자료의 크라우드소싱(이용자들이 직접 자료를 생산하여 이들을 플랫폼에 직접 제공하는 것으로서, GPS에서 공급하는 traces를 open street map 같은 앱에 업로드하는 것) 등을 통하여 생산되는 빅데이터를 의미한다. 대표적인 빅데이터의 유형으로 다음을 들 수 있다(황현석, 2015).

1) 거래 데이터(transaction data)

인터넷 쇼핑의 발달로 상거래의 상당수가 온라인에서 이루어지고 있다. 거래 데이터는 고객의 개인적인 정보와 인터넷에서 구매되는 제품의 정보를 조합한 단순 거래 데이터와 고객의 온라인 쇼핑몰 내에 방문한 페이지들과 정주시간을 고려한 clickstream 데이터 등으로 구분될 수 있다.

2) 소셜네트워크 데이터(social network data)

소셜네트워크 서비스에서 생성되는 데이터로 텍스트, 위치, 그림, 동영상 등의 형태를 지닌 데이터를 말한다. 또한 사용자간의 연결이 추가되어 네트워크 형태를 띄는 데이터를 말한다.

3) 검색 데이터(search data)

인터넷에서 발생하는 검색어를 통해 사용자 관심사의 변화를 분석(open

mining)하거나 특정 주제에 대한 공감이나 부정적인 정서 등을 살펴보는 감성분석(sentiment analysis)을 수행할 수 있다. 네이버 검색어의 검색량 변화를 살펴본 결과, 최근 커피에 대한 검색량이 술에 대한 검색량을 추월했다는 사실이 밝혀졌다면 이는 사람들의 관심사가 술에서 커피로 옮겨간다는 해석이 가능하며 술이나 커피가 대인관계의 매개체라는 점에서 대인관계의 방법이 술을 매개로 하는 문화에서 커피로 바뀐다는 점을 추정 해 볼 수 있을 것이다.

4) M2M(Machine-to-Machine) 데이터

IoT(사물 인터넷) 시대가 열리면서 많은 기기에서 자동으로 센서를 통해 데이터가 생성, 저장, 분석되고 있다. 손목에 착용하는 스마트 워치의 경우 개인별 이동거리, 심박수, 칼로리 소모 등을 자동으로 측정하고 저장하여 운동량을 분 석하여 사용자에게 전달하기도 한다. 또한 산업계에서는 기계에서 생성되어 저장되는 데이터를 분석하여 기계고장, 품질관리 등에 활용하려고 하고 있다.

5) 생체정보(biometric information)

개인의 생체에서 발생한 정보를 저장·분석하는 것은 다양한 산업계에서 시도되고 있다. 의학계에서는 DNA를 분석하여 각종 질병의 예측에 사용되고 있으며 정보보안 업계에서는 개인의 생체를 인식하여 보안인증에 사용 중이다. 생체정보 중 가장 기초적이며 널리 사용 중인 지문의 경우 이미 휴대전화 잠금 해제, 도어락, 금융거래 인증 등에 활용되고 있다.

3. 빅데이터의 장단점

빅데이터가 사회에 주는 장·단점을 이해할 필요가 있다. 우선 빅데이터가 제공하는 장점은 다음과 같다(김용, 2017). 첫째, 빅데이터는 복잡하지만 막대한 잠재가치를 지닌 원석(原石)으로서 방대한 양을 처리할 수 있는 기술발전에 따라 새로운 가치 창출이 가능하다.

둘째, 데이터 규모와 다양성이 증대됨에 따라 데이터 해석에서 발생할 수 있는 정보의 손실과 왜곡이 줄어들고 잠재가치는 급증한다.

셋째, 기존에 처리하기 어려운 비정형데이터까지의 모든 형태의 데이터를 분석함으로써, 고객 형태 및 시장 트렌드 등을 보다 세밀하게 진단하고 파악하기 용이하다.

넷째, 방대하고 다양한 데이터를 통합적으로 분석하면 문제의 핵심과 가치 원천을 보다 정확하게 '핀포인팅'(pin-pointing)하는 것이 가능하다. 따라서 빅데이터는 여러 가지 응용적 측면에서 그 가치(예: 비즈니스, 인간생활편의, 재난으로부터 생명의 보호)를 발휘할 수 있다(황현석, 2015).

한편 빅데이터가 지니고 있는 단점으로는 다음을 들 수 있는데, 첫째, 대부분의 빅데이터는 이동전화기회사, 앱개발회사, 소셜미디어 운영회사, 금융기관, 대규모 소매회사, 민간안전회사 등의 민간부문에서 생산되기 때문에 이들이 생산하는 자료에의 접근이 쉽지 아니하다.

둘째, 이러한 빅데이터가 얼마나 실수 없이 생산된 깨끗한 자료인지, 편견없이 생산된 객관적인 자료인지, 일관성있는 자료인지, 그리고 이들 빅데이터가 본래 의도한 바대로 정확하게 신뢰성 있게 생산되었는지에 대해서 확실하지 아니하다.

셋째, 빅데이터는 윤리적인 측면의 문제점도 제기된다. 즉, 빅데이터 생산과 자료분석에 있어서 개인의 프라이버시와 다른 인권의 침해가능성이 있고, 사람들을 사회적으로 분류하는데 따라서 차등적인 서비스의 제공에 따른 문제점, 신분도용과 관련한 안전관련 문제점, 특정목적으로 수집된 자료가 다른 목적으로 사용되는 경우의 문제점 등을 나타내기도 한다.

제 3 절 빅데이터 기반 계획과 미래

1. 빅데이터 분석기법

빅데이터 분석기법은 빅데이터를 활용하기 위해서는 필수적이다. 전통적인 분석기법을 이용할 경우에는 빅데이터의 대용량 정도를 측정하여야 한다. 아울러 빅데이터 분석기법은 여러유형의 자료를 통합하여야 하고 다양한 체계 및 플랫폼들을 조율하여 작동할 수 있어야 한다. 대부분의 빅 데이터 분석 기술과 방법들은 기존 통계학과 전산학에서 사용되던 데이터 마이닝, 기계 학습, 자연 언어 처리, 패턴 인식 등이 해당된다. 소셜 미디어 등 비정형 데이터의 증가로 인해 다음의 분석기법들이 관심을 받고 있다(Desouza & Smith, 2016).

1) 오픈소스 툴(open source tools)

빅데이터 분석기법은 때로는 무료로 구할 수 있기도 하고 때로는 매우 고가를 들여서 구하여야 한다. 사실 시중에는 무료로 구할 수 있는 오픈소스 툴이 존재한다. 오픈소스 툴은 소스 코드를 포함하고 있어서 원래의 오픈소스 툴의 수정이 가능하다.

2) 데이터 마이닝(data mining)

데이터 마이닝은 대용량의 자료를 이용하여 변수들의 잠재적 패턴 및 관계를 찾는것을 도와준다. 많은 분석기법이 존재하는데, 이들은 관계의 법칙, 의사결정트리(decision tree), 분류모델 등을 포함한다. 과정의 측면에서 보면, 원래의 데이터 마이닝은 다음과 같이 작동하게 되는데, 우선 자료는 두 가지 자료(훈련용 자료와 유효성 자료)로 나눈다. 좋은 모형으로 생각되는 모형은 예측능력이 좋을 뿐만 아니라 설명력이 높다(예컨대 모델의 종속변수의 변량은 독립변수에 의해서 어느정도 설명되는가). 관계의 법칙(관계 마이닝)은 가장 잘 알려진 데이터 마이닝 기법이며 간단하다. 이 기법으로 우리는 자료 내의 특정 요소는 다른 요소와 동시에 관찰되므로 특정 요소의 존재를 관찰할 수 있다.

3) 머신 러닝(machine learning)

빅데이터 분석기법은 알고리즘을 이용하여 데이터로 부터 반복 학습하여서 모형을 개발 및 수정한다. 머신러닝은 통상 두 가지 학습 방식(감독유무)중의 하나를 활용한다. 감독을 받는 학습환경에서의 모형개발은 일련의 투입 및 산출을 활용하여 패턴을 분석함으로써 이루어진다. 분석 툴은 학습을 계속하고 모형의 예측정확성은 시간이 흐름에 따라서 개선한다. 감독을 받지 않는 학습환경에서의 모형개발은 자료의 요소들에게 이름을 붙이지 아니하고 알고리즘이 스스로 여러 요소들간의 패턴을 찾아내도록 허락한다. 머신은 통상 그룹과 집적을 찾아내기 위해서 집적기법을 통하여 잠재적인 구조를 찾아내도록 한다. 데이터 마이닝과 같이, 여러 분석기법이 자료의 크기, 구조, 포맷에 따라 활용될 수 있다.

4) 센티멘트 분석(sentiment analysis)

오늘날 소셜미디어의 대중성과 다양한 데이터 플랫폼의 증가로, 센티멘트 분석(오피니언 마이닝)이 보편적인 분석기법이 되고 있다. 핵심적으로 센티멘트 분석은 대용량 텍스트로부터 정보를 구하기 위해서 자연어 프로세싱, 계산 중심의 언어학, 텍스트 분석에서의 기법을 적절히 사용한다. 센티멘트 분석에 초점을 맞추는 머신러닝은 양극화를 평가할때 자주 사용된다. 트위터 및 페이스북 포스트 등으로부터 수집된 의견들인 말을 담아두는 대용량의 박스 안에 둔다. 알고리즘은 말을 여러 차원(예: 긍정적/부정적, 진실의 수준, 확신)으로 분류할 뿐만 아니라 말과 문구사이의 잠재적 연결을 찾아내기 위해서 이용될 수 있다.

5) 지리정보체계(geographic information systems)

빅데이터 분석의 중요 측면은 여러 자료 요소들을 다층화함으로써 환경에 대하여 보다 풍요한 맥락적 정보를 구하게 된다. 공간적 측면에서 볼때, 지리정보를 활용하는 것은 매우 중요하다. 지리정보체계는 다층지도의 형태로 다양한 형태의 정보를 제공한다. 지리정보체계는 복잡하고 어려운 응용으로 부터 발전하여 이제는 시민과 정부가 환경을 이해하고 아울러 환경과의 관계를 이해하는 데 있어서 필수적인 요소로 발전되어 왔다. 공공기관은 지리정보체계를 활용하여 자료를 수집하고, 저장하며. 분석하여 비용을 줄이고, 소통을 증대시키며, 의사결정을 개선한다. 시각화와 정보기술의 개량은 재난관리 및 도시계획 분야의 공공부문에서 지리정보체계의 활용을 더욱 증대시켰다.

6) 네트워크 분석(network analysis)

변수들간의 연계의 탐구로 인하여 네트워크가 어떻게 구성되어있고 진화하는지 이해하는데 큰 도움이 된다. 네트워크 분석은 다양한 자료 요소들간의 연계를 이해할 수 있게 된다. 예컨대 두 사람, 두 기기, 사람들과 대상물질의 사이에 존재하는 연계를 알 수 있게 된다. 오늘날 도시계획가는 네트워크의 계산이 쉽지않은 대용량 자료를 자유로이 다룰 수 있어야 한다. 빅데이터의 속성 중의 하나는 다양한 차원에서 여러 자료들을 연계시키는 능력이라 할 수 있다.

7) 에이전트에 기반한 모형작업(agent-based modeling)

에이전트에 기반한 모형작업에서는, 복잡한 체계의 계산모형은 에이전트들(개인 또는 조직)의 행태와 자원, 행태, 선호, 상호작용 및 다른 에이전트/대상물/환경과의 활동을 구체화함으로써 개발된다. 개개 에이전트는 인식상 및 사회적으로 장소에 연계되어 있는 실제 세상의 주인공들에 대응한다. 규칙과 제약요소들을 가정한후 시행하는 시뮬레이션을 통하여 어떻게 집단적인 패턴이 에이전트와 그들의 환경간의 상호작용으로부터 출현하는지를 추적할 수 있다. 상호작용 규칙, 제약요소, 및 환경조건 등은 고려중인 대안을 대표하기 위해서 모형화된다.

8) 게이밍(gaming)

계획가는 빅데이터와 게이밍을 활용하여 활동, 관심, 및 상호작용을 포착할 수 있다. 게이밍은 게임요소를 통하여 실험하고 의사결정을 하는 유용하고 흥미로운 기법이다. 게이밍의 핵심은 이용자의 행태와 무엇이 그 행태를 유발하는지를 항상 이해하는 데 있다. 게이밍은 도시계획에 편익을 제공하는데 그 이유는 게이밍이 사용자 활동을 빅데이터를 통하여 추적함으로써 상호작용과 의사결정을 이해할 수 있기 때문이다. 게임을 통하여 수집된 자료는 보편적으로 나타나는 문제들, 사람들의 가장 즉각적인 결정들, 행태들을 유발하는 것으로 예컨대, 즉각적인 감사의 표시, 인센티브, 그리고 기록되는 게임 등을 통해서 학습된 것 등과 같은 이슈들을 망라한다. 더구나 게이밍은 빅데이터를 스마트 데이터로 전환하는 것을 도울 수 있다. 이러한 것은 사용자결정을 자료에 기반한 직관으로 변환시킴으로써 가능하다.

9) 빌딩정보의 모형작업(building information modeling)

빌딩정보의 모형작업은 빌딩, 터널, 수로 및 전기시설, 항만, 교정시설, 물류창고등의 물리적·기능적 특성을 디지털형태로 대변하는 과정을 말한다. 빌딩정보의 모형작업은, 전통적인 2차원의 기술적 도면으로 부터 시작을 하게 되나, 이후

3차원을 능가하는 4차원의 시간 및 5차원의 비용 등을 고려하는 형태로 발전된다. 빌딩정보의 모형작업은 IoT 및 지리정보체계 등을 활용하여 물리적이고 행정자료(예: 빈집 및 임대공간) 및 LIDAR레이저 정보같은 자료원을 연계시키고 분석할 기회를 제공한다.

2. 빅데이터 분석과정

빅데이터를 사용하는 경우에 필요한 분석은 상당히 엄격한 과정이 필요하고 특히 상당히 상세한 내용에 대한 주의를 필요로 한다. 빅데이터 분석과정에서 중요한 것은 자료원이 적절한지, 인증절차를 적절하게 거쳤는지, 여러자료들이 잘 통합되었는지 하는 것 등이다. 아울러 적절한 분석기법이 이용되어야 하고, 분석결과는 조심스럽게 연구 및 해석되어야 하며, 분석결과에 대한 통찰력을 바탕으로 관련 계획/정책이 적정하게 수립하고 시행되어야 한다.

전반적인 빅데이터 분석과정은 다음의 4단계로 나눌수 있다. 첫째 단계에서는 자료원을 다루는 데 초점을 맞춘다. 둘째 단계에서는 빅데이터 분석에 따른 제반사항들을 다룬다. 셋째 단계에서는 분석결과를 해석할 때에 고려하는 이슈들을 살펴본다. 넷째 단계에서는 분석결과를 어떻게 소통하고 시행할 것인지를 논의한다(Desouza & Smith, 2016).

1) 빅데이터 자료원의 관리

자료란 사람과 물건에 의하여 생산된다. 계획가는 전통적으로 자료를 수집하는 데 있어서 극히 제한된 자료원에 의존하였다. 이러한 자료는 정기적으로 잘 정리되어 생산되었으며, 그러한 자료는 주로 공신력있는 정부기관이 생산하는 관계로 그 신뢰성이 상당히 있었다. 오늘날 상황이 달라졌는데, 계획가들은 이러한 전통적인 자료원뿐만 아니라, 다른 다양한 자료원을 통하여 자료를 수집할 수 있게 되었다. 새로이 구해지는 자료는 전통적인 자료와는 달리 신뢰성 또는 공신력 등에 있어서는 뒤지기 마련이다. 아울러, 이러한 자료들은 오랜 기간 동안 생산되지 않을 수도 있고, 다양한 형태, 빈도 및 포맷으로 이루어져 있다는 특성이 있다. 빅데이터 자료원관리에서 다루는 바는 어떤 자료원이 중요한지, 자료원의 신뢰성 및 정확성의 평가능력이 필요할때 이러한 자료원으로부터 자료를 추출하는 것, 자료원 및 추출된자료를 조직화하고 보호하는 것 등을 다룬다.

- 자료원을 이해한다: 자료원과 그 특성을 이해하는 것은 빅데이터를 분석하는 계획가에게는 중요하다. 넓게 말하면, 자료원은 조직내부의 자료와 조직외부의 자료로 나눌 수 있다. 또한 자료원은 특성(교통, 유틸리티, 보건, 복지 등)별로 나눌수도 있다. 계획가들은 가치있는 자료원을 찾아내기 위해서 광범위한 조사를 하여야 한다. 개별적인 자료원에 대해서는, 자료의 빈도 및 유형, 구득방법 등을 포함하여 자료의 상세한 특성을 파악한다.
- 자료원을 조직화한다: 자료원을 조직화한다는 말은 자료원들을 유형화하고 연결하는 것을 의미한다. 이렇게 함으로써 정보공간을 시각화하는 데 도움을 주기때문이다. 자료원의 연결을 통하여 다양한 인간 및 기계센서로 부터 자료를 연결해서 수집할 수 있게 된다. 또한 자료융합을 통하여 무엇이 발생하는지에 대한 인식을 증대시킬 능력을 갖추도록 한다.
- 자료원을 평가한다: 자료원은 그 속성의 상세정도 뿐만 아니라 사람들이 의존하는 정도에서도 차이가 있다. 예를 들면, 계획전문가는 특정이슈에 대해서 중요한 자문을 제공할 수 있지만, 평상시에 쉽사리 접근하기 어려울 수 있다. 반면에 소셜미디어는 디지털세대의 견해를 잘 대변하는 자료를 제공해주지만, 어른세대들의 정서를 제대로 전해주지 못한다. 자료원은 시간이 흐름에 따라서 자료의 신뢰성에 차이를 나타내기도 한다.
- 자료원을 보호한다: 자료의 수집과 보관에 상당한 관심을 기울이지만, 자료를 확보하고 보호할 필요에 대해서는 그다지 관심을 기울이지 아니한다. 정부기관은 자료원을 보호해야 할 책임이 있으며, 수집된 자료가 의도된대로 사용되도록 하여야 한다.

2) 빅데이터 분석

이제 빅데이터로부터 정보를 추출하기 위해서 자료를 분석하게 된다. 전통적인 자료분석과 마찬가지로 적절한 분석기법을 이용하여 정확하고 가치있는 정보를 추출하여야 한다. 다음에는 특히 빅데이터를 분석할때 그리고 분석기법을 적용할때에 필요한 실무를 소개한다.

- 자료정제: 자료분석 전문가들은 자료를 받을 때, 그 자료는 정확하지 아니하거나, 일관적이지 아니하며, 부정확하고, 관련성이 없고, 불완전한 경우가 많다. 이렇듯 깨끗하지 아니한 자료는 정제 및 교정이 필요하다. 자료 정제는 선택사항이 아니며 분석과정에서 중요하다. 자료 정제 없이는, 자료로부터의 통찰력은 정확하지 않을 수 있고 이를 바탕으로 잘못된 계획 및 정책 등을 수립할 수 있다.
- 자료통합:자료가 정제되면, 자료는 서로 연결되어서 다양한 차원의 전망을 가능케하고 그 상황에 대한 인식을 폭넓게 볼 수 있도록 해준다. 자료의 융합은 창의성과 엄격함이 요구되는 작업이다. 특히 창의성은 데이터베이스내에서 연결될 수 있는 필드(fields)를 찾아 낼때 필요하고, 엄격함은 자료의 통합과정에서 자료가 제대로 다루어지고 있다는 것을 확실히 해야 하기 때문에 필요하다.
- 자료분석: 자료 분석에는 광범위한 접근방법이 가능하다. 자료 분석의 중요한 요소는 분석을 행하고, 관련 모형을 구축·운용하는 인력을 확보하는 일이다. 자료분석가의 수요는 급속도로 증가하나 공급이 제대로 따르지 못할 것으로 예상되므로, 향후 교육기관 및 기술훈련과정에서는 이러한 점을 고려하여 인력양성을 해야 할 필요가 있다.
- 분석수단의 구축: 자료분석단계에서 중요한 측면은 자료분석을 지원해 줄 수단을 확보하는 것이다. 분석수단은 주로 두 가지 유형을 통하여 개발될 수 있다. 첫째 유형은 전통적인 분석수단으로서 SAS, SPSS, Minitab, 및 Matlab 등을 말한다. 이들 분석수단은 매우 유용하고 시중에서 쉽사리 구할 수 있다는 점이 장점이나, 그 비용이 만만하지 않다는 점이 단점이다. 둘째 유형은 오픈소스 동호회등에서 개발하는 분석수단을 말한다. 이러한 분석수단은 일반대중들에게 소스 코드, 기술 매뉴얼 등이 무료 또는 실비로 제공되며, 사용자 동호회의 가입 등을 통하여 다양한 정보를 구할 수도 있다. 이러한 유형의 분석수단은 주요이점이 비용이 저렴하다는 점에 있지만, 고도의 프로그래밍 실력을 갖추고 있지못하면, 기술적인 어려움에 봉착할 수

있으며, 분석 수단 자체가 여전히 불안정하다는 점이 약점이라 할 수 있다.

· 분석루틴(routines)의 공유와 재사용: 분석 수단을 개발하고 적정화하는데 필요한 시간과 비용을 고려하면, 분석루틴들을 공유하고 재사용할 수 있도록 하는 것이 바람직하다. 분석루틴들을 재사용하게 되면, 정보의 시의성때문에, 보다 나은 통찰력과 정책화가 가능한 분석결과를 가져올 수 있다. 분석루틴을 효과적으로 재사용하기 위해서는 자료에 필요한 사항들이 별개로 이루어지면서 전체 분석과정속에 통합될 필요가 있다. 이에 따라서 정보에 대한 효율적인 접근을 가능하게 한다.

3) 빅데이터 분석결과의 해석

이제 자료의 분석결과를 해석할 때이다. 자료의 결과를 해석할 때에는, 그 맥락과 방식을 고려하여야 한다. 왜냐하면 분석결과는 쉽게 잘못 해석될 수 있기 때문이다.

· 분석결과의 공유: 분석결과를 공유하는 방식은 중요한 결정사항이다. 통상 분석결과는 보고서를 통하여 공유하게 되는데, 이 보고서에는 분석결과를 설명하고, 맥락을 제공하며, 제안사항 또는 결과의 찬성 과 반대 등을 포함하게 된다. 시각적 방법(visualizations)은 Tableau (www.tableau.com)와 Esri(www.esri.com) 같은 플랫폼을 이용하는 분석결과를 공유하는 방법이다. 다른 형태의 시각적 방법은 정태적인 인포그래픽(infographics)부터 동태적이며, 상호작용적인 열섬지도(heat maps)등을 들 수 있다.
· 해석에 대한 환류: 분석이 공유되면, 자료분석 전문가들은 해석에 대한 의견을 수렴해야 한다. 의견수렴의 내용으로는 중요한 질문, 제안사항, 장래분석에 대한 아이디어등을 포함한다. 의견수렴 대상자들은 일반 시민, 조직 내부의 지원, 조직 외부의 전문가 등을 망라할 수 있다.

4) 빅데이터에 기반한 정책의 설계와 집행

데이터분석과 그 결과의 해석이 완료되면, 이제 다양한 정책대안과 정책실행 전략을 수립하게 된다.

· 정책대안에 대한 실험: 정책대안의 효과성을 점검하기 위한 실험과, 이러한 정책집행에 따라 예상하는 결과와 예상치 않은 결과 등을 연구하는 것이 필요하다. 이러한 실험을 통하여 계획가는 중요한 학습을 하게되며, 그 결과 증거에 기반한 정책 (evidence-driven policies)을 수립할 수 있게 된다.
· 정책집행: 자료분석으로 부터 결과를 해석하고, 공유하며, 실험을 통한 평가를 행한 후에는, 그 결과는 정책적 고려를 위한 실질적 통찰력이 된다. 이제는 정책결정자의 의지에 따라 증거에 기반한 정책수립과 과정이 진행될 수 있다. 정책결정자와 자료분석 전문가들은 엄밀한 증거를 바탕으로 정책수립을 하고 시행하는 것이 효율적이며 전략적이라는 것을 잘 인지하고 있다. 빅데이터와 분석을 통하여 증거의 확인은 계획가의 업무에 도움을 줄 수 있다.
· 정책결과의 평가: 빅데이터와 분석의 강점은 정책집행과 관련영향이 예상대로 도출되는지 확인하기 위해서 계속적으로 정책을 평가하는 것이다. 이때에는 정부기관이 정책을 정기적으로 평가하기 위한 공식 과정을 설정하는 것이 매우 중요하다. 이렇게 하는데에는 몇 가지 이유가 있다. 첫째, 정책환경이 계속 변한다. 정책환경이 바뀌면 이에 따라서 정책의 수정보완이 이루어져야 한다. 둘째, 평책평가를 위해서 수집된 의견에 따라서 정책의 수정보완이 이루어질 수 있다. 너무 오랜 시간후에 전반적인 정책변경을 행하기 보다는 정기적으로 검토하여 약간의 정책수정과 보완을 행하는 것이 훨씬 낫다.

3. 빅데이터와 계획의 미래

빅데이터를 계획분야에 활용하기 위해서는 무엇보다 빅데이터의 접근성과 신뢰성을 제고해야 한다(김동한 외, 2014). 특히 다양한 형태의 공간 빅데이터가 존재하며 빠르게 변화하고 있으므로, 위키 방식과 같은 협업적 지식 플랫폼을 만들어 가용한 공간 빅데이터의 종류와 내용을 효과적으로 파악할 필요가 있다. 그리고 데이터의 신뢰성을 확보하기 위해서는 데이터의 수집과 가공과정이 공개되고 품질인증기준 등이 마련되어야 한다. 한편 빅데이터의 접근성의 향상에 따라서 계획연구에 큰 변화를 가져온다(Kitchin, 2017).

자료가 제한된 여건에서의 연구로부터 자료가 풍부한 여건에서의 연구로, 정태적인 현상연구로부터 동태적인 현상의 연구로, 저해상도의 연구로부터 고해상도의 연구로, 상대적으로 단순한 모형으로부터 복잡한 시뮬레이션 및 예측연구로의 변화를 가능하게 한다. 더구나, 빅데이터는 정성적이고 정량적인 자료로 구성되어 있으며, 대부분의 빅데이터는 시공간적으로 구분된 형태로 가능하다. 빅데이터는 그 범위가 보다 광범위하고, 내용이 보다 깊이 있으며, 그 규모가 크고, 실시간을 반영하는 경향이 있는 측면에서 시의성 있는 특성을 가지고 있으며, 내재적으로 시계열적인 특성을 지닌다. 이러한 빅데이터의 특성 때문에 연구자들은 다양한 연구대상에 대한 이해력을 높일 수 있게 된다. 민간부문과 공공부문에서 이러한 빅데이터는 보다 나은 조직관리를 도모하고 가치를 증대시키며 자본을 생산하고 보다 나은 장소감을 창조하기 위한 생산성, 효과성, 효용성, 지속가능성, 안전성 및 잠재력의 증대를 가져올 가능성이 많다. 이같이 빅 데이터는 정치, 사회, 경제, 문화, 과학 기술 등 전 영역에 걸쳐서 사회와 인류에게 가치있는 정보를 제공할 수 있는 가능성을 제시하며 그 중요성이 부각되고 있다(https://ko.wikipedia.org/wiki/빅_데이터). 빅데이터와 관련분석의 미래는 매우 밝으며 계획실무를 발전시키게 될 것이다. 최근 동향을 바탕으로 몇 가지 전망을 할 수 있다(Desouza and Smith, 2016). 첫째, 다양한 지리적 규모에 따라 달리 수집된 전통적 데이터베이스들을 통합하려는 움직임이 증대하고 있다. 전통적인 지리적 규모에 따른 독자적인 데이터베이스로는 어떻게 개개인이 공공서비스와 공공기관의 활동에 관여하는지에 대하여 종합적인 시각을 갖지 못하게 만든다. 단순히 말하면, 다층의 데이터베이스의 존재로 인하여 특정 현상에 대하여 보다 깊고 정교한 통찰을 할 수 있게 된다.

둘째, 빅데이터분석과 행태과학측면의 전문기술이 융합하려는 경향이 증대하고 있다.

셋째, 이제는 거의 대부분을 자동화하려는 경향이 대세이다. 자동화는 자료의 수집방법과 분석주체에 영향을 미친다.

넷째, 디지털정보의 의존이 사회보편적인 현상이라 볼때, 비도덕적인 사람 또는 조직이 디지털정보체계를 악용함으로써 사회에 해를 끼칠수 있다는 점은 놀라운 일이 아니다. 향후 다양한 정부기관들은 공생을 위한 방법을 찾아야 될 필요가 있다. 예컨대 빅데이터 및 관련기술에 관심있는 정부관리들은 프라이버시와 보안을 걱정하는 정부관리들과 효과적으로 협업을 하는것을 배워야 한다.

다섯째, 비전통적인 계획가의 부상과 크라우드소싱(crowdsourcing)[1]플랫폼의 성장을 보면, 이제 많은 대안들이 비정부부문에서 개발될 가능성이 높다는 것을 의미한다. 도시계획가들이 지역사회의 비전을 만들어내고 도시계획을 수립·집행함에 따라서 도시 및 지역사회에서 중요한 역할을 한다.

임은선 외(2018)는 보다 구체적으로 향후 우리나라 국토정책을 위하여 다음의 다섯 가지 빅데이터 추진과제를 제시하고 있으며, 이들 과제들이 시행되면 우리나라의 계획실무에 큰 변화를 가져오게 될 것으로 예상된다. 첫째, 빅데이터를 활용한 국토정책 혁신과제를 도출한다. 빅데이터 융합 패스파인더(pathfinder, 길라잡이) 프로젝트 기획, 주요 국정과제를 중심으로 빅데이터를 융합하여 정책적 이슈나 사업을 혁신할 수 있는 실용화 우선 과제를 구상, 빅데이터를 융합하여 국토진단-정책평가 가능한 분야를 도출하고 실증사업 및 정책과제로 시행한다.

둘째, 빅데이터를 활용한 국토진단 및 모니터링 제도를 도입한다. 데이터기반의 국토모니터링 제도를 도입하여 국토변화 및 계획성과에 대한 지속적인 관리와 정책에 수시로 반영, 모니터링의 실효성 확보를 위해 국토정책 및 계획수립부서, 모니터링전담기구, 국민과 민간기업의 협력적 거버넌스를 구축한다.

셋째, 빅데이터기반 국토진단을 위한 국토이용 인벤토리를 구축하여 공유한다. 도시재생, 지역경제, 문화관광, 환경관리, 보건복지 등 정책 수립 시 수요파악에 필요한 유동인구, 체류인구, 계층별 정책고객 등에 대한 데이터를 기반으로 국토공간의 활용과 관리의 대상을 정교하게 파악할 수 있도록 새로운 국토이용 인벤토리를 구축하여 공유한다.

넷째, 데이터 거버넌스 강화를 통하여 품질을 개선하고 여건을 정비한다. 국토진단에 활용할 수 있는 정교하고 일관성 있는 데이터가 구축-갱신-관리 될 수 있도록 데이터 거버넌스를 강화하고, 각 부처에서 정책지표를 공유하고 활용할 수

---

1) 크라우드소싱(crowdsourcing)은 기업활동의 전 과정에 소비자 또는 대중이 참여할 수 있도록 일부를 개방하고 참여자의 기여로 기업활동 능력이 향상되면 그 수익을 참여자와 공유하는 방법이다. '대중'(crowd)과 '외부 자원 활용'(outsourcing)의 합성어로, 전문가 대신 비전문가인 고객과 대중에게 문제의 해결책을 아웃소싱하는 것이다.

있도록 플랫폼을 정비하며, 국토 빅데이터 분석가(Data Scientist)를 육성하고, 전문기술지원센터를 구축하여 운영한다.

다섯째, 국토빅데이터 활성화를 위하여 제도를 개선하고 R&D를 강화한다. 행정정보와 공간정보를 결합한 입체화된 정책지표를 지속적으로 발굴하고 업무에 활용하도록 제도화하고, 공공부문에서 생산된 공간 빅데이터에 대한 공개와 접근성을 용이하게 개편하여 이용을 활성화하며, AI · VR등 4차 산업혁명의 기술을 국토분야에 접목하는 R&D를 강화한다.

도시계획가들은 사회변화, 지역사회의 역할강화, 지속가능한 성장, 혁신, 재난대비, 경제개발, 레질리언스(resilience) 등의 노력을 선도한다. 또한 계획가들은 연구, 개발, 및 설계를 통하여 문제를 해결한다. 이러한 제반 활동을 수행하는 데 있어서 기본적인 것은 바로 제반 결정을 효과적이고 효율적으로 하는 능력이다. 의사결정능력을 증대시키기 위해서, 계획가들은 데이터를 창의적이고 혁신적으로 활용하는 것이 매우 중요하다. 미래는 매우 기대되는 가능성을 제시하는데, 계획가들은 데이터과학에서의 발전에 발맞추는 것이 필요하고, 어떻게 기술에 기반한 기회들이 도시 및 지역사회를 발전시킬 수 있는지에 대하여 도시의 선출직공직자 등과 심도있는 논의를 할 필요가 있다.

탐구학습

1. 주요개념과 요약

- 빅데이터의 의의: 빅데이터란 기존의 관리 및 분석체계로 감당할 수 없을 정도의 거대한 데이터의 집합을 의미하며 기존의 관계형 데이터와 비교하여 양, 속도, 다양성, 복잡성에서 그 차이가 있다. 최근에 빅데이터는 대용량 데이터를 수집, 저장, 분석하기 위한 도구, 플랫폼, 분석기법 등을 포괄하는 기술적 용어로 다변화하고 있다. 향후 다양한 종류의 빅데이터가 쉽사리 수집되어서 분석이 가능하게 됨에 따라서 정치, 사회, 경제, 문화, 과학 기술 등 전 영역에 걸쳐서 공공부문과 민간부문을 막론하여 우리에게 가치 있는 정보를 제공할 수 있게 됨에 따라서 그 중요성은 더욱 커질 예정이다. 공공계획과 관련하여 빅데이터의 활용가능성이 점점 증대하고 있다. 감지기가 도시기반시설에 설치되어 있을 뿐만 아니라 GPS, 모바일 전화기, 웨어러블 등을 이용하여 사람이나 차량의 움직임을 추적하기도 한다. 이에 따라서 도시

에서 실시간으로 일어나고 있는 현상에 대하여 보다 빨리 이해할 수 있게되고, 이는 우리가 도시를 보다 스마트하게 계획하고 관리하도록 도울 것이다.

- 빅데이터의 특성과 종류: 빅데이터의 특성은 3V를 최소한의 기준으로 하고 있다. 이는 데이터의 크기(Volume), 데이터 생성 속도(Velocity), 형태의 다양성(Variety)을 의미한다. 빅데이터가 발생되는 원천을 이해하면 빅데이터의 특성과 그 이질성을 알 수 있다. 우선 빅데이터의 원천은 대체로 빅데이터의 생산방식에 따라 유도된(Directed), 자동적(Automated), 자발적(Volunteered) 등 세 가지 유형으로 나눈다. 빅데이터가 제공하는 장점으로서 방대한 양을 처리할 수 있는 기술발전에 따라 새로운 가치의 창출이 가능할 뿐만 아니라, 여러 가지 응용적 측면에서 그 가치(예: 비즈니스, 인간생활편의, 재난으로부터 생명의 보호)를 발휘할 수 있다. 한편 빅데이터가 지니고 있는 단점으로는 상당수의 빅데이터는 민간부문에서 생산되기 때문에 자료에의 접근이 쉽지 아니하고, 자료로서의 정확성·신뢰성이 확보되어 있지 아니하며, 윤리적인 측면에서의 문제점이 제기되기도 한다.
- 빅데이터의 관리와 미래: 빅데이터 분석기법은 여러유형의 자료를 통합하여야 하고 다양한 체계 및 플랫폼들을 조율하여 작동할 수 있어야 한다. 대부분의 빅 데이터 분석 기술과 방법들은 기존 통계학과 전산학에서 사용되던 데이터 마이닝, 기계 학습, 자연 언어 처리, 패턴 인식 등이 해당된다. 빅데이터에의 접근성이 증대됨으로 인하여 계획연구에 큰 변화를 가져온다. 자료가 제한된 여건에서의 연구로부터 자료가 풍부한 여건에서의 연구로, 정태적인 현상연구로 부터 동태적인 현상의 연구로, 저해상도의 연구로부터 고해상도의 연구로, 상대적으로 단순한 모형으로 부터 복잡한 시뮬레이션 및 예측연구로의 변화를 가능하게 한다. 빅데이터를 사용하는 경우에 필요한 분석은 상당히 엄격한 과정이 필요하고 특히 상당히 상세한 내용에 대한 주의를 필요로 한다. 전반적인 빅데이터 분석과정은 다음의 4단계로 나눌수 있다. 첫째 단계에서는 자료원을 다루는 데 초점을 맞춘다. 둘째 단계에서는 빅데이터 분석에 따른 제반사항들을 다룬다. 셋째 단계에서는 분석결과를 해석할 때에 고려하는 이슈들을 살펴본다. 넷째 단계에서는 분석결과를 어떻게 소통하고 시행할 것인지를 논의한다. 도시계획가들의 의사결정능력을 증대시키기 위해서, 이제 계획가들은 데이터를 창의적이고 혁신적으로 활용하는 것이 매우 중요하다. 미래는 매우 기대되는 가능성을 제시하는데, 계획가들은 데이터과학에서의 발전에 부응하는 것이 필요하고, 어떻게 기술에 기반한 기회들이 도시 및 지역사회를 발전시킬 수 있는지에 대하여 도시의 선출직공직자 등과의 논의를 할 필요가 있다.

2. 토론과 과제

- 빅 데이터의 개념, 특성, 중요성, 및 장·단점을 설명하시오.
- 디지털 발달과 소셜미디어의 확산에 따라 빅데이터의 증가 추세에 따라서, 향후 공공계획 및 정책수립을 위하여 빅데이터의 혁신적 활용방안에 대하여 설명하시오.

참고문헌

고정률(2016), 비정형데이터 중심의 Big Data 활용방안, ㈜유비원.

김용(2017), 전라북도 빅데이터 활용 기본계획 수립(2018~2022), 전북대학교 문화융복합아카이빙연구소.

미래창조과학부(2013), 창조경제 실현을 위한 2013 빅데이터 국내 사례집.

위키피디아, https://ko.wikipedia.org/wiki/빅_데이터

임은선외. 2018. 빅데이터시대의 국토정책 추진방향. 국토연구원.

정연우 · 양동석 · 이상훈 · 임재빈 · 유종훈(2015), 토지주택분야 적용을 위한 공간 빅데이터 활용. 대전광역시: 한국토지주택공사 토지주택연구원.

최봉(2014), 빅데이터 활용과 정보공개의 경제적 효과분석. 서울연구원.

황현석(2015), 빅데이터 가치와 전망, 한림 ICT 정책저널 2015년 겨울호, 빅데이터와 헬스커뮤니케이션, 한림대.

Barnett, Jr., T.(2016). The Zettabyte Era Officiall Begins (How Much is That?). Cisco Blog 〉 SP360: Service Provider. Available from https://blogs.cisco.com/sp/the-zettabyte-era-officially-begins-how-much-is-that

Desouza, K. C., & Smith, K. L.(2016), Big Data and Planning. *APA Planning Advisory Service Reports*, 2016-December (585): 2-102.

Diebold, F.(2012), *A Personal Perspective on the Origin(s) and Development of 'Big Data': The Phenomenon, the Term, and the Discipline*. Available from http://www.ssc.upenn.edu/~fdiebold/papers/paper112/Diebold_Big_Data.pdf

Grimes, S.(2007), *A Brief History of Text Analytics*. Available from http://www.b-eye-network.com/view/6311

Kichin, R.(2013), Big Data and Human Geography: Opportunities, Challenges and Risks. *Dialogues in Human Geography*, 3(3): 262-267.

Kitchin, R.(2014), *The Data Revolution: Big Data, Open Data, Data Infrastructures and Their Consequences*. London: Sage.

Kitchin, R.(2017), Thinking Critically about and Researching Algorithms, *Information, Communication & Society*, 20(1): 14-29.

Laney, D.(2001), 3D Data Management: Controlling Data Volume, Velocity and Variety. *META Group Research Note*, 6.

Networked Software and Services Initiative (NESSI)(2012), *Big Data: A New World of Opportunities*. NESSI White Paper, December 2012.

O'Reilly Radar Team(2012), *Planning for a Big Data*. Sebastopol, CA: O'Reilly Media, Inc.

제 7 장 공동생산적 협력계획[1)]

제 1 절 공동생산적 협력이론의 개관

공동생산의 개념을 처음 사용한 학자는 Ryssell L. Ackoff와 Fred E. Emery와 권태준(1975)으로 이들은 공공정책에 영향을 받게 되는 개인이나 집단은 각기 목적지향적인 고유한 특성을 가지고 있으며, 따라서 계획의 최종 산물은 계획주체와 계획대상간의 목적지향적인 상호작용을 통한 공동생산적 협력과정을 거치기 때문이라고 지적한 바 있다.

그 이후에 공동생산과정의 실제 적용을 주장한 학자는 Vincent Ostrom과 Elinor Ostrom 부부로 그들은 도시공공서비스의 전달과정에 있어서 공공재와 제도적 장치의 관계를 설명하기 위해서 이 개념을 사용하였다. 그후 주민들이 공공안전과 같은 도시공공서비스의 전달과정에 있어서 생산적인 기여를 하고 있다는 사실이 경험적으로 밝혀짐에 따라 이에 대한 관심은 고조되어 왔다.

공동생산적 협력에 관한 연구는 대체로 도시공공서비스 공급의 이론적·경험적 분석의 결과로서 지난 수 십년간 연구축적이 이루어져 왔으나, 아직은 이론의 체계화가 부족한 실정이다. 그러나 공동생산에 관련한 연구는 그 접근방법, 내용적 성격 등에 따라 몇 가지 유형화가 가능하다. 먼저, 공동생산적 협력연구의 접

1) 공동생산적 협력계획은 이성근, "공공정책과정에 있어서 공동생산적 참여의 집행과정과 결과에 관한 연구", 서울대학교 박사학위논문과 이성근(1998), "공공정책과정에 있어서 공동생산적 참여의 이론적 논의"를 바탕으로 작성한 것이다. 당초의 논문제목은 '공동생산적 참여'이었으나 여기서는 '공동생산적 협력'으로 바꾸어 사용하였다. 공동생산적 참여는 이해관계가 공동으로 참여하는 공동생산적 협력을 전제로 하기 때문이다. 또한 최근들어 협력(cooperation) 개념은 협업(collaboration) 개념과 동의어로 혼용하여 사용되고 있다. 따라서 공동생산적 협력계획이론은 협업적 거버넌스이론과도 일치하는 것으로 파악한다.

근방법에 따른 분류로는 이 분야에 대한 학문적 관심이 지향하는 바에 따라 경제적, 정치·행정적 접근으로 나눌 수 있다.

이러한 접근은 계획결정가들이 공공서비스의 공급자라는 관점에서 지방정부의 경제적 생산성(economics productivity)과 정치적 실현가능성(political feasibility)의 기준에 의해 여러 가지 대안을 모색한 것과 깊은 관련이 있다. 이는 정치·행정적 측면에서 주민참여의 새로운 형태로서 주민들도 행정기관의 공공서비스 전달과정에 직접 참여함으로서 그 서비스의 수준을 향상시킬 수 있는 잠재력, 즉, 생산성을 갖고 있다는 전제에서 나타났으며, 또한 정부와 주민간의 상호작용을 통해 시민정신과 대응성을 제고시킬 수 있다는 신념에서 태동된 것이다.

다른 한편으로 경제적 측면에서는 생산과 소비, 자원배분의 효율성 또는 생산성의 향상 등과 같이 경제적 관점에서 공동생산적 협력의 개념을 정의하고 있다. 이 접근에 의하면 공동생산적 협력 역시 효율성이라는 목표를 가진 자원배분과정이므로 종합적인 경제분석이 요구된다고 주장한다. 그리고 공동생산연구의 내용적 성격에 따른 분류로는 Robert Warren, Mark Rosentraub, 그리고 Karen Harlow의 도시공공서비스의 양과 질, 공공서비스의 배분, 그리고 도시서비스의 비용문제에 관한 연구, Jeffry Brundney의 도시공공서비스 생산에 있어서 서비스 기관의 성과, 그리고 Larry Kiser의 공동생산적 협력 활동과 관련한 주민참여에 영향을 미치는 요인과 공동생산적 협력에 관련된 공공서비스 기관의 영향 등에 관한 연구로 나눌 수 있다.

이는 무엇보다도 공공정책부문에서 시민을 공공정책의 주체로 인식하게 된 새로운 정책의 전환이고, 그 핵심적인 내용은 서비스 공급의 효율성, 서비스 공급의 비용과 재정, 계획주체의 조직적 관리, 그리고 지방공공서비스의 배분적 형평성과 밀접하게 관련된다.

공동생산적 협력계획은 계획주체가 공공서비스의 공급과정에서 계획에 직접적으로 시민을 참여시키고자 하는 시도인 공공서비스의 생산과 배분과정의 개념에서 나온 것이다. 이러한 방법에 의해서 공동생산적 협력계획은 더 많은 공공서비스의 생산과 공급비용의 절감이라는 문제에 대한 해답을 제시한다. 계획주체의 일방적인 생산에서 주민들의 직접적인 서비스 활동으로 보충 또는 대체되는 공동생산적 협력은 공공서비스의 효율성(efficiency)과 질(quality), 두 가지 모두를 향상시킬 수 있다는데 정책적 의의가 있다.

일반적으로 공동생산적 협력계획의 이론적 의의는 크게 두 가지 측면에서 볼 수 있는데, 하나는 참여적 민주주의와 참여요구의 수용이고, 다른 하나는 공공서비스 전달체계로서의 재원확보측면이다.

공동생산적 협력계획의 유용성은 참여적 민주주의의 이데올로기 관점에서 참여요구에 대한 적응에서 찾아볼 수 있다. 이는 모든 공동서비스 분야에 개인과 민간부문의 참여를 포함시킨다는 관점에서 설명될 수 있다. 다른 한편은 공공정책 형성논리와 공공서비스 전달체계로서의 재원확보 측면인 경제적 관점으로부터 공동생산적 협력계획의 개념에 도달하고 있다.

이상에서 논의한 바와 같이, 공동생산적 협력계획과 관련한 초기연구들은 정부와 시민단체의 공동생산적 참여에 대한 인식과 그 유용성에 대한 연구에 집중되었다. 이와 같은 공동생산적 참여 접근은 공공서비스의 생산활동에 직접적으로나 간접적으로 관련되는 모든 시민활동도 공동생산적 협력계획에 포함시켰다.

R. C. Rich와 E. B. Sharp는 시민에 의한 자원적인 활동을 공동생산적 참여로 인식하였고, L. Kiser와 S. L. Percy, 그리고 G. P. Whitaker 등은 보조를 위한 시민의 요청, 보조의 영역과 공공서비스 공급자들가의 상호조정도 공동생산적 협력에 포함시키는 광의의 개념정의를 하였다. 따라서 공동생산적 협력계획은 다양한 개념이며, 본질적으로 공공서비스의 생산자(주로 공공기관)와 소비자(주로 시민)와의 관계도 공동생산적 협력의 범위 속에 포함시켜야 한다고 주장하였다.

제 2 절 공동생산적 협력계획 과정

공동생산적 협력계획은 정부부문이 공권력 행사의 제한과 자원동원능력의 한계에 직면하게 됨에 따라 산・학・연・관이 공동으로 계획에 참여하는 것을 말한다. 최근 지역개발에 대한 인식과 의욕이 높아져 감에 따라 지역개발 수행방식에 관심이 고조되고 있다. 특히 대학과 기업, 그리고 지역은 서로 이바지할 수 있으며, 이러한 방법이 서로에게 새로운 활력을 제공할 수 있다는 전제를 바탕으로 지역에 소재한 대학과 기업, 그리고 지방정부가 일체화된 산・학・연・관의 공동생산적 협력적 지역개발방식이 활발하게 활용되고 있다.

지금까지는 보통 산·학협동 혹은 산·학·연 협력 등이 거론되어 왔으나, 분권화·다원화시대에는 지방정부의 역할과 책임이 증대되고 있기 때문에 산·학·연·관의 공동생산적 협력체제가 강조되고 있다. 이는 지역의 정치, 경제, 행정, 산업 등을 포괄한 지역구조적 차원에서 이러한 체제를 포괄하는 개념이다. 최근 국가적 차원에서 추진하고 있는 산·학·연·관의 공동참여에 의한 혁신클러스터 구축과 도시재개발 과정에서의 합동재개발 및 주거환경개선사업 등이 여기에 해당된다. 특히 일본에서는 수도권에 대응하여 동북 7현이 참여하는 동북 Cosmos 학술기구의 창설로 공동으로 계획을 수립하고, 공동으로 추진활동을 하는 등의 활동계획이 좋은 사례가 된다.

1. 공동생산적 협력계획 과정

정부의 과도한 재정부담과 주민의 서비스의 양과 질에 대한 욕구가 증가하는 문제를 해결하기 위한 대안으로 민간 및 제3섹터의 참여를 전제로 한 공공서비스의 공동생산적 협력(coproducing cooperation)방안이 제기되고 있다. 공동생산적 협력은 서비스의 양 또는 질을 제고시키기 위해 정부와 민간, 기업 또는 주민집단 등이 합동으로 서비스를 생산하기 위해 참여하는 개념을 의미한다. 이는 주민을 계획안의 수동적인 목표대상이나 수혜자로 간주하는 것이 아니라 그러한 계획안의 궁극적인 성공 또는 실패의 중요한 요소로 삼는 방식이다.

최근에 들어와 구미제국에서는 새로운 형태의 주민참여 방식이 강조되기 시작하였는데, 그것은 정부의 공공재 및 공공서비스의 생산과정에 있어서의 주민과 함께하는 공동생산적 협력과정을 말한다. Lawrence Susskind와 Michael Elliott는 주민참여의 형태를 온정주의(paternalism)모형, 갈등(conflict)모형, 공동생산과정 모형으로 구분하였다.

온정주의모형은 의사결정의 패턴이 고도로 중앙집권화되어 있고 시민참여는 행정관료에 의해 극히 제한적인 경우의 참여모형이고, 갈등모형도 의사결정의 패턴이 중앙집권화되어 있으나 온정주의모형보다는 약하고 정부의 자원배분이나 계획결정에 지역주민과 소비자집단이 참여를 통해서 투쟁하는 패턴의 모형이다.

반면에 공동생산적 협력과정모형은 의사결정의 패턴이 분권화되어 있고 정부의 자원배분이나 계획결정과정에 있어 의사결정가와 주민들간에 조정·협상과정을 거치는 패턴이다. 이들에 의하면 공동생산적 협력모형은 정부기관과 주민들간에 공동으로 문제를 정의하고, 계획 및 설계, 그리고 집행을 다루는 공공계획과정으로 정의하고 있다.

계획과정에 있어서 공동생산적 협력접근의 이론적 배경으로 계획을 정치체계의 산물로 보는 것은 Easton 이후의 경향으로서 R. Dahl, C. E. Lindblom 등 정치적 다원론자들은 정치체계의 움직임인 정치를 집단간의 타협과 조정으로 파악하고 계획은 이러한 타협과 조정의 산물이라고 정의한다. 이런 점에서 계획과정은 공동생산적 협력을 전제하고 있다고도 볼 수 있다.

공공부문이 작성하는 계획안은 미래의 동태적인 상황을 대상으로 하기 때문에 다원화된 사회에서는 종합적 계획의 합리성이 제약을 받기 마련이다. 공공부문에서 수립된 최초의 계획안이 다른 형태로 변화되는 근본적인 이유는 계획에 영향을 받게 되는 개인이나 집단이 각기 목적지향적인 고유한 속성을 가지고 있기 때문이다. 따라서 최종 계획안은 계획주체와 계획대상간의 목적지향적인 상호작용을 통한 공동생산적 협력과정을 거치게 되는 것이다. 특히 계획에 대한 정당성의 근거는 공익의 내용도 중요하지만 그 보다는 계획이 의사결정과정에서 일부 집단의 가치편향과 사회적 편향의 개입을 최소화하고 다양한 이해와 가치가 수렴될 수 있게 하기 위하여 얼마나 합리적이고 민주적인 계획과정을 거쳤는가 하는 데에서 찾아야 할 것이다.

한국적 계획과정에 있어서 공동생산적 협력모형의 판단기준으로 첫째는 공권력 행사가 지배적인가 아닌가와 둘째로는 계획과정에 여러 이해당사자의 참여가 이루어지는가의 여부로 볼 수 있다. 따라서 장차의 계획과정에 있어서 공동생산적 협력모형은 자원동원이나 주민관리면에서 일방적이지 않고 쌍방적인 계획과정으로 이해하는데 적실한 계획모형이라 할 수 있다.

다음에서는 민주정치시대에 있어서 주민참여를 전제로 하는 공동생산적 협력접근을 통한 계획과정이 첫째, 개발의 주체는 누구이어야 하는가, 둘째, 장차 계획의 목표는 무엇이고 어떻게 설정되어야 하는가, 셋째, 계획형성과정은 어떠한 절차를 거쳐야 하는가, 넷째, 성공적인 계획의 집행과정을 위해서 무엇이 필요한가,

마지막으로 계획결과와 평가는 어떻게 이루어지는가를 중심으로 기존의 계획과정 논리를 평가하면서 앞으로의 방향을 논의하기로 한다.

2. 개발주체와 역할분담

공동생산적 협력과정으로서의 계획과정에서 개발의 주체는 정부와 주민 그리고 민간기업이 되고, 이들 모두가 공동생산적 협력자로 참여하게 된다. 따라서 계획집행의 주체에 관한 논의는 누가 계획집행의 중심적 역할을 하느냐 하는 것이다. 이는 곧 정부와 민간의 역할분담 그리고 정부의 기능배분이라는 문제로 귀결된다. 이론상으로는 국가정책 및 기본계획의 수립, 광역적 수요에의 대처, 파급성이 큰 대규모사업의 개발 등은 국가가 담당하고, 지방적이고 국지적이며 주민 복지적인 중·단기사업은 지방정부가 개발하며, 기업적 성격이 강하고 주민자율로 가능한 것은 민간부문이 맡아 처리함이 바람직하다고 할 수 있으나 실제에 있어서는 이의 한계를 명확히 규정하기가 대단히 어려운 것이다(김안제, 1991: 511).

다음으로 계획과정에서 주민참여의 문제이다. 민주주의의 발전에 따라 주민의 참여가 보다 강하게 요구되고 또 그렇게 전개되어 나갈 것이다. 거의 모든 계획은 주민들의 주거생활 및 생산활동과 직결되어 있고 주민들의 이해관계를 크게 좌우하고 있으므로, 개발계획과 관련된 주민들의 욕구와 의견은 매우 다양할 뿐만 아니라 상반되는 경우도 많다. 그러므로 각종 계획은 계획과정에서부터 주민참여를 조장하고, 집행과 결과에 이르기까지 공동생산적 협력자로 인식하고 실천하며 제도화할 필요가 있다.

3. 목표설정과 구성원의 합의형성

계획의 추진에는 모든 국민이 성장의 혜택을 골고루 누리며 살 수 있는 사회를 이룩한다는 형평의 측면과 제한된 국토공간을 경제적으로 이용한다는 효율의 측면이 조화를 이루도록 하여야 할 것이다. 이 경우 정부가 책임져야 하는 계획과제는 주로 기본적 생활환경지표의 형평을 추구하는 것이다.

다시 말해서 중앙정부가 해야 할 일은 각 지역의 지방정부, 주민, 기업이 자신의 발전목표에 맞추어 최대한의 능력을 발휘할 수 있는 여건을 조성해 주는 것이며 이를 위한 가장 중요한 과제는 도로, 통신, 전력, 용수 등의 사회간접자본투자를 확대하여, 기업으로서는 국토의 어느 곳에 입지하든지간에 기본적인 생산요소의 애로가 없도록 하고 주민으로서는 어느 곳에 살든지간에 최소한의 생활여건이 갖추어 지도록 하는 것이다. 무엇보다도 공동생산적 협력과정으로서의 계획과정은 목표설정 단계에서부터 주민참여와 주민의 이해를 구하는 노력이 필요하다. 최근 계획과정에서 정부와 주민간의 갈등은 사업방식보다는 사업 그 자체에 대해 부정하는 사례가 많은 것을 보아도 알 수 있다.

4. 계획수립과정과 능력의 향상

계획과정은 사전에 합리적이고 과학적으로 접근되어야 하는 것이다. 개발수요가 증대하고 주민욕구가 다양화되며 재원의 부족이 심화될 장래에 있어서는 더욱 그러하다.

지금까지 계획의 수립단계에서 나타나고 있는 문제로는 다음의 세 가지를 들 수 있다. 첫째, 계획입안기관의 비공개성과 형식성을 들 수 있다. 주민 대다수의 의견과 요구는 소외된 채 소수 전문가의 자문과 정부의 의견만이 제시되어 용역단체의 전적인 작성에 따라 수립되는게 계획수립의 일반적 방법으로 되어 있다. 더욱이 용역단체들의 시간 및 예산의 부족을 이유로 한 소극적 계획은 답습과 모방에 따른 일반성과 형식성을 벗어나지 못하고 있다.

둘째, 다른 계획과의 연계 및 체계성을 결여하고 있다는 문제점을 들 수 있다. 계획과 관련된 종적 및 횡적인 종합계획이나 구체적인 사업계획과 불일치하거나 상반되는 경우가 많으며, 매년 편성되는 정부예산에의 반영은 물론이고 중장기재정계획과의 연계도 충분히 이루어지지 못하고 있는 실정이다.

셋째, 법적 절차상 계획의 결정까지 오랜 시간을 소요하게 된다는 사실에 있다. 자료를 수집・분석하여 계획을 입안하기까지의 실질적 계획수립과정에 할애되는 시간은 극히 짧은 대신에 입안 후 확정・공고되기까지의 행정내부에서 이루어지는 법적 절차에 소요되는 시간은 장기간에 이르고 있다. 입안기간의 단기화는 계획내용의 부실을 가져오고, 승인기간의 장기화는 계획실시의 적시성과 현실성을 잃어버리게 하는 것이다.

5. 집행과정과 개발재원의 확보

계획의 실천단계에서 발생하고 있는 문제점으로는 첫째, 무엇보다 먼저 계획의 실효성이 저조하다는 사실을 들 수 있다. 계획의 전부 또는 일부가 구체적인 실천계획을 마련하지 못하고 중장기 재정계획이나 연간예산에 반영되지 못한 채 계획기간을 초과하고 마는 경우가 많다.

둘째, 주민의 참여와 협조가 부족하다는데 있다. 계획의 집행과정에 있어 주민 대부분이 무관심하거나 도외시하며, 갈등에 이르게 됨으로서 주민의 참여와 협조와는 거리가 먼 계획이 되고 마는 경우가 많다. 이로 인해 계획의 실천단계에서 심한 갈등에 봉착하고 사업의 효과까지도 낮은 결과를 가져오게 되는 것이다.

셋째, 사업 평가제도의 미흡에 있다. 계획의 집행전 평가는 계획내용의 타당성을 검증하기 위함이고, 집행과정의 평가는 여건변화에 따른 수정을 하기 위함이며, 집행후의 평가는 새로운 사업을 보다 합리적으로 수립하기 위한 준거틀을 마련하고자 하는데 근본목적을 두고 있다. 이와 같이 중요한 역할과 기능을 하는 평가제도가 계획에서는 형식적으로 이루어지는 경우가 많다.

앞으로 계획목표를 효과적으로 달성하고 여러 과제를 올바로 해결해 나가기 위해서는 적절한 추진전략과 수단을 현명하게 강구하고 과감하게 실천해야 할 것이다. 이를 위해서는 먼저 책임분담과 협력체제를 확립해야 한다. 민간 내지 기업적 성격이 강한 사업이나 기능은 민간부문에 위임 내지 이양하고, 공공부문의 기능은 국가와 지방자치단체에 적절히 배분되도록 해야 한다.

둘째, 적극적인 개발동기를 유발하고 효과적인 인센티브를 강화하는데 있다. 지방주민과 기업이 당해지역에 정착하고 축적된 자금을 그 지역에 재투자할 수 있는 동기를 유발하도록 하며, 조세감면과 금융혜택 등의 인센티브를 대도시, 중소도시, 농어촌, 오지 및 도서, 접경지역 등으로 구분하여 차등 적용함으로써 낙후지역입지에서 오는 불이익을 보전해 주어야 하는 것이다.

셋째, 계획업무를 담당하고 있는 실무공무원은 집행과정에서 야기되는 주민 및 지방의회와의 의견대립을 정부의 일방적 방향으로 이끌어가지 말고 정부의 안이 공익의 입장에서 타당한 것이라면 주민과 지방의회 의원을 대화로서 설득하고 주민이나 지방의회의 제안이 옳은 경우에는 겸허하게 이를 받아들여 계획에 반영토록 해야 할 것이다.

공동생산적 협력과정으로서의 계획과정에서 각 참여자의 관계는 성공적인 계획집행을 위해 중요하다. 참여자의 관계는 ① 사업에 대해 참여자의 선호방향(찬성, 반대), ② 사업에 대한 선호의 정도(강, 약), ③ 사업결과에 영향을 미치기 위해 동원할 수 있는 자원의 종류와 양(대, 소)에 따라 결정된다.

특히 계획집행과정에서 야기되는 사업의 지체는 의사결정의 수, 각 의사결정에 참여하는 참여자의 수, 그리고 참여자의 사업에 대한 선호강도와 함수관계가 있다(J. Pressman & A. Wildavsky, 1984). 따라서 계획수립과 집행과정에서 주민참여 등이 성공적인 계획과정의 중요한 요소라 할 수 있다.

제 3 절 공동생산적 협력계획의 적용

계획은 공간적 단위에 대해 그의 전체적인 성장과 발전을 도모하는 방향으로 변화시키기 위한 구상과 설계를 하나의 진술과 선언으로 정립한 것이다. 따라서 계획의 궁극적 목적은 당해 사회의 변화를 건전한 방향으로 유도하여 현재보다 좋은 수준으로 제고시키는데 있으므로, 계획성과는 그 사회로 귀속되고 주민의 생활향상에 직접 기여하여야 하는 것이다. 이와 같은 계획은 사회 내의 모든 부문을 망라해야 하는 종합성과 먼 장래를 지향해야 한다는 발전성을 그 요건으로 하여 수립되어야 하며, 또한 주민 전체의 공통적 이익을 추구하는 공익성과 부문간, 집단간, 지역간에 지나친 격차가 일어나지 않도록 하는 균형성을 확보토록 해야 한다.

장차 계획성과의 실용가치를 높이기 위한 하나의 방법은 계획의 결과에 대한 평가체제를 강화하는 것이다. 확정된 계획을 집행해가는 과정과 집행 후의 결과에 대해 과정평가와 결과평가를 철저히 하여 그의 실행정도와 그 요인을 규명하는 것은 계획의 충실한 집행과 효과의 제고를 위한 필요장치인 것이다. 결과평가가 다음 계획수립에 도움을 주고자 하는데 목적이 있는 것이라면 과정평가는 당해계획의 수행을 촉구하고자 하는데 목적을 두고 있다.

결론적으로 공동생산적 협력과정으로서의 계획결과는 효율성과 형평성 모두를 향상시키는 방향으로 나가야 한다. 하나의 계획목표를 위해 다른 하나를 희생시키기보다는 이들 두 가지 목표가 균형을 갖도록 하는데 의의가 있다(L. Susskind & M. Elliott, 1983). 향후 각종 계획의 성과는 양과 질, 효율성과 형평성, 공공과 민간부문, 집중과 분산의 조화에 기여하는 방향으로 나가야 한다.

탐구학습

1. 주요개념과 요약
   - 주민참여 모형
     - 온정주의모형
     - 갈등모형
     - 공동생산과정모형
   - 공동생산적 참여
   - 공동생산적 협력
   - 공동생산적 협력계획 과정: 개발주체와 역할분담, 목표설정과 구성원의 합의형성, 계획수립과정과 능력향상, 집행과정과 개발재원의 확보

2. 토론과 과제
   - 공동생산적 협력계획에 대하여 설명하시오.
   - 공동생산적 협력의 계획사례에 대해 설명하시오.
   - 공동생산적 협력계획의 활용방안에 대해 설명하시오.

참고문헌

임길진(1995), 미래를 향한 인간적 계획론, 서울: 나남출판사.
임길진(2001), 21세기의 도전: 계획과 전략, 서울: 나남출판사.
정환용(2001), 계획이론, 서울: 박영사.
Healey, P.(1992), "Planning through Debate", *Town Planning Review*, Vol. 63.

Healey, P.(1996), "The Communicative Turn in Planning Theory and Its Implications for Spatial Strategy Formation", *Environment and Planning B: Planning and Design*, Vol. 23.

Healey, P.(1997), *Collaborative Planning*, Vancouver: UBC Press.

Kwon, Tai-Joon(1975), "A Model of the Coadaptive Interaction Process of Social System Planning," *Ph. D. Dissertation*, The State Univ. of New York.

Pressman, J. L. & A. Wildavsky(1984), *Implementation*, Univ. California Press, Ltd.

Susskind, l. & M. Elliott(1983), *Paternalism, Conflict and Coproduction*, N. Y.: Plenum Press.

제 8 장 주민참여계획

제 1 절 주민참여이론

1. 옹호이론과 비옹호이론

주민참여 옹호이론은 직접참여의 협력모형을 선호한다. 직접참여의 협력모형은 주민이 정부의 주인이며(Schacter, 1997; Vigoda, 2002), 정부의 결정에 관여하여야 한다고 제시한다. 직접민주주의를 선호하는 사람들은 보다 많은 사람들이 믿을수록 보다 많은 분야에 참여하게 된다고 믿는다(Barber, 1984; Mansbridge, 1990; Pateman, 1970; Sandel, 1996). 그리고 주민들은 보다 능력있고, 참여하게 될 가능성이 높다. 직접민주주의는, 교육적인 역할과 권력을 부여하는 역할 외에, 지역사회감 및 동질감을 추구한다. 주민이 참여하는 지역사회는 직접민주주의와 참여적 의사결정을 가능하게 한다. 직접민주주의의 옹호론자는 주민들이 그들에 영향을 미치는 공공부문의 의사결정에 참여할 만한 지식과 전문성을 갖추고 있다고 믿는다. 참여이론가들은 의미있는 주민참여는 보다 나은 의사결정으로 이르게 될 뿐만 아니라, 지역사회감을 개발시키고, 집단적 의사결정을 증대시키며, 거버넌스 과정의 수용 및 존중을 추구함으로써 사회적 안정성을 증대시킨다.

반면에 주민참여 비옹호이론은 간접참여모형을 선호한다. 간접참여모형은 대의민주주의에서는 선출직공직자와 전문지식을 갖춘 공무원들이 정부의 이익을 위해서 주민을 대변하여야 한다고 생각한다. 따라서 일부정치학자는(Dahl, 1989) 대의민주주의가 직접민주주의보다도 적절하면서 효과적이라고 주장하면서, 그 이유로는 직접민주주의가 현대의 관료국가에서는 가능하지 아니하기 때문이다. 이들에게 직접민주주의는 이상적인 모델일 뿐이다. 많은 경우, 사람들은 지나치게 열정적 · 이기적이거나 소극적 · 무관심하다. 한편 간접참여가 주는 혜택은 주민이 모든 공공부문의 결정에 책임을 지지 아니한다는 점이다. 그들은 참여를 위한 시간, 지식, 동기부여도 없다. 공공부문의 규모와 복잡성을 고려하면, 직접참여는 불가능하다. 글로벌 환경에서 정부를 효과적으로 관리하는데 필요한 기술적, 정치적, 행정적 기술을 갖추는 데에는 상당한 수준의 전문성이 요구되는데, 대부분의 주민들은 이러한 전문성을 가지고 있지 아니하다. 그리고 보통의 평범한 주민들은 공공부문을 위해서 시간을 내고 싶어하지 아니한다. 주민참여는 많은 경우 실패하도록 되어 있는데, 이유는 광범위하고 얕은 이해를 가진 주민들은 항상 좁고 깊은 이해관계가 있는 단체에 의해서 압도되기 때문이다.

그러나 이제 현재의 논쟁은 단순히 직접참여모형 또는 간접참여모형이 나은지의 질문을 넘어선다(Konisky and Beierle, 2001). 주민을 대신하여 행동할 대표를 선출하는 문제는 더이상 논의의 초점이 아니며, 어떤 종류의 참여가 가장 잘 작동하느냐의 질문에 초점을 맞춘다. 보다 거시적인 측면에서 바라보면 주민과 선출직공직자는 주민－정부관계의 설정에 있어서 그들의 역할을 어떻게 바라보아야 하느냐 하는 점이다. 주민은 권력을 느끼게 해주는 한편 선출직공직자 또한 나름의 역할을 자부하도록 하는 직접참여는 더이상 단순히 규범적인 이상이 아니다. 그리고 정부기관은 그들의 행동을 통하여 참여적인 노력의 성공에 중심적인 역할을 한다. 왜냐하면, 정부기관은 개방된 직접참여를 권장할 수 있거나 억제 및 방지할 수 있기 때문이다.

2. 주민참여 유형이론

다양한 유형별 주민참여모형이 제시되어 왔다(Callahan, 2007). 패러다임은 다르지만, 패턴은 발전한다. 이러한 주민참여모형에서 관찰되는 참여자의 극단적인 패턴으로서 ① 절대 참여하지 않는 수동적인 주민과 ② 적극적으로 참여하는 주민을 들 수 있는데, 사실은 이 양극단의 중간에 속하는 주민들에 의하여 대부분의 주민참여가 일어난다.

초기의 가장 잘 알려진 주민참여모형은 Arnstein의 참여계단(주민참여의 수준을 사다리의 발받침과 동일시), 주민참여의 영향력을 기준으로 비참여(계도단계·교정단계), 형식적 참여(정보제공·의견수렴·유화단계), 실질적 참여(동반자·권한위임·주민통제)의 세 가지로 분류하고 이를 다시 여덟단계로 세분화하였다. 최하위 계단은 주민의 측면에서 비참여를 나타내고 최상위 계단은 적극적인 참여를 나타낸다. 최고 높은 수준에서는 주민은 선출직공직자와 협력관계를 유지한다. 중간계단에는 다양한 수준의 참여가 관찰되는데 Arnstein에 의하면 150가지 이상이 있을 수 있다고 한다. Thomas(1995)는 행정의 측면에서 참여를 분류하였다. 그는 공무원이 채택할 수 있는 다섯 가지 의사결정 접근방법을 설명하였는데, 이는 Arnstein의 참여계단과 비슷한 개념이다. 극단에는 선출직공직자가 주민 참여없이 자동결정을 하게 되고, 다른 극단에는 선출직공직자가 주민들과 완벽하게 광범위한 협의를 거친 후 정책결정을 한다. 중간에는 선출직공직자가 다른 수준의 참여를 채택한다. 이 경우의 참여수준은 단순히 선택된 자문가 그룹의 의견을 수렴하는 수준부터 보다 많은 사람들의 의견을 수렴하는 포용적인 참여수준에 이른다. 두 모형에서는 선출직공직자가 바로 운전석에 앉아있는 셈인데, 이들 언제·어떻게 주민을 참여과정에 합류시킬지를 결정한다. Timney(1998)는 세 종류의 주민참여모델을 제시한다. 바로 적극적, 수동적, 과도기적 참여모형이다. 적극적 참여모형은 주민이 운전석에 앉아있을 것을 필요로 한다. 이 패러다임에서는 주민이 참여과정을 소유하며 정책을 상세화한다. 공공기관은 컨설턴트로서 역할을 할 뿐이다. 소극적 참여모형은 다른 극단인데, 정부기관이 운전석에 앉아있으며 주민참여는 단순히 요식행위이다. 과도기적 참여모형에서는 주민과 공공기관이 권력과 통제를 공유하는데, 이때 주민의 역할은 대체로 자문 역할을 하게된다.

Vigoda(2002)는 선출직공직자와 주민의 관계는 진화하는 것으로 바라본다. 이 과정에서는 세 가지 유형의 모형이 존재하는데, 주민을 행정서비스의 소비자로 바라보는 소비자모형, 주민을 주인으로 바라보는 주인모형, 정부가 주민에게 가치가 있다고 하는 가치중립적인 모형이 있다. 가치중립적인 모형은 소비자모형 및 주인모형의 대안모형으로 제시되기도 한다(Smith, 1997). 가치중립적인 모형에서는, 주민과 정부는 적극적으로 관여하고 주민을 위한 가치를 생산하는데 초점을 맞춘다. 여기에서 주민은 주식회사의 투자가 및 주주정도로 인식된다. 주주는 공동으로 협력하여 투자를 결정하며 공동으로 이익과 비용을 공유하게 된다. Zimmerman(1986)은 주민참여를 능동적 참여와 수동적 참여로 나누어서 접근한다. 능동적 참여는 주민투표, 주민발의, 주민소환, 주민총회, 주민자문위원회 등의 형태로 나타나는 반면에, 수동적 참여는 설문응답, 정부주도 공청회 참석 등의 형태로 나타난다.

강인성(2008)은 정책과정을 정책의제설정, 정책형성, 정책집행, 정책평가 등 네 단계로 구분하고 각 단계별 참여유형을 정보제공, 협의, 적극적 참여 등 세 가지 주민참여유형으로 구분하여 주민참여방식을 제시하고 있다. 정정화(2015)는 최근의 주민참여방식을 추가하였다.

3. 주민참여의 주요내용

Arnstein이 50년 전에 주민참여계단모형을 제시한 이래 주민참여를 유형화하는 노력 중 대표적인 것이 주민참여 스펙트럼이다(IAP2, 2014). 주민참여 스펙트럼은 주민참여과정에서 주민의 역할을 정하게 되는 주민참여의 유형·수준의 선정을 도와주는 것을 목표로 한다. Stuart(2017)는 주민참여를 다섯 가지 유형으로 구분하여, 유형별 주민참여의 목표 및 특징을 설명하고 있다.

1) 정보제공(inform)

정보제공형태의 주민참여의 목표는 주민에게 정보를 제공하는데 있다. 주민참여는 일반적으로 양방향 과정이어야 한다(International Conference on Engaging Communities, 2005; Carson, 2008; Wallis, 2006). 따라서 정보제공은 5단계 주민참여수준에서 가장 하위에 위치하고 있으면서 일방적인 정보의 제공을 의미하기 때문에 실질적인 주민참여라고 하기 힘들다. 정보제공형태의 주민참여는 실제 주민참여기회를 제공하는 것은 아니며 그 대신 주민들에게 정부기관의 정책결정과정을 이해하는 데 필요한 정보를 제공한다는 것을 의미한다. 실질적인 주민참여는 아니지만, 주민들에게 정부정책과 계획에 대한 제반 사실과 주민의 권리 및 책임 등을 고지하는 것은 실효성 있는 주민참여의 첫 단계로 간주될 수 있다. 물론 정부기관이 주민의 의견을 수렴하겠다는 자세가 되어 있어야 한다. 정보제공은 많은 경우 적절한 형태일 수 있다. 예를 들면, 법안 변경, 건강증진 메시지, 주민으로서 받을 수 있는 혜택 등에 대해서는 정보제공이 적절한 소통형태라 할 수 있다. 구체적으로 이상의 정보제공은 팩트시트, 웹사이트, 오픈하우스 등을 통하여 이루어질 수 있다.

2) 협의(consult)

협의형태인 주민참여의 목표는 제반 분석, 대안 및 결정에 대한 주민의견을 수렴하는데 있다. 협의는 낮은 수준의 주민참여 형태로서 정책결정에 대한 주민의 의견을 수렴하는 최소한의 기회라고 볼 수 있다. 협의에서는 계획 또는 대안 등에 의견을 수렴하게 되는데, 정부기관과 주민간의 상호교류는 거의 없다. 이 단계에서는 협의의 목표에 대하여 분명히 이해하는 것이 매우 중요하다. 협의는 특정 결정과 관련하여 특별히 복잡하지 아니할 때에 적합하다(Hardy, 2015). 협의는 주민참여과정이 정직에 바탕을 두고 있으며 주민의 의견이 진실로 고려된다고 하면 매우 바람직한 형태라 할 수 있다. 그러나, 주민여론조사 등에서는 주민들의 진솔한 의견이 제시될 수 있지만, 실제로 개진된 주민의 의견을 중요하게 반영할지 확실하지는 아니하다. 협의의 형태로는 주민의견수렴, 포커스 그룹, 설문조사, 공청회 등을 들 수 있다.

3) 참여(involve)

참여형태인 주민참여의 목표는 전과정을 걸쳐서 주민들과 소통하여 주민의 문제인식들이 적절하게 이해되고 고려될 수 있도록 하는데 있다. 참여형태의 주민참여에서는 주민과 지역사회가 하위수준의 협의에서보다도 광범위하게 과정에 참여하게 되는 것을 말한다. 그러나 많은 문제제기와 대안들의 제안이 예상될 수 있지만, 최종결정은 일반적으로 주민이 아니라 담당 정부기관이다. 참여의 형태로는 워크숍, 숙의적 여론조사 등을 들 수 있다.

4) 협력(collaborate)

협력적인 주민참여의 목표는 대안의 모색 및 해결방안의 추천 등 정책결정의 모든 측면에서 주민과 협력하는 것을 말한다. 협력의 핵심적인 요소는 협력(partnership)과 권력을 공유하는 것이다(Hardy, 2015). 협력에서는 주민의 제안을 가능한 한 반영하고자 한다. 이는 양방향 소통과정을 중시하는 상호작용적인 과정이다. 정책결정은 궁극적으로 담당 정부기관에 달려있지만, 지역사회로부터 보다 많은 의견을 수렴할 수 있게 된다. 협력적 주민참여를 위해서는 정부기관과 주민 간의 신뢰를 쌓는 것이 중요하지만, 이는 많은 비용과 시간이 필요하다. 협력적 주민참여는 복잡한 문제를 다루는데 매우 유용하다. 협력의 형태로는 주민자문위원회, 합의형성, 참여적 의사결정 등을 들 수 있다.

5) 권한위임(empower)

권한위임형태의 주민참여의 목표는 주민이 최종결정을 하도록 하는 것이다. 그러나 권한위임형태의 주민참여는 최고수준의 주민참여를 의미하는 것은 아니다. 협력적 주민참여는 높은 수준의 주민참여를 필요로 하는 반면에, 권한위임적 주민참여도 같은 수준의 주민참여를 필요로 하는 것은 아니다. 만약에 우리가 상향적 접근방법을 활용하여 지역사회 및 주민과 협력하고 사회정의를 도모하도록 한다면, 권한위임적 주민참여는 상호소통을 중시하는 주민참여를 활용하고 있다고 할 것이다. 아울러 정책결정에 따라서 영향을 받게 될 사람들 또한 이러한 의사결정과정에서 의견을 제시하도록 할 필요가 있다. 때로는 정부기관이 주민에게 의사결정을 위임하는 것을 법규를 인용하면서 거부할 수도 있다. 사실 주민이 결정하는 것을 집행할 약속을 한다는 측면에서 기존의 법규를 위반하는 것이 아니라는 점이다(Susskind & Carson, 2008). 권한위임적 주민참여는 사회의 매우 중요한 문제들에 적용가능하다. 권한위임적 주민참여의 형태는 주민배심원, 주민투표, 결정위임 등을 들 수 있다. 그러면 이상의 다섯 가지 유형의 주민참여중에서 실제 적용할 주민참여수준을 어떻게 정하나? 사실 주민참여 스펙트럼에 소개되고 있는 이상의 다섯 가지 주민참여 수준 전부 합리적이며 어느 것을 택할지는 주민참여의 목표, 시간, 비용, 정책과제의 복잡성 등 전반적인 여건에 달려있다. 물론 단순히 높은 수준의 주민참여라고 해서 더 나은 것은 아니다(Hardy, 2015; Kearnes & Motion, 2014). 정책과제가 사회적으로 복잡하지 아니하면, 낮은 수준의 주민참여가 더 적절할 수도 있다. 주민참여수준은 융통성있게 조정될 수 있다. 문제의 복잡성에 따라서 높은 수준의 주민참여를 요구하기도 하지만, 실제 참여여건이 적절하지 아니하면 보다 하위수준의 주민참여라도 가능하도록 함으로써 주민참여를 도모하도록 한다. 아울러 주민참여는 강력한 윤리적 기반을 갖출 필요가 있다. 따라서 주민참여의 방식과 누구를 참여하도록 하는가 하는 문제 또한 중요하다.

제 2 절 주민참여계획의 의의

1. 배 경

주민참여는 이제 단순히 일시적인 유행이 아니다. 주민참여는 법적으로 필수적인 과정으로써 다양한 계획의 수립시에 주요 과정으로 자리잡고 있다. 그러나 실제 주민참여정책은 단순히 참여만을 위한 경우가 많아서 과연 의미있고 효과있는 주민참여인지에 대한 질문에 대해서는 답하기 곤란한 경우가 많다. 예를 들면, 우리나라의 국토계획법과 그 하위 법령에서 규정하고 있는 참여의 형태는 크게 공청회, 지방의회 의견 청취, 공람, 신문 공고, 홈페이지 공고 등으로 나누어져 있는데, 이는 우리나라 도시계획에서의 전반적인 주민참여는 정보제공 또는 협의수준에 한정함으로써 상당히 낮은 수준을 나타내고 있음을 나타내고 있다(이상대, 2015). 특히 주민참여가 적극적으로 요구되는 도시재생의 분야에서는 참여의 미흡으로 인하여 정책 성과가 미흡한 상태이다. 소극적 형태의 주민참여는 계획의 수립과정에서 매우 요식적인 절차로 전락해서 실질적인 주민의 다양한 의견을 수렴·조절·대안을 모색하도록 하는 측면이 약하기 때문에 선진국의 경우 주민참여는 매우 효과적이고 실효성 있는 주민참여가 되도록 노력하고 있다(최성연, 2005). 주민참여가 계획과정에서 제대로 이루어지지 아니하면 주민간 또는 주민 대 계획기관의 갈등구조가 집행단계에서 극심해져서 중재 또는 조정의 노력이 법원에 의해서 주도되는 결과를 초래하기도 한다. 주민참여의 정도가 최고의 수준에 이르게 되면 궁극적으로 주민이 도시계획 또는 정책을 발의하고 주도해 나가는 직접민주주의의 성공적 사례로 기록되는 경우도 있다. 최근의 예로서, 문재인

정부는 장기적으로 신규원전을 추가로 건설하지 아니하는 탈핵발전을 추진하기로 한 바 있다. 그런데 이미 착공해 공사를 진행하던 신고리 5 · 6호기 건설공사를 계속할지, 아니면 백지화할지에 대한 정부방침을 정할 필요가 있었다. 주민참여단이 구성되어서 약 3개월간 심의를 거친후 건설공사를 계속하도록 의견을 제시하였고, 정부는 이를 수용한 바 있다(산업통상자원부, 2017). 아울러 서울, 대구, 수원, 청주 등의 일부 도시는 도시기본계획의 수립시에 도시의 장기적인 발전방향에 대한 비전의 설정에 있어서 주민 참여방식을 적극 활용하고 있다. 그리고 지구단위계획이나 기반시설 설치정비개량과 같은 경우는 주민이 직접 내용을 제안할 수 있도록 하는 주민제안제도를 운영하고 있다. 이렇듯 최근에는 정책의 모든과정에 국민의 참여를 확대하고, 국민의 뜻이 정책으로 실현되는 참여민주주의의 형태로 발전시켜 나가고 있다(행정안전부, 2018). 한편 세계 여러 나라들도 도시계획의 수립집행시 주민참여를 권장하고 있다. 예컨대 2016년 에콰도르 키토에서 개최된 해비타트Ⅲ[1])에서는 새로운 도시의제(the new urban agenda)를 채택하게 되는데, 특히 새로운 도시과제의 집행전략 부문에서 효과적인 도시거버넌스 구축을 강조하면서 주민참여의 역할을 강조하고 있다. 주민참여와 관련하여, 평등과 차별금지 원칙에 입각한 법률 및 정책체계를 수립하고, 모든 차원의 정부와 주민사회 간 직접 파트너십에 기반한 참여적 도시정책을 추진할 것을 제시하고 있다(박세훈, 2016). 우리나라와 세계적인 동향에서 보듯이 주민참여는 주요 정책 및 계획의 수립과 집행시에 중요한 요소로 인정받고 있으며, 실질적으로 의미있는 참여를 통하여 성공적인 계획의 수립 및 집행을 달성하고자 한다. 주민참여는 이제 계획가의 주요 계획전략의 하나가 된다. 따라서 의미있는 주민참여를 추진하기 위한 효과적인 방법과 절차의 연구와 응용에 대한 이해가 더욱 요구된다.

1) 해비타트Ⅲ는 유엔 산하기구인 유엔 해비타트(UN Habitat)가 주관하는 국제회의로 정식명칭은 제3차 주택 및 지속가능 도시발전에 대한 유엔회의(The 3rd United Nations Conferenceon Housing and Sustainable Urban Development)'이다. 해비타트Ⅲ는 최근 유엔에서 추진된 일련의 협약의 연장선상에서 2030 지속가능발전목표(SDGs)를 구체화하고 실천력을 담보하는 것으로 목표로 한다(박세훈, 2016).

2. 개념 및 필요성

1) 개 념

주민참여는 풀뿌리 민주주의적인 형태와 기능에서부터 전문적인 것에 이르기까지 다의적인 개념으로 이해되고 있다(한상욱, 2007). 주민참여는 일반적으로 공공행정의 집행에 있어서 주민들이 행정기관이나 관료들의 정책결정과정에 주체의식을 갖고 참여하여 투입기능을 수행하는 행위를 의미한다(한상욱, 2007; Callahan, 2007). 정책이슈와 서비스제공에 초점을 맞추는 것은 주민과 공무원간의 상호작용이다. 따라서 그것은 선출직 공직자를 선출하거나 접촉하는 것을 포함하는 정치참여와는 다르다. 그리고 그것은 광범위한 주민참여인데, 개인들은 자원봉사 노력과 주민들의 적극적인 참여를 통하여 그들의 커뮤니티를 지지하는 것을 말한다. 이러한 맥락에서, 주민참여는 정책형성과 집행에 직접적인 영향을 미치는 것으로 이해된다. 주민은 거버넌스과정에서 핵심적인 부분으로 고려된다. 그리고 그들의 적극적인 참여는 지역사회가 당면하는 중요한 결정에 필수적인 것으로 고려된다(Roberts, 2004). 주민참여는 주민이 정책결정에 직접 참여하고 그들의 의견을 정책결정시 전반적으로 고려하는 과정을 말한다(EPA PPG). 따라서 주민참여는 과정으로 이해되어야 하고 일회성 이벤트로 다루어져서는 안 된다. 주민참여는 특정 프로젝트의 시작부터 끝까지의 전과정을 걸쳐서 주민에게 정보를 제공하고 그들의 의견을 구하는 일련의 주무 정부기관의 활동들로 구성되어 있다. 주민참여는 궁극적으로 이해관계자들(해당정책과제에 관심있는 개인들, 이해단체들, 및 지역사회 등)이 주민의 삶에 영향을 주는 정책결정에 대한 영향력을 행사하는 기회를 제공하는 것이라 볼 수 있다(Glass, 1979). 공권력이 없는 일부 주민들이 공적 권한을 가진 사람들의 행위에 영향을 줄 의도로 정책결정과정에 참여하는 과정(전철민 · 이희정, 2016; 대한국토 · 도시계획학회, 2014) 등으로 정의하고 있다. 특히 도시계획에 있어서의 주민참여는 도시사회에서 주민의 생활환경에 영향을 미치고 물리적, 사회적 조건을 유지하거나 증진시키기 위한 도시계획의 입안, 목표 및 방향의 설정, 대안의 선택, 계획의 집행 및 사업의 영향평가단계에 지역주민이 직 · 간접으로 참여하는 것이라 정의할 수 있으며, 다원화된 이해관계자들의 의견을 수렴하기 위해서는 주민참여는 더욱 확대되어야 한다(대한국토・도시계획학회, 2003, 2016). 주민참여는 정책과정에서 의견을 제시하는 주민 개인의 의사표현, 주민이 모여서 조직을 형성하여 집합적으로 의사를 전달하는 체계, 공식적인 제도의 한 축에 주민을 할당하는 형태 등 다양한 양상을 보일 수 있다(류영아, 2013). 더 나아가 주민참여는 이전에는 정부가 단독으로 권한과 책임을 가지고 수행하였던 정책과정에 주민이 권한과 책임을 공유하는 가운데 참여하여 상호협력관계를 형성하면서 정책을 추진하는 것이라고 정의할 수도 있다(강인성, 2008; Rawls, 1971; Bachrach & Botwinick, 1992). 특히, 최근에는 정보통신 기술의 발달을 통해 공적 영역에 대한 주민의 의사표현이 온라인을 통해 보다 용이하게 되었고(신승윤, 2017), 이에 따라 다양한 형태의 주민참여 역시 급증하고 있다.

2) 필요성

주민참여는 사회가 성숙하면서 강하게 나타나는 기본적인 욕구로서 아래로부터의 민주주의의 정치철학과 밀접히 관련되어 있으며(한상욱, 2007), 민주주의의 기본 원칙 중의 하나로써 여러 가지 중요한 의미를 지니고 있다(강인성, 2008; Ostrom, 1990; Fishkin, 1991; London, 1995). 주민참여 특히 적극적인 주민참여가 필요한 이유는 다음과 같다(IPAT, 2015).

첫째, 정책의 우선순위에 대한 이해를 도운다.

정책에 관여하는 이해관계자들은 주민들에게 무엇이 최우선 과제인지를 파악하고 이점이 주요 정책가이드가 될 수 있다. 하향적 접근방법을 통하여 주민이 원하는 바를 다루고 있다고 주장할 수 있으나, 많은 경우 주민의 의견을 들어보면 이는 잘못된 것으로 판단되는 경우가 많다. 특히, 도시의 미래상 설정, 갈등해결, 목표의 설정, 민관협력 등의 사안에 있어서는 주민참여를 통한 주민의 의견이 매우 중요한 역할을 한다. 주민들의 이해가 대립되는 경우에는 이를 미리 조정하는 기회를 가짐으로써 향후 계획관련 사업의 지연을 방지한다.

둘째, 정책과제의 이해를 도운다.

해결방안은 문제에 대한 이해에서 출발한다. 때로는 문제에 대하여 잘 이해 못하는 경우도 있고 그 원인이 무엇인지 잘 모르기도 한다. 이점은 해결방안에 대한 의견합의를 곤란하게 만든다.

셋째, 정책과제를 다루는 방법에 대한 아이디어를 얻을 수 있다.

문제에 직접 부딪치는 사람들이 해결방안에 대한 아이디어를 가질 가능성이 높다. 하향적이고 표준적인 해결대안에 집착하게 되면 창의적인 아이디어를 간과할 가능성이 높다. 주민참여는 제반 아이디어와 정보들을 교환하고 이를 바탕으로 사안에 대한 목표의 설정, 문제인식, 대안의 모색 등을 다함께 함으로써 공동책임인식을 가지게 되기도 한다. 잘 준비만 하면 협동적인 계획과정은 참여자들간의 심각한 의견 마찰없이 주어진 목표인 계획안을 성공적으로 도출할 수 있다.

넷째, 특정 이해단체들을 위한 정책적 배려가 감소될 수 있다.

적극적인 주민참여는 특정 이해단체의 이익을 도모하는 정책의 수립에 있어서 공공이익의 측면을 강조하는 방향으로 나아가도록 도우는 역할을 한다.

다섯째, 정책집행을 위한 공공의 지지를 확보할 수 있다.

새로운 정책 또는 정책 변화를 정하는 것은 상대적으로 쉽다. 실제 어려움은 이러한 정책의 집행에 있다. 문제의 이해 및 해결대안의 결정과정에서의 광범위한 주민참여는 정책집행을 위한 광범위한 지지기반을 확보하는 셈이 된다. 즉 주민참여를 통하여 지역사회에서 활동하는 제반 민간조직, 공공기관, 전문가, 일반주민등과 협력하게 되며 이는 궁극적으로 희소한 자원을 효율적이고 효과적으로 배분할 수 있게 될 뿐만 아니라 계획의 전반적인 성공가능성을 증대시킨다.

3. 목　　표

공공계획과 관련한 주민참여의 목표로는 일반적으로 다음 네 가지로 요약될 수 있다(Afzalan & Muller, 2018).

첫째, 포용적 계획의 수립이다.

이 목표는 계획가들이 많은 사람들과 다양한 지역사회에서 계획과정에 적극참여하는 것을 확실하게 하도록 공공에게 계획문제에 대한 정보를 제공하고 다양한 지리적 범위와 조직들간에 협력을 촉진하는 측면을 강조한다.

둘째, 합의의 도출이다.

이 목표는 이해관계자가 대화와 합의의 도출을 통하여 이해관계자들이 보다 심층적인 참여를 할 필요성을 강조한다. 자연스럽게 주민참여자들은 이해가 상충되는 아이디어를 조율하고 궁극적으로 프로젝트의 필요성에 대한 이해를 도우는 과정을 창출해 낸다.

셋째, 지역특유의 지식으로부터의 학습이다.

이 목표는 계획과정에서 지역주민과 다른 참여자들의 중요성을 강조한다. 계획과정에서는 지역내의 사람들이 자주 모이는 곳이나 교통수단의 선택 등과 같은 주요 지역특유의 특성에 관한 맥락적, 촛점에 맞춘, 유용한 정보를 제공해 준다.

넷째, 지역사회 행동을 가능케 한다.

이 목표는 어떻게 계획가가 지역사회 주민들을 참여시킴으로써 제안되고 있는 계획안의 지지를 받게 되는지를 강조한다. 주민들의 행동을 가능하게 하고, 대규모의 주민참여를 함으로써 공통의 목표를 달성토록 한다. 계획가는 주민참여계획을 사회정의, 권력의 불형평, 계획과정에서 소외되어 있는 사람들의 의견반영 등의 이슈로 접근한다.

제 3 절 주민참여계획의 과정과 기법

1. 정책과정과 주민참여

한편 정책과정을 네 단계(의제설정, 정책형성, 정책집행, 정책평가)로 나누어 유형별(정보제공, 협의, 적극적 참여) 주민참여의 기법을 정리한 바 있다(정정화, 2015; 강인성, 2008; OECD, 2001). 특히 참여형태의 하나인 적극적 참여란 이 책에서 분류하고 있는 다섯 유형 중 참여(involve), 협력(collaborate), 권한위임(empower) 등의 주민참여유형을 망라한다. 이제 정책과정별 대표적인 적극적 참여유형을 소개하면 다음과 같다(강인성, 2008; 정정화, 2015)(〈표 8-1〉 참조).

1) 의제설정(agenda setting)

정책과정의 관점에서 우선 의제설정은 사회문제의 쟁점화를 통해 사회문제가 정책이슈 또는 정책문제로 전환되는 단계를 의미한다. 이 단계는 정책방향을 결정하는 단계로 정부환경의 변화, 새로운 사회문제 발생 등으로 방향이 좌지우지 될 수 있으므로 주민의 적극적인 참여에 의해 정책방향이 설정될 수 있어야 한다. 의제설정 단계에서의 적극적 참여유형은 주민감사청구제, 주민제안(발의)제도, 인터넷주민참여, 명예기자제, 주민아이디어, 광화문1번가, 국민-정부간 협약 등을 들 수 있는데, 인터넷을 기반으로 한 사이버 공간상의 토론과 의견개진이 중심을 이루고 있다.

2) 정책형성(policy formation)

정책형성은 정책목표를 설정하고 정책대안을 개발하고 선택하는 일련의 정책 수립단계를 의미한다. 주민과 정책전문가, 기업 및 사회단체 등 이해당사자들의 의견과 정보를 근거로 대안을 탐색하며 각 대안에 대한 비용편익 분석 등이 실시된다. 정책형성단계에서 적극적 주민참여유형은 주민투표제도, 공청회, 인터넷공청회, M-Voting, 심의위원회, 주민참여 법령심사제도 등이 운영되어 주민의 적극적인 참여를 유도하고 있다.

3) 정책집행(policy implementation)

정책집행은 결정된 정책을 정책수단을 동원하여 추진하고 실행하는 단계를 말한다. 집행은 주로 정부에 의해서 이루어지기 때문에 주민참여가 제한될 수 있지만 정부의 정책집행에 대한 정보제공을 주민에게 해주고 여러 집행정보를 공개함으로써 주민참여의 폭을 넓힐 수 있다. 특히 정책집행단계에서 적극적 참여형태는 주민소환제, 주민소송제, 민간자원봉사자(민간환경감시단), 명예감시원제(명예감독관제, 명예단속반 등) 등을 들 수 있는데, 민관 협력을 통한 정책집행, 민간의 자율적인 참여뿐만 아니라, 주민소환과 주민소송, 예산국민참여단, 예산국민감시단 등을 통하여 참여가 가능하다.

4) 정책평가(policy evaluation)

정책평가는 정책집행과정에서 나타나는 여러 가지 문제점을 검토하고 당초 의도했던 정책목표를 달성했는지 여부를 평가하는 단계이다. 이 단계에서는 주민에 대한 정보제공, 협의 및 참여가 모두 중요한데 이는 정책고객에 해당하는 주민들이 정책집행결과에 대한 의견을 정책에 반영하도록 정부에게 환류시킴으로써 정책개선을 꾀할 수 있다. 정책평가 단계의 경우 적극적 참여 형태로는 정책평가단(위원회), 주민감사관제, 행정서비스품질평가제, 옴부즈만, 주민고충처리관제, 주민참여 영향평가 등을 들 수 있다. 특히 정책의 여러 문제점들을 주민의 입장에서 조사권고·건의하여 고충민원을 해결하고 제도의 개선시정을 도모하는 옴부즈만제도 등이 있다.

표 8-1 정책과정별 주민참여의 유형 및 기법

참여유형 정책단계	정보제공	협의	적극적참여
의제설정	· 인터넷민원실 · 인터넷게시판	· 주민참여예산제도 · 정책설문조사 · 사이버정책토론방 · 여론조사	· 주민감사청구제 · 주민제안(발의)제도 · 인터넷주민참여 · 명예기자제 · 주민아이디어 · 광화문1번가 · 국민-정부간 협약
정책형성	· 주민설명회 · 결재문서공개방 · 정책토론방 · 사이버토론광장	· 주민참여확대간부회의 · 정책자문단(위원회) · 온라인정책토론 · 각종위원회	· 주민투표제도 · 공청회, 인터넷공청회 · M-Voting · 심의위원회 · 주민참여 법령심사
정책집행	· 행정정보공개 · 인터넷법률상담실 · 시정운영상황공개 · 메엘링문자서비스 · 부조리신고제 · 인터넷의견수렴 · 국민신문고제 · 직소민원창구 · 이동민원실	· 모니터제 · 1일 명예공무원제 · 정책자문위원회 · 운영위원회	· 주민소환제 · 주민소송제 · 민간자원봉사자(민간환경감시단) · 명예감시원제(명예감독관제, 명예단속반 등) · 예산국민참여단 · 예산국민감시단
정책평가	· 평가결과공개 · 감사결과공개 · 행정서비스 주민만족도조사 · 민원행정개선 설문조사 · 전화친절도평가	· 정책모니터링제도 · 사이버모니터	· 정책평가단(위원회) · 주민감사관제 · 행정서비스품질평가제 · 옴부즈만 · 주민고충처리관제 · 주민참여 영향평가

자료: 정정화(2015: 9)를 수정, 보완.

2. 도시계획과정과 주민참여

도시계획분야에서 도시계획과정은 전통적으로 1950년대에 개발된 합리적 의사결정모형을 모태로 하여 계획과정이 발전되어 오고 있는데, 다음의 네 단계인 1) 목표의 설정, 2) 미래의 예측 및 모형을 통한 분석, 3) 대안의 설정 및 평가, 4) 집행이 과정을 잘 요약하고 있다(Hall, 1992). 오늘날 더이상 전문가의 능력만으로 해결하기엔 도시문제의 양이나 내용이 너무나 광범위하고 복잡해졌으므로, 주택, 교통, 환경, 안전, 삶의 질, 문화 등 어떠한 도시문제도 주민의 적극적인 참여와 협조없이는 아무것도 해결될 수 없게 되었다(국토 · 도시계획학회, 2016). 따라서 주민참여의 확대가 더욱 요구되는 상황이므로, 도시계획과정의 단계별 적절한 주민참여기법을 발굴할 필요가 있다.

1) 목표의 설정

통상 도시계획의 초기단계에 목표를 설정하게 된다. 도시공간을 주로 다루게 되는 도시계획에서는 과연 어떠한 형태의 공간구조하에서 제반 도시활동(주거, 생산, 위락 등)을 배치할 것인가가 매우 중요한 과제가 된다. 그러면 어떤 방식을 통하여 도시계획의 목표를 설정하는가? 도시의 미래를 정하는 방법은 바로 주민들의 적극적인 참여에 의하여 이루어지는 것이 바로 해답이다. 도시의 나아갈 방향의 우선순위를 정하는 데 있어서 주민의 참여는 지대한 역할을 한다. 최근의 연구들은 주민참여 도시계획이라는 이름으로 특히 정책 목표 설정에 있어서 협업하는 수준까지 끌어올리고 있음을 지적하고 있다. 현재 우리나라 일부 도시계획의 목표설정에서 볼때, 주민참여 제도나 실천 수준은 단순히 정보제공을 능가해서 협의 수준이상의 적극적인 참여방식을 활용하고 있다.

2) 미래의 예측 및 모형을 통한 분석

일단 목표가 설정되면, 다음단계는 도시미래지표의 설정과 모형을 통한 분석이 된다. 과연 미래의 주요 사회경제적인(물리적이 아닌) 모습이 어떠할까가 물리적인 측면을 강조하는 도시계획의 수립의 시작이나 다름없다. 도시의 주요 미래지표는 주로 인구, 산업, 교통, 및 이들의 상호관계의 설정 등에 초점을 맞추게 된다. 사실 미래의 예측 및 모형을 통한 분석단계에서는 전문가의 영역에 속하는 경우가 많아서 전통적으로 고도의 분석적인 기법들을 사용하게 되고, 주민참여의 역할은 제약될 수 밖에 없었다. 그러나 고도의 분석적인 방법을 사용하는 경우에도 특정 변수들에 대한 가정의 설정에는 주민참여가 필수적이다. 예를 들면 인구예측의 주요요인인 인구이동의 경우에는 정부의 정책이 직·간접적으로 영향을 미치게 되는데, 과연 정부의 정책이 어떤 방향으로 진행하게 될지, 특정 정책의 지역의 인구이동에 대한 영향은 어떠할지 불확실한 경우이다. 전문가 위주의 논의 외에도 보다 다양한 이해관계자들의 의견수렴이 더욱 요구된다. 둘째, 지역단위의 미래지표는 적은 단위의 공간(예: 도시, 교통존)으로 배분되어야 하는데, 이 또한 분석적인 공간배분모형을 활용할 수 있지만, 해당 지역의 도시계획전문가, 주민등 다양한 이해관계자들의 의견을 고려할 필요가 있다. 셋째, 주민참여의 확대를 도모하기 위해서, 복잡한 계량적인 공간배분모형을 활용하는 대신에 주민들이 쉽게 참여할 수 있는 간편 주민참여 GIS 모형을 활용할 수 있다. 주민들은 이러한 공간형태의 대안을 직접준비하고 그 결과를 볼수 있으며, 이들 공간대안이 미치는 계획성과에 대한 영향을 파악할 수 있게 된다. 이러한 과정을 거쳐서 주민들에게 어떠한 공간형태가 계획목표에 부합하는지 선택하도록 한다.

3) 대안의 설정과 평가

어떤 계획대안을 만들 것인가 하는 것은 계획의 초점과 목표가 무엇인지에 달려 있다. 이상의 범주 내에서 다른 가정들의 도입을 통해서 여러 가지 시나리오를 도출할 수 있게 된다. 여러 대안 중에서 최종안을 선정하는 데에는 계획평가가 결정적인 역할을 한다. 계획평가는 계획의 목표에 비추어 이루어진다는 점을 명심할 필요가 있다. 따라서 때로는 정성적인 평가가 이루어 지기도 하지만(예: 쾌적한 환경의 구비) 계량적인 평가(예: 수치를 통하여 대안이 얼마나 정해놓은 성취지표에 부합되는 지를 평가)를 통하여 대안을 평가하게 된다. 평가기법은 잘 알려진 편익비용분석, 환경영향평가 등에 활용되기도 한다. 이러한 평가기법들이 안고 있는 근본적인 문제는 정성적인 요소를 계량화하는 과정에서 발생한다. 여기에서 주민참여가 중요한 역할을 담당할 수 있는 부분이다.

4) 집 행

도시계획이 수립되어 결정되면 이는 그 도시의 정책으로 간주되어서 예산을 배정하여 계획이 구체화되어 시행이 된다. 이러한 도시계획의 시행에는 우선 제반 도시계획 규제수단인 용도지역지구 또는 획지분할 등 토지이용의 제한이 가해진다. 때로는 지방자치단체는 공공자금을 활용하여 도시계획의 주요 공공시설의 설치 등을 시행하게 된다. 때로는 민간부문과 합동으로 공공시설사업을 추진하기도 한다. 지방자치단체의 도시계획과 등에 의한 계획행정 등은 계획을 수립하고 시행하는 주된 역할을 하게 된다. 마지막으로 도시계획가들은 도시계획의 원활한 집행을 위해서 주민들의 협조를 구한다.

5) 제도화

이제 주민참여 도시계획의 개념이 중요한 것으로 판단되기 때문에 이의 실천을 강화할 수 있는 제도화 방안의 도입이 필요하다(이상대, 2015). 첫째, 계획 수립 착수 단계에서부터 주민참여계획서를 작성하는 방안이다. 기획 단계에서 주민참여 계획으로 만드는 쪽으로 방향을 잡고 과업 내용 기획과 용역비 예산을 설정하는 것이 효과적이다. 유사한 사례로는 영국의 주민참여계획서(Statement of Community Involvement: SCI)의 의무적 작성을 들 수 있다.

둘째, 도시계획 입안 초기단계에서부터 주민협의회를 운영하도록 의무화하는 방안이다. 단순히 의견수렴 대상자로서 주민을 위치 지울 것이 아니라 협의대상 집단(counterpart) 성격으로 승격시켜야 한다.

셋째, 주민 누구나 참여하는 개방성을 확보하고, 또 진행 과정의 투명성을 제고하기 위하여 소셜 네트워크 서비스(Social Networking Service: SNS)나 모바일 환경을 적극 활용하는 방안이다. 대학생, 젊은 근로자, 영유아를 보살펴야 하는 젊은 엄마세대, 이동에 장애가 있는 장애인과 노인층들의 참여를 확대하기 위해서 스마트폰이나 모바일 환경을 활용할 필요가 있다.

넷째, 주민참여의 실질적 실현을 위해서는 주민참여의 결과물이 확인되고, 검증되어야 한다. 이를 위해 심의용 계획안 제출 시, 부속자료로써 주민참여보고서 제출을 제도화하는 방안이 있다.

다섯째, 주민참여를 위한 주민협의회나 주민계획단은 태생적으로 도시계획에 관한 전문성 부족이 문제가 되므로 이를 보완하기 위해 전문가 그룹을 연결해야 한다. 이러한 목적으로 전문가 위원회를 병립시켜 회의를 진행한다든지, 아니면 주민협의회에 자문 역할의 전문가를 파견하는 방안이 있다.

제 4 절 주민참여계획의 실제

1. 주민참여계획의 설계

미국 환경청에서는 주민참여가이드를 통하여 환경의사결정에 있어서 주민참여를 위한 제반 기법들을 소개하고 있다(EPA Public Participation Guide). 주민참여가이드에서 소개하는 주민참여과정은 다음의 다섯 가지 주요단계로 나눌 수 있다. ① 주민참여의 준비, ② 주요 이해관계자 파악, ③ 주민참여의 수준 결정, ④ 주민참여와 의사결정과정의 통합, ⑤ 주민참여수법과 목표의 연계가 그것이다.

1) 주민참여 준비

우선, 주민이 의견개진이 가능하도록 한다. 이때 필요한 것은 주민의 의견을 수렴하고 활용하려고 하는 것이지, 이미 정해진 결과를 정당화시키기 위한 형식적인 절차가 아니라는 마음가짐이다. 주민들의 의견이 계획결정에 영향을 행사할 여지가 없다면, 주민참여는 합리적인 방안이 아니다. 그 대신 필요에 따라 행하는 공지사항 또는 공람형태가 보다 나은 방안이 될 수 있다.

둘째, 정부기관이 주민참여에 대한 의지와 능력이 있어야 한다. 진실된 주민참여를 바란다면, 정부기관의 모든 계층, 특히 정책결정자들의 정책결정 또는 집행시 주민을 참여시키려는 의지를 이해하고 주민참여를 통하여 얻고자 하는 것이 무엇인지를 확인하는 것이 중요하다. 이때 고려해야 할 요인들은 다음과 같다.

- 정책결정자들은 그들의 의사결정과정에서 주민의 의견을 고려할 자세가 되어 있느냐?

- 주민을 참여시키려는 능력을 제한하는 결정과 관련하여 제약요소들이 있는가?
- 성공적인 결정은 어떤것인가?
- 정부기관내의 우선순위 또는 목표들이 상충되거나 경쟁적인 것들이 있는가?
- 혹시 말로 표현되지 않은 이해 또는 숨겨진 의제가 있는가?
- 정부기관은 필요한 자원을 동원할 것인가? 담당자가 주민참여를 위하여 필요한 시간을 할애할 수 있는가?
- 기관자체의 주민참여능력을 구비하고 있는가? 아니면, 추가적인 훈련을 통하여 주민참여능력이 개발될 수 있는가? 정부기관은 필요하면 주민참여 전문가를 고용할 용의가 있는가?
- 정책결정자와 핵심 프로젝트 담당자는 어느정도 주민참여에 관여할 것인가? 만약에 주민참여에 적극 관여할 것이라는 점을 확신시켜주기 위해서 무엇을 할 필요가 있는가?

셋째, 주민의견이 바람직하고 가능한 부분이 어디인지 확인하라. 주민이 모든 의사결정에 관여하는 것이 늘 가능한 것은 아니다. 지원기관은 주민의 의견이 바람직한 부분이 어디인지, 주민의견이 영향력을 미칠 수 있는지 부분이 어디인지를 분명히 하는 것이 매우 중요하다. 이 부분이 보다 명확할수록, 주민의견은 보다 의미있게 된다.

넷째, 평가하고 필요한 기술을 갖춘다. 의미 있는 주민참여를 계획하고 집행하기 위해서는 다양한 기술과 경험이 요구된다. 다음의 세 가지는 매우 중요하다.

- 소통: 의미있는 참여를 위해서 주민이 필요로 하는 정보를 확인하고 묘사하는 능력. 주민의 이해와 관심에 귀를 귀울여주고 이해하는 능력.
- 효과적인 회의진행활동(facilitation): 참석자들이 자유롭게 의견을 개진하는 상호작용을 통해 효과적으로 의사결정에 참여할 수 있게 하는 효과적인 회의진행활동 중요성, 역할 및 적절한 활용을 인식하고 전반적인 과정과 특정 이벤트를 주최시 효과적으로 활용하는 능력.
- 갈등관리: 최종 결론을 도출하는데 갈등의 역할을 인식하고 갈등상황을 헤

쳐나가는 능력.

다섯째, 필요한 자원을 확인하고 약속한다. 다양한 주민참여단계를 수행하는데 필요한 인적자원, 자원, 조직, 및 컨트랙터를 확인한다. 필요하면 훈련 프로그램을 확인한다. 이상의 내용을 미리 준비하여 프로젝트팀이 함께 계획을 수립할 수 있도록 한다.

2) 주요 이해관계자 파악

첫째, 이해관계자의 다양한 전망을 확인한다. 상황평가를 통하여 누가 영향을 받게 될지, 누가 참여하여야 하는지, 어떤 관심사를 보여줄지를 이해하는 것이 중요하다. 모든 시각과 이해를 확인하는 것이 필수적이다.

둘째, 이해관계자를 확인한다. 특정 그룹과 개인들을 확인된 이해와 상호 연계시킴으로써, 참여과정은 의미있는 참여에 필요한 다양한 시각들을 포함하도록 한다. 논의 중인 사안에 대한 결정이 특정 이해관계자에게 막대한 부담을 줄 경우에는 특정 이해관계자에게 각별히 관심을 가지고 이들이 논의사안을 확실히 인식하고 있고 어떻게 의견을 제공할 수 있는지에 대한 배려하도록 한다. 이해관계자의 종합적인 리스트가 완료되면, 이는 향후 주민참여과정을 위한 기초자료로 역할한다. 이정보는 물론 시간이 지남에 따라 새로운 이해관계자가 추가할 수 있기 때문에 수정보완된다. 이제 이해관계자들과 신뢰할만한 소통수단을 확인하는 것이 중요하다.

셋째, 이해관계자와의 관계를 설정한다. 그러면 이제 이러한 이해관계자들과 친숙한 관계를 설정하는 것이 중요하게 된다. 향후 참여하게 될 이해관계자와 상당한 수준의 관계를 설정하지 않고서는 효과적인 참여과정을 설계할 수 없다. 프로젝트의 초기에 이해관계자와의 회의를 통하여 주민들을 이해할 기회를 가지게 되고, 주민들이 적극적으로 참여하도록 할 수 있도록 하며, 주민들의 필요와 관심사에 부합하는 주민참여 프로그램을 설계하도록 도와준다.

넷째, 이해관계자 인터뷰를 시행한다. 가장 직접적이고 효과적인 과정은 프로젝트 계획단계에서 광범위한 이해관계자 인터뷰를 시행하는 것이다. 가능하면 다양한 이해관계자들을 접하도록 노력하라. 직접 이해관계자와 접촉하여 그들의 관심사, 이해관계 등을 묻는다. 이들과 접촉할때 인간적으로 친근하게 접근하는 것이 필요하다. 이해관계자가 해당 프로젝트를 어떻게 바라보는지, 왜 싫어하는지, 왜 좋아하는지 등을 이해하는 것이 중요하다.

3) 주민참여의 수준결정

어떤 수준이 올바른 주민참여의 수준인지는 단언할 수 없다. 왜냐면 개별 프로젝트 마다 여건, 담당정부기관의 주민참여 의지, 이해관계자의 참여욕구와 필요성 등이 다르기 때문이다. 대체로 주민참여의 필요성과 주요 이해관계자의 욕구를 충족하고자 노력할 필요가 있다. 주민참여에서 배제된 이해관계자들은 쉽사리 포기하지 아니한다. 이들은 다른 방식, 예를 들면 법적인, 정치적인, 미디어를 통한 방식을 통하여 미래의 결정에 영향을 주려고 할 것이다. 어쨌든 담당정부기관이 정해놓은 수준의 주민참여 정도에서 참여가 이루어질 것이다. 담당정부기관이 주민참여의 수준을 정한 후에는, 주민참여를 위한 명백한 목표를 제시함으로써 주민참여의 역할을 분명히 할 수 있게 되고 이들이 참여과정으로 부터 무엇을 기대할 수 있는지를 이해할 수 있게 된다. 아울러 주민에게 분명한 약속을 함으로써 이해관계자는 주민참여가 의사결정에 미치는 영향가능성을 이해하여야 한다. 다섯 가지 주민참여의 수준은 다음과 같다.

- 정보제공(inform): 주민참여를 통하여 특정사안에 대한 지지 또는 승인을 기대한다.
- 협의(consult): 의사결정시 주민의견을 수렴하고 고려한다. 한두번 정도의 공청회를 통하여 주민의견을 수렴한다.
- 참여(involve): 초기부터 전과정에 걸쳐서 이해관계자를 참여하도록 한다.
- 협력(collaborate): 다양한 이해관계자들의 의견을 수렴하여 가능하면 의견합의를 모색한다.
- 권한위임(empower): 일부 의사결정권한을 주민에게 위임한다.

4) 주민참여와 의사결정과정의 통합

의미있는 주민참여를 시행하기 위해서, 모든 이해관계자가 진행중인 의사결정과정을 완전히 이해하는 것이 중요하다. 이 과정을 시각적으로 표현하는 것도 도움이 된다. 조직내외 이해관계자들은 의사결정과정, 주민의견이 언제 어떻게 수렴될 것인지에 대한 이해와 기대수준이 같아야 한다. 의사결정과정을 기술하는 데 있어서 고려해야 할 주요 측면은 다음과 같다.

· 주민참여과정에서 주요 단계는 무엇이며 단계별 시기는 언제인가?
· 어느시점에 주민의견이 수집되고 활용될 것인가?
· 전체과정을 통하여 주민은 어떻게 진행상황에 대하여 소식을 듣게 되나?
· 의사결정의 기준은 어떻게 설정되는가?
· 누가 최종결정을 하는가?

의미있는 주민참여가 되기 위해서는 주민참여와 관련된 제반 활동들이 의사결정과정단계와 직접적으로 통합될 필요가 있다. 주민참여는 상당히 일찍 시작해서 이해관계자와 담당직원은 함께 제반 문제와 대안 및 해결방안의 도출에 대하여 배우게 되는것이 필수적이다. 가장 중요한 것은 이해관계자들은 다루는 사안과 의사결정에 이르도록 하는 기준에 대한 이해가 같아야 한다. 이러한 초기의 활동들은 의미있는 주민참여를 하고 최종결정의 전체적인 이해를 하는데 매우 중요하다.

5) 주민참여수법과 목표의 연계

일단 의사결정과정이 정해지면, 주민은 어디에서 어떻게 참여할 것인지에 대해서 분명해진다. 주민이 공지를 받거나 의견을 제공하는 단계마다, 효과적인 과정을 설계하고 이해관계자들간의 명백한 기대수준을 유지하기 위해서는 그 상호작용을 위한 명백한 목표를 확인하는 것이 중요하다. 명백한 목표가 설정되면 다음단계는 여건과 참여자에 최적화된 주민참여수단들이 모색된다.

2. 주민참여계획의 합의형성

합의도출과정은 단순히 보다 강력한 적극적인 주민참여를 의미하는 것은 아니다. 합의 도출은 질적으로 완전히 다른 과정으로서, 주민, 사업자, 주민단체, 건설업자 등 제반 이해관계자들과 계획가 등의 정부관계자(위원회 등)들간에 협력을 통하여 사안에 대한 의견차이를 줄이고 합의에 도달하도록 하는 것을 의미한다. 합의도출은 궁극적으로 보다 효과적이고 민주적인 계획을 집행하기 위한 결정적 수단이다.

주민참여에 따른 다양한 의견을 조율하고 필요한 경우 성공적인 합의에 도달하기 위해서 몇 가지 요령이 필요한데, 예를 들면, 서로의 기본적인 입장을 존중하고, 합의도출의 기본절차에 대한 공감대를 형성하며, 주요 정보를 공유하고, 대안평가를 위한 방법을 모색하며, 선호대안을 선정하고, 합의사항의 추인을 받도록 하는 등이다. 이들을 소개하면 다음과 같다(최성연, 2005; Klein, 2000). 첫째, 합의과정은 빨리 시작될 수록 더 좋다. 공청회에 국한되는 주민참여의 시대는 이제 지나갔다고 보는 게 낫다. 오늘날 성공적인 계획가등은 계획시작 첫날부터 제반 참여주체들이 쉽사리 참여할 수 있는 분위기를 만들고 협동적으로 의사결정을 할 수 있도록 여건조성을 한다. 둘째, 구체적인 여건에 부합되는 합의과정을 도출한다. 합의과정은 대상으로 하는 도시지역사회의 유형, 문제의 시점과 속성 등에 따라서 항상 새로이 준비한다. 어떤 지역사회에서는 쉽사리 적용될 수 있는 합의과정도 다른 지역사회에서는 적용되지 않을 수도 있기 때문이다. 셋째, 보다 많은 참여자를 유도한다. 일부 주민은 그들에게 영향을 줄 수 있는 계획이나 정책이 논의중에 있을 때에도 까맣게 모르고 있는 경우가 많다. 또 다른 일부 주민은 논의사실은 알고 있으나 제반 조직상의 기술상의 제약으로 인해서 그들의 의견을 효과적으로 피력하지 못하는 경우도 있다. 넷째, 공동이익을 형성하고 제고한다. 합의형성과정은 관련 당사자들의 입장과 이해관계에서의 차이가 공동이익의 추구라는 큰 명제하에서 큰 문제가 되지 아니하게 만드는 것이다. 따라서 무엇이 공공이익인가를 찾아내는 것이 바로 합의형성의 지름길이 되는 것이다. 다섯째, 중요한 정보를 공유한다. 합의형성과정에서 신뢰할 만한 자료(예: 표와 그림)의 역할은 매우 중요하다. 참여자들이 현황과 동향에 대한 자료를 쉽사리 구할 수 있으면, 공동 관심 부문을 쉽사리 파악할 수 있다. 계획가의 역할은 신뢰할 만하고 믿을 수 있는 자료를 구비해 놓는 것이다. 여섯째, 협력적 지도력이 필요하다. 합의형성과정이 특정이익단체에 의해서 주도되면 이러한 과정이 신뢰를 받는데는 어려움이 따르게 된다. 따라서 합의형성과정을 주도하는 인사는 편견에 치우치지 아니하고 협력을 추구하는 자질을 갖추어야 한다. 일곱째, 전문가의 도움을 받는다. 합의를 도출하는 데에는 그 과정을 이끌어 나갈 사람이 필요하다, 많은 경우 경험있는 계획가가 그 역할을 담당하겠지만, 여의치 아니하면 지역사회의 유능한 인사들중에서 사회적으로 신임을 받고 있는 적임자를 찾아야 한다. 여덟째, 중요성 인식을 유지한다. 합의도출의 대상이 되는 계획 또는 정책의 시급성을 과정의 시작부터 강조할 필요가 있고, 과정 중에 그 중요성을 계속 환기할 필요가 있다. 아홉째, 결과의 승인을 받는다. 합의도출과정으로 부터 도출되는 합의는 어떠한 형태로든지 정책결정자의 추인이 있어야 한다. 도시문제와 관련된 정책의 경우에는 시장 또는 시의회 등의 추인이 필요하게 된다. 열째, 언론미디어를 활용한다. 합의도출과정과 관련하여 신문, 라디오, 텔레비젼 등 다양한 언론 등의 뉴스미디어가 제대로 다루어주는 것이 중요하다.

3. 주민참여계획의 한계

지난 50년간 주민참여와 지역사회참여에 대한 관심이 증대함에도 불구하고, 계획기관과 지방정부는 주민참여를 계획활동에 포함하는데 있어서 계속 여러 가지 어려움에 직면하고 있다(Nader Afzalan & Brian Muller, 2018). 이러한 어려움으로는 첫째, 주민들이 접근성, 시간 또는 장소와 관련한 문제, 개인적인 편견 등 인하여 참여에 대한 관심이 결여되었다거나, 계획가와 선출직공직자 등이 주도하는 주민참여에 대한 믿음 또는 신뢰의 수준이 낮다는 점이다.

둘째, 주민참여과정을 준비하고 분석한는데 필요한 시간비용, 담당직원의 비용, 재정등이 많이 요구된다는 점이다. 주민참여과정을 다루는 계획가와 정책결정가는 여러 가지 목표와 제반 압력들을 고려하여 적절한 균형점을 유지하여야 한다. 여기서 압력들이란 제반 법률규제일 수 있고, 규범적 기대치일 수 있으며, 정치적인 욕구일 수 있고, 주민참여과정의 유용성에 대한 불확실성과 의심 등을 포함한다.

탐구학습

1. 주요개념과 요약

- 주민참여이론: 주민참여 옹호이론은 직접참여의 협력모형을 선호한다. 직접참여의 협력모형은 주민이 정부의 주인이며, 정부의 결정에 관여하여야 한다고 제시한다. 반면에 주민참여 비옹호이론은 간접참여모형을 선호한다. 간접참여모형은 대의민주주의에서는 선출직공직자와 전문지식을 갖춘 공무원들이 정부의 이익을 위해서 주민을 대변하여 행정하여야 한다고 생각한다. 그러나 이제 현재의 논쟁은 단순히 직접참여모형 또는 간접참여모형이 나은지의 질문은, 더이상 논의의 촛점이 아니며, 어떤 종류의 참여가 가장 잘 작동하느냐의 질문에 촛점을 맞춘다. 다양한 유형별 주민참여모형이 제시되어 왔다. Arnstein의 참여계단 주민참여모형을 바탕으로 하는 현대적인 주민참여모형에서는, 다섯 가지 유형별 주민참여의 목표 및 특징은 다음과 같다. 첫째, 정보제공(inform): 주민참여를 통하여 특정사안에 대한 지지 또는 승인을 기대한다. 둘째, 협의(consult): 의사결정시 주민의견을 수렴하고 고려한다. 한두 번 정도의 공청회를 통하여 주민의견을 수렴한다. 셋째, 참여(involve): 초기부터 전과정에 걸쳐서 이해관계자를 참여하도록 한다. 넷째, 협력(collaborate): 다양한 이해관계자들의 의견을 수렴하여 가능하면 의견합의를 모색한다. 다섯째, 권한위임(empower): 일부 의사결정 권한을 주민에게 위임한다
- 주민참여계획의 의의: 주민참여는 주요 정책 및 계획의 수립과 집행시에 중요한 요소로 인정받고 있으며, 실질적으로 의미있는 참여를 통하여 성공적인 계획의 수립 및 집행을 달성하고자 한다. 주민참여는 이제 계획가의 주요 계획전략의 하나가 된다. 따라서 의미있는 주민참여를 추진하기 위한 효과적인 방법과 절차의 연구와 응용에 대한 이해가 더욱 요구된다. 주민참여는 일반적으로 공공행정의 집행에 있어서 주민들이 행정기관이나 관료들의 정책결정과정에 주체의식을 갖고 참여하여 투입기능을 수행하는 행위를 의미한다. 실제 문제의 이해 및 해결대안의 결정과정에서의 광범위한 주민참여는 정책집행을 위한 광범위한 지지기반을 확보하게 된다. 즉 주민참여를 통하여 지역사회에서 활동하는 제반 민간조직, 공공기관, 전문가, 일반주민등과 협력하게 되며 이는 궁극적으로 희소한 자원을 효율적이고 효과적으로 배분할 수 있게 될 뿐만 아니라 계획의 전반적인 성공가능성을 증대시킨다. 주민참여는 사회가 성숙됨에 따라 강하게 나타나는 기본적인 욕구로서 아래로부터의 민주주의의 정치철학과 밀접히 관련되어 있으며, 민주주의의 기본 원칙 중의 하나로서 여러 가지 중요한 의미를 지니고 있다. 공공계획과 관련한 주민참여의 목표로는 일반적으로 다음 네 가지로 요약될 수 있다. 첫째, 포용적 계획의 수립. 둘째, 합의의 도출. 셋째, 지역특유의 지식으로부터의 학습. 넷째, 지역사회 행동을 가능케 함. 계획가는 궁극적으로 주민참여계획을 사회정의, 권력의 불형평, 계획과정에서 소외되어 있는 사람들의 의견반영 등의 이슈로 접근한다.

- 주민참여계획의 과정과 기법: 정책과정을 4단계(의제설정, 정책형성, 정책집행, 정책평가)로 나누어 유형별(정보제공, 협의, 적극적 참여)로 주민참여의 기법을 소개하고 있다. 또한 도시계획과정은 전통적으로 1950년대에 개발된 합리적 의사결정모형을 모태로 하여 계획과정이 발전되어 오고 있는 데, 다음의 네단계인 (1) 목표의 설정, (2) 미래의 예측 및 모형을 통한 분석 (3) 대안의 설정 및 평가, (4) 집행이 과정을 잘 요약하고 있다. 오늘날 더이상 전문가의 능력만으로 해결하기엔 도시문제의 양이나 내용이 너무나 광범위하고 복잡해졌으므로, 주택, 교통, 환경, 안전, 삶의 질, 문화 등 어떠한 도시문제도 주민의 적극적인 참여와 협조없이는 아무것도 해결될 수 없게 되었다. 따라서 주민참여의 확대가 더욱 요구되는 상황이므로, 도시계획과정의 단계별 적절한 주민참여기법을 발굴할 필요가 있다.
- 주민참여계획의 실제: 미국 환경청에서는 주민참여가이드를 통하여 환경의사결정에 있어서 주민참여를 위한 제반 기법들을 소개하고 있다. 주민참여가이드에서 소개하는 주민참여과정은 다음의 다섯 가지 주요단계로 나눌수 있다. ① 참여를 위한 준비, ② 주요 이해관계자들을 파악한다, ③ 주민참여의 수준을 정한다, ④ 주민참여와 의사결정과정을 융합한다, ⑤ 주민참여수법들을 목표와 연계. 아울러, 주민참여에 따른 다양한 의견을 조율하고 필요한 경우 성공적인 합의에 도달하기 위해서 몇 가지 요령이 필요한데, 서로의 기본적인 입장을 존중하고, 합의도출의 기본절차에 대한 공감대를 형성하며, 주요 정보를 공유하고, 대안평가를 위한 방법을 모색하며, 선호대안을 선정하고, 합의사항의 추인을 받도록 하는 것 등이다.

2. 토론과 과제

- 도시계획에 있어 주민참여의 필요성과 방법, 한계, 향후과제를 설명하시오.
- 주민참여의 기본방향과 절차에 대하여 설명하시오.

참고문헌

강인성(2008), 지방정부 주민참여제도의 정책과정과 참여유형에 따른 영향력 분석. 한국행정학보 42(3): 215-238.

대한국토 · 도시계획학회(2014), 새로운 도시, 도시계획의 이해. 보성각.

대한국토 · 도시계획학회(2016), 도시계획론 6정판. 보성각.

박세훈 외(2016), 해비타트III와 한국도시정책에의 시사점. 국토연구원.

산업통상자원부(2018), 정부, 신고리 5 · 6호기 건설재개 방침과 에너지전환(탈원전) 로드맵 확정, 보도자료.

이상대(2015), 시민참여 도시계획의 제도화 방안. 경기연구원.

전철민 · 이희정(2016), 우리나라 참여형 도시계획의 추세 및 특성에 관한 연구. 서울도시연구.

17(4): 1-16.
정정화(2015), 주민참여제도 현황 및 활성화 방안 연구. 한국정책학회.
최성연(2005), 주민참여와 합의도출. 최성연외. 현대도시계획의 소개. 부연사. 335-350.
한상욱(2007), 효율적인 도시 정비 및 재생사업 추진을 위한 주민참여 활성화 방안. 충남발전연구원.
행정안전부(2018), 정부혁신 종합 추진계획.
Afzalan, N, & Mueller, B.(2018), Online Participatory Technologies: Opportunities and Challenges for Enriching Participatory Planning, Journal of the American Planning Association, 84:2, 162-177.
Arnstein, S.(2003), "A Ladder of Citizen Participation" Journal of the American Institute of Planners (1969), Richard T. Legates and Frederic Stout, Eds., *The City Reader*, Third Edition, Routledge, New York.
Barber, B. R.(1984), *Strong democracy: Participatory Politics for a New Age*. Berkeley, CA: University of California Press.
Carson, L.(2008), Community Engagement - Beyond Tokenism. *Incite*, 29(3): 10.
Dahl, R. A.(1989), *Democracy and its Critics*. New Haven, CT: Yale University Press. 1989.
Glass, J. J.(1979), Citizen Participation in Planning: the Relationship between Objectives and Techniques. *Journal of American Planning Association*, 45(2): 180-9.
Hall, P.(1992), *Urban and Regional Planning, Third Edition*, Routledge, New York.
Hardy, M.(2015), *Reflections on the IAP2 Spectrum [Blog post]*. Available from http://maxhardy.com.au/reflections-on-the-iap2-spectrum/
IAP2.(2014), *IAP2's Public Participation Spectrum*. Available from https://cdn.ymaws.com/www.iap2.org/resource/resmgr/foundations_course/IAP2_P2_Spectrum_FINAL.pdf
International Conference on Engaging Communities.(2005), *Brisbane Declaration on Community Engagement*. Available from https://www.lcsansw.org.au/documents/item/330
Kearnes, M., & Motion, J.(2014), *Water Recycling and the Public: Guidelines for Community Engagement. Report of the National Demonstration, Education and Engagement Program*. Brisbane: Australian Water Recycling Centre of Excellence. Available from http://vuir.vu.edu.au/32223/1/Guidelines%2Bfor%2BCommunity%2BEngagement%2B100815.pdf
Klein, W. R.(2000), Building Consensus, In *the Practice of Local Government Planning, Third Edition*, International City/County Management Association, Washington, D.C.

Konisky, D., and Beierle, T.(2001). Innovations in Public Participation and Environmental Decision Making: Examples from the Great Lakes Region. *Society and Natural Resources*, 14(9): 815-826.

Mansbridge, J.(1990), *Beyond Self-interest*. Chicago: University of Chicago Press.

Organisation for Economic Co-operation and Development(OECD). 2001. Citizens as Partners in Policy-Making. *Focus*, September 2001. Number 21.

Pateman, C.(1970), *Participation and Democratic Theory*. Cambridge, UK: Cambridge University Press.

Roberts, N.(2004), Public Deliberation in an Age of Direct Participation. *American Review of Public Administration*, 34(4): 315-353.

Sandel, M.(1996), *Democracy's Discontent*. Cambridge, MA: Belknap Press.

Schacter, H. L.(1997), *Reinventing Government or Reinventing Ourselves: The Role of Citizen Owners in Making a Better Government*. Albany, NY: SUNY Press.

Smith, G., & Huntsman, C.(1997), Reframing the Metaphor of the Citizen-Government Relationship. *Public Administration Review*, 57: 309-318.

Stuart, G.(2017), *What is the Spectrum of Public Participation?*. https://sustainingcommunity.wordpress.com/2017/02/14/spectrum-of-public-participation/

Susskind, L., & Carson, L.(2008), The IAP2 Spectrum: Larry Susskind, in Conversation with IAP2 Members. *International Journal of Public Participation*, 2(2): 67-84. Available from http://www.activedemocracy.net/articles/Journal_08December_Carson.pdf

Thomas, J. C.(1995), *Public Participation in Public Decisions*. San Francisco: Jossey-Bass.

Timney, M. M.(1998), Overcoming Administrative Barriers to Citizen Participation: Citizens as Partners, not Adversaries. In King, C. S., and Stivers, C.,(eds.), *Government is Us: Public Administration in an Anti-Government Era*. Thousand Oaks, CA.: Sage Publications.

United States Environmental Protection Agency(US EPA). *Public Participation Guide*. https://www.epa.gov/international-cooperation/public-participation-guide

Vigoda, E.(2002), From Responsiveness to Collaboration: Governance, Citizens and the Next Generation of Public Administration. *Public Administration Review*, 62(4): 527-540.

Wallis, R.(2006), What Do We Mean by "Community Engagement"? *Paper Presented at the Knowledge Transfer and Engagement Forum, Sydney*. Available from http://www.ncsu.edu/extension/news/documents/knowledge_transfer_june_2006.doc

Zimmerman, M. A.(1986), Citizen Participation, Perceived Control, and Psychological Empowerment. *Unpublished Doctoral Dissertation*, University of Illinois, Champaign.

제 9 장 조정협상계획[1)]

제 1 절 조정협상의 의의

1. 조정협상의 개념

어떠한 활동이 협상(negotiation)인지를 구체적으로 규정하기란 쉽지 않다. 여러 가지 방법으로 협상을 정의할 수 있겠으나, 공통적인 요소가 있다면 의사결정 과정이라는 것이다. 따라서 협상은 정태적이라기 보다는 동태적인 것이고, 초점은 가능한 여러 가지의 대안들 중에서 집행을 위해서 한 가지를 선택하는 일이다. 그러나 이러한 의사결정은 어느 한 주체의 일방적인 결정이 아니고 반드시 상대가 있는 다자간의 상호작용을 요소로 하는 사회・정치적 과정(socio-political process)의 하나이다. 여기서 다루는 협상은 좁은 의미로 해석되어지는 것으로 상호충돌되는 이익이 있는 상황에서 공통되는 이익을 배분하기 위하여 명시적으로 구체적인 제안을 교환하는 과정을 주요 대상으로 한다(우동기・이성근 외, 2004: 163).

조정협상이론은 다원적 사회체제와 복잡한 계획체제에 능동적으로 대응할 수 있는 한 새로운 계획의 패러다임으로 이해된다. 조정협상은 C. E. Lindblom 등의 상호조정접근방법과 같이 고전경제학에서 말하는 자유경쟁시장의 체제적인 예정조화론과 같은 정치과정 안정론에 바탕을 두고 있고, 다원적 사회에 있어서의 계획형성과정의 구조적 모형이기도 하다. 수많은 이익집단들이 각자의 사적 이익추

1) 우동기・이성근 외(2004), 성공전략 협상, 경산: 영남대학교 출판부 가운데 저자가 작성한 제4부에서 발췌하여 재작성한 것이다.

구를 위해서 경쟁함으로써 그들의 정치적 영향력의 이합집산에 따라서 다원적으로 분포되어 있는 정치적 의사결정가들 상호간의 협상과 조정의 결과가 계획과정이라는 것이다. C. E. Lindblom이 계획의 형성이 많은 곳에서 여러 사람들에 의해서 부분적으로 이루어지는 것이 합리적이라고 하는 주장의 배후에는 고전경제학의 자유경쟁시장인 계획형성과정모형이 있기 때문이다. 따라서 부분적 계획결정의 상호조정이란 바로 시장경제적인 '주고 받는(gives and take)' 것의 예정조화론이라고 할 수 있다.

협상(negotiation) 혹은 교환거래모형은 좀 더 미시경제학의 균형이론과 같은 개념적 틀로서 사회정치과정의 안정화를 설명한다. J. Mitchell과 W. Mitchell의 표현을 빌리면 흥정(bargaining)이란 결국 서로간의 이로운 거래교환(exchange)에 이르는 것을 뜻한다.

이 같은 교환이 성립되는 까닭은 양편이 다 교환에 동의하는 것이 그렇지 않는 것보다는 낫다고 믿기 때문이다. 그런데 교환거래의 당사자 양편이 모두 각자가 주고 받는 자원의 교환율이 각자의 한계효용가치에 상응하도록 흥정을 할 수 있을 것이고, 그렇게 되면 그 교환거래는 균형상태에서 이루어진 것이다.

2. 조정협상의 필요성

조정협상이 필요한 공공영역은 다양하다. 예컨대 외교분쟁과 통상마찰, 각종 개발과정에서 나타나는 입지갈등과 환경분쟁, 그리고 노사분쟁 등이 있다. 여기서는 지역개발과정을 사례로 조정협상의 필요성과 문제요인을 설명하기로 한다.

지역개발과정에서는 주민과 정부간의 대립적 관계를 발생시키기도 하고, 토지가치의 적정한 분배가 이루어지지 못하여 개발이익의 불공평성을 낳기도 한다. 최근 들어 개발로 인하여 발생하는 주민과의 마찰현상은 점차 다양하게 나타나고 있다.

이러한 주민집단행동은 상호이익의 대립적 관계에서 뿐만 아니라, 전혀 예상되지 못한 이차적인 변화현상에 의해서도 일어난다. 이와 같은 지역개발에 대한 주민의 민원이나 집단적 행동의 주된 발생원인은 첫째, 지역개발에 있어서 개발이익을 주민에게 환원해 주는 장치의 미흡, 둘째, 개발에 따른 제반 개발이익의 기대, 셋째, 지역문제에 대한 폭 넓은 인식 부족, 넷째, 새로운 변화에 대하여 능동적으로 대처할 수 있는 협상역량의 부족, 다섯째, 민주화 과정에서 폭 넓은 주민의 욕구분출로 인한 기존 가치개념의 변화 등이다.

주민집단행동은 그 정당성의 여부에 관계없이 개발사업을 지체시키거나 변경해야 하는 등 영향을 준다. 따라서 지역개발을 추진하기 위한 제반 입지를 결정하는데 어려움을 주고 주민기피시설의 건설에 차질을 초래케 하여 개발수요를 적기에 충족시키지 못하게 된다. 또한 보상비의 과다한 계상으로 공공사업비 중 토지보상비 등의 지출이 증가하여 공사원가의 증가가 불가피하게 되어 재원의 제약요인으로 작용하여 사회간접자본시설 확충에 막대한 악영향을 줄 것이다.

그리고 주민의 간섭한계가 불분명하여 광역개발과 같은 광역적 사업은 지역이기주의 또는 집단이기주의에 의해 효과적으로 수행할 수 없게 된다. 이러한 현상은 현재 지역개발계획을 수립하는 데 있어서 지대한 영향을 미치고 있으나, 효과적으로 해결할 수 있는 방안이 강구되지 못하고 있다. 이기주의적 사고는 지방자치에 편승하여 더욱 확대되어 사회간접자본시설의 계속적인 확충을 위해서는 이를 극복할 수 있는 효과적인 방안이 마련되어야 할 것이다.

이와 같이 도시 및 지역개발과정에서 일어나고 있는 공공분쟁과 조정협상적 계획사례는 공공시설 입지에 따른 주민의 유치선호와 기피가 야기되는 공공시설 입지계획이 해당된다. 쓰레기매립장계획, 하수종말처리장계획, 댐건설 및 상수원 보호구역의 설정 등과 같이 주민들이 자기 지역에 이러한 시설의 입지를 강력하게 반대하는 계획사례가 있는 반면, 공공청사와 같이 주민들이 자기지역에 유치를 강력하게 선호하는 사례가 있다.

이와 같은 공공분쟁의 해결을 위해서는 첫째, 공공분쟁도 하나의 계획형태로 인식해야 한다. 둘째, 공공분쟁의 해결을 위한 효과적인 프로그램의 개발이 필요하다. 셋째, 조정 · 협상을 담당하는 전문 공무원의 양성과 채용이 필요하다. 무엇보다 주민을 설득하고 토론하는 토론문화와 조정 · 협상문화의 정착을 위한 노력이 지속적으로 추진되어야 할 것이다.

제 2 절 조정협상의 과정

협상의 단계는 협상이 가지는 자체적인 특성과 협상이 처한 상황적 조건 등에 따라 다양한 과정으로 구성된다. L. L. Putnam과 M. E. Roloff(1992)는 협상과정을 협상의 준비단계(preparation phase), 협상과정이 본격적으로 진행되는 문제해결단계(problem-solving phase), 그리고 협상의 마무리가 이루어지는 합의단계(resolution phase)로 구분하고 있다. 그리고 H. Mills(1991)는 협상의 단계를 이해하기 쉽도록 7단계(R-E-S-P-E-C-T)로 제시해 놓고 있는데 이를 L. L. Putnam과 M. E. Roloff(1992)는 협상의 단계를 준비단계, 문제해결단계, 그리고 합의단계로 구분하고 있다. 준비단계는 준비단계와 욕구의 조사, 그리고 전개를 위한 신호로 구성되고, 문제해결단계는 제안의 탐색, 양보의 교환, 거래의 종결로 구성된다. 그리고 합의단계는 결말로 구성된다(L. L. Putnam, & M. E. Roloff, 1992: 87-89; H. Mills, 1991: 10-13).

이와 같이 협상과정은 협상의 사전준비단계, 문제해결단계, 합의단계의 3단계로 크게 구분하는 것이 일반적이다. 그러나 여기서는 보다 구체적으로 알아보기 위해 협상의 사전준비단계, 협상아젠다의 분석과 개발단계, 협상의 과정관리와 협상활동단계, 그리고 합의도달과 수행단계로 크게 구분하여 살펴보고자 한다.

이와 같은 각각의 협상단계에서는 기본적으로 고려되어야할 몇 가지 요소를 포함하고 있다. 우선 협상의 사전준비단계에서는 협상참가자의 결정과 협상팀의 구성이 이루어져야 하고, 협상형태의 결정, 그리고 협상환경의 조성이 중요하다. 그리고 협상아젠다의 분석과 개발단계에서는 협상아젠단의 분석, 협상목표의 설정, 협상대안의 개발과 우선순위의 결정이 검토된다. 다음으로 협상의 과정관리와 협상활동단계에서는 협상의 과정관리, 대화협상과 관리, 협상중단과 비합리적 협상자의 관리, 효과적인 협상중재 방안 등이 다루어진다. 마지막으로 합의도달과 수행단계에서는 합의수행의 접근방법, 합의의 수행, 협상의 평가 및 효과로 구분된다(우동기 · 이성근 외, 2004: 165).

그림 9-1 합리적 계획단계

	협상단계	주요내용
1단계	협상의 사전준비	· 협상참가자의 결정과 협상팀의 구성 · 협상형태의 결정 · 협상환경의 조성
2단계	협상아젠다의 분석과 개발	· 협상아젠다의 분석 · 협상목표의 설정 · 협상대안의 개발과 우선순위의 결정
3단계	협상의 과정관리와 협상활동	· 협상의 과정관리 · 대화협상과 관리 · 협상중단과 비합리적 협상자의 관리 · 효과적인 협상조정 및 중재방안
4단계	합의도달과 수행	· 합의수행의 접근방법 · 합의의 수행 · 협상의 평가 및 효과

1. 협상의 사전준비

협상준비는 바람직한 협상결과를 도출해 내기 위해서 가장 중요한 단계라고 할 수 있다. 이러한 협상의 사전준비 단계에서는 협상참가자의 결정과 협상팀의 구성이 이루어져야 하고, 협상형태의 결정, 그리고 협상환경의 조성이 중요하다. 특히 협상의 사전준비 단계에서는 협상당사자에 대한 정보, 협상의제의 참고사항이 될 수 있는 주변 정보 및 정황 등에 대한 정확한 파악이 필요하다. 협상이 협상테이블에서 시작되는 것이 아니라 협상 양측이 서면 혹은 회합 어떤 형태든 서로 접촉하면서부터 시작되는 점을 염두에 두고, 협상능력을 고루 갖추고 조직 내의 이해관계를 적절히 반영할 수 있는 협상가를 선정하고, 적정한 인원으로 구성된 협상팀을 만들어 협상구성원들에 적절한 역할을 분담해야 할 필요가 있다. 또한 새로운 정보를 획득하고 협상에 있어서 융통성을 발휘할 수 있도록 협상 구성원들에 대한 적절한 교육이 필요하고, 협상내용에 대한 일반인들의 긍정적인 태도를 이끌어 낼 수 있도록 적절한 정도의 홍보도 필요하다.

이러한 협상준비에서 고려해야 하는 사항은 협상참가자와 협상팀, 협상형태, 그리고 협상환경으로 크게 구분된다. 그리고 협상참가자와 협상팀은 협상참가자, 참가자의 역할분담, 협상팀으로 구분되고, 협상형태는 회의구조와 협상절차, 그리고 협상환경은 협상장소, 공간배치, 협상시간, 협상자금, 협상에 대한 여론, 융통성 등으로 구분된다.

2. 협상아젠다의 분석과 개발

협상아젠다의 분석과 개발단계에서는 협상아젠다의 분석, 협상목표의 설정, 협상대안의 개발과 우선순위의 결정이 검토된다. 협상아젠다의 분석과 개발을 위해서는 갈등상황에 대한 분석이 선행되어야 한다. 이러한 협상아젠다의 분석은 예비관찰, 정보수집, 정보의 평가 등의 3단계를 거친다. 예비관찰은 협상당사자들의 협상아젠다에 대한 관심정도를 평가하여 협상의 기본적인 내용에 대한 종합적인 분석에 도움이 된다. 정보수집은 협상과 관련된 모든 요소에 대해서 이루어져야 하며, 직접적인 관찰, 2차적 자료, 개인 면담 등을 통해서 이루어진다. 이렇게 해서 모여진 정보는 각 형태에 따라서 목록화, 조직화하는 과정을 통해서 다양한 정보를 재검토하고 평가하는 것을 말한다. 이런 분석과정을 거친 후에 협상목표를 설정하고, 협상대안의 개발과 우선순위를 결정한다.

협상성격이 조정적일수록 제3의 대안을 개발할 필요성이 강해진다. 대안개발의 한 가지 방법은 브레인스토밍일 것이다. 이외에도 체크리스트기법, 마인드맵핑 등도 활용될 수 있다. 또한 대안을 개발할 때 반드시 개발된 대안에 대한 평가과정이 뒤따라야 한다. 이러한 평가과정은 또 다른 대안을 찾아내는 계기가 될 수도 있다. 그리고 각 대안의 기초가 되는 이론이나 정당성을 생각하고 이와 동일한 결과를 줄 수 있는 다른 대안을 찾아봄으로써 새로운 대안을 개발해 낼 수 있다.

새로운 대안은 주어진 사안을 종종 전문가의 눈으로 보아 개발할 수 있다. 또 주어진 문제를 세부 항목으로 나눈 후 일부 난제는 차후로 미루고, 부분적인 문제에 대해서만 임시 해결방안을 생각해 보는 것도 좋은 방법이다. 문제의 범위를 좁혀 봄으로써 협상자는 새로운 시각으로 문제를 바라볼 수 있고 새로운 대안을 창조해 낼 수 있다(정은성 외, 1996: 133-134).

R. C. Fisher와 W. Ury는 초점은 최대 양보점이 아닌 최선의 대안에 맞춰야 한다고 주장한다. 손해배상협상의 예에서 가해자와 피해자 각자의 최선의 대안은 협상이 깨졌을 때 닥치게 될 재판결과에 대한 나름대로의 평가가 반영된 것일 것이다(정은성 외, 1996: 93). 한편 대안을 수립할 때, 또 하나 염두에 두어야 하는 점은 상대방 입장에서의 검토이다. 협상당사자의 SWOT분석을 통해 협상대안을 모색한다.

한편 설정된 협상목표 간에 상충이 있는 경우에는 이들 간의 상대적 중요성에 입각하여 우선순위를 파악하여 상호교환의 판단기준으로 삼아야 한다. 한편 프리젠테이션을 앞두고 미리 발표할 내용과 예상되는 질문에 대한 답변을 준비하는 것이 당연한 일이듯 협상 중에 논의될 이슈들과 우선순위를 미리 준비한다는 것은 참으로 중요한 일이다(POSCO, 2001: 65).

3. 협상의 과정관리와 협상활동

협상의 과정관리와 협상활동단계에서는 협상의 과정관리, 대화협상과 관리, 협상중단과 비합리적 협상자의 관리, 효과적인 협상중재 방안 등이 다루어진다. 실제로 협상과정에서는 의사일정 수립, 안건검토와 같은 협상과정의 사전계획, 긍정적이고 생산적인 협상분위기의 유지와 같은 협상환경관리, 협상절차제공, 협상기록 유지・관리 등과 같은 협상과정, 그리고 협상과정의 의사소통 등 여러 가지 상황에 대해서 주의를 기울여야 한다. 또한 협상과정에 있어서는 협상규칙의 준수, 상대방의 견해에 대한 경청, 협상자에 대한 관리 등이 필요하며, 갈등으로 인하여 협상이 결렬되었을 경우 제3자 개입을 통한 조정 및 중재가 필요하다.

협상에서 타협을 촉진시킬 수 있는 몇 가지 규칙을 살펴보면 다음과 같다(이달곤, 2000: 121-127; Fred Charles Ikle, 1982: 92-121). 첫째, 협상대표의 신체적, 정신적 안전을 보장하는 것이다. 둘째, 신분에 관한 협상을 피하는 것이다. 협상당사자들을 공정하게 대하는 것이 필요하다. 셋째, 합의된 의제를 존중해야 한다. 협상당사자들이 의제에 대해 합의한다는 것은 공식적인 명칭과 더불어 사전에 토의할 주제에 대해 합의 하는 것이고, 또한 협상될 이슈의 순서에 대해 동의를 한다는 뜻이다. 넷째, 부분적인 합의도 존중해야 한다. 모든 이슈들이 한꺼번에 타결되기 보다는 수 차례의 협상에서 일부분씩 타결되면서 갈등이 해소되는 경우가 많다. 따라서 협상당사자들은 이미 타결된 합의를 존중하고 부분적인 합의를 준수함으로써, 이것들이 기초가 되어 완전한 집이 만들어지기를 기대하게 된다. 다섯째, 유연성을 가져야 한다. 이 원칙은 협상의 탄력적인 측면을 강조하는 것이다. 상대방에게 결정이나 선택의 여지를 줌으로써 자신이 의사결정의 영역을 충분하게 확보하는 것이다. 여섯째, 상대방의 양보에 화답할 수 있어야 한다. 양보란 협상의 기본규칙이다. 어느 일방의 양보가 상대방을 유연하게 하여 또 다른 양보를 유도함으로써 상호성 원칙(rule of reciprocity)이 지켜지게 된다. 일곱째, 거짓을 삼가해야 한다. 우호적인 협상에서 성실성의 규칙(rule of sincerity)을 준수하는 것은 의사소통의 신뢰를 확보하고 불신을 제거하는데 필요하다. 여덟째, 감정과 무례함을 피해야 한다. 아홉째, 협상과정을 합리적이고 순조롭게 운영해야 한다. 협상과정은 의제의 교환인데, 이 과정에서 적대적인 표현을 줄이고 비효율적인 방해요소를 사전에 제거해야 할 것이다. 열번째, 공동체의식을 만들어야 한다. 자신의 입장만을 고수해 이해갈등을 첨예화시킬 것이 아니라 공동문제해결의 방식으로 갈등을 분석하고, 그 처방을 모색해 가는 태도가 필요하다.

4. 합의도달과 수행

협상당사자들간에 합의에 이른다는 것은 서로의 이견에 대한 해결점에 도달했다는 것을 의미한다. 해결점에 도달하기 위해서는 일반적 접근방법과 단계적 접근방법이 있다. 먼저 일반적 접근방법은 특정합의를 위해서 일반적인 합의틀을 사용하는 방법과 이슈를 분리하여 협상하는 방법이 있다. 그리고 단계적 접근방법은 목표평가기준의 확립, 대안에 대한 평가기준의 적용, 선택에 대한 합의도달, 1차적 합의안 마련, 합의안에 대한 지지집단 형성, 최종합의 도달의 여섯 단계를 거친다.

이렇게 결정된 합의사항을 효과적으로 이행하기 위해서는 합의시행절차에 대한 합의가 필요하며, 협상이행 모니터링 시스템의 설치, 행동설계 마련, 재협상, 협상위반의 조정을 다루는 여러 가지 절차가 필요하다. 그리고 협상의 과정 및 결과에 대한 평가가 필요하다. 전자는 정보의 정확성, 대안의 현실성, 양보의 비중과 크기, 단계별 유연성 등을 중심으로 하여 살펴보고, 후자는 목표의 적절성, 전략, 문제와 해결방법, 불확실성, 협상상대자와의 관계 등의 측면에서 살펴본다. 이러한 협상의 평가는 또 다른 협상을 성공적으로 이끌어 낼 수 있도록 하는 대처방안을 제시해 줄 수 있다는 점에서 아주 중요한 단계이다.

협상과정은 그들 각자의 조직으로부터 받아들인 논의를 가지고 협상테이블로 다시 온다. 협상가들은 문제에 대해서 말하고 어떻게 바꾸어 다룰 것인지 결정하고서 상정한다. 요지에 관한 변화가 있지만, 협상가들은 요구의 실제적인 결말에 대해 인식하고 있다. 협상과정은 그들이 협상에 성실했다고 느끼고, 만약 한 협상과정이 마지막 순간에 한 부분에 대해 거부를 하면 완전한 합의는 질문에 의해서 이루어진다. 합의는 연속적인 상충으로 표현되고 하나의 구성요소는 합의에 대한 다른 부분의 지지에 영향을 줄 수 있다. 이러한 상충들의 민감도는 외부요소에 대해서는 명백하지 않을 것이다. 그러나 변화를 완전히 받아들일 가능성도 아니다.

요지에 대한 변화의 제안은 전체 집단에 의해서 제출될 수 있다. 만약 참가자들이 변화에 동의한다면, 그 새로운 합의는 찬성으로 바뀌져야 한다. 협상가들은 집단이 각 문제에 대해 받아들이기로 준비한 것과 그래서 제안된 변화가 실제적인가에 대한 경계를 알아야 한다. 대표협상과정들은 협상의 자리에서 많은 시간이 걸릴지라도 마지막 안을 쭉 훑어볼 기회를 가져야 한다.

합의에 따르는 것은 문제의 반을 해결하는 것이고 나머지 반은 합의를 수행하는 것이다. 협상에서는 종종 합의과정에서 에너지를 소모하고 수행계획을 구체화하는데 게을리 하기 쉽다. 많은 합의 초안들은 잃어버리는데 왜냐하면 협상과정이 그들의 합의를 행동으로 옮기지 못하기 때문이다. 바람직한 문서는 누가 어떤 시간에 해야 하며, 누가 행동을 감독해야 할 것인가를 잘 기록하여야 할 것이다.

제 3 절 조정협상계획의 기법과 평가

1. 조정협상계획의 기법

조정협상계획을 위해서는 정보의 수집, 협상목표의 설정, 협상대안의 개발, 우선순위 결정, 그리고 효과적인 협상방법이 중요하다. 이는 조정협상계획의 성공여부를 결정하는 주요기준이 된다.

첫째, 정보의 수집이다. 공식적인 분석에 있어서 첫번째 단계는 협상에 관한 세부적인 정보를 수집하는 것이다. 종종 사람들은 그들이 실질적인 협상 합의점을 이해한다면 문제에 대한 합리적인 해결책을 발견할 것이라고 생각한다. 그러나 협상은 사람, 처리절차, 문제실체 등이 복합적으로 구성되어 있다. 만일 한 그룹이 다른 그룹을 불신하고 제안되는 처리방법이 부당하다고 생각한다면 제안된 해결책이 아주 합리적이라고 할지라도 실체적인 의견일치에 도달하기 힘들게 된다. 만일 만족스런 해결이 발견되려면 정보는 협상의 주요 요소인 사람, 처리절차, 문제의식의 본질 등에 대해 수집되어야 한다.

둘째, 협상목표를 설정하는 것이다. 동의에 도달하는 것은 가장 명백한 목표일 것이다. 그러나 사례분석은 더 적절한 목표를 제시할 수도 있다. 논쟁조정의 목표는 정보 교환, 논점과 이해관계의 확인, 수락 가능한 선택사항의 개발, 추천사항의 개발, 그리고 합의도달 등을 포함한다. 합의에 도달하는 목표는 협상당사자의 대표자가 문제를 토론하기 위해 함께 모이고 서로 정보를 교환하고, 가능한 해결책을 개발하고 그들의 의견차이를 좁히기 위한 방법에 동의하는 더 포괄적인 프로그램에 의해 제시될 수 있다. 그 목표는 어떤 문제에 대한 하나의 해결책으로써 동의에 협상하는 것이고, 또는 "수자원에 관한 위원회"에서처럼 복잡한 논쟁에 대한 일련의 해답을 만드는 것이다. 다음의 일련의 조정단계의 절차는 문제가 단순하거나 고도로 복잡하거나 간에 성공에 필수적인 것이다.

셋째, 협상대안의 개발이다. 협상성격이 조정적일수록 제3의 대안을 개발할 필요성이 강해진다. 대안개발의 한 가지 방법은 브레인스토밍이다. 이외에도 체크리스트기법, 마인드맵핑 등도 활용될 수 있다. 또한 대안을 개발할 때 반드시 개발된 대안에 대한 평가과정이 뒤따라야 한다. 이러한 평가과정은 또 다른 대안을 찾아내는 계기가 될 수도 있다. 그리고 각 대안의 기초가 되는 이론이나 정당성을 생각하고 이와 동일한 결과를 줄 수 있는 다른 대안을 찾아봄으로써 새로운 대안을 개발해 낼 수 있다. 새로운 대안은 주어진 사안을 종종 전문가의 눈으로 보아 개발할 수 있다. 또 주어진 문제를 세부항목으로 나눈 후 일부 난제는 차후로 미루고, 부분적인 문제에 대해서만 임시 해결방안을 생각해 보는 것도 좋은 방법이다. 문제의 범위를 좁혀 봄으로써 협상자는 새로운 시각으로 문제를 바라볼 수 있고 새로운 대안을 창조해 낼 수 있다(정은성 외, 1996: 133-134). R. C. Fisher와 W. Ury는 초점은 최대 양보점이 아닌 최선의 대안에 맞춰야 한다고 주장한다. 손해배상협상에서 가해자와 피해자 각자의 최선의 대안은 협상이 깨졌을 때 닥치게 될 재판결과에 대한 나름대로의 평가가 반영된 것일 것이다(정은성 외, 1996: 93).

넷째, 우선순위의 결정이다. 설정된 협상목표 간에 상충이 있는 경우에는 이들 간의 상대적 중요성에 입각하여 우선순위를 파악하여 상호교환의 판단기준으로 삼아야 한다. 다음은 Carrie Menkel-Meadow가 제시한 협상준비단계에서 고려되어야 하는 점들을 점검하는 질문들이다. 이들 주요 변수는 경제적, 법적, 사회적, 심리적, 윤리적 고려 사항 등이다(정은성 외, 1996: 94). 한편 프리젠테이션을 앞두고 미리 발표할 내용과 예상되는 질문에 대한 답변을 준비하는 것이 당연한 일이듯 협상 중에 논의될 이슈들과 우선순위를 미리 준비한다는 것은 참으로 중요한 일이다(POSCO, 2001: 65).

다섯째, 효과적인 협상방법이다. 이를 위해서는 다음의 네 가지 방법을 준용해야 한다. ① 일상적 대화이다. 협상자는 일상적 대화를 통하여 상대방에 대한 유익한 정보를 얻어낼 수 있다. ② 상대방의 의견을 경청하는 것이다. 경청은 정보를 얻는 가장 일차적인 방법이므로 협상 중 경청하는 능력은 협상자에게 매우 중요하다. 사실 경청하는 것이 그렇게 쉬운 일은 아니다. 때때로 많은 사람들이 상대방의 말을 듣기보다는 자신의 이야기하는 것을 더 좋아한다. ③ 상대방의 의견에 대해 묻는 것이다. 협상에서 질문은 여러 가지 목표로 사용된다. 상대방의 주위를 끌거나 어떤 정보를 얻기 위해 사용할 수 있다. 또는 어떤 정보를 제공하기 위해 사용하거나 상대방의 생각을 유도하기 위해 사용되며 논의를 결론으로 끌고 갈 때도 사용된다. 협상을 준비할 때, 협상 전반에 걸쳐 질문할 사항들을 위와 같은 패턴에 따라 만들어 두어야 한다. 협상의 시작부분에 상대방의 주의를 끄는 질문으로부터 시작한다. 그 후 정보를 얻어내는 질문, 상대방에게 생각을 하게 하는 질문을 거쳐 마지막으로 결론으로 끌고 가는 질문을 한다. 이러한 방식으로 협상자는 상대방이 많은 말을 하게 하면서 실제로는 협상의 주도권을 장악할 수 있다.

④ 상대방의 행동을 관찰하는 것이다. 협상자는 상대방의 행동을 세밀히 관찰함으로써 많은 정보를 얻어낼 수 있다. 이러한 습관적 행위나 은밀한 행위 등이 포함된다. 상대방의 제안에 대해 즉각 나타난 표정변화는 차후에 구두로 나타내는 반응보다 훨씬 정확하고 많은 정보를 함유하고 있다. 상대방의 긴장은 안색 변화, 억지 웃음, 안면근육 수축, 안절부절하는 것 등으로 알아볼 수 있다. 특히 시선, 자세, 제스처 등을 유의해서 살펴봐야 할 것이다. 가장 중요한 행위는 아마도 시선일 것이다. 일반적으로 상대방을 똑바로 보며 말하는 것은 정직, 자신감, 단도직입적인 마음가짐을 의미한다(정은성 외, 1996: 136-141).

2. 조정협상계획의 평가

조정협상계획의 평가는 다음과 같은 두 가지 쟁점을 내포하고 있다. 첫째가 합의 사항의 집행방법이고, 둘째가 협상에 대한 평가이다. 특히 협상에 대한 평가는 결과에 대한 평가와 협상과정에 대한 평가로 나누어 볼 수 있다. 이 과정은 다음과 같은 일단의 질문에 대한 대답을 제공하는 것으로 생각할 수 있다. 우선 협상과정에 대한 평가는 추정치의 정확도, 정보의 정확성, 가정의 현실성, 양보의 비중과 크기, 내부적 문제, 단계별 유연성, 교훈 등의 요소를 중심으로 살펴볼 수 있다(정은성 외, 1996: 166-168).

한편 협상결과에 대한 평가는 목표의 적절성, 전략, 문제와 해결방법, 불확실성, 협상상대자와의 관계 등의 측면에서 살펴볼 수 있는데, 이는 다음의 다섯 가지로 구분해 볼 수 있다. 첫째, 우리의 목표를 달성했으며 더 잘할 수 있었는가? 목표는 적절했는가? 비현실적이지 않았는가? 너무 낮게 잡지는 않았는가? 우리가 너무 많이 양보하지는 않았는가? 둘째, 우리는 전략을 어떻게 수행하였는가? 성공적인 전략은 무엇이었으며 실패한 전략은 무엇이었는가? 셋째, 우리가 부딪힌 문제는 무엇이었는가? 우리는 이것을 해결하였는가? 넷째, 어떠한 예기치 못한 사건이 발생하였는가? 다섯째, 우리는 협상 상대와의 관계가 어떻게 되기를 원하는가? 이것을 개선할 수 있는가?

하나의 협상종료는 또 하나의 협상의 시작에 불과하다. 하나의 협상실패가 영원한 실패를 의미하는 것은 아니고, 하나의 협상성공 또한 영원한 협상성공을 보장하는 것도 아니다. 인생을 영원한 협상과정이라고 본다면, 바로 이 평가단계야 말로 사람들이 흔히 소홀하기 쉬운 단계이지만, 역설적으로 장기적인 관점에서 본다면 가장 중요한 배움의 단계이다.

3. 조정협상계획의 효과

조정협상계획의 궁극적 목표는 합의형성 및 갈등의 해결이라고 할 수 있다. 그러나 협상의 결과는 이러한 궁극적 목표 이외에도 부수적인 효과를 가져온다. 이 부수효과는 합의내용과는 관계없이 우연히 생기거나 혹은 의도적인 협상의 부산물이다. 이러한 부수적인 협상효과로는 의사소통의 확보, 폭력적 대결의 회피, 정보의 수집, 홍보효과 등이 있다.

제 4 절 계획적 합의 및 적용

조정협상계획은 어떤 의제를 두고 그에 대하여 서로의 의견을 제안하고 합의점에 도달하려고 하는 과정을 의미하는 것이며, 이러한 협상은 공식적인 자리에서 발생하는 것만 의미하는 것이 아니다. 어떠한 형태로든 서로 이견이 존재하고 그에 대해 당사자가 타결의사를 가지고 양방향의 의사소통을 통해 상호만족할 수 있는 합의점에 이르게 되는 모든 것을 협상이라고 할 수 있다. 이러한 점을 고려해서 협상의 범위를 보면 협의와 광의로 구분할 수 있다(이달곤, 1989: 305).

사회구조의 다원화와 함께 주민의 요구가 다양하고 복잡해짐에 따라 지역개발과정에 있어서 갈등과 충돌이 빈번해지고 있다. 혐오·위험 시설에 대한 NIMBY (not in my backyard) 현상의 표출과 이익시설에 대한 PIMFY(Please In My Front Yard) 현상의 표출이 그 대표적인 예일 것이다. 한편, 최근 혁신도시·기업도시·행정중심복합도시 건설 등의 대규모 지역개발사업이 잇따라 실시됨에 따라 이에 따른 주민의 이익과 손실이 극명하게 드러나고 있다. 이러한 각종 지역개발사업에 있어 중앙정부와 지자체, 지자체와 지자체, 지자체와 지역주민, 지역주민과 지역주민간의 갈등과 대립현상이 예상된다. 이러한 갈등은 계획집행의 효율성과 사회적 통합을 저하시키는 등 그 부작용이 적지 않다.

따라서 계획집행의 효율을 제고하고 지역개발 사업의 성과를 극대화하기 위해서는 중앙정부와 자자체, 지역주민간의 갈등을 조절하고 관리하는 조정협상적 계획의 중요성을 간과하면 안 될 것이다. 이에 따라 계획홍보, 공청회 등의 실시를 통하여 계획과정을 적극 알리고, 협상·갈등조정 전문가를 양성하여 각종 계획집행과정에서의 사회적 갈등과 대립을 해소하고 조정해야 한다.

탐구학습

1. 주요개념과 요약
   - 조정협상의 의의: 개념, 필요성
   - 조정협상의 과정: 협상의 사전준비, 협상아젠다의 분석과 개발, 협상의 과정관리와 협상활동, 합의도달과 수행
   - 조정협상의 기법: 정보의 수집, 협상목표의 설정, 협상대안의 개발, 우선순위의 결정, 효과적인 협상방법
   - 조정협상계획의 평가
   - 조정협상계획의 효과

2. 토론과 과제
   - 조정협상 계획의 활용분야와 그 유용성에 대하여 설명하시오.
   - 조정협상 계획의 사례를 하나 들고, 조정협상과정에 대하여 적용하여 보시오.
   - 새만금간척사업의 분쟁과정에 대하여 설명하시오.
   - 방폐장 입지선정과정에 대하여 설명하시오.
   - 탈원전정책에 대하여 설명하시오.
   - 근로자 최소임금제 도입정책에 대하여 설명하시오.

참고문헌

김신복(1999), 발전기획론, 서울: 박영사.

우동기 · 이성근 외(2004), 성공전략 협상, 경산: 영남대학교 출판부.

이달곤(2000), 협상론, 서울: 법문사.

정은성 외(1996), 협상의 전략: 서울: 다음세대.

정환용(2001), 계획이론, 서울: 박영사.

POSCO(2001), 성공예감 협상기법.

Fisher, R. C. and W. Ury(1985), *Getting to Yes*, N. Y.: Penguin Book.

Lindblom, C. E.(1959), "The Science of Muddling Through," *Public Administration Review*, 19.

Mills, H.(1991), *Negotiation*, England: Gower Publishing.

Putnam, L. L. & M. E. Roloff(1992), *Communication and Negotiation*, New-bury Parks: Sage Publication Inc.

Raiffa, H.(1982), *The Art and Science of Negotiation*, M. A.: The Balknap Press of Harvard University Press.

제10장 사회정의계획

제1절 사회정의의 의의

1. 사회정의의 개념

일반적으로 정의(justice)에 대한 가장 기본적인 개념은 옳고 그름에 대한 구분 혹은 취급이나 배분에서의 공정함(fairness)과 관련되어 있다고 할 수 있다(이상헌, 2003). 모든 일을 공정하게 처리하는 사회가 일단 정의가 구현된 사회라고 생각하기 때문이다(정회성, 2003). 사회적인 사안이 공정하게 처리되고 있는지는 사회구성원에게 각자 자신에게 귀속될 '응분의 몫(desert)'이 주어지느냐의 문제로서 표현될 수도 있다. 사회적인 응분의 몫은 사회적 이익과 부담이 적절하게 이루어지는 경우로서 사회정의(social justice)가 구현된다고 한다. 그러므로 사회정의론은 배분적 정의 문제로 좁혀져서 살펴보는 것이 보편적이다(한면희 외, 2000). 그러나 사회정의의 개념은 다음과 같이 다양하게 정의되고 있다. 위키피디아에 의하면 사회정의는 개인에게 정당한 몫을 부여하고 그 몫에 대한 권리, 책임의식, 이익을 정당하게 부여하는 것, 기회의 균등한 배분과 투명한 사회를 지향하는 것을 함축시킨 사회철학 용어로 파악되고 있다. 사회정의는 어느 한 개인에게 희생을 부여하는 것을 반대하며, 그 희생 강도가 약하나 강하나 차등을 부여하지 않는다. Merriam-Webster사전에 따르면, 사회정의는 평등주의를 말하는 것이다. 여기에서 평등주의란 사회적, 정치적, 경제적인 문제와 관련하여 사람들의 평등에 대한 믿음을 의미하거나, 사람들간의 불평등을 제거하는 것을 대변하는 사회철학을 의미하기도 한다. Business 사전에 따르면, 사회정의란 모든 사람들이 민족, 성, 재산, 인종, 종교 등에 상관없이 동등하고 편견 없이 대우받아야 한다는 자연법에 부합하는 법들의 공정하고 적절한 집행을 말한다. 미국의 사회복지사협회에서는 사회정의는 모든 사람이 경제적, 정치적 및 사회적 권리와 기회를 가져야 한다는 입장을 말한다. 사회정의(social justice)는 성, 연령, 인종, 부의 정도에 관계없이 사회적 자원에 대한접근 기회가 공평하게 주어지고, 또 해당 자원이 사회 계층 간에 균등하게 배분되는 상태로 정의된다(조명래, 2013). 사회정의의 대표적인 철학자인 John Rawls(1971)는 "모든 이에게 자유를 완벽하게 누리게 할 수 있어야 하며, 빈곤한 사람들의 복지를 우선으로 배려해야 한다. 또한 결과의 불평등은 존재하되, 모든 사람에게 기회는 균등하게 주어져야 하는 것이 정의의 원칙이다."라고 사회정의를 정의하였다. 사회정의를 실현하기 위해서는 권력과 의무, 기회와 재화, 이익과 부담, 지위와 특권 등 여러 사회적 · 경제적 가치들의 절대량에 관심을 갖기보다는 이들 가치들이 사회구성원들 사이에 어떻게 배분되어 있는가에 관심을 두게 된다. 따라서 사회정의란 배분적 정의를 의미하며, 배분적 정의란 사회구성원 각자가 자신이 향유하여야 할 사회적, 경제적 가치의 응분의 몫을 누리는 상태를 의미한다. 그러므로 정의는 전통적으로 평등으로 이해되었다. 그것은 단순한 절대적 평등이 아니라, 각자에게 그의 몫을 실현시키는 평등이다. 정의는 또한 어떠한 단순한 하나의 권리가 아니라 모든 권리와 의무와 관련된다. 권리와 의무의 올바른 배분 혹은 권리와 의무의 올바른 구현이 바로 정의이다(김항규, 2008). Harvey and Potter(2009)는 사회정의란 무엇인가라는 질문에 대한 답변으로서, 여러 가지 정의관(공리주의, 계약주의, 세계주의 등)을 통하여 다양한 정의의 개념이 가능하다는 점을 강조한다.

2. 사회정의계획의 중요성

공공계획 및 정책의 수립 및 시행시 정의는 중요한 역할을 한다. 최근에 Heather Campbell, Peter Marcuse, Susan Fainstein 등 계획분야의 학자들을 중심으로 정의에 관한 연구에 대하여 새로운 관심이 일어나고 있다(Avni, 2017). 정의의 이론들은 공공계획과 정책이 형평한지를 결정짓는 원칙과 가이드라인을 제공한다.

철학자 및 사회과학자들이 수 백년 동안 그 원칙과 가이드라인에 대한 여러 이론들을 논의해오고 있지만 아직 단일화된 이론이 출현하지 않고 있다(Liu, 2001: 19). 단일화된 정의의 개념이 아직 도출되지 아니한 채로 다양한 정의의 개념이 존재하는 상태이기 때문에(Avni, 2017), 정의의 개념 논의는 계속 진행 중이라 할 수 있다. 특히 배분적 정의(distributive justice)가 주요관심사인 사회정의를 도모하는 공공계획의 역할에 대한 연구는 이미 상당한 수준에 이르고 있다(Shield, 2017; Uitermark & Nicholls, 2015; Cardoso & Breda-Vazquez, 2007). 공공계획이 주민의 삶을 개선하고자 하는 목표에서 출발하였다는 점에서 이는 놀랄 일이 아니다. 최근의 지속가능한 도시의 발전을 위한 노력도 이러한 맥락에서 이해될 수 있다. 현재의 서구의 인식은 지속가능한 도시의 발전 운동이 사회정의를 개선할 수 있다고 여긴다(Shield, 2017). Campbell(1996: 297)은 이러한 지속가능한 도시의 발전운동이 계획가들의 세 가지 주된 목표들: 경제, 환경, 및 형평을 적절하게 고려하는 균형추 역할을 한다고 지적한다. 지속가능한 발전 패러다임은 내재적으로 사회정의를 진작하는데 관심이 있다. 지속가능성이 형평성 및 사회적측면의 고려 없이는 존재할 수 없다는 주장은 바로 도시나 지역사회가 지속가능한 발전을 하기 위해서는 사회정의를 강조하여야 한다는 것을 의미한다(Shield, 2017). 정의를 추구하는 도시계획은 도시사회에서 정의로운 계획을 실천하기 위한 이념과 철학을 그 바탕에 깔고 있다(원제무, 2009). 이에 따라 정의계획은 소외된 집단의 참여에 의한 의사결정에 보다 주안점을 둔다(Sanderock, 1998). 정의 계획론자들은 정책이나 계획과정에서 "누가 계획을 지배하는가?", "누가 계획 편익을 누리는가?", "누가 비용부담을 하는가?"라는 질문에 귀를 기울인다. 예컨대 미국에서는 공공계획 및 정책의 수립 및 시행시에는 인종 또는 소득에 상관없이 모든 사람들을 공평하게 취급하고 이들이 의미있는 참여를 할 수 있도록 배려하고 있으며, 계획과 정책의 수립시에 정책의 결과 야기될 사회적 이익과 부담의 분석을 통하여 계획과 정책이 다양한 소득계층 및 인종에게 미치는 편익과 부담을 평가하기도 한다.

제 2 절 사회정의이론

1. 사회정의이론

기존의 사회정의이론들을 분류하는 방식도 학자에 따라서 차이가 있다. Young (1994)은 실체적 형평성의 세 가지 원칙을 다음과 같이 구분한다. 첫째, 평등주의 접근방법으로서 필요한 자원을 권리있는 사람들에게 동등하게 배분하도록 한다. 둘째, 기여에 따른 배분을 강조하는 접근방법으로서 필요한 자원을 개개인의 능력 또는 기여에 따라서 차등하게 배분하도록 한다. 셋째, 배분 우선순위 규칙을 강조하는 접근방법으로서 개개인의 자원에 대한 필요성 등의 기준에 의거하여 필요한 자원을 배분하도록 한다. Howe(1994)는 규범적인 윤리이론들을 두 가지 측면인 ① 목적론적이냐 의무론적이냐 ② 행동이냐 지배냐의 측면에서 유형화하였다. 두 측면의 차이점은 행위의 선함과 올바름이다. 목적론적 접근방법은 결과주의라고도 불리는데, 그 기본원리는 행동의 결과가 선하면 그것이 바로 올바른 행동이라고 한다. 반면에 의무론적 접근방법에서는 행동자체의 올바름에 초점을 맞추는 것으로서, 하는 행동이 올바르면 무조건 행해야 한다는 관점이다. Wenz (1988)는 정의이론을 환경정의의 맥락에서 다루고 있다. 그는 재산과 미덕(virtue), 자유지상주의 이론, 효율성 이론, 인권, 동물의 권리, 효용이론, John Rawls의 정의이론을 검토한다. Smith(1994)에 의하면 평등에 대한 이러한 문제제기를 둘러싸고 사회정의의 논의는 공리주의(utilitarianism)적 입장(Bentham, Mill), 자유지상주의(libertarianism)적 입장(Nozick), 계약주의(contractarianism)적 입장(Rawls), 평등주의(egalitarianism)적 입장, 맑스주의적 입장 및 공동체주의(communitarianism)적 입장 등으로 나누어진다(이상헌, 2003). 다음에는 주류사회정의론인 공리주의, 계약주의, 평등주의, 자유지상주의를 소개한다.

1) 공리주의(utilitarianism)

공리주의는 일반적으로 공평성(impartiality)과 극대화(maximization) 등의 원리를 주장한다. 19세기 이래 영국을 중심으로 발달한 윤리적 사상으로서, 인간 행위의 윤리적 기초를 개인의 이익과 쾌락의 추구에 두고, 무엇이 이익인가를 결정하는 것은 개인의 행복이라고 하며, "도덕은 최대 다수의 최대 행복을 목적으로 한다."고 주장한다. 이를 최대행복의 원리(greatest happiness principle)라고 부른다. 이 사상은 근대 시민사회의 윤리적 기준이 되었을 뿐만 아니라 영국 고전경제학의 사상적 기초와 자본주의 질서 구축의 토대가 되었다. Jeremy Bentham([1789] 1948)과 John Stuart Mill([1863] 1985)등이 대표적인 공리주의자들이다(위키피디아).

전통적인 공리주의는 강점과 약점을 내포하고 있다, 우선 강점으로는, 전통적인 공리주의는 직관적으로 마음을 끄는 철학으로서 계량적이며 평등주의적 측면을 내포하고 있다. 공리주의의 계량적 측면에 대한 강점으로 인하여 다양한 분쟁을 다루는 데 중요한 준거로서 활용되고 있으며 특히 정책분석시에 매우 유용하다.

반면에 약점으로는 공리주의의 계량기법은 그렇게 단순하거나, 명료하거나, 객관적이이 아니하다는 점이다. 계량기법은 너무 복잡해서 실용적으로 활용될 수 없기도 하다. 또한 계량기법은 쉽사리 조작할 수 있다는 단점이 있다. 더 중요한 단점으로는 계량기법은 공평(equity)과 배분적 정의와 관련된 문제를 제대로 다루지 못한다는 점이다.

2) 계약주의(contractarianism)

계약주의는 사회계약론의 전통을 이어받아 사회의 가장 약자가 혜택을 누릴 수 있는 경우에만 불평등을 합리화할 수 있다는 입장을 취하여 배분적 정의를 주장한다. 계약주의적 정의의 대표적인 주창자는 미국의 자유주의철학자인 John Rawls이다. Rawls는 평등한 사회가 가장 정의로우며, 대부분의 사람들이 살고 싶어하는 곳이라는 점을 증명하고자 하였다. 그는 무지의 장막(veil of ignorance)의 개념을 활용하여 증명하고자 하였다. 이 원칙은 만약 개인에게 가상적인 사회를 제시하면서, 그 사회에서의 개인의 지위와 그 사회의 불평등의 정도에 대하여 무시하도록 한다면, 합리적인 개인의 경우에는 모든 개인이 평등하고 평등한 대우를 받는 사회를 선호할 것이라는 점을 지적하고 있다(Rawls, 1971: 136-141). Rawls의 예를 따르면, 그의 가상적 사회에서의 개인은 그 사회의 구조 및 부에 관한 정보가 없다. 따라서 개인은 부유로운 사회 또는 억압을 받는 사회에서 사는지에 대한 정보가 없다. 가상적인 사회는 극심하게 가난하거나 정치적으로 매우 불안정한 사회일 수도 있다. 더구나, Rawls의 견해에 따르면, 개인은 이들이 어떤 세대에 속하는지 모른다. 이는 자원의 소비 및 환경보전과 같은 세대간 정의를 설명하기 위해서 중요하다(Rawls, 1971: 137). 사회의 경제적 및 정치적 지위에 관한 불확실성은 중요하다. 만약에 개인에게 두개의 사회를 보여주면서, 한 사회는 가난하나 평등한 반면에, 다른 사회는 부유로우나 불평등하다면, 개인은 도박으로 부유로우나 불평등한 사회를 선택하면서, 본인은 부유한 사람들중의 하나로 되기를 기대할 수 있다. 이상의 불확실성에 부딪쳤을 때에, Rawls는 개인이 좋은 사회를 가진다는 것은 비합리적이라고 생각하는 반면에, 평등을 강조하는 법과 서비스가 장착된 사회를 선택하는 것이 합리적이라고 생각한다. Rawls의 주장은 무지의 장막(veil of ignorance) 때문에 사람들은 베일 뒤 조건을 알 수 없기 때문에 사회계약 체결 후 어떤 계층에 속할지 알 수 없다. 따라서 그런 상황에서 사람들이 어떤 계층에 특별히 유리하거나 불리하지 않도록 조화로운 사회계약을 체결할 것이라고 보았다.

이러한 여건에서는 두개의 정의의 원칙이 출현한다. 첫째 원칙은 모든 사람들은 가장 기본적인 자유에 대한 평등한 권리를 가져야 한다는 점이다. 둘째 원칙은 최대(maximum) 또는 차이(difference)원칙을 말하는 것으로서 사회 또는 경제적인 측면(예컨대, 자유, 기회, 소득, 부 등과 같은 주요 요소 등)의 불공평 문제를 다룰 때에는 ① 사회의 최약자에게 최대로 혜택이 가도록 배려하고, ② 모든 사람들에게 제반 기회를 평등하게 제공하여야 한다. 사회에서 최약자들의 여건이 가능한 나아지도록 하여야 한다.

Rawls의 계약주의는 사람들의 존엄에 관련한 강력한 도덕적 원칙을 제시하지만, 정책대안을 평가하기 위한 비용편익분석과 같은 간단한 방법론을 제시하시는 아니한다. 계약주의는 행동의 올바름을 강조하지만, 행동 또는 정책결과에 대하여 그다지 논의하지 아니한다. 계약주의의 원칙들은 극단적으로 비현실적이다(Howe, 1990: 140).

3) 평등주의(egalitarianism)

평등주의는 평등한 권리와 사회정의를 동일시한다. 많은 경우 평등주의는 계약주의와 혼동하는 경우가 많다(Liu, 2001). 평등주의와 계약주의는 기존의 불공평(inequity)을 인정한다는 점에서 공감하고 있으나, 궁극적으로 둘의 목표가치는 차이가 있다. 평등주의는 기존의 불공평을 없애려고 하는 목표를 가지고 있으나, 계약주의는 그러한 목표의식이 없다. 계약주의는 여러 대안 (가난한 자와 부자들에게 동시에 혜택이 가는 대안)중에서 하나를 선택하게 되는데, 그 결과는 기존의 불공평을 줄이는데 전혀 도움이 되지 않는다. 가난한 자에게 최대한의 혜택이 주어진다면, 기존의 불공평이 악화되는 결정이 계약주의자에게는 바람직할 수도 있다.

평등주의자는 기존의 불공평을 강조하고, 결정에 대한 평가는 불공평의 정도를 어느 정도 줄일 수 있는지에 따라 이루어진다. 평등주의의 특성은 다음과 같다(Sager, 1990; Bedau, 1967). 첫째, 모든 사회적 불공평은 필요하지 아니하고 정당화되지 아니하며 제거되어야 한다. 둘째, 모든 사람은 항상 내재해 있는 가치, 및 본질적 성질에 있어서 평등하다. 셋째, 정의의 개념에는 평등의 개념을 내포한다. 넷째, 사회적 평등은 특별한 정당화가 요구되지 아니한다. 다섯째, 특별한 경우를 제외하면, 모든 사람은 평등하게 대우받아야 한다.

4) 자유지상주의(libertarianism)

자유지상주의는 개인의 자유를 최대한 보장 하는 것을 강조한다. 사람은 다른 사람의 평등한 권리를 존중하는 한, 힘이나 사기를 가하지 아니하는 한, 그들이 원하는 무엇이든지 할 수 있다는 주의이다(Wenz, 1988). 사람들은 자유시장체계에서 자유로이 그들의 선택된 행동을 하게 되며, 이러한 것이 바로 정의라고 여긴다. 현대 자유지상주의의 대표적인 학자는 Rawls와 동시대의 철학자인 Robert Nozick이다. Nozick은 Rawls의 정의에 대한 계약주의적 개념에 동의하지 아니하였다. Nozick에 따르면, 정의는 평등이 아니라 자유이다. 따라서 자유를 극대화하는 것만이 정의로운 사회로 나아갈 수 있다. Nozick의 가장 중요한 논거는 현대사회에서의 국가의 크기와 역할에 대한 그의 입장으로서, 국가의 기능은 기본적인 법규와 질서 서비스에 국한하여야 하기 때문에, 국가가 개인 또는 기업간의 계약들에 관여하는 일은 궁극적으로 개인의 권리를 위반한다(Nozick, 1974: 113-118). Nozick의 비전은 상당히 유토피아적이다. 개인은 서로 계약행위를 통하여 자발적으로 만든 사회에 공존하게 되는데, 이때 국가의 역할은 단순히 사회에서 평화가 유지될 수 있도록 하는 것이라는 점이다. 만약에 개인이 그러한 사회에 자발적으로 합류할 때에는, 국가는 단순히 평화와 계약을 집행하게 될 뿐, 더 이상의 역할을 수행해서는 아니된다는 점이다(Nozick, 1974: 297-307). 여기에서 계약이란 명시적이며 이는 단지 개인간의 자발적인 계약을 의미한다. Rawls의 비전인 비자발적인 사회계약등을 위한 공간은 없다라는 점이다. 왜냐하면 개인에게는 사회계약을 선택하거나, 배제할 권리가 없기 때문으로서 이들 계약은 개인의 자유를 위배하는 것을 의미하기 때문이다(Nozick, 1973: 297-307). 이러한 사회에서 부와 혁신을 창출하기 위해서는 대체로 시장체계에 의존하게 된다. 그러므로 Nozick은 자유로운 시장거래로부터 야기되는 사회불평등은 전적으로 정의롭다고 주장한다(Shield, 2017).

자유지상주의는 자유시장, 사유재산권 등을 강조하는 관계로 개인간의 분쟁을 해결하는데 중요한 논리를 제공한다(Wenz, 1988). 그러나 분쟁이 많은 사람과 관련이 될때에는 공정한 대처방안을 제시하지 못한다. 예컨대, 환경오염문제는 많은 사람들에게 영향을 미치는 사안으로서 개인간의 자발적인 거래·중재를 통하여 해결될 수 없다. 대기오염, 수질오염 등은 집합재(collective goods)로서 오염유발자 또는 오염피해자로 나누어지는데, 구체적으로 서로 특정하기가 곤란하다. 이러한 시장실패가 발생할 경우의 대처방안에 대한 이론으로서는 부적절한 셈이다. 보다 근본적인 문제로는 자유지상주의이론은 최초의 재산권의 부여 대한 정당성 문제이다. 자유지상주의의 가정은 재산권은 이미 잘 설정되어 있으며 이는 정당하게 정해졌다는 입장이다. 그러나 이러한 가정은 맞지 않은 경우가 많으며 이에 따라서 자유지상주의이론은 현대의 재산권에 대한 적절한 정당화논리를 제공하지 못하고 있을 뿐만 아니라, 모든 정의문제는 관련된 권리에 의거하여 결정되어야 한다는 견해에 대한 합당한 논리를 제공하지 못하는 셈이다(Wenz, 1988: 75, 77).

2. 사회정의의 유형

사회정의는 보는 측면에 따라서 여러 유형으로 구분될 수 있는데(Ntiwane and Coetzee, 2018, 84-85; Laurent, 2011: 1846), 여기에서는 세 가지 대표적 유형인 배분적 정의, 과정적 정의, 정책정의를 소개한다.

1) 배분적 정의

배분적 정의란 사회정의의 전통적인 초점이다. 배분적 정의가 함의하는 것은 서비스, 자원, 및 활동 등의 공평한 배분을 의미한다. Konow(2001: 162)에 따르면, 배분적 정의는 경제적 편익이 배분되는 지침역할을 한다. 그러나 배분적 정의는 남아프리카 같은 나라들을 공간적으로 분절된 상태로 유지되도록 영향을 주기도 하였다. 남아프리카에서는 아파르테이드 체제 아래에서의 공간계획은 공업용 토지이용을 주거용 토지이용에 따라서 배분하는 계획을 추구함에 따라 토지이용의 부정합성으로 나타났다(Leonard & Pelling, 2010: 138). 미국에서는 계획의 배분은 농촌보다는 도시지역에 보다 초점을 맞춘다(Sudoniene & Mtoniene, 2009). 이러한 제도는 바로 기존의 차원에서 존재하는 제반 도전들로부터 나타났다. 기존 문헌에서는, 배분적 정의는 사회경제적 · 지리적 및 사회문화적인 여건과 관련하여 부적절한 것으로 보인다(Schlosberg, 2004; Boone, 2008; Urikidi & Walter, 2011). 배분적 정의는 불평등의 존재를 인정하지 아니하는 것으로 보인다. 이러한 격차를 다루는데 있어서, Konow(2001)는 배분원칙들을 제안하고 있다.

2) 과정적 정의

과정적 정의는 계획의 실행과 관련된 정책결정에의 공공참여를 위한 과정을 알려주는 지침에 관한 것이다(Millner, 2011: 109; He & Sikor, 2015: 260). 핵심적으로 과정적 정의는 계획들(토지이용계획 및 다른 프로그램등)이 계획에 있어서 배분과 집행에 영향을 주는 측면을 포함한다. 과정적 정의의 핵심은 참여에 있어서 공평이다. 그러나 실무에서는 공공참여가 의무인 나라도 있고, 의무가 아닌 나라도 있다. Mason(2010)과 Poncelet(2012)에 따르면, 유럽에서는 공공참여는

Aarhus Convention에 의거하여 집행되고(Mason, 2010: 10), 인도에서는 대통령령 13715에 의거하여 집행된다(Whyte, 2011: 200). 그리고 남아프리카에서는 계획 및 환경법 등에 의거하여 집행된다. 이러한 법에는 2000년의 지방정부: 도시체계법 32, 2013년의 공간계획 및 토지이용 관리법 6, 1998년의 전국환경관리법 107 등이 있다. 한편 Alexander(2005)에 따르면, 이스라엘에서는 특히 계획법은 공공참여기회를 제공하지 아니한다. 라틴아메리카에서도 유사한 방법을 사용한다(Urikidi & Walter, 2011). 과정적 정의를 정책 또는 법에서 의무적인 요건으로 고려하지 아니하기 때문에 그 결과 자원 및 활동의 불공평한 배분이 나타나게 된다. 남아프리카에서는 공간계획(Connelly, 2010; Todes, Karem, Klug & Malaza, 2010) 및 통합개발계획(Todes, 2004; Cash & Swatuk, 2011)에 있어서 공공참여는 과정적 부정의로 특징지을 수 있다. 더구나 과정적 정의의 기준은 단순히 대의적 측면의 공공참여 이상을 필요로 한다. 따라서 과정적 정의의 기준은 윤리적으로 대표성, 일관성, 의사결정의 질, 불편부당성 및 교정가능성 등으로 구성되어 있다(Tyler, 1988: 104-105). 이상의 요인들이 계획에 있어서 공공참여의 질을 결정한다. 그럼에도 불구하고 과정적 정의의 성공은 공공참여를 지원하는 기존조직에 달려있다.

3) 정책적 정의

정책정의란 계획의 준비, 시행, 및 집행단계마다 정책이 계획결과에 미치는 영향을 공평하게 고려하는 것을 강조한다. 예컨대 영국환경기관은 사회정의의 부분으로서 환경정책의 기본적인 규범, 표준, 및 원칙들과 이들의 사회구성원에 대한 영향을 함께 고려하고 있다(Laurent, 2011). 정책적인 결정의 효과를 고려하는 데 있어서, Whyte(2011: 200)는 교정적 정의의 중요성을 강조한다. 여기서 교정적 정의는 정책의 나쁜영향(즉 환경부정의가 발생가능할지와 같은)이 판단될 때에 가능한 정책수단들에 초점을 맞춘다. Conrad(2011)에 따르면, 교정적 정의는 부정의를 다루기 위해서 도덕적 행태 및 행동을 변화시키고 접근방법을 개선하는 것을 포함한다. 기존 문헌에서는 Millner(2011)는 정의란 환경부정의에 노출되는 사람들의 삶을 개선할 방안들을 제공하여야 한다고 상정한다. 정책결정자들이 부정의로부터 보호할 방안들을 도입하고 영향력을 행사하며 집행할 수 있도록 하는 것이 바로 정책정의이다.

제 3 절 사회정의계획의 형태

사회정의를 도모하는 공공계획의 역할에 대한 연구는 이미 상당한 수준에 이르고 있다(Shield, 2017; Uitermark & Nicholls, 2015; Cardoso & Breda-Vazquez, 2007). 공공계획이 주민의 삶을 개선하고자 하는 목표에서 출발하였다는 점에서 이는 놀랄 일이 아니며, 최근의 지속가능한 도시의 발전을 위한 노력도 이러한 맥락에서 이해될 수 있다.

공공계획에서의 계획가는 어떠한 사회정의의 입장에 설것인가, 이에따른 손익을 이해하는 것이 중요하다. 사회정의를 추구하는 모든 지식인는 우선 대표성 딜레마에 부딪친다. 계획가는 어떤 지역사회 또는 정의의 개념을 대표할 때, 이들은 특정사람들의 이해, 가치들을 수용한다. 진보주의 계획의 과정과 실제는 전략적 침묵을 따르고, 다른 어떤 전략들의 희생을 따르기 위해서, 이러한 침묵을 수용하는것이 중요하다.

실체적 사회정의와 주민참여를 바라보는 방식에 따른 특정유형의 계획전략이 소개되고 있다(Uitermark, 2017). 실체적 사회정의의 강·약의 정도와 주민참여의 강·약의 정도에 따라서 네 가지 유형의 사회정의를 위한 계획전략을 유형화할 수 있다. 이들 네 가지 유형은, 합리적 계획(약한 주민참여와 약한 실체적 사회정의), 협력적 계획(강한 주민참여와 약한 실체적 사회정의; Patsy Healy), 인서전트 계획(강한 주민참여와 강한 실체적 사회정의; Faranak Miraftab), 보편적인 정의를 위한 계획(약한 주민참여와 강한 실체적 사회정의; Susan Fainstein) 등이다.

1. 합리적 사회정의계획

합리적 사회정의계획(rational planning)은 약한 주민참여와 약한 실체적 사회정의를 표방한다. 합리적 사회정의계획은 주민참여를 촉구하거나 사회정의를 표방하지 아니하는 전통적인 합리주의에 바탕을 두고 있다. 이들은 전통적으로 효율성 또는 합리성이라는 가치를 존중하며, 이들은 공간의 적정(optimal) 활용을 강조한다. 여기서 적정이란 사회의 주류의 규범과 가치관에 의하여 정의된다.

2. 협력적 사회정의계획

진보적인 계획전략으로서 협력적 계획(collaborative planning)은 강한 주민참여와 약한 실체적 사회정의를 표방한다. 협력적 계획은 공공계획의 이념과 실무보다는 지역사회의 힘을 강화하고자 한다. 이러한 계획에는 정의의 개념들이 없지 아니하나, 이는 실체적이라기 보다는 과정적 정의의 개념에 가깝다. 다양한 이해관계자들을 포함하는 것이 계획의 성과보다도 더 중요하다. Healy는 계획가는 권력에 민감하지만, 계획가의 역할은 무엇이 실체적 정의의 비전인지를 광고하거나 잘못된것을 확인하는 것이 아니라, 중재과정을 통하여 여러 이해들을 조율하는 것을 도우는 것이라고 하였다. 따라서 Healey는 '협력적인 합의형성'(Healey, 2006: 5)을 진작하기 위한 방법들을 규명하려고 하였다. 최근의 협력 사례로는, 2012년에 설립된 URBAN을 들 수 있다. 이 네트워크는 특별히 지역사회, 지역활동가, 학자들을 함께 모아 의견을 나누도록 하지만 특별히 도시및 계획관련 학자들간의 논의를 증대시켰다. URBAN의 초기발전은 MIT에 집중되어 있었으나 이제는 미 전역에 걸쳐서 설립활동 중이며 비슷한 조직을 다른 나라도 설립하도록 계획 중이다. 이 네트워크의 존립근거는 다음과 같다. "출현하는 학자들과 지역사회활동가들간의 협력은 지역사회에 기반한 연구를 위한 살아있는 실험실(lab)을 만들게 된다. 이상의 연구는 도시에서 출현하는 중요한 이슈들을 발굴하고 사회형평의 제고를 위한 혁신적 정책방안들을 제시하게 된다."(URBAN, 2012: 1).

3. 인서전트 사회정의계획

급진적인 계획전략으로서 인서전트 계획(insurgent planning)은 강한 주민참여와 강한 실체적 사회정의를 표방한다. 협력적 계획과는 대조적으로, 이들의 목표는 합의를 성취하거나 모든 이해관계자들을 참여시키는 것이 목적이 아니라, 권력의 균형을 도모하여서 이들이 주장하는 실체적 정의가 실현되도록 하는 상향적 계획전략을 취한다.

인서전트 계획은 전세계 개발도상국의 도시변방들을 위한 공정한 계획이 무엇인지를 찾는 이론화노력의 일환으로 도출되는 이론이다. 공정계획 이론화 노력은 인서전트 시티즌십과 같은 개념을 사용하여 계획 대상과 주체를 재고하려고 한다(Holston, 2008). 개발도상국의 많은 도시들은 통상적인 계획활동을 하지 아니하고, 대체로 정부의 규제 및 조직노력에 대하여 반대한다(Simone, 2010). 중앙정부의 관료체계와 공식적인 시장이 작동되지 아니할 때에는, 도시공간은 비공식적인 개발형태를 통하여 개발된다. 그러한 여건에서는 계획은 정부기관 또는 대학교내에서 일하는 공인된 계획전문가의 영역이 아니라 새로이 출현하는 또는 인서전트 집단노력에 의해서 이루어진다. Faranak Miraftab(2009: 32)는 인서전트 계획을 신자유주의적 사조를 포용을 통하여 행하는 급진적 계획실무로 정의한다. 이러한 개념은 계획가와 계획주체와의 분리를 뛰어넘어서, 비판적인 의견을 급진화한다(Friedmann, 1987). 급진적 계획방식은 소통을 통해서 주민들을 포용하려고 하지만, 여전히 급진적인 계획가를 사회의 바깥에서 존재하는 전문가로 개념화하는 전통적인 생각에 빠져있다(Miraftab, 2009: 42). 전문적인 계획가가 인서전트 계획에서 그 역할이 있으면, 이들 계획가들은 그들이 일하는 지역사회에서 노력을 한다. 몇 가지 예를 들 수 있다. 첫째, Katherine Rankin은 지역비즈니스개선지역의 관리이사회에 주민대표로 참여하면서 지역사회안전계획의 수립시에 자발적으로 참여한 경험을 바탕으로 관련예를 제공하고 있다. 법과 질서에 바탕을 둔 안전에 대한 협의로 한정하여 이해하지 아니하고, 그녀는 젠트리피케이션과 배제와 연계하여 광범위한 안전의 개념을 바탕으로 접근하였다(Rankin, 2010: 194). 둘째, Jay Arena(2012)의 New Orleans 프로젝트 또한 비슷한 유형인데, 그는 허리케인 전후 지역사회그룹과 함께 공공주택주민의 강제이전을 반대하였다. 이들 학자들은 계획기술과 자원을 지역사회에 기여한다는 측면에서 특정지성인이지만, 이들은 협력적 계획가와는 다른 방식을 제시한다. 인서전트 계획의 특성은 협력이, 포용 또는 참여가 후진적 과정을 방해하는 대신에 촉진시키도록 할 때에는, 불법적인 활동이 된다고 하는 점이다. 협력적인 계획가와 반대로, 안서전트 계획가는 정의에 대하여 보다 실체적인 개념을 갖고 있다. Soja는 학자로서 강력한 실체적 사회정의이론을 발전시킨 바 있다. 그는 지역사회 참여 개념을 수용하고 도시계획가들이 공정도시를 건설하기 위하여 소외된 지역사회와 함께 일할 수 있는 제반 방안들을 제시하고 있다. 그 중의 한 예로서 UCLA의 도시계획학과의 경험을 들 수 있다. UCLA의 도시계획학과는 지역사회 참여를 도시내 사회정의를 성취하는 핵심적인 요소로 하는 과목과 실무를 추진하고 있다. UCLA의 도시계획학과가 추진하고 있는 모델은 기존의 용역 컨설턴트, 정부기관, 대규모 재정지원기관 등을 중심으로 하는 것이 아니라 자발적으로 대학교 연구자 및 교수들에게서 관심을 덜 받는 기관/개인(예: 노동조합, 지역에 기반한 NGO, 및 가난하고 소외받는 인구들의 사회운동에 힘을 실어주는데 목적이 있는 기관 등)등에 대한 자발적 지원에 바탕을 두었으며, 특히 교육적 측면에 초점을 맞추었다(Soja, 2010: 157). 이에 따라 UCLA의 도시계획가들은 다양한 행동가 연합들과 강력한 연계를 발전시켜 오고 있으며, 대상이 되는 지역사회에 대한 기술적 지원의 제공과 상향적 풀뿌리 운동의 증진활동을 융합시켜오고 있다(Soja, 2010: 160). UCLA 도시계획학과는 이들 개개 조직/기관들간의 연계를 증진시키고 이들이 자신들의 영역/이해 등을 넘어서는 부분도 이해할 수 있도록 한다는 점에서 이들 기관간의 네트워트의 중심으로 기능하고 있다(Nicholls, 2003). UCLA 도시계획학과는 공간과 연계된 사회정의과목을 개설하여 가치있는 기술적 전문성을 지역사회에 제공하라고 사회활동가 등과 유기적 관계를 증진하여 왔다(Nicholls, 2003). 또한 Soja는 대학교에서 교육을 받은 계획가들은 중요한 공간 인식에 대한 독특한 식견을 가지고 있다고 제시하고, 이들이 바로 보다 공정한 도시를 만들어 나가는 지도자적인 역할을 맡아야 한다고 주장한다. 계획가들은 적극적인 투쟁에 참여하여 지역사회 활동주의의 부분이 되도록 하여야 한다는 점을 강조한다.

4. 보편적 사회정의계획

진보적인 계획전략으로서 보편적인 정의를 위한 계획 전략은 약한 주민참여와 강한 실체적 사회정의를 표방한다. 특히 사회정의의 보편적인 원리를 강조한다. 대표적인 학자는 Susan Fainstein으로서, 그녀의 공정한 도시는 보편적인 정의를 위한 계획의 대표적 유형에 속한다. 보편적인 정의를 위한 계획가란 어느방향으로 나아갈 것인가에 대한 결정을 독자적으로 그리고 이론적인 근거를 바탕으로 행하는 경향이 있다. 그녀에게 있어서 정의는, Rawls의 생각을 바탕으로 하고 있지만, 가장높은 수준의 소통적 계획을 의미하며, 이것이 단순히 하나의 협상된 원리이라기 보다는 보편적인 원리가 된다(Fainstein, 2010: 10). Fainstein에게는 공정한 도시는 다양하고, 민주적이며, 무엇보다도 공평한 도시를 말한다. 그녀는 Amsterdam, New York, 및 London을 비교연구함으로써, 자본주의 체계내에서 도시간에 의미있는 차이가 존재한다는 점을 보여준다. 그녀는 Amsterdam이 보다 공평한 결과를 가져오는 결정들과 기관들을 보유하고 있음을 보여줌으로써 도시에서 사회정의를 구하고자하는 실무 계획가 및 행정가들에게 지침을 제공한다. 그녀는 실무 계획가 및 행정가들이 소위 말하는 '비개혁주의자 개혁'(Fraser, 2003)을 실현하기 위한 가이드라인을 제시하기도 한다. 물론 비개혁주의자 개혁은 기존의 사회틀내에서 작동하지만 시간이 경과함에 따라서 보다 급진적인 개혁가능성도 열어두고 있다(Fainstein, 2010: 18-19). 그녀는 계획가들이 공정사회를 성취하기 위한 하나의 준거를 제시한다. 단순히 특정 계획 절차를 제안하는 대신, 실체적인 정의의 개념과 정책 수단을 도출할 것을 제안한다. 이와 관련하여 불평등을 설명하지 못하는 협력적 계획을 비판하기도 한다.

제 4 절 사회정의계획의 적용: 어떤 사회정의이론을 따를 것인가?

다양한 사회정의이론과 계획이론이 존재하는 바, 우리는 어떠한 사회정의이론을 택하는 공공계획 및 정책을 수립하여야 할 것인가? 우선 사회정의에 대하여 강력한 실체적인 이해를 가진 계획가들은 분명한 정치적인 임무에 따른 혜택을 누리게 되지만, 그 대가로는 다른 이상, 이념, 우선순위를 지닌 빈곤한 지역사회들을 배제하는 결과를 가져오는 경향이 있다는 점이다. 반면에 지역사회 참여를 위해서 노력하는 계획가들은 지역사회내의 다양한 의견에 보다 개방적이지만 지역사회내 또는 전체사회내의 불평등을 받아들이는 위험에 처할 수 있다는 점이다. 따라서 우리는 계획가들의 전략들은 각각 장단점이 있다는 점을 이해하여야 한다. 계획가들이 사회정의를 다룰때 고려해야 하는 점은 다음과 같다.

첫째, 사회정의가 무엇인가? 사회정의 개념의 정의는 현재 해결된 것이 아니다. 반대로 사회정의에 대한 많은 관심은 무엇이 사회정의인가 그리고 누가 가장 올바른 대변인인가 하는데 대한 논의를 촉발하게 되었다. 그러나 사회정의가 던지는 함의는 대안적인 미래에 대한 방향성을 의미하며, 거버넌스의 방식 및 조건들에 대한 의문을 던지지 아니하고, 단순히 최적의 또는 효율적인 방안을 추구하는 계획방식으로 부터의 탈피를 의미한다(Brenner et al., 2011). 사회정의를 핵심개념으로 받아들이게 되면, 계획가들은 반사적이도록 만들며, 단순히 효율적이고 최적의 방안들을 추구하고자 하는 기술중심의 계획을 방지하도록 한다.

사회정의는 내적으로 다양한 개념으로 이해되기 때문에, 사회정의가 필요한 경우의 일반적이고 특정한 맥락이 무엇인지에 대한 의논이 있어야 한다. 이것은 두 개의 극단적인 측면을 방지하는 것을 의미한다. 한편, 계획가는 사회정의가 수반하는 것이 무엇인지에 대한 탁월한 지식을 가지고 있지 아니하다. 계획가는 공간의 제반문제를 다루는 자격증과 기술을 가지고 있을지는 모르지만, 이러한 사실은 계획가들이 공정한도시는 무엇이어야 하느냐에 대한 진실을 가지고 있다는 것을 말하는 것이 아니다. 만약에 계획가가 이러한 진실을 가지고 있다고 주장할 때에는, 그들이 문제를 정의하고 방안을 제시하는 능력이 단지 강화될 뿐이다. 이러한 경우의 진실로 공정한 도시를 만드는 데에는 단지 빈곤한 지역사회 주민들에게 자신들의 정의에 대한 이해를 증진하고 그들의 공정도시의 비전을 만들어내는데 참여한 결과에 따라 이루어진다는 점이다. 반면에 계획가는 그들이 일하는 지역사회를 대표한다고 주장해서는 아니 된다. 계획가는 단순히 빈곤 지역사회의 노력을 도와주는 도구로서 봉사한다는 아이디어는 바로 겸손의 전략으로 칭할 수 있다(Bourdieu and Wacquant, 1992: 145). 겸손의 전략이란 지역사회 참여를 설계하고 촉진하기 위해서 단순히 숨어서 권력을 행사하는 것을 말한다. 계획가는 단순히 특정 그룹을 지원하거나 대변할 수 없으나 필요하면 특정 목소리를 존중하는 것이 필요하다고 생각한다. 극단적인 예들 — 하향식 사회정의 또는 상향식 사회정의의 실행 — 은 다른 방향으로 나아가지만, 두 극단적인 경우들은 사회정의란 무엇인가의 논의를 멈추게 만들 위험이 있다. 계획과정에서 진실과 정의를 주장 또는 거부하게 되면, 이는 유사한 결과를 가져온다. 계획가들의 권한이 강화되고 이미 가난한 사람들의 한계화를 가져오게 된다고 한다는 점이다.

둘째, 지역사회운동에서 활동하는 계획가 및 학자들은 자신들의 입장을 평가하는 것이 필요하다. 지역사회 내의 평등을 창출하기 위해서는 불평등과 구조화된 불평등을 원천에 대한 인정이 필요하다. 특권이 어디에서 시작되는지, 지역사회는 어떻게 희소한 자원을 활용하여 그들의 필요를 개선해 나가는지, 자원이 몇몇 제한된 사람들의 손에 집중되면 어떻게 불평등이 야기되는지에 대한 분석을 할 때이다. 계획가들의 공정한 도시의 정의에 대한 개념들은 어떤 사람들에게는 더 가까이, 어떤 사람들과는 마찰이 야기된다. 공개적으로 입장을 표명함으로써, 계획가들은 다양한 비전에 대한 논의에 참여할 수 있다. 계획가들이 자신의 권력과 협력에 대하여 개방적일때, 지역사회와 운동은 그들이 지배적인 주인공이 되는 경향을 줄여준다.

셋째, 계획가와 학자들은 희소한 자원(지식, 기술, 자격)에 대한 특권을 가지고 있다, 이러한 자원들 때문에 이들은 권력을 갖게 되며, 이에 따라서 이들은 이러한 자원들이 힘없고 가난한 지역사회등에게도 가능해지도록 해야한다. 다시말하면, 권력의 원천이되는 자원들을 계획가들의 손으로부터 힘없는 그룹에게로 분산하여야 한다. Soja의 UCLA 도시계획학과의 논의는 이러한 것이 어떻게 수행될 수 있는지에 대한 많은 예시들을 제공하고 있다. 예컨대, 그는 대학자원이 어떻게 힘없는 지역사회에 제공되는지에 대한 설명을 하고 있는데, 학과의 여러 프로그램 중의 하나는 'Community Scholars Program'이다. 지역사회 그룹이 중요한 지식과 기술을 보다 많이 습득할 수록, 이들이 사회정의를 위하여 노력할 때 대학교의 인적자원에 대한 의존도가 낮아진다는 점이다.

요약하면, 정의를 추구하는 계획이란 까다롭고 매우 도전적인 과제이다. 정의의 개념을 계획에 담는다는 것은, 어떻게 정의의 개념이 정의되든, 계획가는 그들의 이상을 곡해한다는 공격에 취약해지게 만든다. 그러나 이러한 취약성은 사회정의 추구에 있어서 필연적인 산물이다. 따라서 정의를 포용하는 계획은 목표를 높이 설정해서 올바른 것을 행하는 것은 불가능하다는 인상을 줄수도 있다. 그러나 결국에는 단순히 적정화를 추구하는 것 보다는 논쟁적인 이상을 행하는 것이 보다 나은 방향이라고 생각된다.

탐구학습

1. 주요개념과 요약

- 사회정의의 의의: 사회정의란 배분적 정의를 의미하며, 배분적 정의란 사회구성원 각자가 자신이 향유하여야 할 사회적, 경제적 가치의 응분의 몫을 누리는 상태를 의미한다. 그러므로 정의는 전통적으로 평등으로 이해되었다. 공공계획 및 정책의 수립 및 시행시 정의는 중요한 역할을 한다. 특히 경제, 환경, 및 형평의 세 가지 목표를 추구하는 지속가능한 발전 패러다임은 내재적으로 사회정의를 진작하고자 한다.
- 사회정의이론: 기존의 사회정의이론들을 분류하는 방식도 학자에 따라서 차이가 있다. David Smith (1994)에 따라서, 사회정의이론은 공리주의(utilitarianism)적 입장(Bentham, Mill), 자유지상주의(libertarianism)적 입장(Nozick), 계약주의(contractarianism)적 입장(Rawls), 평등주의(egalitarianism)적 입장, 맑스주의적 입장, 및 공동체주의(communitarianism)적 입장 등으로 나누어서 발전되어 오고 있다. 사회정의의 유형으로는 세 가지 대표적 유형인 배분적 정의, 과정적 정의, 정책적 정의 등을 들 수 있다.
- 사회정의계획의 형태: 사회정의계획의 형태는 실체적 사회정의와 주민참여를 바라보는 방식에 따라서 구분될 수 있다. 실체적 사회정의의 강·약의 정도와 주민참여의 강·약의 정도에 따라서 네 가지 유형의 사회정의를 위한 계획전략을 유형화 할 수 있다. 이들 네 가지 유형은, 합리적 계획(약한 주민참여와 약한 실체적 사회정의), 협력적 계획(강한 주민참여와 약한 실체적 사회정의; Patsy Healy), 인서전트 계획(강한 주민참여와 강한 실체적 사회정의; Faranak Miraftab), 보편적인 정의를 위한 계획(약한 주민참여와 강한 실체적 사회정의; Susan Fainstein) 등이다.
- 사회정의계획의 적용: 어떤 사회정의이론을 따를것인가?: 정의를 추구하는 계획이란 까다롭고 매우 도전적인 과제이다. 정의의 개념을 계획에 담는다는 것은, 어떻게 정의의 개념이 정의되든, 계획가는 그들의 이상을 곡해한다는 공격에 취약해지게 만든다. 그러나 이러한 취약성은 사회정의 추구에 있어서 필연적인 산물이다. 따라서 정의를 포용하는 계획은 목표를 높이 설정해서 올바른 것을 행하는 것은 불가능하다는 인상을 줄수도 있다. 그러므로 단순히 적정화를 추구하는 것보다는 논쟁적인 이상을 행하는 것이 보다 나은 방향이라고 볼 수 있다.

2. 토론과 과제

- 공공갈등의 해결책으로서 협력적계획의 활용이 강조되고 있다. 사회정의와 관련하여 협력적 계획의 역할과 한계를 설명하시오.
- 도시재생의 사례를 하나들고, 사회정의이론과 사회정의계획의 형태 측면에서 설명하시오.

참고문헌

원제무(2009), 정의 계획(justice planning)이란 무엇인가? 도시정보(325), 2009.4.

이상헌(2003), 환경정의의 철학적 논의와 정책적 함의.

조명래(2013), 개발국가의 환경정의: 한국적 환경정의론의 모색, 환경법연구 35(3): 69-111.

정회성(2003), 환경정책의 불평등 해소를 위한 정책방안 개발에 관한 연구. 환경부 최종보고서

한면희 외 2인(2000), 환경정의와 NGO운동, 환경정의시민연대.

Alexander, E. R.(2005), Institutional Transformation and Planning: From Institutionalization Theory to Institutional Design. *Planning Theory*, 4(3): 209-223.

Arena, J.(2012), *Driven from New Orleans: How Nonprofits Betray Public Housing and Promote Privatization. Minneapolis*, MN: University of Minnesota Press.

Avni, N.(2017), Planning a Just City: Examining Waterfront Redevelopment Projects from a Social Justice Perspective, Unpublished *Doctoral Dissertation for School of Urban Planning*, McGill University, Montreal.

Bedau, H. A.(1967), Egalitarianism and the Idea of Equality. 3-27 in Equality, J. R. Pennock and J. W. Chapman (eds.), *Nomos IX, Yearbook of the American Society for Political and Legal Philosophy*. New York: Atherton Press.

Boone, C. G.(2008), Environmental Justice as Process and New Avenue for Research. *Environmental Justice*, 1(3): 149-153.

Bourdieu, P and Wacquant, L.(1992), *An Invitation to Reflexive Sociology*. Chicago, IL: Chicago University Press.

Brenner, N., Mayer, M., & Marcuse, P. (eds)(2011), *Cities for People, Not for Profit: Theory/Practice*. Oxford: Blackwell.

Campbell, S.(1996), Green Cities, Growing Cities, Just Cities? Urban Planning and the Contradictions of Sustainable Development. *Journal of the American Planning Association*, 62(3): 296-312.

Cardoso, R. & Breda-Vazquez, I.(2007), Social Justice as a Guide to Planning Theory and Practice: Analyzing the Portuguese Planning System. *International Journal of Urban and Regional Research*, 31(2): 384-400.

Cash, C., & Swatuk, L.(2011), Integrated Development Planning in South Africa: Lessons from the Dwars River Valley. *Urban Forum*, 22(1): 53-73.

Connelly, S.(2010), Participation in a Hostile State: How Do Planners Act to Shape Public Engagement in Politically Difficult Environments? *Planning Practice and Research*,

25(3): 333-351.

Conrad, S. M.(2011), A Restorative Environmental Justice for Prison E-Waste Recycling. *Peace Review: A Journal of Social Justice*, 23(3): 348-355.

Fainstein S.(2010), *The Just City*. Ithaca, NY: Cornell University Press.

Fraser, N.(2003), Social Justice in the Age of Identity Politics: Redistribution, Recognition, and Participation. In: Fraser N and Honneth A (eds.) *Redistribution or Recognition: A Political-Philosophical Exchange*. London: Verso, 7-109.

Friedmann, J.(1987), *Planning in the Public Domain: From Knowledge to Action*. Princeton, NJ: Princeton University Press.

Harvey, D., & Potter, C.(2009), The Right to the Just City. In P. Marcuse (Ed.), *Searching for the Just City: Debates in Urban Theory and Practice* (40-51). London; New York: Routledge.

He, J. & Sikor, T.(2015), Notions of Justice in Payments for Ecosystem Services: Insights from China's Sloping Land Conversion Program in Yunnan Province. *Land Use Policy*, 43(1): 207-216.

Healey, P.(1997), *Collaborative Planning: Shaping Places in Fragmented Societies*. Basingstoke: Palgrave.

Healey, P.(2003), Collaborative Planning in Perspective. *Planning Theory*, 2(2): 101-123.

Healey, P.(2006), *Urban Complexity and Spatial Strategies towards a Relational Planning for Our Times*. New York: Routledge.

Holston, J.(2008), *Insurgent Citizenship: Disjunctions of Democracy and Modernity in Brazil*. Princeton, NJ: Princeton University Press.

Howe, H. L.(1994), A Comparison of Actual and Perceived Residential Proximity to Toxic Waste Sites. *Archives of Environmental Health*, 43(6): 415-419.

Konow, J.(2001), Fair and Square: The Four Sides of Distributive Justice. *Journal of Economic Behavior & Organization*, 46(2): 137-164.

Laurent, E.(2011), Issues in Environmental Justice within the European Union. *Ecological Economics*, 70(11): 1846-1853.

Leonard, L. & Pelling, M.(2010), Mobilisation and Protest: Environmental Justice in Durban, South Africa. *Local Environment*, 15(2): 137-151.

Liu, F.(2001), *Environmental Justice Analysis: Theories, Methods, and Practice*. Bca Raton: Lewis Publishers.

Mason, M.(2010), Information Disclosure and Environmental Rights: The Aarhus Convention. *Global Environmental Politics*, 10(3): 10-31.

Mcdonald, D. A.(2002), *Environmental Justice in South Africa.* Cape Town: University of Cape Town Press.

Millner, F.(2011), Access to Eenvironmental Justice. *Deakin Law Review,* 16(1): 189-207.

Miraftab, F.(2009), Insurgent Planning: Situating Radical Planning in the Global South. *Planning Theory,* 8(1): 32-50.

Nicholls, W.(2003), Forging a "Nnew" Organizational Infrastructure for Los Angeles's Progressive Community. *International Journal of Urban and Regional Research,* 27(4): 881-896.

Nozick, R. L.(1974), *Anarchy, State, and Utopia.* Basic Books: New York.

Ntiwane, B., & Coetzee, J.(2018), Environmental Justice in the Context of Planning, *Town and Regional Planning,* 72: 70-83.

Poncelet, C.(2012), Case Study Access to Justice in Environmental Matters: Recent Developments. *International Community Law Review,* 14(2): 179-185.

Rankin, K. N.(2010), Reflexivity and Post-Colonial Critique: Toward an Ethics of Accountability in Planning Praxis. *Planning Theory,* 9(3): 181-199.

Rawls, J.(1971), *A Theory of Justice.* Cambridge: Harvard University.

Sager, T.(1990), *Communicate or Calculate: Planning Theory and Social Science Concepts in a Contingency Perspective.* Stockholm: Nordplan.

Sandercock, L.(1998), *Towards Cosmopolis Planning for Multicultural Cities.* John Wiley, London.

Schlosberg, D.(2004), Reconceiving Environmental Justice: Global Movements and Political Theories. *Environmental Politics,* 13(3): 517-540.

Shield, R.(2017), *Planning and Social Justice: A Theoretical Analysis,* Lincoln Planning Review, 8 (1-2): 64-68.

Simone, A.(2010), On Intersections, Anticipations, and Provisional Publics: Remaking District Life in Jakarta (2009 Urban Geography Plenary Lecture). *Urban Geography,* 31(3): 285-308.

Smith, D. M.(1994), *Geography and Social Justice.* Oxford: Blackwell.

Soja, E.(2010), *Seeking Spatial Justice.* Minneapolis, MN: University of Minnesota Press.

Suddoniene, V. & Matoniene, D.(2009), Land Use Planning in Lithuania and in the United States. In: *Proceedings of the 4th International Scientific Conference Rural Development* (volume 4, book 1), 15-17 October 2009, Akademija, Kaunas region, Lithuania. Lithuania: Lithuanian University of Agriculture, 153-160.

Todes, A.(2004), Regional Planning and Sustainability: Limits and Potentials of South Africa's

Integrated Development Plans. *Journal of Environmental Planning and Management*, 47(6): 843-861.

Todes, A., Karam, A., Klug, N. & Malaza, N.(2010), Beyond Master Planning? New Approaches to Spatial Planning in Ekurhuleni, South Africa. *Habitat International*, 34: 414-420.

Tyler, T. R.(1988), What is Procedural Justice? Criteria Used by Citizens to Assess the Fairness of Legal Procedures. *Law & Society Review*, 22(1): 103-136.

Uitermark, J. & Nicholls, W.(2017), Planning for Social Justice: Strategies, Dilemmas, Tradeoffs. *Planning Theory*, 16(1): 32-50.

Urban Research-Based Action Network (URBAN)(2012), *URBAN Concept Paper*. Boston, MA: MIT-CoLab. Available at: http://web.mit.edu/colab/pdf/work/urban-booklet.pdf

Urkidi, L. & Walter, M.(2011), Dimensions of Environmental Justice in Anti-Gold Mining Movements in Latin America. *Geoforum*, 42(6): 683-695.

Wenz, P. S.(1988), *Environmental Justice*, Albany, NY: State University of New York Press.

Whyte, K. W.(2011), The Recognition Dimensions of Environmental Justice in Indian Country. *Environmental Justice*, 4(4): 199-205.

Young, H. P.(1994), *Equity in Theory and Practice*. Princeton, NJ: Princeton University Press.

제 3 편

계획분석

제 11 장 미래예측

제 1 절 미래예측의 의의

1. 미래예측의 개념

계획은 미래예측에 기초한다. 계획은 본질적으로 미래의 불확실성에 직면해 있다. 그러므로 계획의 실현가능성을 제고하기 위해서는 미래에 대한 정확한 이해와 가정이 요구된다. 성공적인 계획을 위해서는 미래예측이 매우 중요하다. 우리말에서 예측(豫測)은 미리(豫) 헤아려 짐작한다(測)는 것을 의미하고, 영어의 forecasting은 앞으로 일어날 상황에 대해서 미리 아는 것을 의미한다. 그러므로 예측(forecasting)은 미래에 일어날 어떤 시점에 대한 사전적 판단이라고 정의할 수 있다. 이는 미래에 일어날 일에 대한 개연적 판단이다(김해룡, 1993: 336).

그러므로 예측은 기본적으로 미래라는 단어를 내포한다. W. N. Dunn에 의하면, 미래예측은 계획문제에 관한 정보를 토대로 그 사회의 미래상태에 대한 사실적인 정보를 이끌어 내는 것(W. N. Dunn, 1981: 204)이고, E. S. Quade에 의하면, 미래의 상태나 조건을 예상하거나 예측하는 행위이다(E. S. Quade, 1982: 279). 흔히 계획분야에서 미래예측의 개념은 현재의 정보와 자료를 이용하여 미래상태에 관한 정보를 이끌어내는 것으로 이해할 수 있다(박희서, 1999: 104).

한편 예측을 하는 방식은 투사(projection), 예견(prediction), 그리고 추측(conjecture) 등으로 구분해 볼 수 있다. 투사는 현재까지의 역사적인 경향을 장래로 연장하여 미래를 예측하는 방법이고, 예견은 명백한 이론적인 가정을 통하여 예측하는 방법이다. 그리고 추측은 미래상태에 대한 주관적인 판단에 의해 이루어지는 것으로 직관적인 진술 형태를 취하는 것이 일반적이다(권영찬외, 1990: 221-222).

그리고 예측과 관련되어 있는 미래는 세 가지 형태로 잠재적 미래(potential future), 개연적 미래(plausible future), 그리고 규범적 미래(normative future)로 구분할 수 있다(남궁근, 1998: 168-169). 우선 잠재적 미래는 실제로 발생하는 미래상태가 아니라 단순히 발생가능한 미래상태를 의미한다. 개연적 미래는 의사결정가가 방향전환을 시도하지 않으면 자연히 도달하게 될 가능성이 큰 미래상태이다. 그리고 규범적인 미래는 의사결정가가 바람직하다고 생각하는 미래상태를 의미한다.

2. 미래예측의 중요성

현대사회는 매우 복잡하다. 이러한 복잡성은 아이러니하게도 계획의 역할을 더욱 강조하고 있다. 현실세계의 복잡성과 혼란을 극복하기 위한 전략적 수단으로서 계획의 필요성이 등장하는 것이다. 그러나 계획은 그 자체로서 현실세계의 복잡성과 혼란을 극복할 수 없다. 계획이 본질적 기능을 수행하기 위해서는 미래의 바람직한 상태인 규범적 미래, 미래의 자연상태인 개연적 미래 혹은 미래에 발생할 상황인 잠재적 미래에 대한 예측이 매우 중요하다. 미래예측은 기본적으로 계획이 존재하는 기본적 원리이다. 왜냐하면 계획은 미래지향적 활동이기 때문이다.

계획의 목표설정을 위해서는 현재의 상황이 무엇인가에 대한 정밀한 진단을 토대로 하여 미래의 상황에 대한 목표를 설정해야 한다. 계획목표를 설정하기 위해서는 현재와 과거의 정보를 토대로 하여 미래상황에 대한 정확한 예측이 요구된다. 따라서 미래예측은 계획의 성공가능성을 확보하기 위한 필요조건인 것이다.

이러한 미래예측이 계획과정에서 제공하는 유용성을 제시하면 다음과 같다(박희서, 1999: 107-109) 첫째, 미래예측은 소망하는 미래상황이 달성될 수 있도록 하는 혹은 소망스럽지 않는 미래상황이 현실화되지 않도록 하는 구체적인 대안을 모색하게 해 준다. 둘째, 미래예측은 계획문제를 파악하는데 보다 구체적인 정보를 제공하게 된다. 계획문제를 진단하기 위해서는 현재의 정보 뿐만 아니라, 과거의 정보도 필요하기 때문이다. 셋째, 미래예측은 선택된 계획의 효과와 부작용을 파악하는데 활용된다. 이를 통해 어떤 계획이 선택·집행될 경우 계획가는 계획의 성과를 극대화하고 부작용을 최소화하기 위한 방안을 강구할 수 있다. 넷째, 미래예측은 보다 다양하고 획기적인 계획대안을 발굴하는데 활용하거나 대안 선택의 기준과 미래지향적인 가치기준을 확보하는데 도움을 준다.

제 2 절 미래예측의 유형과 방법

1. 미래예측의 유형

미래예측의 유형은 다양한 기준에 의해서 구분할 수 있다. Dunn은 미래예측의 유형을 추세연장적 예측, 이론적 예측, 판단적 예측의 세 가지 유형으로 구분하였다(W. N. Dunn, 1981: 150).

첫째, 추세연장적 접근방법은 과거의 역사적 추세를 바탕으로 예측하는 것이다. 과거부터 현재에 이르기까지 관찰된 역사적 경향을 미래의 시점까지 확장시키는 방법이다. 대표적인 방법으로는 시계열분석에 의한 미래예측을 들 수 있다.

둘째, 이론적 접근방법은 이론적 가정을 기초로 예측하는 것이다. 이론적 가정은 한 사건의 발생을 예견할 수 있는 체계적인 구조를 가지고 경험적으로 검증하는 법칙과 명제를 의미한다. 대표적인 방법으로는 회귀분석을 들 수 있다.

셋째, 판단적 접근방법은 직관적 판단을 근거로 예측하는 것이다. 직관적 판단은 주로 내적 통찰력에 의해 예측을 하게 된다. 이 방법은 추세연장적 접근방법과 이론적 접근방법을 적용하기 어려울때 활용하는데, 대표적인 방법으로는 델파이 기법이 있다.

최근 들어 컴퓨터과학과 통계기법의 발달로 인해 미래예측을 위한 다양한 기법들이 새롭게 제시되고 있다. 새롭게 등장하고 있는 미래예측기법들은 Dunn이 구분한 세 가지 유형의 복합적 형태를 띠기도 한다.

그러므로 Dunn의 구분에 정량적 미래예측과 정성적 미래예측으로 기법을 추

표 11-1 미래예측의 유형

구 분	추세연장적(투사)	이론적(예측)	판단적(추정)
정량적 미래예측	· 시계열분석	· 인과분석 · 시스템 다이나믹스	· 모의실험
정성적 미래예측	-	-	· 델파이기법 · 시나리오 기법 · 실현가능성평가기법 · 브레인스토밍

가하여 미래예측의 유형을 적용하여 미래예측의 유형을 정리하면 〈표 11-1〉과 같다.

2. 정량적 미래예측

정량적 미래예측은 모든 현상을 수적인 가치로 환원하여 통계적 처리를 통해 미래를 예측하는 방법을 의미한다. 최근 들어 컴퓨터과학과 통계기법의 발달로 정량적 미래예측의 방법이 다양화되고 있고, 그 신뢰성도 제고되고 있다. 정량적 미래예측의 대표적인 방법으로는 추세연장예측의 시계열분석, 인과분석, 이론적 예측의 시스템 다이나믹스, 그리고 판단적 예측의 모의실험 등이 있다.

1) 시계열분석

시계열분석(time series analysis)은 시간의 경과에 따른 어떤 변수의 변화경향(trend)을 분석하여 그것을 토대로 미래의 상태를 예측하려는 방법이다. 시간을 독립변수로 하여 과거로부터 현재에 이르는 변화를 분석함으로써 미래를 예측하려는 동태적인 분석방식이다(김신복, 1991: 364-365).

시계열분석은 과거의 변화경향에 관한 계량적인 분석을 토대로 미래를 추정하는 방식이므로 예측의 객관적인 준거를 제시한다. 또한 변화의 유형과 요소들을 분리시켜 파악할 수 있게 하므로 합리적인 판단과 통제에 도움을 준다. 시계열분석은 변화경향이 명료하고 비교적 안정적이며, 이에 관한 자료들이 축적되어 있을 때 활용할 수 있는 예측방법이다. 시계열분석은 분석시 추정의 가정에 따라 선형분석과 비선형분석으로 구분된다.

시계열분석은 시간적 변화에 따른 종속변수의 변화를 추정하는데 매우 유용하다. 예컨대 최근 10년간의 국민소득의 변화추이를 바탕으로 향후 10년간 국민소득의 변화추이를 추정하는 것을 생각해 볼 수 있다. 그러나 이러한 시계열분석은 과거의 추세를 미래에 그대로 연장하기 때문에 미래예측에 다소 한계가 있다. 미래에 등장하게 될 환경변화를 고려하지 못하기 때문에 시계열분석의 추정치가 실제의 미래상황과 큰 차이를 가져올 수 있는 것이다.

2) 인과분석

인과분석(causal anlaysis)은 여러 변수들간의 관계, 특히 독립변수와 종속변수의 인과관계를 분석하여 그 함수관계 내지 모형을 기초로 미래를 예측하는 방법이다. 인과분석은 시계열분석에서 단순히 시간만을 독립변수로 설정한 것과는 달리 시간 이외의 다양한 변수들을 분석에 포함한다. 이는 예측의 타당성을 높여주므로 장점이기는 하지만, 실제 함수관계의 설정이나 자료수집이 어렵다는 단점이 있다. 특히 예측모형이 작성되었다고 하더라도 종속변수를 예측하기 위해서는 독립변수의 예측치가 미리 마련되어야 한다는 애로사항이 있다(김신복, 1999: 292).

이러한 인과분석에서 가장 많이 사용되는 방법은 회귀분석이다. 회귀분석(regression analysis)은 과거의 추세에 관한 시계열자료를 분석하여 변수들간의 함수관계를 나타내는 방정식을 도출한 다음에 그 함수식을 이용하여 이미 알고 있는 독립변수에 관한 전망을 토대로 종속변수의 추정치를 예측하는 방법이다. 원인을 나타내는 독립변수를 기초로 하여 결과를 나타내는 종속변수를 비교적 정확히 예측하는 방법이다. 이러한 회귀분석은 독립변수의 개수에 따라서 단순회귀분석과 다중회귀분석으로 구분된다.

인과분석을 통한 미래예측은 대학수학능력점수에 미치는 독립변수의 요인인 내신성적, 과외시간, 월평균소득수준이 미치는 영향을 분석할 때 적용할 수 있다. 표본을 선정하여 종속변수인 대학수학능력점수와 독립변수인 내신성적, 과외시간, 월평균소득수준에 관한 데이터를 수집한다. 그리고 $Y=f(x)$ 형태의 추정식을 도출한다. 이렇게 도출된 식에 특정 개인의 내신성적, 과외시간, 월평균소득을 입력하게 될 경우, 특정 개인이 받게될 대학수학능력성적을 추정할 수 있게 된다.

그러나 이러한 회귀분석은 개별 독립변수간의 영향력을 분석하지 못하는 한계가 있다. 이를 보완하기 위해서 최근에는 경로분석과 구조방정식모형 등을 활용하기도 한다.

3) 시스템 다이나믹스

시스템 다이나믹스(System Dynamics)는 1960년대 초 미국의 MIT대학의 J. Forrester 교수에 의해서 개발된 기법이다. 이 기법은 복잡한 시스템들의 동태적 행동들과 특성, 의사결정, 시간지연 등이 상호연결된 피드백 구조를 가지고 시나리오별로 결과를 신속히 예측하여 효율적인 대안마련 및 집행이 가능하게 할 뿐 아니라, 결과에 대한 독립변수의 인과구조를 파악할 수 있게 한다. 시스템 다이나믹스는 인과-피드백구조(causal and feedback structure)이다.

시스템 다이나믹스는 시스템 사고(system thinking)를 전제로 하고 있다. 시스템 사고는 사물 자체보다 사물 사이의 관계를 보는 방법이다. 특히 피드백적인 관계를 보기 위한 사고체계이고, 정지된 장면을 보기보다 동태적으로 변화하는 유형을 보기 위한 사고방식이다. 이러한 시스템의 피드백 구조 속에서 다양한 상관관계를 규명하는 시스템 다이나믹스의 특성은 계획을 설계하고 분석하는데 유용하다. 시스템 다이나믹스는 행태보다 구조에 초점을 두고, 외부의 자극이 아니라 시스템 내부의 피드백 구조를 통하여 시스템을 이해하고자 하며, 경험적 데이터에 의존하기 보다는 변수들간의 관계성에 관한 지식에 의존한다.

이러한 시스템 다이나믹스를 이용하여 미래를 예측하기 위해서는 다음의 몇 단계의 과정이 필요하다(J. D. Sterman, 2000: 87). 첫째, 분석의 목적에 적합한 설계를 위해 문제를 인식하고 정의한 후 문제를 발생시키는 다양한 원인 변수들이 어떻게 연결되어 있는가를 피드백 시각에서 설명한 인과지도와 다이어그램을 작성한다. 둘째, 인과지도의 변수들을 저량과 유량, 기타 보조변수로 구분하고, 컴퓨터상에서 시뮬레이션을 위해 모든 변수들을 수학적으로 정의하여 수식을 정하고, 이를 통해 시뮬레이션을 수행하여 모델의 행태를 분석한다. 셋째, 작성된 모델에서 보여주는 주요 변수들의 행태를 과거 통계자료와 문헌자료의 추세에 비추어 극단적인 상황에서 모델이 안정적으로 움직이는가를 검사하면서 모델의 타당성을 평가한다.

이러한 시스템 다이나믹스는 미시적·거시적 환경이 모두 영향을 미치는 지가예측 등에 적용해 볼 수 있다. 지가는 국가경제와 같은 거시적 환경변화에도 영향을 받는 동시에 개별 부동산의 미시적 환경도 영향을 미친다. 아울러 지가는 각종 정부정책도 큰 영향을 미치는 바, 시계열분석 혹은 인과분석보다는 시스템 다이나믹스에 의해 예측하는 것이 보다 바람직할 수 있다. 예컨대 부동산 정책 이후 향후 5년간 지가변동추이는 시스템 다이나믹스에 의해 추정하는 것이 보다 좋을 것이다.

4) 모의실험

모의실험(simulation)의 기본 아이디어는 어떤 실제의 성질, 행태 및 특성들을 연구하고 이해하기 위하여 그 체제를 모방한 어떤 모델을 활용하자는 것이다. 계획분석에서 모의실험은 계획이 어떠한 변화를 가져오는가를 집행 전에 예측할 수 있고, 상황변화에 적합한 새로운 지식과 정보를 산출할 수 있다. 이러한 모의실험은 계획을 실제로 시행하기 어려운 상황에서 대안을 분석하는데 필수적인데, 모의실험은 자료의 조합과 수학적인 모형을 사용하게 된다(강근복, 1994: 151).

모의실험은 계량적인 모형과 자료들을 여러 가지 방식으로 조합하여 실험을 진행할 수 있다. 이러한 모의실험과정에서 예측은 주로 장래의 어떤 시점에서 무엇이 일어날 것인가 하는데 초점을 맞춘다. 그리고 투입되는 어떤 체제의 행태에 대한 모형을 작성하는데 기여하게 되며, 모형은 앞으로 다가올 미래의 어떤 시점에서 무엇이 일어날 것인가를 예측하기 위하여 가상적으로 산출된 자료들을 사용한다.

모의실험의 장점은 시간이나 대안들을 계획가가 적절히 관리할 수 있고, 또 어느 정도로 구체적인 모의실험을 해 볼 수 있는가를 결정할 수 있으며, 비교적 적은 비용으로 시행할 수 있다. 그러나 모의실험은 투입되는 자료가 적절하지 못할 경우에는 실제 예측과 현실은 큰 차이를 가져올 수 있게 된다.

이러한 모의실험은 도시 및 지역계획 분야에 보다 효과적으로 적용될 수 있다. 예컨대 도심의 신호체계 변화에 따른 수용 교통량의 변화, 도심의 고밀도 이용에 따른 교통량의 증가, 혹은 아파트 개발에 따른 도시내 열섬발생 등의 예측을 하기 위해서는 모의실험이 보다 적절할 것이다.

3. 정성적 미래예측

분석가의 주관적 판단에 의해서 미래를 예측하는 것을 정성적 미래예측이라고 한다. 정성적 미래예측은 계량적인 정보와 자료를 구할 수 없거나 불충분한 경우 인간의 판단과 질적인 정보에 의해서 미래의 상황을 예측하려는 것이다. 그러므로 정성적 미래예측은 판단적 미래예측이라고 한다. 이러한 정성적 미래예측의 대표적 방법으로는 델파이기법과 시나리오 기법, 실현가능성평가기법, 브레인스토밍 등이 있다.

1) 델파이기법

델파이기법(delphi technique)은 특정한 주제에 대한 판단을 체계적으로 유도하고, 대조하는 방법이다. 델파이기법은 어떤 문제를 예측・진단・결정하는데 있어 의견의 일치를 볼 때까지 전문가집단으로부터의 반응을 체계적으로 도출하여 분석・종합하는 기법이다.

델파이기법은 본질적으로 한 사람보다는 여러 사람의 전문가에 의존하는 것이 정보의 양이나 판단의 신뢰성 면에서 유리하다는 전제하에 전문가집단의 의견을 조합하는 한 방식이다. 이러한 집단의견을 수렴하는 전통적인 방식은 위원회나 세미나 등 여러 형태의 회의였다. 델파이는 이들 회의를 통한 의견종합방식이 갖는 문제점을 개선하려는 시도에서 비롯된 것이다(강근복, 1994: 158-159). 한편 고전적인 델파이기법과 구분하여 정책델파이(policy delphi)를 활용하기도 한다. 정책델파이는 정책문제의 해결을 위한 대안을 개발하고 대안의 결과를 예측하기 위한 방법이다.

이러한 델파이기법은 다음과 같은 몇 가지 한계가 있다. 첫째, 참여하는 전문가들의 자질과 역량의 문제이다. 특정분야의 전문가들은 자기의 좁은 전공영역에 집착하여 거시적인 전망과 예측을 잘못하는 경우가 많다. 둘째, 델파이과정에서 응답이 불성실하거나 조작될 가능성이 있다. 델파이기법은 익명으로 수행되기 때문에 이러한 경향이 나타날 수 있다. 셋째, 설문 여하에 따라 응답이 달라질 수 있다. 또한 응답의 표현이 모호하여 처리과정이 자의적으로 이루어질 가능성이 있다.

이러한 델파이기법은 인구예측 추정에 적용되기도 한다. 기본적으로 인구예측은 시계열분석에 의한 추세연장법을 적용하는 것이 일반적이다. 그러나 최근 고령화 및 저출산에 따라 인구는 지속적으로 감소하는 추이를 보이고 있다. 따라서 과거 20년간 인구증가율을 토대로 향후 20년 후의 인구를 예측하는 것은 사회환경변화를 적절하게 고려하지 못할 가능성이 크다. 전문가를 대상으로 한 델파이기법을 통해 향후 20년 후 우리나라의 인구를 예측하는 기법을 사용할 수 있다.

2) 시나리오 기법

계획에 있어서 시나리오 기법을 처음 소개한 사람은 H. Kahn이다. 그에 따르면, 시나리오는 결정의 시점이나 인과관계에 초점을 둘 목적으로 설계된 가설적인 일의 순서라고 정의하고 있다. 시나리오 기법은 미래에 발생할 것이라고 예상되는 일련의 일들을 정리해 놓은 것이다(노동조, 2004: 366).

이러한 시나리오 기법이 주목받고 있는 것은 현대사회의 복잡성과 미래사회의 불확실성이 증대되고 있는데 기인한다. 인간이 미래를 정확하게 이해하고 예측할 수 있는 완벽한 방식은 존재하지 않는다. 왜냐하면 미래의 완벽한 불확실성에 휩싸여 있기 때문이다(최항섭외, 2005: 34).

시나리오 기법은 추적(tracking), 분석(analysis), 형상화, 결정, 행동의 다섯 가지 과정을 거치게 된다. 우선 미래에 영향을 줄 현재의 거시적·미시적 환경을 추적하고, 도출된 추세를 분석하여 미래에 벌어질 시나리오를 제시하며, 도출된 시나리오들 중에 가장 소망스러운 미래를 제시해 주는 비전을 형상화한다. 그리고 설정된 비전을 실현하기 위한 대안들을 결정하고, 선정된 대안들을 현실에 적용하기 위한 구체적인 방안을 제시하는 과정을 통해 시나리오를 완성하게 된다(M. Lindgren & H. Bandhold, 2003: 47).

이러한 시나리오 기법의 적용은 다음과 같은 네 가지 접근이 요구된다. 첫째, 시나리오작성과 같은 미래예측이 이루어지는 과정은 특정한 형태의 합의를 모으는 과정이 필요하다. 이해당사자들이 직접적으로 참여하고 스스로 생각하는 바를 정리·조정함으로써 시나리오의 결과가 받아들여져야 한다.

둘째, 시나리오 기법은 시나리오가 적용되는 사회에서 수용될 수 있는 일정한 문화와 인식을 전제로 해야 한다. 시나리오 기법은 장기간의 미래예측에 적용되는 것이 일반적이기 때문에 지역, 사회, 조직적 차원에서 모두 수용될 수 있는 합의를 찾는데 초점을 두어야 한다.

셋째, 시나리오 기법의 타당성이 제고되기 위해서는 시나리오 작성과정에서 제3자의 의견을 반영해야 한다. 따라서 1차적으로 작성된 시나리오는 제3자의 의견을 수집하고 확인하는 과정을 거쳐야 할 것이다.

넷째, 시나리오 기법을 활용하기 위해서는 보다 체계적이고 광범위한 과학적 지식이 요구된다. 과학적인 방법론을 최대한 사용하고, 이에 부가적으로 미래를 내다보는 논리적 정합성이 갖추어져야 한다.

이러한 시나리오 기법은 미래상황이 매우 불확실하고 혼란적 상황에서 사용할 수 있다. 미 국무성의 경우 테러에 대한 여러 가지 시나리오를 준비한다. 만약 어떠한 테러가 발생하였을 경우, 가장 우선적으로는 유사한 시나리오를 채택하고 그 시나리오에 따라 대응한다. 이것은 미래의 불확실성에 대비해서 최선의 대응방안을 모색하기 위한 노력이다.

3) 실현가능성평가기법

실현가능성평가기법(feasibility assessment technique)은 계획가가 여러 대안들의 채택이나 집행을 지지하거나 반대함에 있어서 의사결정가들로 하여금 예상되는 영향에 관하여 예측하는 것을 도와준다. 실현가능성평가기법은 정치적 갈등이 존재하고 권력이나 기타 자원들의 배분이 동등하지 않은 조건하에서 대안을 정당화 시키려는 시도와 예상되는 결과를 가늠하는 문제에 적합하다(나기산, 1994: 301).

실현가능성평가기법은 대안선택이나 계획집행을 포함하여 의사결정과정의 어느 단계에서 계획가들의 행태를 예측하는데 이용할 수 있다. 이 기법이 특히 유용한 것은 다른 직관적 예측기법들을 살펴볼 때, 이미 직면했던 중요한 문제점을 해결한다는 점이다. 실현가능성평가기법은 계획분석에서 정치적 실현가능성과 계획집행의 문제를 소홀히 하는 많은 우려를 해결하는 방법이다. 이 기법은 계획가로 하여금 계획의 채택과 집행에 중요한 조직적 요인과 정치적 요인을 적절히 밝힐 수 있게 해준다.

실현가능성평가기법은 계획가로 하여금 정치적·조직적 문제를 해결하기보다는 명확한 주관적 판단을 내리도록 강요한다. 실현가능성평가기법은 계획가가 대안에 따라 체계적으로 고려할 수 있게 해준다. 그러나 이러한 기법은 주관적 판단을 뒷받침하는 가정이나 논증을 입증할 수 있는 체계적인 방법을 제시하지 못한다.

4) 브레인스토밍

브레인스토밍(brainstorming)은 다양한 아이디어를 자유스럽게 제안함으로써 가능한 한 많은 아이디어를 얻기 위한 기법이다. 이 기법은 문제를 해결할 수 있는 여러 가지 대안을 모색할 뿐만 아니라, 미래상황이 어떻게 전개될 것인가와 계획이 어떠한 변화를 초래할 것인가를 예측하는데 이용할 수 있다. 이러한 브레인스토밍은 델파이기법과 비교할 때 익명성이 보장되지 않는다는 차이가 있다.

브레인스토밍을 효율적으로 추진하기 위해서는 A. F. Osborn이 제시한 네 가지 규칙이 반드시 전제되어야 한다. 첫째, 비판은 배제된다. 효율적인 브레인스토밍을 위해서는 아이디어에 대한 비판은 유보되어야 한다. 둘째, 자유스러운 환경이 보장되어야 한다. 암묵적 아이디어가 오히려 좋은 성과를 도출하기 때문이다. 셋째, 다다익선이다. 아이디어가 많으면 많을 수록 미래예측은 더욱 정교해진다. 넷째, 결합과 개선이 이루어져야 한다. 새로운 아이디어를 제시하는 것뿐만 아니라 남의 아이디어를 어떻게 더 개선할 수 있는지 다른 아이디어와 어떻게 결합할 수 있는가에 대한 제안이 이루어져야 한다(신민정, 2003: 64).

이러한 브레인스토밍은 다음과 같은 몇 가지 단계를 거치게 된다(Dunn, 1981: 128-130). 첫째, 다양한 좋은 아이디어를 많이 얻기 위해서 다루고자 하는 문제에 정통한 전문가들과 상상력이 풍부하고 선입견에 구애받지 않는 독창적인 사람들을 중심으로 집단을 구성한다. 둘째, 좀더 많은 아이디어를 얻기 위해서 아이디어에 대한 평가를 배제하고, 가급적 많은 아이디어를 수집하도록 한다. 셋째, 모든 아이디어가 제안되고 나면 제안된 아이디어에 대한 평가와 종합을 한다.

제 3 절 미래예측의 활용방안

계획결정과정에 있어서 미래예측이 효율적으로 활용되기 위해서는 미래예측의 활용을 위한 제도화가 중요하다. 계획수립과정에서 문제인식, 목표설정, 대안모색 등의 단계에서 미래예측의 활용을 하나의 기본적인 절차로 규정하는 것이 필요하다. 예컨대 공공투자사업의 경우 사업의 시행전후에 대한 미래예측을 정량적 · 정성적 기법을 적용하여 추진하는 것을 제도화하는 것도 필요하다. 현재는 환경영향평가제도와 비용편익분석을 통한 타당성분석 수준에 머무르고 있지만, 보다 종합적인 차원에서 미래예측기법이 활용되어야 할 것이다.

현대사회는 매우 복잡하고 불확실하다. 그래서 어떤 계획의 수립과 집행과정에서 야기될 수 있는 문제를 예측하기에 많은 어려움이 있다. 그 결과 미래를 지향하는 계획은 미래예측적 능력이 필수적으로 요구된다. 최근들어 컴퓨터과학과 통계기법의 발달로 인해 방대한 자료를 구축할 수 있을 뿐만 아니라, 컴퓨터를 이용해서 손쉽게 분석을 할 수 있다. 이런 환경변화로 인해 정량적 미래예측기법이 과거에 비해서 폭 넓게 활용되고 있다.

정량적 미래예측기법은 객관적인 자료를 바탕으로 미래예측을 하기 때문에 가정과 논거에 대한 객관성을 확보하고 있다. 또한 미래예측의 결과를 통계적 확률로써 설명이 가능하고, 예측결과에 대한 신뢰성을 확보할 수 있다. 반면에 정량적 미래예측기법은 과거와 현재의 자료를 바탕으로 하고 있어 미래의 변화되는 환경을 적극적으로 고려하지 못하고 단지 추세를 연장하는 한계가 있다.

한편 정성적 미래예측은 객관적 자료가 확보되지 않을 때 주로 활용하는 방법으로 인간의 주관적 판단에 근거를 하고 있다. 그러나 정성적 미래예측은 다양한 분야의 전문가가 참여해서 과학적 지식과 미래에 대한 직관을 통해 미래예측을 하고, 경우에 따라서는 오히려 정량적 미래예측보다 더 정확하다고 할 수도 있다. 이처럼 정량적 미래예측과 정성적 미래예측은 장단점이 있으나, 이들 두 방법을 미래예측의 목적과 대상에 따라 적절히 선택하거나, 혹은 두 가지 접근방법을 혼용하여 미래예측을 해야 할 것이다.

마지막으로 미래예측기법이 계획과정 전반에 걸쳐 활용되기 위해서는 미래예측의 정확성이 제고되어야 한다. 이를 위해서는 우선 미래예측을 위한 기초자료의 구축이 매우 중요하고, 미래예측에 참여하는 전문가의 폭넓은 식견과 객관성 유지가 절대적으로 필요하다. 아울러 미래예측의 결과를 제3자가 객관적으로 검증하는 스크린 과정을 거쳐야 할 것이다.

탐구학습

1. 주요개념과 요약
   - 미래예측의 개념과 중요성
   - 미래예측의 유형: 추세연장적 예측, 이론적 예측, 판단적 예측
   - 정량적 미래예측: 시계열분석, 인과분석, 시스템 다이나믹스, 모의실험
   - 정성적 미래예측: 델파이기법, 시나리오 기법, 실현가능성평가기법, 브레인스토밍
   - 미래예측의 활용방안

2. 토론과 과제
   - 계획분석에서 미래예측의 개념과 중요성에 대해서 설명하시오.
   - 정량적 미래예측과 정성적 미래예측의 장단점을 비교 설명하시오.
   - 향후 20년 후의 우리나라 인구예측을 위한 기법에 대하여 설명하시오.

참고문헌

강근복(1994), 정책분석론, 서울: 대영문화사.

김신복(1999), 발전기획론, 서울: 박영사.

김해룡(1993), "행정상의 미래예측의 법리", 공법연구, 제21집, 한국공법학회.

나기산 외(1996), 정책분석론, 서울: 법문사.

노동조(2004), "시나리오 기법을 통한 도서관 서비스의 미래예측에 관한 연구", 한국도서관정보학회지, 제35권 제43호.

노화준(1999), 정책분석론, 서울: 박영사.

박희서(1999), "정책결정과정에 있어서 미래예측의 효과적인 활용방안에 관한 연구", 통일문제연

구, 제15권, 조선대 통일문제연구소.
최항섭 외(2004), 미래 시나리오 방법론 연구, 정보통신정책연구원.
Dunn, W. N.(1994), *Public Policy Analysis*, N. J.: Prentice-Hall.
Lindgren, N. & H. Bandhold(2003), *Scenario Planning: The Link between Future and Strategy*, New York: Palgrave Macmillan.
Streman, J. D.(2000), *Business Dynamics: System Thinking and Modeling for Complex World*, McGraw-Hill Company Inc.

제 12 장 계획정보

제 1 절 계획정보의 의의

1. 계획정보의 개념

정보는 그것이 무엇에 관한 것이며, 어떻게 구성된 것이고, 누가 어떠한 목적으로 사용하느냐에 따라서 그 내용이 달라지게 된다(강신택, 1999: 209). 이와 마찬가지로 계획에 동원되는 정보의 기능 및 활용방법에 대해서도 계획입안자, 일반학자, 계획실무자, 정보실무자들 사이에 합의가 이루어져 있지 않은 상태이다.

정보(information)란 사전적으로는 '알려지는 사실(being told)'과 '사실이 전달되는 행위(telling)'의 두 가지 의미를 지니고 있다. 정보는 대체로 자료(data)나 지식(know- ledge)과 유사한 용어로 사용되기도 한다. 그러나 자료는 개인이나 조직에 가치가 평가되지 않은 채 존재하는 원 자료(raw data)이고, 지식은 정보가 모여 개인이나 조직에 가장 유용하게 활용될 수 있도록 조작화 · 체계화된 것이다(최신융 외, 2003: 381-382). 이에 반해 정보는 개인이나 조직에 도움이 되는 원 자료들은 가공 · 처리함으로써 새롭게 획득할 수 있는 자료들을 말한다.[1] 이러한 정보의 정의에 따르면, 계획정보는 계획과정 전반에 걸쳐 각 계획활동에 유용하도록 구성된 자료를 의미하며, 계획형성에만 국한하여 중요성을 갖는 것은

1) 자료(data)는 현실세계에 실재하는 원 자료(raw data)를 말하고, 정보(information)는 원 자료를 필요한 상태로 가공 · 처리한 것을 말한다. 지식(knowledge)과 이론(theory)은 정보를 이용하여 인과관계와 함수관계를 규명하여 진술한 것이고, 지능(intelligence)은 지식과 이론을 활용한 문제해결능력을 말한다. 지혜(wisdom)는 지능보다 한 단계 높은 차원의 초지적 인간능력을 말한다.

아니다. 계획에 동원되는 정보는 계획입안자에게 계획형성단계뿐만 아니라 계획의 전 과정을 통하여 요구되는 것이다.

이러한 논의를 종합하여 보면 계획에 동원되는 정보는 계획과정에 필요한 정보로서, 계획환경에 관한 정보, 문제와 수단에 대한 정보, 계획대상집단을 비롯한 주민의 의견과 반응에 대한 정보, 계획의 집행실태에 대한 정보, 그리고 계획실행으로 가져오는 효과에 관한 정보 등이 모두 계획정보를 구성하는 것이라고 할 수 있다(강근복, 1990: 3).

2. 계획정보의 중요성

불확실성과 정보의 비대칭성은 의사결정가의 정보수집을 제한하거나 의사결정에 막대한 영향을 미칠 수 있다. 불확실성하에서 인간의 결정행위는 대체로 '최종행동(terminal move)'과 '정보관련행동(informational move)'으로 양분될 수 있다(전상경, 1997: 279). 정보관련행동은 최종의사결정을 내리기 전에 의사결정에 필요한 정보들을 획득하고, 그에 따라 최선의 대안을 선택하는 것을 말한다. 따라서 어떠한 정보를 수집하여 어떻게 활용하는가가 최선의 대안의 선택에 있어서 매우 중요하다. 계획과정과 관련하여 볼 때 합리적인 계획결정 및 집행을 위해 필요한 계획정보의 종류와 양은 날로 증대되고 있다. 따라서 의사결정체제는 합리적이고 분석적인 절차에 의존할 필요성이 점점 더 높아지고 있으며, 이를 위한 계획정보의 수집 · 관리 · 활용의 필요성이 강조되고 있다. 문제에 대한 정확한 분석과 문제해결을 위한 대안의 탐색 · 개발, 이들 간의 비교 · 평가는 결국 문제와 관련된 정보, 대안과 관련된 정보를 수집하고 분석하는 것과 관련성이 크다. 수준 높은 정보의 산출을 위한 분석적 활동이라 할 수 있는 목표의 구체화를 제대로 수행하기 위해서는 무엇보다도 충분성, 신뢰성, 적절성 등이 고려된 다양한 정보의 수집, 관리 및 활용이 매우 중요하다.

제 2 절 계획정보의 조건과 형성

1. 계획정보의 조건

계획분석에 활용되는 정보는 계획의 성패를 결정짓는 핵심적인 요소임에 틀림없다. 다양한 형태로 존재하고 계속적으로 제공되는 정보의 홍수 속에서 계획에 동원되는 정보가 갖추어야 할 요건을 제시해 보면 다음과 같다(강근복, 1994: 279-281).

첫째, 적시성이다. 이는 계획정보의 수집과 활용이 정보이용자가 원하는 시간 내에 이루어져야 하고, 상황의 변화에 따라 신속히 작동될 수 있도록 구성되어야 하는 것을 의미한다. 둘째, 신뢰성이다. 정보의 정확성과 명료성은 문제해결능력을 증진시켜줄 수 있으며, 정보에 대한 왜곡이나 오류를 방지할 수 있다. 셋째, 수정가능성이다. 좋은 정보는 기존 지식을 보완하고 수정할 수 있어야 한다. 불확실성이 증가하는 현대 사회에 있어서 상황변화에 맞추어 정보를 수정하고 보완하는 것은 적시성과 적실성을 갖춘 정보를 확보한다는 차원에서 반드시 필요한 것이다. 넷째, 포괄성이다. 계획정보는 현재뿐만 아니라 미래에 요구될 것으로 예상되는 정보까지 모두 포함해야 한다. 따라서 계획정보는 시간적인 차원에서 과거, 현재, 미래, 공간적으로는 광역적, 내용면에서는 모든 영역에 관련되는 다양한 분야를 포함하고 있어야 한다. 다섯째, 공유성이 있어야 한다. 계획의 전 과정이 합리적으로 이루어지기 위해서는 체제내뿐만 아니라 체제간의 활발한 정보교류가 필요하다. 수집된 정보는 체계적으로 정리되어 공유되어야 하며, 정보에 대한 접근이 용이하고 이해하기가 쉬워야 한다. 이러한 과정은 효과적인 계획과정을 위해서 필수적인 것이다. 여섯째, 정보수집 및 활용을 위한 비용이 저렴해야 한다. 여기서 말하는 비용이란 정보수집 및 활용을 위해서 투입되는 인적·물적 자원을 의미한다. 좋은 정보란 질적으로 우수하면서 정보획득 비용이 정보이용에 따르는 편익과 비교하여 적정수준에 달하는 것을 말한다. 따라서 아무리 좋은 정보라고 하더라도 정보획득 비용이 높은 정보는 결국 계획전체의 비용의 증가를 초래하기 때문에 좋은 정보라고 할 수 없는 것이다.

2. 계획정보의 형성

계획정보화 과정은 일반적인 정보활동과 마찬가지로 계획정보의 수집, 분석, 보존, 전달로 이루어지게 된다. 이를 좀더 세분화하면 계획정보화의 과정은 ① 정보의 수집(data gathering), ② 정보의 처리(data processing), ③ 정보의 분석 및 처리(information analysis or processing), ④ 정보의 보존(information storage and memory), ⑤ 정보의 전달 또는 분배(information delivery or distribution)로 구성된다(이윤식, 1990: 346- 355: 강신택, 1985: 218-223).

1) 정보의 수집

정보의 수집단계에서 정보활동의 지침이 되는 것은 계획과정에 관련된 자료를 가능한 한 많이 수집하고, 필요한 자료가 간과되지 않도록 관련 주제를 지속적으로 인식하며, 궁극적으로 정보의 왜곡을 최소화하는 것이다.

2) 정보의 처리

정보의 처리단계는 크게 정보수집의 다른 한 부분으로서, 주어진 정보로부터 달성하고자 하는 목적에 도움이 되는 정보를 획득하는 과정으로 수집된 정보를 목적에 따라 가공・처리하는 것이다. 오늘날과 같이 사회가 고도화・복잡화되고, 접근할 수 있는 정보가 많아질수록 정보의 처리단계는 효율적인 의사결정을 위해서 아주 중요한 것으로 여겨지게 된다.

3) 정보의 분석 및 처리

정보의 분석은 획득된 정보의 가치와 활용가능성 등을 중심으로 하여 이루어지며, 기존 정보의 조직화, 분석 등을 위한 여러 방법과 기법들이 있다. 정보분석을 통하여 수집된 정보의 기각 혹은 정보의 재수집 활동이 이루어지고, 이 과정에서 정보가 보다 더 구체화되고 유용성있게 변화되며, 정보들간의 관계를 가지고 새로운 정보를 창출하여 부가적인 가치를 창출할 수 있게 된다. 분석은 정보를 어떻게 활용할 것인가와 문제해결 대안을 마련하는데 주안점을 두고 이루어진다. 정보의 분석을 위해서 가장 필요한 것은 분석가의 객관성이라고 할 수 있다. 외부 환경적 요인, 개인 혹은 조직의 이해관계, 분석가의 편견 등으로 인하여 분석의 객관성이 저해될 수 있기 때문이다.

4) 정보의 보존

정보의 보존단계는 수집·분석된 정보를 장차 필요한 경우에 대비하여 일정한 기준과 분류방식에 의거하여 체계적으로 저장하는 것을 의미한다. 정보는 필요한 즉시 생산되어 활용되고 이용된 후에는 곧 바로 소멸되어 버리는 것이 아니다. 자료와 정보는 계속하여 수집되기 때문에 이용할 때까지 보관하여야 하며, 일단 이용이 끝난 정보(potential information)도 다시 이용할 때까지 저장할 필요가 있다(강신택, 1999: 222).

5) 정보의 전달 및 분배

생산된 정보는 정보이용자에게 전달되고 이용될 수 있어야 한다. 이 경우 신속성과 개방성이 중요하게 고려되어야 한다. 먼저 신속성은 유용한 정보가 정보이용자에게 빠르고 정확하게 전달되어야 한다는 것을 의미한다. 정보제공의 신속성을 위해서는 잘 구조화된 분류체계와 함께 정보체계[2)]가 제대로 구축되어 있어야 하고, 정보이용자가 이를 잘 활용할 수 있어야 한다. 다음으로 정보의 전달과정 중에서 개방성을 고려하여야 한다. 정보의 특징에 따라서 개방이 금지된 것도 있기 마련인데, 이 경우 정보이용자들의 접근이 용이할 수 있도록 비밀정보의 범위가 최소화되고, 비밀정보의 요건에 대한 명확한 규정이 필요하다. 그리고 오늘날과 같은 정보화사회에서는 정보에 대한 단순개방뿐만 아니라 접근성 향상도 필요하다.

---

2) 정보체계는 유형화의 정도에 따라 협의의 정보체계와 광의의 정보체계로 나누어 볼 수 있다. 협의의 정보체계는 조직의 각 계층에 따라 필요로 하는 정보가 다른 점에 착안하여 운영되는 것으로써 전산자료처리시스템(electronic data processing system: EDPS), 관리정보시스템(management information system: MIS), 의사결정지원시스템(decision making support system: DSS), 중역정보시스템(executive information systems: EIS), 전문가시스템(expert systems: ES) 등이 있다. 광의의 정보체계는 개방화와 정보기술의 고도화에 따른 각 조직뿐만 아니라 시민정보의 종합화를 의미하는 것으로 계획의 효율성과 효과성을 추구하는 것이기도 하다. 그 예로는 분산처리체제(distributed system), 분산의사결정체제(distributed decision-making system: DDMS), 공동활용 데이터베이스관리체제(data base management system: DBMS) 등이 있다(최신융 외, 2003: 383-386).

제 3 절 계획정보의 확보방법

1. 조사대상의 범위에 따른 확보방법

계획정보의 확보방법 가운데 하나는 조사대상의 범위에 따라 전수조사(complete enumeration)와 표본조사(sample survey)로 구분된다. 이러한 구분은 계획자료가 가지는 특성 가운데 모집단(population)과 표본(sample)의 크기에 따른 것으로, 모집단과 표본의 크기가 같을 경우 전수조사, 표본의 크기가 작을 경우 표본조사로 구분한다. 표본조사에서는 표본의 크기가 하나인 경우를 사례조사라 한다.

1) 전수조사

전수조사는 관심의 대상이 되는 집단 내의 모든 개체들을 조사하는 방법이다. 정부에서 실시하는 인구주택총조사가 전수조사의 대표적인 예이다. 전수조사에서는 모든 관심 대상들을 다 조사하므로 일반적으로 엄청난 인력과 예산, 그리고 시간을 필요로 한다.

그림 12-1 조사대상의 범위에 따른 계획정보

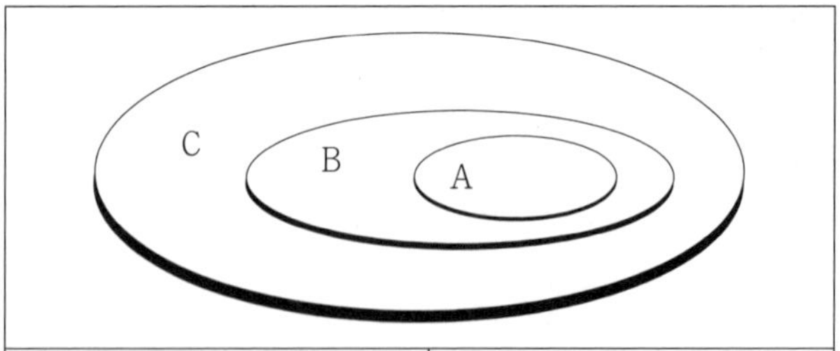

A: 사례조사(s=1)
B: 표본조사(1〈s〈P)
C: 전수조사(s=P)

S: 표본(sample)
P: 모집단(population)

2) 표본조사

표본조사는 관심의 대상이 되는 전체 집단 중 일부의 부분집단을 선택한 후 그 일부집단을 조사하여 얻은 데이터를 이용하여 전체집단의 특성을 추정하는 통계조사 방법이다.

3) 사례조사

사례조사는 연구자가 일정한 사회의 구체적인 개인, 가정, 단체, 기구, 그리고 지역사회 등을 조사단위로 설정하고, 이것을 깊이 조사하는 것이다. 그러므로 조사자는 조사대상과 관계가 있는 현상, 과거의 경험, 그리고 환경요소 등에 대한 여러 가지 자료를 수집한다.

2. 조사대상의 지점에 따른 확보방법

계획정보의 확보방법 가운데 다른 하나는 조사대상의 지점에 따라 직접조사와 간접조사로 구분이 되고, 직접조사는 관찰법, 면접법, 설문지법 등이 있으며, 간접조사에는 문헌조사, 내용분석 등의 방법이 있다.

1) 직접조사

(1) 관찰법

관찰법은 조사대상에게 직접적인 질문을 하지 않고 조사대상을 조사자가 관찰 등의 방법을 통해서 필요한 자료를 수집하는 방법이다. 관찰법에는 관찰과정의 구조화 및 체계화의 정도에 따라 구조적 관찰(structured observation) 또는 체계적 관찰(systematic observation)과, 비구조적 관찰(unstructured observation) 또는 비체계적 관찰(un-systematic observation) 등 두 가지로 분류될 수 있다(김광웅, 1996: 386-396). 둘째, 참여여부에 따라 참여관찰(participant observation), 비참여관찰(non-participant observation), 그리고 준참여관찰(quasi-participant observation) 등 세 가지로 나누어진다. 그 외에도 관찰자의 관찰여부에 따라 직접관찰과 간접관찰로 나뉘어 지며, 통제여부에 따라 통제관찰과 자연적 관찰로, 관찰도구에 따라 인간의 관찰과 기계적 관찰로 나누어 진다.

관찰법의 장점으로는 첫째, 자료를 즉시 포착할 수 있고, 둘째, 자료수집과정에서 발생할 수 있는 오차를 줄일 수 있으며, 셋째, 언어나 문자의 제약 때문에 측정하기 어려운 사실도 조사할 수 있다는 점 등을 들 수 있다. 단점으로는 첫째, 관찰이 불가능한 경우가 있고, 둘째, 관찰 자료를 일반화하기에 어렵다는 점, 셋째, 관찰자의 시간적·공간적 한계, 그리고 지적능력의 한계 때문에 관찰대상 전부를 동시에 관찰하기 어렵다는 점 등을 들 수 있다(남궁근, 2003: 368-369).

(2) 면접법

면접법은 언어를 통한 대화를 수단으로 하여 조사연구에 필요한 자료를 수집하는 방법이라고 할 수 있다. 면접의 종류는 면접에서 사용하는 질문의 조직화 정도에 따라 조직적 면접(structured interview)과 비조직적 면접(unstructured interview)으로 구별되거나, 표준적 면접(standardized interview)과 비표준적 면접(unstandardized interview)으로 구분되기도 한다. 그리고 표준적 면접과 비표준적 면접 사이에 양자와 중간 형태로 절충된 반표준적 면접(semi-standardized interview)이 추가될 수 있다. 면접의 종류를 구분하는 다른 방법으로서는 피면접자를 만나는 방법에 따라서 직접면접(face to face interview)과 전화면접(telephone interview)으로 구분할 수 있다.

(3) 질문지법

질문지법은 미리 준비된 질문지를 조사대상이 응답하고 기입하도록 하게 하여 자료를 수집하는 방법으로서 실태조사에서 가장 많이 사용되고 있는 자료수집 방법이다. 질문지법의 유형으로는 조사자가 응답자를 일일이 찾아 나서는 직접대면조사(face to face survey or interview), 응답자를 한 장소에 모아서 하는 집단조사(group survey or administration), 응답자에게 질문지를 우송하는 우송조사(mail survey), 그리고 응답자에게 전화를 걸어서 질문문항들에 대한 응답을 받는 전화조사(telephone survey) 등이 있다(이관우, 1974: 121-125). 최근에는 인터넷조사가 많이 활용되고 있다.

질문지법을 이용하여 자료를 수집하는 것은 보통 여섯 개의 단계로 이루어진다. 첫째, 자료수집 목적에 대한 분명한 제시, 둘째, 자료수집과 관련된 변수들에 대한 정의, 셋째, 문항개발, 넷째, 질문지 구성, 다섯째, 질문지의 오류를 줄이기 위한 사전조사(pretest)를 통한 질문지 수정 및 조사, 여섯째, 조사결과에 대한 해석이 그것이다(G. R. Miller & M. L. Whicker, 1999: 87).

2) 간접조사

간접조사는 연구보고서, 통계자료집 등 기존 문헌을 조사하여 필요한 자료를 수집하는 방법이다.

(1) 문헌조사

문헌조사는 문헌을 통하여 자료를 수집해서 연구하는 방법이다. 여기서 문헌(documents)은 정부간행물이나 공문서·공공단체의 문서·신문 및 잡지 등의 공적 문헌, 자서전·일기·편지 등과 같이 개인의 자료인 사적 문헌, 역사연구에 사용되는 문헌으로서 기록물·증언·비문 등의 사료(史料), 인구통계·물가통계 등의 통계적 자료, 학술논문이나 저서 등의 기존 연구문헌 등으로 분류할 수 있다. 이러한 문헌조사방법은 기존에 수집된 자료를 재분석(re-analysis)할 때 주로 사용되며, 자료의 분석단위가 다르거나, 조작적 정의가 다른 경우에 사용하기 어렵다는 문제점이 있다(남궁근, 2003: 364).

(2) 내용분석(content analysis)

내용분석은 문헌조사방법의 대표적인 유형의 하나로서 신문내용을 연구하기 위한 저널리즘 연구자들에 의해 시작된 후 대중매체에 대한 연구에 활용되어 왔으며, 최근 다른 여러 분야에 채택되어 활발히 사용되고 있다.

내용분석은 가치, 태도, 성향, 인간성 등 다양한 심리적 변수를 효과적으로 측정할 수 있는 장점이 있다. 반면에 시간·노력이 너무 많이 들고 자료자체뿐만 아니라 분석에 있어서 신뢰성이 문제될 수 있다.

내용분석의 절차는 체계화된 관찰의 절차와 거의 동일하다. 단지 체계적 분석을 비언어적 관찰이 아니라, 문서에 적용시킨다는 점에서 차이가 있다. 기본적 절차에 관해 학자들에 따라 차이가 있지만, 대체로 연구문제와 가설의 설정, 연구설계, 분석카테고리의 설정, 분석단위의 결정, 집계체제의 결정 및 분석, 결과의 해석 등이다(D. Riffe & S. Lacy, 1998). 이러한 내용분석은 의사전달의 내용을 분석대상으로 하고 있고, 메시지에 함축되어 있는 내용까지 분석할 수 있다는 특징을 지니고 있다.

3. 조사방법의 조작성에 따른 확보방법

계획정보의 확보방법 가운데 또 다른 하나는 조사방법의 조작성 여부에 따라 실험연구와 비실험연구로 구분된다. 실험연구는 현지실험과 실험실실험으로 구분되고, 비실험연구는 델파이기법과 브레인스토밍, 모의실험, 전화조사와 우편조사, 그리고 최근 많이 사용되고 있는 전자조사방법이 있다.

1) 실험연구

실험이란 현상을 인위적으로 일으키는 것을 의미한다. 일반적으로 특정한 요인을 제외한 다른 모든 요인을 통제한 상태에서 비교연구하는 것으로, 두 개의 요소 사이에는 어떤 인과관계가 존재한다는 가설을 검증하는 것이다. 통제된 두 개의 상황을 비교함으로써 인과적 가설을 검증하는 것이라고 할 수 있다.

실험연구는 실험상황에 따라 현지실험연구(field experimental study)와 실험실실험연구(laboratory experimental study), 실험조작이나 통제정도에 따라 전실험연구(per-experimental study), 진실험연구(true experimental study), 준실험연구(quasi- experimental study)로 그 유형을 구분할 수 있다.

일반적으로 실험은 자연과학의 가장 중심적인 연구방법으로 사용되고 있고, 사회과학은 자연과학의 실험방법처럼 엄격한 의미의 실험을 사용하기 어렵기 때문에 실험방법의 기본적인 논리나 원리를 응용하는 사회실험 또는 준실험연구를 많이 이용한다.

2) 비실험연구

(1) 델파이기법

델파이기법(delphi technique)은 여러 전문가로부터 유능한 식견을 모으고 교환하고 발전시키는 직관적이고 판단적인 예측기법이다(권영찬 · 이성복, 1990:

229).[3] 델파이기법에는 몇 가지 기본원칙이 있는 바, 첫째, 익명성(anonymity), 둘째, 반복(iteration), 셋째, 통제된 환류(controlled feedback), 넷째, 통계처리(statistical group response), 마지막으로 전문가 합의(expert consensus)가 그것이다. 한편 최근의 정책델파이에서는 첫째, 선택적 익명(selective anonymity), 둘째, 식견 있는 다수의 대변(informed multiple advocacy), 셋째, 양극화된 통계처리(polarized statistical response), 넷째, 구성된 갈등(structured conflict), 다섯째, 컴퓨터 회의방식(computer conference)이라는 새로운 원칙이 적용되고 있다(나기산 외, 1996: 288-290).

(2) 브레인스토밍

브레인스토밍(brainstorming)은 문제상황을 식별하고 개념화하는데 도움을 주는 아이디어, 목표, 전략 등을 도출하기 위한 방법이다(나기산 외, 1996: 212).[4] 일정한 테마에 관하여 회의형식을 채택하고 구성원의 자유발언을 통한 아이디어의 제시를 요구하여 발상을 찾아내려는 방법이다.

브레인스토밍은 다음과 같은 세 가지의 가정에서 출발한다. 첫째, 한 사람보다 다수의 사람들이 제기하는 아이디어가 많다. 둘째, 아이디어 수가 많을수록 질적으로 우수한 아이디어가 나올 가능성이 많다. 셋째, 일반적으로 아이디어는 비판이 가해지지 않으면 많아진다. 브레인스토밍은 일종의 자유연상법이라고도 할 수 있다.[5]

(3) 모의실험

모의실험(simulation)은 복잡한 문제를 해석하기 위하여 모델에 의한 실험, 또는 사회현상 등을 해결하는 데서 실제와 비슷한 상태를 수식 등으로 만들어 모의적(模擬的)으로 연산(演算)을 되풀이하여 그 특성을 파악하는 조사방법이다.[6] 실제 또는 가상의 동적 시스템모형을 컴퓨터를 사용하여 연구하는 것을 말하며 모

---

3) 델파이기법은 자료수집방법의 한 형태라기보다 계획분석기법의 한 형태이다. 델파이기법에 대한 자세한 내용은 본문 p.211을 참조.

4) 브레인스토밍에 대한 자세한 내용은 본문 p.213~214를 참조.

5) 회의에는 리더를 두고, 구성원 수는 5~12명 정도로 한다(유훈, 1995: 254). 1939년에 미국의 광고회사 부사장 A. F. Osborne이 제창하여 그의 저서 〈독창력을 신장하라〉(1953)로 널리 소개되었다(두산세계대백과).

6) 모의실험에 대한 보다 제세한 내용은 제5편 제2장을 참고하기 바란다.

의실험 또는 모사(模寫)라고도 한다.

(4) 전화조사와 우편조사

전화조사(telephone survey)는 조사자가 응답자를 만나지 않고 전화로 질문하여 필요한 정보를 얻는 방법이다. 일반적으로 빠른 시간 내에 필요한 정보를 얻을 수 있기 때문에 최근에는 정치, 경제, 사회적인 문제에 대한 여론조사나 시장조사에서 많이 활용되고 있으나(정숙영외, 1998: 106), 많은 조사내용에 대한 어려움과 응답자가 선정된 표본인지에 대한 확인불능 등으로 인하여 학술연구에는 거의 사용되지 않는다(남궁근, 1996: 334).[7] 우편조사란 조사자의 개입없이 전적으로 응답자 스스로 표준화된 질문지를 읽고 답하는 자기관리(self-administered) 방식의 조사방법이다(양병화 외, 2000: 288).

(5) 전자조사

전자조사란 응답자가 웹브라우저, 전자우편, 전자설문 포럼 등을 통하여 응답하게 하고, 그 내용이 조사기관의 서버에 전달되어 체계적으로 기록되도록 하는 조사방법이다. 조사대상자의 선정방식에 따라 회원조사, 방문자 조사[8], 전자우편 조사[9], 전자설문조사 등 네 가지로 구분할 수 있다(배규환 외, 2000: 47-48). 최근 정보통신기술의 발달과 보급의 확대로 많이 활용되고 있다.

제 4 절 계획정보의 분석

계획정보의 분석은 정보를 조작 및 종합하여 해석이 가능한 상태로 전환하는 것을 의미한다. 그리고 정보의 해석은 분석의 결과를 활용하여 계획문제에 대한

7) 그러나 미국 등 방문조사가 매우 어려운 지역에서는 학술연구에서도 전화조사의 사용이 증가하고 있다(남궁근, 1996: 334). 또한 실제로 몇몇 사례에서도 전화조사의 결과와 면접에 의한 결과가 일부 민감한 문항에 대하여 차이가 있을 뿐이고 대부분의 질문에 대한 응답에서는 신뢰성에 큰 차이가 없는 것으로 나타났다(정영숙 외, 1998: 108).

8) 익명성이 보장되므로 민감한 질문에 매우 용이하나 중복응답자가 발생할 문제가 있다. 일반적으로 사전조사(pretest)에 많이 활용된다.

9) 전자우편조사는 다수의 수신자에게 동시에 질문지를 전송할 수 있다는 장점이 있는 반면, 보안성이 낮다는 문제점이 있으며, 전화조사와 우편조사의 중간자적 성격을 지니고 있다(배규환 외, 2000: 48).

적절한 해답을 추론하고, 이 추론에 관한 결론을 도출하는 것이다. 그러므로 계획정보의 분석은 계획정보에 대한 분석을 행한 후 그 결과를 계획문제와 관련하여 추론하는 것으로 이해할 수 있다. 이러한 계획정보의 분석기법은 크게 통계적 분석, 관리과학적 분석, 그리고 경제적 분석으로 구분해 볼 수 있다.

1. 통계적 분석

통계적 분석(statistical analysis)은 통계적 방법을 활용하여 계획문제를 조사·분석하는 것을 의미한다. 이러한 통계적 분석은 분석의 성격, 분석대상의 변수 수, 그리고 분석수준 및 척도의 종류에 따라 유형화할 수 있다. 즉 통계적 분석의 성격에 따라 기술통계분석과 추측통계분석으로 구분할 수 있다. 분석대상의 변수 수에 따라 일변량분석과 이변량분석, 그리고 다변량분석으로 구분된다. 그리고 분석수준 및 척도의 종류에 따라 모수통계분석과 비모수통계분석으로 구분된다. 이러한 계획정보 분석을 위해서 최근 통계적 분석은 활용범위가 확대되고 있다. 자주 활용되는 통계적 분석기법은 평균 및 편차, χ^2-test, t-test, 분산분석(ANOVA), 상관분석, 회귀분석, 요인분석 등을 들 수 있다.

2. 관리과학적 분석

관리과학적 분석은 계획정보 분석을 위해서 수학적 이론을 활용하는 과학적 방법을 의미한다(김신복, 1999: 339-340). 이 기법은 체제적 접근방법(systems approach)을 강조하고, 최적해를 추구하며, 기술적 모형보다는 규범적 모형을 지향한다. 한편 관리과학적 분석은 주어진 계획환경의 조건, 예컨대 확실한 환경, 위험한 환경, 불확실한 환경, 그리고 상충적인 환경 등에 따라 적용하는 기법이 상이하다.

계획환경이 확실한 경우에는 선형계획, 목표계획법, 네트워크모형 등이 활용되고, 위험한 환경의 경우에는 확률적 선형계획법, 확률적 대기행렬모형, 모의실험 등이 활용되며, 불확실한 환경에서는 최대최소모형, 최대최대모형, 후르비츠모형 등을 활용하는 것이 바람직하다. 그리고 상충적인 환경인 경우에는 게임이론, 계층분석기법을 적용할 수 있을 것이다.

3. 경제적 분석

계획정보 분석시 광범위하게, 그리고 효과적으로 활용되는 분석기법은 후생경제학적 이론을 활용한 경제적 분석이다. 대표적인 경제적 분석기법은 비용편익분석과 비용효과분석, 산업연관분석을 들 수 있다. 경제적 분석의 장점은 계획대안의 사전평가와 집행 후 사후평가를 할 때, 투입과 산출의 항목을 화폐로 측정하여 분석한다는데 있다.

탐구학습

1. 주요개념과 요약
   - 계획정보의 개념과 중요성
   - 계획정보의 확보방법
     - 조사 대상 범위에 따른 구분: 전수조사, 표본조사, 사례조사
     - 조사 지점에 따른 구분: 직접조사(관찰법, 면접법, 질문지법), 간접조사(문헌조사, 내용분석)
     - 조작성 여부에 따른 구분: 실험연구, 비실험연구(델파이기법, 브레이스토밍, 모의실험, 전화조사와 우편조사, 전자조사)
   - 계획정보의 분석방법: 통계적 분석, 관리과학적 분석, 경제적분석

2. 토론과 과제
   - 계획정보의 유용성에 대하여 설명하시오.
   - 조사대상범위에 따른 계획정보의 확보방법에 대하여 설명하시오.
   - 조사지점에 따른 계획정보의 확보방법에 대하여 설명하시오.
   - 정보화 사회에서 활용도가 높은 전자조사에 대하여 그 방법과 장단점에 대하여 설명하시오.

참고문헌

강근복(1990), 정책분석과 문제정의, 서울: 대광문화사
강신택(1999), 사회과학연구의 이론, 서울: 박영사.

권영찬 · 이성복(1990), 기획론, 서울: 법문사.
김광웅(1996), 방법론 강의: 기초, 원리, 응용, 서울: 박영사.
김신복(1999), 발전기획론, 서울: 박영사.
나기산 외(1996), 정책분석론, 서울: 법문사.
남궁근(2003), 행정조사방법론, 서울: 법문사.
양병화 외(2000), 사회조사분석사: 조사방법론, 서울: 성안당.
유 훈(1995), 정책학원론, 서울: 법문사.
이관우(1974), 조사방법론: 서울: 형설출판사.
이윤식(1990), 행정정보체계론, 서울: 법영사.
전상경(1997), 정책분석의 정치경제, 서울: 박영사.
정영숙 외(1998), 사회과학조사방법론, 경산: 대구대학교 출판부.
최신융 외(2003), 행정기획론, 서울: 박영사.
Lee, C.(1973), *Models in Planning*, Oxford: Pergamon Press.
Miller, Gerald J. & Marcia L. Whicker(1999). *Handbook of Research Methods in Public Administration*, Marcel Deker, Inc.
Riffe, Danial & Stephen Lacy(1998), *Analyzing Media Messages*, Lawrence Erlbaum Associates, Inc.

제 13 장 재정분석[1)]

제 1 절 지방재정분석의 의의

1. 지방재정분석의 개념

제13장 재정분석에서는 지방재정을 대상으로 살펴보기로 한다. 지방재정분석은 1998년부터 운영하고 있는 제도로서 「지방재정법」 제 55조에 근간을 두고 있다. 이는 지방자치단체의 정책결정, 유사 자치단체간 상대비교, 재정정보 수요자에 대한 재정정보 제공, 그리고 국가의 지방재정에 대한 거시적 조망 및 정책활용 차원에서 중요한 의의를 지니고 있다.

이러한 지방재정분석은 재정상태의 범위를 어떻게 보느냐에 따라 다양한 정의가 존재한다. 최협의로는 지방정부가 단기간에 지불할 수 있는 현금지불능력, 협의로는 예산상의 지불능력, 광의로는 장기적인 지불능력을 의미하며, 최광의의 개념으로는 시민이 원하는 서비스에 부응하기 위한 서비스 수준 지불능력을 의미한다(Grove, 1980). 이를 보다 구체적으로 정의하면 지방자치단체의 각종 사업에 소요되는 경비의 지불능력, 지역경제 파탄에의 저항능력, 미래의 수요변화에 대한 대처능력을 분석하는 것을 의미한다(배인명, 2007).

이러한 지방재정분석제도는 지방자치단체의 재정상태와 운영실태 및 성과를 객관적인 통계자료를 토대로 종합 점검, 분석, 평가함으로써 지방재정의 건전성,

1) 재정분석은 저자가 대표집필한 공공투자분석론의 일부내용임(이성근 · 임규채 · 함윤주, "재정분석(제14장 1 · 2 · 3절), 공공투자분석관련제도(제3장 2절)", 공공투자분석론, 서울: 집현재, 2014.12.)

안정성, 효율성, 투명성을 높이고 지방자치단체의 재정확충 및 예산절감의 노력을 진작시키는데 그 목적을 두고 있다(한국지방행정연구원, 2012).

2. 지방재정분석의 필요성

지방재정분석은 지방자치단체의 재정여건이나 운영상태 또는 구조적인 문제를 체계적으로 분석하고 이를 바탕으로 재정진단, 재정건전화 계획 수립, 중기지방재정계획수립 등에 이용하기 위하여 도입된 제도이다(김종희, 2006).

우리나라의 경우 지방자치단체 재정자립도는 계속 하락하고 있는 추세이다. 통계작성이 시작된 1997년에는 63.0%였으나 2018년에는 53.4%로 하락했다. 또한 재정자립도가 30%에도 미치지 못하는 지방자치단체가 155개이고, 자체 수입으로 공무원의 봉급을 충당하지 못하는 기초자치단체는 71개(29.2%)나 된다(행정안전부, 2018). 우리나라의 경우는 지방재정을 보전하기 위하여 지방재정관리제도를 도입하고 있어 지방자치단체의 파산가능성은 낮아지고 있으나, 부실운영에 대한 책임제도는 미흡한 실정이다. 이와 더불어 경기침체, 산업구조 변화 등의 외적요인과 무리한 공약실천, 지역경제쇠퇴, 행정관리 실패 등 내적요인이 결부되어 지방자치단체의 세입은 감소하고 세출은 증가하는 등 재정건전성이 악화되고 있다. 이에 따라 지방자치단체의 재정건전성을 강화하고 재정위기를 사전에 진단하기 위하여 필요한 것이 지방재정분석제도이다. 동 제도의 필요성을 구체적으로 살펴보면 다음과 같다(한국지방행정연구원, 2012).

첫째, 지방자치단체의 자율성과 책임성을 균형있게 조화시킬 수 있도록 지방자치단체의 재정책임성을 제고하고, 이를 통해 재정위기를 예방하기 위하여 필요하다.

둘째, 국가와 지방이 협력적 동반자로 공생발전할 수 있도록 재정의 건전성, 효율성, 투명성 등을 주기적으로 종합·점검해볼 필요가 있다. 지방재정상태 및 재정운용상황에 대한 검증, 운영실태 및 개선노력 파악, 재정위기상황의 진단 및 사전검증을 통하여 조기경보시스템 역할을 할 수 있도록 하는 것이 지방재정분석 제도이다.

셋째, 투명한 행정과 지역주민의 참여를 촉진시키기 위하여 객관적인 자료를 지역주민 등 이해관계자에게 제공하여야 한다. 따라서 지방자치단체의 세입확충 및 예산의 절감도, 예산운용에 있어서의 계획성·투명성을 객관적으로 분석한 결과를 공개하여 재정선진화를 도모하고, 주민 감시 및 통제·참여유도를 촉진하기 위하여 재정분석을 실시한다.

넷째, 지방재정상태의 다양한 비교평가 및 정책지원의 근거를 제공해주고 재정운영의 점검을 통해 재정선진화를 유도하기 위해서 지방재정분석이 필요하다.

다섯째, 지역주민에게 제공되는 행정서비스의 질 확보를 위하여 재정측면의 균형발전 정도를 파악하는 장치가 필요하다. 또한 지방재정분석을 통하여 재정측면에서의 자치단체간 재정성과와 균형발전 정도를 파악해볼 수 있다.

3. 지방재정분석의 활용

첫째, 중앙정부가 지방으로의 재정을 이전하기 위한 객관적인 판단기준이 된다(윤영진, 1998). 재정력을 측정하기 위하여 기준재정수입액과 기준재정수요액을 산정하고 이를 바탕으로 교부세를 배분하는 것이 이에 해당된다. 둘째, 지방자치단체의 재정상태나 재정운영에 대한 비교평가를 위한 자료로 활용할 수 있다. 또한 해당 지방자치단체가 동일유형의 상위목표를 설정하고 이를 달성하도록 유도함으로써 자율재정분석시스템으로도 사용할 수 있다. 셋째, 지방자치단체가 스스로 재정에 대하여 진단해봄으로써 문제점을 발견하고 해결책을 모색하기 위하여 활용할 수 있다. 미국에서 활용되고 있는 재정추이감시제도[2]가 이에 해당된다고 볼 수 있다(배인명, 2007). 넷째, 국가의 지방재정에 대한 거시적 조망 및 정책수립에 활용할 수 있다. 지방재정분석은 자치단체의 수입, 지출 및 재정수지, 자산 및 부채와 관련된 정책이 미칠 영향을 미리 예측하는 '사전적 활동'의 성격과 정책(예산) 집행 이후 나타나는 상태와 결과를 측정하는 '사후적 활동'의 특성을 함께 지니고 있다(한국지방행정연구원, 2012).

---

2) 환경, 조직, 재정적 요인이 지방자치단체의 재정상태에 영향을 미치는 지를 분석하는 관리도구로서, 지방자치단체의 재정상태의 변화추이뿐만 아니라 자신들의 재정상태에 대한 종합적 분석이 가능하도록 하는 제도를 말한다(Grove, 1980).

제 2 절 지방재정력 분석

1. 재정력 분석의 의의

지방자치단체의 재정력은 주민들에게 안정적인 공공서비스를 제공하기 위한 기초가 된다(김주영, 2002). 재정력이라는 용어는 다음과 같은 두 가지 의미로 해석해 볼 수 있다. 첫째, 협의의 개념으로서 지방자치단체의 재정수입 확보능력(revenue raising ability)을 의미한다. 이런 차원에서 본다면 지방재정력은 지방자치단체가 예산회계상의 재정적자 없이 장기적으로 재화와 서비스의 공급수준을 유지하면서 새로운 재정수요에 대처할 수 있는 능력을 의미한다(안용식 · 이종수, 1997). 재정수입 확보능력을 나타내는 지표로는 재정자립도와 자주재원비율을 주로 활용하고 있고, 그 외에 1인당 지방세 수입, 재정력지수 등이 있다. 둘째, 광의의 개념으로서 지방자치단체의 재정운영상태 혹은 재정상태(fiscal condition)를 의미한다.

지방자치단체는 재정능력을 객관적으로 판단하여 재정계획 및 각종 사업계획을 효율적으로 추진해야 한다. 또한 지역주민들에게 안정적인 공공서비스를 제공해주어야 한다. 이를 위해서 필요한 것이 지방자치단체의 재정력 분석이라고 할 수 있다. 뿐만 아니라 중앙정부에서 지방교부세 배분, 성장촉진지역 선정, 지방채 승인 등 국가사업의 기준으로 활용되기도 한다. 또한 지방자치단체의 자주재원, 자체수입 확보방안을 모색하기 위한 근거자료로도 활용된다.

2. 재정력 분석의 유형과 방법

1) 재정력 분석지표

우리나라의 지방재정력 분석은 지방교부세 산정시 회귀방정식을 일부 이용하나 대부분 재정지표 값의 측정을 통해 이루어져 왔다. 행정안전부는 재정지표 측정의 결과를 지방자치단체의 재정능력 측정 및 예산편성, 지방교부세 산정 및 배분, 국고보조금의 차등보조, 지방채 허가, 재정진단 및 공개 등의 시행과정에 활용하고 있다. 현재 협의의 개념으로서 지방재정력을 측정하는 지표로는 재정자립도, 재정자주도, 재정력지수 등을 활용하고 있다.

2) 재정자립도

재정력을 수입확보 능력이라고 정의하는 경우 가장 많이 쓰이는 재정지표는 재정자립도이다. 재정자립도는 지방자치제 실시 이전부터 일반인들에게도 널리 알려져 있는 재정력 지표로, 지방자치단체의 전체 재원에 대한 자체수입의 비율을 의미한다. 지방자치단체의 수입 자체조달능력을 의미한다. 자치단체의 재정이 경제활동이나 행정활동의 변화에 대응할 수 있는 탄력성을 어느 정도 가지고 있는가를 표현하는 지표로서의 기능도 갖는다.

재정자립도 = (자체수입 / 자치단체 예산규모) × 100 [식 13.1]

· 자체수입 = 지방세 + 세외수입

· 지방세 = 보통세 + 목적세(지방교육세 제외) + 과년도 수입

· 세외수입 = 경상적 세외수입 + 임시적 세외수입

· 자치단체 예산규모 = 지방세(지방교육세 제외) + 세외수입 + 지방교부세 + 조정교부금 + 보조금 + 지방채 + 보전수입 등 내부거래

재정자립도는 다음과 같은 특성을 갖는다. 첫째, 단순성과 명료성을 지니고 있다. 재정자립도 지표는 비교적 이해하기 쉬운 항목들로 구성되어 있을 뿐만 아니라, 그 산식도 간단하여 이해하기 편리하며 개념이 단순명료하게 전달된다. 분모인 지방자치단체의 총수입을 구성하는 자체수입과 의존수입은 쉽게 이해될 수 있으며, 분모에 사용된 자체수입이 다시 분자에 들어감으로써 단순한 산식으로 구성되어 있다는 것이다. 이와 같은 장점은 지표의 계산을 매우 쉽게 하는 요인이 되기도 한다. 둘째, 재원조달의 자립성 지표가 된다. 재정자립도는 지방재정의 여러 측면 중에서도 재원조달 측면에 초점을 맞춘 지표이다. 지방자치단체의 자체수입 조달능력에 관심을 둔 지표이다. 또한 해당 지방자치단체의 중앙정부 의존

도를 파악하고자 하는 지표이다. 한편 재정자립도 지표가 재원조달 측면에서의 자립성을 나타내기는 하지만, 재원사용 측면에서의 자주성을 표현하지는 않는다. 재원사용 측면에서 지방자치단체가 어느 정도의 자율성 내지 자주성을 갖는가는 자주적으로 사용할 수 있는 재원인 자체수입과 지방교부세[3]가 총수입에서 차지하는 비율을 표시하는 재정자주도[4]에 의해 표현될 수 있다.

셋째, 지방재정조정제도 운용의 근거지표가 된다. 재정자립도 개념은 자체수입을 중시하는 지표로서 지방재정조정제도 운용과도 밀접한 관계를 맺고 있다. 현행의 국세와 지방세간 세원의 불균형 하에서는 지방재정의 중앙의존성이 높을 수밖에 없다. 이러한 현실에서 재정자립도의 수준은 재정적 자치능력 평가지수로서 지방재정의 상황을 한 눈에 알 수 있게 하는 유용한 지표로 활용되어왔다.

3) 재정자주도

재정자주도는 지방자치단체의 세입 중에서 특정목적이 정해져 있지 않은 일반재원의 비율을 의미한다. 이는 재정자립도와는 달리 지방자치단체가 자율적으로 사용할 수 있는 재원을 지수 산출에 포함시킴으로써 지방자치단체의 실질적인 재원활용능력을 파악할 수 있다는 특징이 있다. 따라서 재정자주도는 지방자치단체의 세입 중 지방자치단체가 재량권을 가지고 사용할 수 있는 재원의 규모 파악과 지방재정조정제도에 의한 재원 재배분 결과를 파악하는데 활용할 수 있다.

재정자주도 = (자체수입+ 자주재원 /자치단체 예산규모) × 100 [식 13.2]

· 자체수입 = 지방세(보통세 + 목적세(지방교육세 제외) + 과년도 수입)
+ 세외수입(경상적 세외수입 + 임시적 세외수입)

· 자주재원 = 지방교부세 + 조정교부금

· 자치단체 예산규모 = 자체수입(지방교육세 제외) + 자주재원 + 보조금
+ 지방채 + 보전수입 등 내부거래

재정자립도가 재원조달면에서 지방자치단체의 자립정도를 나타내는 것이라

---

3) 엄밀히 표현하면, 특별교부세를 제외한 지방교부세와 자체수입의 합이어야 한다.

4) 재정자주도=[{자체수입+자주재원(지방교부세, 재정보전금, 조정교부금)}/일반회계 세입] × 100

면, 재정자주도는 재원사용면에서 지방자치단체의 자주권·자율권을 나타내는 지표이다(안전행정부, 2014b).

4) 재정력지수

재정자립도가 지닌 이해의 용이성, 계산의 편이성 등과 같은 유용성에도 불구하고 지방재정력을 제한적으로 나타낸다는 단점이 존재하여 등장하게 된 것이 재정력지수이다. 재정력지수는 기본적인 행정수행을 위한 재정수요의 실질적인 확보능력을 나타내는 지표로, 전국 지방자치단체의 표준적인 수준의 재정수요를 충족시킨다고 가정할 때, 해당 지방자치단체가 갖고 있는 표준적인 규모의 재원으로 재정수요를 얼마나 충당할 수 있는가 하는 비율이다. 일반적으로 비율이 높을수록 세입자주기반이 좋은 것을 의미하며, 1을 초과하면 기본적인 재정수요액을 충족했다고 본다. 우리나라의 경우 재정력지수는 지방자치단체에 보통교부세를 교부하는 기준으로서 기준재정수요액과 기준재정수입액을 산정하는 과정에서 부수적으로 측정되고 있다.

$$\text{재정력지수} = (\text{기준재정수입액}/\text{기준재정수요액}) \times 100 \qquad [\text{식 } 13.3]$$

먼저, 기준재정수요액은 지방자치단체가 일정한 행정수준을 유지하는데 필요로 하는 기본적인 행정수요를 말한다. 다시 말하면, 자치단체별 자연적·지리적·사회적 제반 여건에 대응하는 합리적인 수준의 표준적인 재정수요를 의미한다. 기준재정수입액은 기준재정수요액에 대응하는 개념으로서 각 자치단체의 재정수입을 합리적으로 측정하기 위하여 표준수준의 일반재원수입액을 기초로 산정한 금액이다.

$$\text{기준재정수요액} = \text{기초수요액} + \text{보정수요액} + \text{수요자체노력} \qquad [\text{식 } 13.4]$$
$$\text{기준재정수입액} = \text{기초수입액} + \text{보정수입액} + \text{수입자체노력} \qquad [\text{식 } 13.5]$$

재정력지수의 성격을 재정자립도 지표의 성격과 대비하여 살펴보면 다음과 같다. 첫째, 재정력지수는 재정자립도에 비해 산식이 다소 복잡하고, 그 개념이 명확하지 않다는 단점이 있다. 재정력지수의 구성요소인 기준재정수요액이나 기준재정수입액이라는 개념 자체가 모호하고, 집계과정이 매우 복잡하다. 집계과정이 복잡하다는 것은 결국 이 지표를 일반인이 이해하는데 어렵다는 것을 의미한다.

둘째, 재정자립도가 재원조달의 자립성을 강조하는데 비해, 재정력지수는 재정수요를 충족하는 데 있어서 확보가능한 재원규모가 얼마나 되는지를 표현한다는 점에서 차이가 있다. 그러나 재원조달 측면을 파악한다는 점에서는 유사하다. 또한 재정력지수가 태생적으로 의존수입인 지방교부세를 배분하는 기준으로서 산정되고 있기 때문에 재정자립도와 마찬가지로 의존수입의 존재는 무시하고 있다.

셋째, 재정력지수는 기준재정수입액에서 자체수입 규모, 재정수입확보 능력, 인구규모 등이 고려된다는 점에서 재정자립도와 차이가 있다. 그러나 지수형태이기 때문에 자체수입의 규모나 재정수입 확보 능력, 총량규모 등이 비율로서만 표현되지 절대규모로서는 표현되지 못한다는 점에서 재정자립도 지표와 유사하다.

넷째, 재정력지수는 재정자립도 지표가 지출측면에서의 공공서비스 생산비 차이를 전혀 반영하지 못하는데 비해 기준재정수요액 산정시 적용되는 보정계수를 통해 지출측면에서의 생산비 차이를 반영한다는 점에서는 현저한 차이를 보인다. 또한 기준재정수요액 산정시 지방자치단체의 재정지표를 활용하고 있다는 점도 긍정적인 요소라고 할 수 있다.

다섯째, 재정자립도가 총세입 규모가 확정되어야 사후적으로 산정될 수 있는 반면에, 재정력지수는 기준재정수요액과 기준재정수입액이라는 사전적인 예상치를 이용한다는 점에서도 차이가 있다.

제 3 절 투자가용재원의 분석

1. 투자가용재원 분석의 의의

1) 투자가용재원 분석의 개념

투자가용재원이란 지방자치단체의 세입재원 중 경직성 경비(인건비와 부서운영비, 채무상환비 등 반드시 지출되어야 하는 경비)와 법정 의무경비(지방교육세,

징수교부금, 교육재정교부금, 적립기금 등), 보조사업비와 지방비부담금 등 기본적이고 필수적인 지출수요 충당경비를 제외한 금액으로 지방자치단체가 투자사업 등 새로운 지출수요에 충당할 수 있는 재원을 말한다(한국지방행정연구원, 2003).

이것은 일반적으로 사업타당성 조사 등에 있어서 한계가용재원의 효율적 배분을 위한 유용한 기준으로 사용되고 있다. 정부나 지방자치단체의 재정활동은 향후에 확보될 수 있는 가용재원이 계획적으로 확보되기가 곤란하다면 아무리 좋은 사업계획이라도 원활히 추진되기가 어렵다. 따라서 향후 사업에 필요한 재원규모를 판단하는 것도 중요하지만 사업을 추진하는 기관의 전체적인 자금흐름을 파악한 후, 향후 가용재원을 정확하게 파악하는 것도 중요하다.

실질적인 가용재원 규모는 의존재원(국고보조금, 지방교부세, 시・도보조금, 국가균형발전특별회계)을 제외한 자치단체의 자체투자사업비를 대상으로 하되, 자체사업 중 당해 연도에 지출이 의무화되어 있거나 정책적 판단이 필요하지 않은 투자사업(계속사업, 소규모투자사업 등)을 제외한 금액으로 산정하여야 한다.

2) 투자가용재원 분석의 필요성

지방자치단체는 정부의 재정능력과 투자가능한 재원의 범위와 수준을 판단하여 재정계획을 효과적으로 추진하는 것이 중요하다. 이를 위해서는 무엇보다도 조달가능한 세입규모와 필수적으로 지출되어야 하는 법정, 의무적 경비 및 특정경비의 내용을 분석한 후 실제로 투자할 수 있는 가용재원의 규모를 파악하여야만 계획과 의사결정에 있어서 새로운 개발수요 또는 추가적인 지출수요에 대응하기 위한 외부재원의 조달규모와 수단을 강구할 수 있다. 투자심사사업의 경우 지방자치단체의 목표달성을 위한 개별사업의 타당성 및 대안분석, 투자우선순위 조정, 적정소요 판단에 따른 총사업비 및 사업기간의 확정 등 연차별 투자계획을 수립함에 있어서 보다 합리적인 판단과 효율적인 재원배분을 위해 가용재원의 산정이 필요하다.

2. 투자가용재원 분석의 방법

투자가용재원의 산출방식은 현재 사용용도에 따라 다르게 적용되고 있다. 다시 말하면, 중기지방재정계획의 투자가용재원 산출방식과 투융자 심사시의 투자가용재원 산출방식, 재정지표에 의한 투자가용재원 산출방식이 다르다.[5)]

첫째, 중기재정계획상에서 투자가용재원은 세입추계에서 경상지출추계를 차감한 값을 활용하고 있다. 즉, 세입예산에서 행정운영경비 등 경상지출을 제외한 금액을 투자가용재원으로 활용한다.

투자가용재원 = 세입예산(지방채 제외) − 경상지출(행정운영경비 + 재무활동+예비비) [식 13.6]

중기지방재정계획 수립시에는 재정전망에 초점을 맞추어 투자가용재원을 판단하고, 이에 기초하여 투자수요에 대한 부족재원 대책을 수립하게 된다.

표 13-1 중기재정계획상의 투자가용재원의 산정

구 분	항 목
세입추계(Ⅰ)	· 지방세, 세외수입, 지방교부세, 조정교부금, 국고보조금, 시·도비보조금, 지방채
경상지출(Ⅱ)	· 경상비 및 의무적 경비 · 채무상환, 기타 제지출금
투자가용재원 (Ⅰ-Ⅱ)	· 의존재원사업 · 자체가용재원

둘째, 지방재정 투자심사분석에 의한 가용재원 산출방법을 살펴보면 다음과 같다. 세입합계(자체재원, 의존재원)에서 세출합계(경상비, 의존재원사업, 채무상환, 예비비 등)를 차감하여 가용재원을 산출하며, 가용재원은 다시 자체사업재원과 신규투자가용재원으로 구분한다.

투자가용재원(자체사업재원, 신규투자가용재원) =
세입합계 - 세출합계(경상경비+기추진사업+신규사업 중 보조금) [식 13.7]

---

5) 행정안전부는 투자가용재원 산출방식의 차이로 인해 야기되는 문제와 지방의 현실을 고려하여 표준투자가용재원 산출방식으로 e-호조시스템을 개발하였다. 그러나 e-호조시스템에서는 계속사업비 등 특정경비에 대한 재원분석에 한계가 있어 정확한 가용재원 산출에는 한계가 있다는 지적이 있다.

표 13-2 지방재정 투·융자사업심사상의 투자가용재원 산정

구 분	항 목
세입합계(Ⅰ)	· 자체재원: 지방세, 세외수입 · 의존재원: 국비보조금, 시·도보조금, 교부세, 지방채
세출합계(Ⅱ)	· 경상비 인건비, 경상적 경비 · 의존재원사업: 의존재원, 지방비 부담금 · 채무상환: 지방채상환, 채무부담행위 · 예비비 등: 예비비, 기타
자체사업 가용재원	· 자체사업재원(Ⅲ) - 소규모사업, 계속사업, 투자심사제외사업, 시·군·구 지원사업
	· 신규투자가용재원(Ⅰ-Ⅱ-Ⅲ)

셋째, 지방재정지표와 관련하여 재정운영의 효율성을 판단하는 지표로서 투자가용재원을 둘 수 있다. 이때에는 투자가용재원으로써 자체사업비와 예비비를 포함하여 산정한다.

표 13-3 재정분석지표상의 투자가용재원의 내역

구 분	항 목	검토의견
가용재원(A)	· 자체사업비 · 예비비	· 자체사업비와 예비비를 가용재원으로 한정하기에는 무리가 있음
세출총액(B)	· 일반회계세출결산액	
가용재원율(%)	· 가용재원/세출총액×100	

3. 투자가용재원 분석의 문제와 개선방안

투자가용재원분석은 지방자치단체에서 투자우선 순위를 책정하는 등 예산편성에 활용할 수 있다. 그리고 지방자치단체의 신규지출 수요에 충당할 수 있는 재원을 합리적이고 객관적인 분석을 통하여 충당할 수 있다는 점에서 재정운영에 있어서의 효율성을 제고할 수 있다는 장점을 지니고 있다. 그러나 다음과 같은 문제점이 제기되고 있다. 첫째, 조례에 의한 협약사업, 계속비 사업 등은 자치단체별로 특성이 다르고 편차가 크기 때문에 의도적인 조작이 가능하다는 문제점을 안

고 있다. 둘째, 계속사업비, 기금전출금 등은 예산과목 내 다른 사업비와 혼재되어 있기 때문에 일괄적으로 산출이 곤란하다(안전행정부 내부자료, 2014a). 셋째, 사용용도에 따라 산출방식이 다르게 적용되고 있어 계획과 예산에의 적용에 있어서 혼란이 발생할 수 있다.

이러한 문제를 해결하기 위하여 e-호조시스템을 통해 전국 지방자치단체의 표준투자가용재원을 일괄 산정하여 재정운영의 경직도 등을 비교분석하고자 하는 노력을 기울이고 있으며, 지방자치단체의 특성과 여건 등에 따른 예산을 배제하고 공통의 법정·의무적 경비를 제외한 표준재원을 산정하고 있다. 그러나 표준투자가용재원을 산정할 경우에는 계속사업비와 같은 경비에 대한 분석에 한계가 있어 정확한 가용재원을 산출하기는 어렵다.

표준투자가용재원 = 총세입 - 법정·의무적 경비 [식 13.8]

표 13-4 지방자치단체의 법정의무적 경비와 고정경비

1. 법정의무적 경비

① 인건비성 경비(인건비, 직무수행경비, 연금부담금)
② 보조사업비(국비, 시·도비 보조금, 지방비부담액) * 용도지정 세출
③ 기준경비(업무추진비, 의회비)
④ 법정교부금(징수교부금, 조정교부금) * 용도지정 세출
⑤ 법정전출금(교육비특별회계 전출금)
⑥ 채무상환액(지방채 원리금 상환, 채무부담행위액), 예수금 원리금 상환
⑦ 자치단체간 부담금 ⑧ 보조금 사용잔액 반환금
⑨ 당겨쓰기 충당금 ⑩ 기타 세출경비 (통리반장활동비, 공익근무요원인건비)

2. 고정경비: 지방에서는 고정경비 포함을 주장함.

제 4 절 투자심사

1. 개 요

공공투자분석에 대하여 종합적이고 일반적인 내용을 규정하고 있는 법률은 현재 제정되지 않은 상태이다. 공공투자사업은 개별법에 의하여 기획되고 각각의 추진단계별로 관련이 있는 법령의 규정을 따라야 한다. 공공투자사업에 대한 분석에서 주로 활용되는 예비타당성조사, 지방재정 투자심사, 재정력 분석, 투자가용재원 분석 등은 「국가재정법」, 「지방재정법」 등에 규정되어 있다.

공공투자사업 중에 건설관련 사업이 많다는 점을 고려할 때 일반적으로 추진단계를 계획, 설계, 계약, 시공, 운영·관리 등으로 구분할 수 있다. 이 중에서 계획단계는 기본구상, 예비타당성 조사, 투자심사, 기본계획과 사업수행방식 결정 등을 포괄하는 단계로서 공공투자분석에서 중요하게 다루는 단계라고 할 수 있다. 각 단계별 주요 업무와 관련 법률은 다음과 같다.

표 13-5 공공투자사업 추진단계별 관련 법률

추진단계		주요 업무	주요 관련 법률
계획	기본구상	· 사업의 필요성 · 입지조건 · 규모 및 사업비 · 환경에 미치는 영향 등	· 국토의 계획 및 이용에 관한 법률 · 도시개발법 · 택지개발촉진법 · 주택법 · 산업입지 및 개발에 관한 법률 · 도시 및 주거환경정비법 · 도시재정비 촉진을 위한 특별법 · 도시재생 활성화 및 지원에 관한 특별법 · 도로법 · 도시철도법 · 하천법 · 건축법 · 공간정보의 구축 및 관리 등에 관한 법률 · 건설기술 진흥법
	예비타당성조사 투자심사	· 비용편익 분석 등 종합평가 · 지방재정 투자심사	
	기본계획	· 목표 및 기본방향 · 기간 및 수행계획 · 재원조달계획 · 사업시행계획 등	
	사업수행방식 결정	· 기술공모방식 · 입찰방식	

설계	기본설계	·설계 및 사업비 ·필요성 및 효과 ·기간 및 투자계획 등	·국가재정법 ·지방재정법 ·사회기반시설에 대한 민간투자법 ·국가통합교통체계효율화법 등
	실시설계		
계약	입찰, 심사 및 계약체결 등	·입찰공고, 자격심사 ·입찰집행 ·낙찰자 결정 및 계약체결 등	·국가를 당사자로 하는 계약에 관한 법률 ·지방자치단체를 당사자로 하는 계약에 관한 법률 ·공유재산 및 물품 관리법 ·건설산업기본법 ·전기사업법, 정보통신공사업법, 소방시설공사업법 ·독점규제 및 공정거래에 관한 법률 등
시공	용지구입 등	·감정평가	·공익사업을 위한 토지 등의 취득 및 보상에 관한 법률 ·감정평가 및 감정평가사에 관한 법률 ·감정평가에 관한 규칙 등
	시공 및 준공	·공사착공, 관리 및 감리 ·준공 및 시공평가 등	·건설기술진흥법 ·건설산업기본법 ·전기사업법, 정보통신공사업법, 소방시설공사업법 ·문화재보호법 등
운영·관리	운영, 유지, 관리	·사용 및 안전성 평가 ·유지관리, 안전점검 등	·시설물의 안전 및 유지관리에 관한 특별법 등

자료: 심상달(2007), p.48.; 김정욱 외(2008), pp.8-9. 수정인용.

2. 예비타당성조사

1) 의 의

중앙정부에서 운용하는 예비타당성조사는 예산편성 및 기금운용 계획수립 과정에 활용하기 위해 실시하는 것이다. 이는 대형 신규 공공투자사업의 정책적 의의, 경제성 판단을 통하여 사업의 효율적인 추진방안을 모색하고, 예산낭비 방지, 재정운영의 효율성 제고에 목적이 있다. 이는 1999년「예산회계법」시행령을 근거로 하여 도입되었으며, 2006년「국가재정법」제정을 통하여 기본운영 틀이 법제화되었다.

예비타당성조사는 기획재정부 주관으로 대규모 계획에 대한 신규투자를 우선순위에 입각하여 투명하고 공정하게 결정함으로써 예산낭비 방지 및 재정운영의 효율성 제고에 기여함을 목표로 한다. 또한 각 부처가 수립한 사업계획에 대해 사업의 타당성 여부, 대안의 검토, 사업 추진과정에서 고려할 점 등 사업 추진과 관련된 객관적이고 중립적인 정보를 사전에 충분히 제공하여 향후 사업 추진여부, 적정 사업시기와 최적 사업규모 등의 결정이 합리적으로 이루어지도록 하고 있다.

이러한 예비타당성조사는 경제적 타당성을 주된 대상으로 삼는다는 점에서 기술적 타당성을 주로 검토하는 타당성조사와는 차이가 있다(이종수, 2009).

2) 대상사업의 범위 및 요건

예비타당성조사의 대상은 총사업비가 500억 원 이상이고, 국가의 재정지원 규모가 300억 원 이상인 신규사업으로서 건설공사 포함사업, 정보화사업, 국가연구개발사업 등이 해당된다(국가재정법 시행령 제13조). 또한 2012년부터는 복지사업 등 중기재정지출[6]이 500억 원 이상인 비건설 재정사업에 대해서도 장기비용추계, 효율적인 전달체계 및 추진대안을 제시하는 타당성분석을 거쳐서 사업을 실시하도록 규정하고 있다(기획재정부, 2012). 이러한 규정에도 불구하고 공공청사나 교정시설, 초·중등 교육시설의 신·증축사업, 문화재 복원사업, 국가안보와 관계된 국방관련 사업, 남북교류협력에 관계되거나 국가간 협약·조약에 따라 추진하는 사업, 도로유지보수 등 단순개량이나 유지보수사업, 재해예방, 복구지원 등 시급한 추진이 필요한 사업 등은 제외된다.

총사업비는 설계비, 보상비, 공사비 등 사업 추진에 소요되는 모든 경비를 합한 총 금액으로 국고, 지자체 지원, 민간부담분 등이 포함되며, 원칙적으로 각 중앙관서의 장이 제시한 총사업비를 기준으로 한다. 그리고 총사업비에는 융자사업비도 포함되며, 국가재정지원 규모 산정시에는 융자사업비는 제외한다.

3) 예비타당성조사의 절차

예비타당성조사에 해당하는 사업을 예산 또는 기금운용계획안에 반영하고자 하는 경우 조사에 소요되는 기간을 감안하여 사업시행 전전년도까지 기획재정부

---

6) 신규사업 착수 이후 5년간 소요되는 재정지출을 합한 금액을 의미한다(기획재정부, 2012).

표 13-6 예비타당성조사의 주요내용

구 분	내 용
개념	· 대규모 신규사업에 대한 예산편성 및 기금운용계획을 수립하기 위하여 기획재정부장관 주관으로 실시하는 사전적인 타당성 검증 및 평가
법적 근거	·「국가재정법」 제38조 및 동법 시행령 제13조
시행기관	· 예비타당성조사 운용지침에서 공공투자관리센터 지정
도입배경	· 1999년 이전 부실한 타당성조사로 다수의 무리한 사업 추진
도입목적	· 대규모 재정사업에 대한 신규투자를 신중하게 추진하여 재정운영의 효율성 제고
대상사업	· 신규사업으로 정부 재정지원이 포함되는 사업 - 총사업비가 500억원 이상, 국고지원 규모 300억원 이상인 건설사업, 정보화사업, 국가연구개발사업 등 - 중기재정지출이 500억원 이상인 사회복지, 보건, 교육, 노동, 문화 및 관광, 환경보호, 농림해양수산, 산업·중소기업 분야사업 등
면제사업	·「국가재정법 시행령」 제13조 제2항에 해당하는 사업 - 공공청사, 교정시설, 초·중등 교육시설의 신·증축사업, 문화재 복원 등

장관에게 예비타당성조사를 요구하여야 한다. 예비타당성조사요구는 매년 2회(7월, 11월) 예비타당성조사요구서를 작성하여 제출하고, 이와 동시에 디지털 예산회계시스템(D-Brain)을 통하여 사업별 요구서를 등록하여야 한다. 뿐만 아니라 관련 기관의 요구가 없다고 하더라도 기획재정부 장관은 예산편성 및 기금운용계획 수립과 관련하여 필요하다고 인정하는 경우 해당 중앙관서장의 요구가 없더라도 예비타당성조사를 실시할 수 있다.

예비타당성조사 사업대상은 조사요구가 들어온 이후 중장기 투자계획과의 부합성, 사업계획의 구체성, 사업 추진의 시급성, 국고 지원의 요건, 지역균형발전 요인 또는 기술개발 필요성 등을 고려하여 재정사업 평가 자문회의를 거쳐 선정한다. 선정된 사업은 기획재정부 장관의 요청에 의해 한국개발연구원 공공투자관리센터(PIMAC)[7]에서 총괄하여 예비타당성조사를 수행하며, 국가연구개발사업

7) 한국개발연구원 공공투자관리센터(PIMAC)는 2005년 국토연구원 민간투자지원센터를 통합하여 공공투자사업의 효율성과 투명성을 높이고 체계적인 선진 투자시스템의 정착을 위해 설립되었다. 재정투자사업에 대한 예비타당성 조사, 타당성 재조사 등 재정투자 관련 연구와 함께 민간투자 적격성 조사, 시설사업 기본계획 검토, 입찰 평가 및 실시 협약체결을 위한 협상 지원, 관련 지침개발 및 자금재조달 검토, 데이터베이스 관리, 교육 및 홍보 등의 지원업무와 공공기관 대상 예비타당성조사, 재정사업 심층평가와 공공투자 관련 기초연구 및 제도개선 연구 등의 업무를 수행하고 있다(한국개발연구원 홈페이지).

의 경우는 한국과학기술기획평가원[8]에서 총괄하여 수행한다. 예비타당성조사분석 수행기간은 4개월을 원칙으로 하며, 각 기관에서 수행한 예비타당성조사결과는 경제성 분석, 정책적 분석, 지역균형발전 분석 등에 대한 평가결과를 종합적으로 고려하여 제시한다(기획재정부, 2012).

그림 13-1 예비타당성조사 추진절차

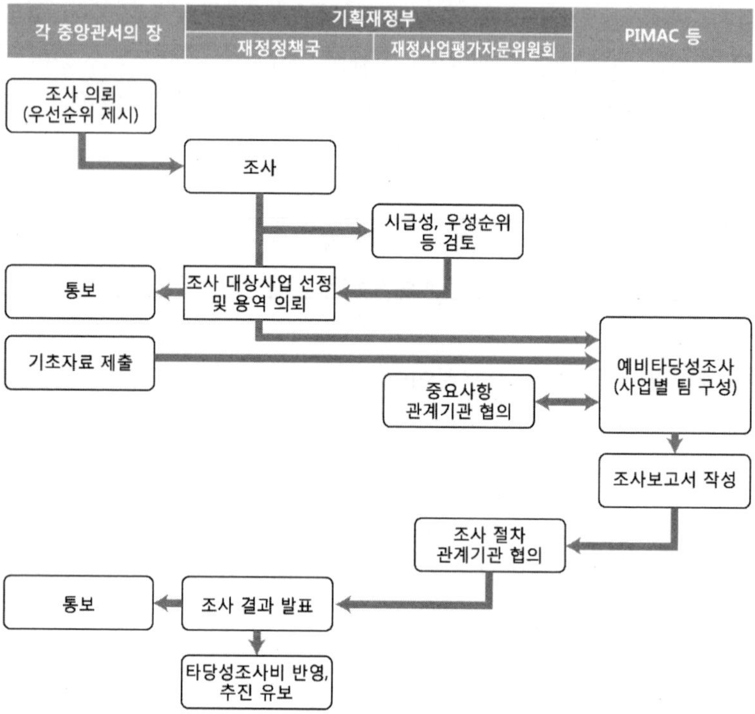

자료: 한국개발연구원.

8) 한국과학기술기획평가원(KISTEP)은 한국과학기술연구원 부설 과학기술정책연구평가센터에서 출발하여 2001년 7월 확대·개편되어 현재에 이르고 있다. 국가연구개발사업 예비타당성조사, 과학기술 미래예측·전략, 과학기술 정책·기획 및 조정, 정부연구개발사업 예산배분·조정 지원, 국가연구개발사업 분석·평가·성과 확산, 과학기술글로벌 협력·네트워크 구축 등의 업무를 수행하고 있다(한국과학기술기획평가원 홈페이지).

그림 13-2 예비타당성조사 수행절차

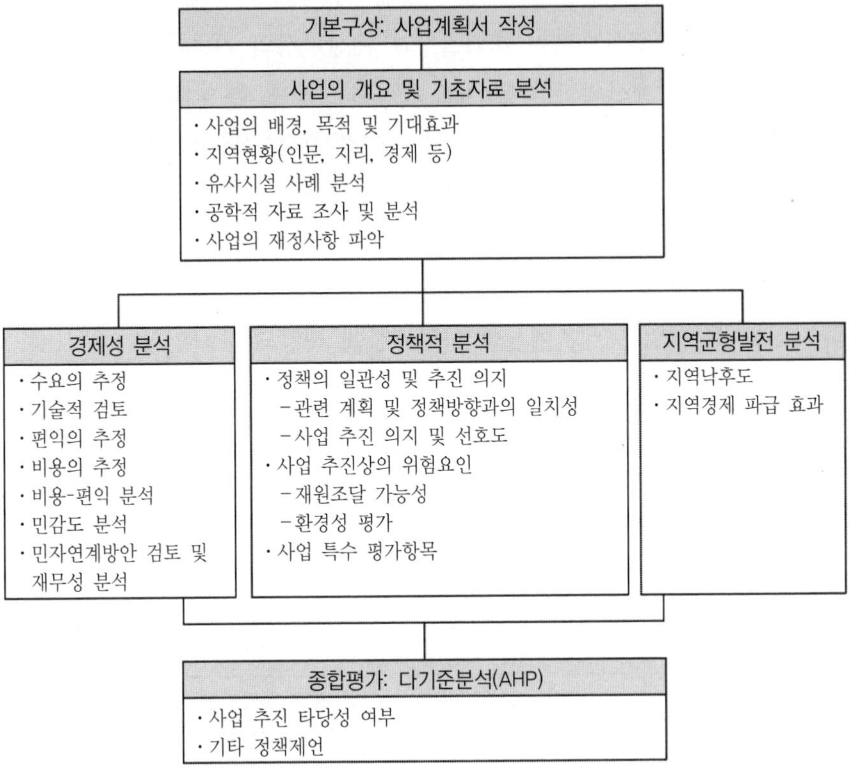

자료: 김재훈 · 이호준(2012) p. 11.

3. 지방재정 투자심사

1) 의 의

지방재정 투자심사제도는 국가 및 지방자치단체의 재원이 한정된 상황 하에서 지방재정의 계획적 · 효율적 운용을 보장하고, 국가계획과 지방계획의 연계, 합리적 예산편성을 통한 투자효율의 극대화에 의의가 있다. 또한 투자사업의 적정성과 사업의 우선순위를 판단하기 위하여 사업계획과 관련된 모든 요소와 미래에 발생 가능한 여건을 분석 · 검토하는데 그 의의가 있으며, 이는 다음과 같은 관점에서 필요하다(이성근, 2006: 430). 첫째, 투자사업에 대한 경제적, 사회적, 재무적 타당성을 사전에 분석·평가하여 경제성이 낮은 투자의 억제와 투자사업의 부실화를 사전에 예방할 수 있다. 둘째, 지방자치단체가 가용재원을 고려하여 부문별 투자우선순위를 정함으로써 계획결정과 예산편성의 기초자료로 활용하여 투자효율의 극대화와 예산의 절약을 이룰 수 있다. 셋째, 투자심사과정을 거침으로써 투자사업에 대한 사업계획의 완비 및 시행전 사전보완, 투자사업의 결정을 위한 자료를 체계적으로 분석할 수 있다.

2) 심사대상사업 및 기준

투자심사대상사업은 세출예산상 사업예산에 해당되는 사업비와 행사성 경비

표 13-7 사업비 규모에 따른 심사주체별 투자심사의 종류

구 분		내 용
자체심사	시·군·자치구	·총사업비 20~60억 원 미만의 신규 투자사업(전액 자체사업 아닌 사업) ·총사업비 20억원 이상 신규 투자사업(전액 자체재원)* ·총사업비 1억~3억 원 미만의 행사성 사업 ·총사업비 3억~5억 원 미만의 홍보관 사업
	특별시·광역시·도·특별자치도	·총사업비 40~300억 원 미만의 신규 투자사업 ·총사업비 40억 원 이상 신규투자사업(전액 자체재원)* ·총사업비 3억~30억 원 미만의 행사성 사업 ·총사업비 5억~30억 원 미만의 홍보관 사업
의뢰심사	시·도	·시·군·구의 총사업비 60억~200억 원 미만인 신규 투자사업 ·시·군·구의 총사업비 5억~30억 원 미만의 홍보관 사업 ·시·군·구의 총사업비 3억~30억 원 미만인 행사성 사업 ·총사업비 20억 원 이상인 청사 및 문화체육시설 신축사업
	중앙	·총사업비가 시·도 300억 원, 시·군·구 200억 원 이상인 신규 투자사업 ·외국의 자본이 도입되는 총사업비 10억 원 이상의 신규투자사업 ·시·도 또는 시·군·구의 총사업비 30억 원 이상의 행사성 사업과 홍보관 사업 ·총사업비 40억 원 이상인 시·도의 청사 및 문화·체육시설 신축사업 ·기타 행안부장관이 국가경제 및 사회정책상 필요하다고 인정하는 사업

주: * 청사 및 문화·체육시설 신축사업은 제외.
자료: 지방재정투자사업 심사규칙.

로서 다음 회계년도부터 시행하고자 하는 모든 신규 투자사업을 포함하고 있으며, 특별한 사유가 있을 경우 당해년도 사업도 심사가 가능하도록 운영하고 있다. 또한 매년 또는 격년제로 개최되는 행사성 사업의 경우에는 사업비가 직전 대비 20% 이상 증액된 경우를 제외하고는 3년 마다 투자심사를 실시하도록 규정하고 있다. 사업비에는 설계비, 보상비, 입찰공고비 등 부대적 경비를 포함한 총사업비 개념으로 하고 있다.

투자심사대상사업은 다음 회계연도부터 시행하고자 하는 모든 신규투자 단위사업으로 세출예산구조상 세부사업의 사업예산에 해당되는 일반 투자사업, 행사성 사업이다. 일반 투자사업은 세출예산서의 경제성질별 분류상 투자사업비가 이에 해당되며, 형식적으로 당해 자치단체가 사업주체가 아니라 하더라도 실질적으로 재정지출이 수반되는 사업을 포함한다. 행사성 사업은 시설물·구조물 등을 임시적으로 설치·구축하는 경비와 각종 행사개최를 위하여 지출되는 경상경비를 포함하는 사업으로 정하고 있다. 투자심사의 주체는 당해 자치단체의 장이 되며, 사업비 규모에 따라 자체심사 또는 의뢰심사하여 그 결과를 기초로 예산편성에 반영하여야 한다.

또한 투자심사를 거쳐서 타당성을 인정받았으나 사업비가 30% 이상 늘어나거나, 투자심사 후 3년 이상 사업추진이 지연 및 보류된 사업의 경우는 재심사를 거쳐야만 한다.

한편, 재해복구 등 원상복구를 목적으로 하는 사업과 행정안전부령으로 정하는 사업에 대해서는 재정투자 심사를 적용하지 않는다(지방재정법 시행령 제41조).[9)]

3) 투자심사의 절차

투자심사는 국가장기계획 및 경제·사회정책과의 부합성, 중·장기 지역계획

9) 심사제외 대상사업은 행정안전부령으로 정하는 심사제외 대상사업으로는 관련 법령에 따라 추진하는 사업 20개(경지정리, 지적재조사사업, 국도대체우회도로, 광역상수도사업, 재해위험지역 및 하천정비, 수도권 대기환경개선 사업 등), 소방장비, 119구급장비 및 소방용 헬기구입, 공유재산의 대체취득, 민간자본 또는 외국자본 사업, 국가지원재원사업 등이 있다. 또한 기타 심사제외 대상사업으로는 재해복구 등 기능복원 목적사업, 단순 개·보수 및 소모품 교체사업, 국가주관행사로서 지자체에서 개최되는 행사성 사업, 민간자본(외국자본)과 국비로 이루어진 사업 등이 있다. 다만 「사회기반시설에 대한 민간투자법」 관련 사업 중 기획재정부 민간투자사업심의위원회의 심의 대상이 아닌 사업은 투자심사대상에 포함된다.

및 지방재정계획과의 연계성, 소요자금 조달 및 원리금상환능력, 재무적 · 경제적 수익성, 사업의 필요성 및 시급성, 주민숙원 · 수혜도 및 사업요구도, 사업규모 및 사업비의 적정성, 종합평가 · 분석의 8개 대항목을 기준으로 수행된다(안전행정부, 2013).

심사의뢰 시기는 크게 정기심사와 수시심사로 구분할 수 있다. 해당사업의 기본계획 수립 이후부터 실시설계 용역 전까지 심사를 의뢰하여야 한다. 정기심사는 매년 3회(3월 31일, 6월 30일, 10월 31일)로 나누어 실시하되, 필요하다고 인정하는 경우 수시심사(투자심사의뢰서 제출일로부터 40일 이내)를 추가로 실시할 수 있다.

투자심사의 절차는 지방자치단체의 사업 주무부서에서 단위사업별 계획을 수립하면서 시작된다(박병희 외, 2011). 해당부서에서 투자심사자료를 작성하여 심사부서에 제출하면, 심사부서는 관련부서 공무원과 심사부서 공무원으로 실무투자심사위원회를 구성하여 사전실무심사를 수행하며, 총 사업비가 500억원 이상일 경우 전문기관에 타당성 조사를 의뢰한다. 그리고 심사를 의뢰하고자 하는 경우 자치단체장은 단위사업계획서, 투자사업우선순위표, 회계별 가용재원판단서, 기타자료 등을 첨부하여 1차 심사는 시 · 도의 경우 1월 31일까지, 시 · 군 · 구의 경우 1월 15일까지[10] 투자심사의뢰서를 제출하여야 한다. 심사의뢰를 받은 기관은 투자심사결과를 심사완료일로부터 14일 이내에 지방자치단체장에게 통보하여야 하며, 투자심사결과는 적정, 조건부 추진, 재검토, 부적정으로 구분하여 통보한다. 그리고 투자심사결과는 중기지방재정계획의 수립 등 지방재정관련 계획수립시에 반영하여야 한다.

10) 시 · 도의 경우 2차 심사는 4월 30일까지, 3차 심사는 8월 31일까지 행정안전부장관에게, 시 · 군 · 구의 경우 2차 심사는 4월 15일까지, 3차 심사는 8월 15일까지 시 · 도지사에게 투자심사의뢰서를 제출하여야 한다.

그림 13-3 투자심사의 절차

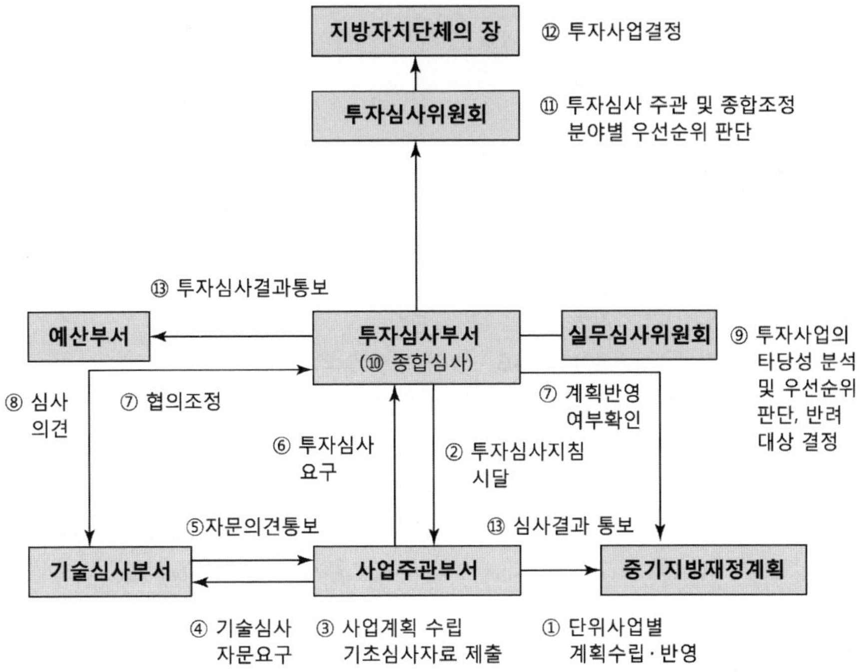

자료: 안전행정부(2013), p.24.

탐구학습

1. 주요개념과 요약
   - 지방재정분석의 개념, 필요성, 활용
   - 지방재정력 분석의 유형과 방법: 재정력분석지표, 재정자립도, 재정자주도, 재정력지수
   - 투자가용재원분석의 개념, 필요성, 분석방법
   - 투자심사: 예비타당성 조사, 지방재정 투자심사

2. 토론과 과제
   - 지방재정력분석에 대하여 설명하시오.
   - 투자가용재원분석에 대하여 설명하시오.
   - 예비타당성 조사에 대하여 설명하시오.

▪ 투융자심사제도에 대하여 설명하시오.

참고문헌

나중식(1998), 재무행정론, 서울: 형설출판사.
박기백(2001), 우리나라 재정운영 행태에 대한 연구, 서울: 한국조세연구원.
신해룡(2005), 예산정책론: 예산결산과 재정정책, 서울: 세명서관.
이성근 · 임규채 · 함윤주(2014), 공공투자분석론, 서울: 집현재.
이영조 · 문인수(2006), 재무행정론. 서울: 대명출판사.
기획예산처(2006), 국가재정운용계획(2005~2009).
행정안전부(2018), 2018년도 지방자치단체 통합재정 개요(상).
행정자치부(2003), 지방재정 투 · 융자심사기법개발.
행정자치부(2006), 지방자치단체의 재정력 측정지표의 유용성 검토.
Axelrod, D.(1988), *Budgeting for Modern Government*, New York: St. Martin's Press.
Caiden, N. & A. Wildavsky(1974), *Planning and Budgeting in Poor Countries*, N. Y.: John Wiley & Sons.
Fisher, R. C.(1996), *State and Local Public Finance*, (2nd ed), Scott, Foreman & Co.
McKean, R.(1968), *Public Spending*, N. Y.: McGraw-Hill.
Mosher, F. C.(1994), *Program Budgeting: Theory and Practice*, N. Y.: McGraw-Hill.
Musgrave, R. A.(1959), *The Theory of Public Finance*, N. Y.: McGraw-Hill.
Reed, B. J. & J. W. Swain(1999), *Public Finance Administration*, New Jersey: Prentice Hall.
Zwick, C. J.(1968), "Budgeting for Federal Responsibilities." *The Annals of the American Academy of Political and Social Science*.

제 14 장 경제성분석

제 1 절 경제성분석의 개요

1. 비용편익분석의 개념

계획이 추구하는 목표를 달성하기 위해서는 대안선택이 매우 중요하다. 최선의 실현가능한 대안선택을 위해서는 타당성분석을 하게 된다. 타당성분석가운데 경제적 타당성분석의 대표적인 것이 비용편익분석(cost-benefit analysis)이다. 비용편익분석은 공공사업의 타당성을 사회전체의 차원에서 분석하는 것이다. 이러한 비용편익분석은 사업으로 인해 발생하는 모든 비용과 편익을 화폐로 측정한다. 따라서 화폐로 측정하기 어려운 무형적 편익까지도 가급적 화폐로 측정하고자 노력한다. 이러한 비용편익분석에서 의사결정의 기본원칙은 가장 큰 순편익을 제공해주는 대안을 선택한다. 만약 예산의 제약이 있는 경우 여러 가지 대안 중에서 순편익이 가장 크고, 편익/비용비가 1보다 큰 것을 선택하게 된다.

2. 비용편익분석의 특징

비용편익분석은 경제적 타당성을 가장 중시하고, 경제성 또는 효율성이라는 기준이 가장 많이 사용된다. 특정 대안의 총편익에서 총비용을 뺀 순이익이 영(zero)보다 크거나, 다른 대안의 순편익보다 커야 경제적 타당성이 있는 것으로 판단된다. 전통적인 비용편익분석은 정책 건의를 위한 타당성분석의 기준으로 시장경제 개념을 사용한다. 기회비용도 사경제부문에 투자할 경우 얻을 수 있는 순편익에 입각하여 계산한다. 반면 현행의 비용편익분석은 일명 사회적 비용편익분석(social cost-benefit analysis)이라 하여 어떤 대안에 의해 발생하게 될 재분배의 성과를 측정하기도 한다. 이 경우에는 형평성이 비용편익분석의 기준이 되고 사회적 타당성의 문제를 분석하게 된다.

3. 비용편익분석의 과정

공공부문 투자사업의 평가절차는 민간부문 투자사업의 평가절차와 대체로 유사하나 비용과 편익의 측정을 위한 항목이나 할인율의 결정 등이 민간부문의 그것과는 크게 다르다. 비용편익분석의 절차는 다음과 같다(김홍배, 2003: 75-77).

첫째, 대안의 식별과 추정

둘째, 각 대안들의 편익과 비용을 추정

셋째, 대안의 비교・평가 기준의 결정

넷째, 기준에 의한 대안의 비교・평가

제 2 절 비용편익분석의 전제조건

1. 비용편익의 판별

1) 의 의

비용편익분석은 계획이 사회적으로 가져오는 편익과 경제적 또는 사회적 비용이 어느 정도인지를 분석하는 과정이다. 계획성과를 분석하기 위하여 그 계획의 비용과 편익이 어떤 것인지를 확인하여야 한다.

계획이 금전적이거나 다른 계량적인 수치로 나타날 수 있는 것인지 또는 계획과 직접적으로 관련된 비용과 편익인지를 확인하여야 한다. 어떠한 비용과 편익의 항목을 사용하느냐에 따라 계획성과가 다르게 나타날 수 있다. 또한 계량화할 수 없는 효과들도 고려하여야 하며 금전적인 효과라도 그 효과가 이중으로 계산되지 않게 하여야 하며 사회구성원간의 편익과 비용의 단순한 이전소득 등은 배제하여야 한다.

따라서 계획성과, 즉, 계획이 가져오는 편익과 그 비용이 정확하게 확인되어야 올바른 계획평가가 가능하기 때문에 계획의 편익과 비용의 형태를 파악하는 것이 중요하다. 모든 계획은 일련의 편익을 창출한다. 그러한 편익에서 계획의 제반비용을 공제한 순편익이 어느 정도인지 확인하기 위하여 비용편익분석을 사용한다. 이러한 편익과 비용을 비교하기 위한 공통된 척도를 필요로 하게 되며 그 척도로 화폐적 가치가 이용된다.

2) 비용과 편익의 판별

이윤극대화를 추구하는 민간부문의 투자에서 순편익을 계산할 때 오직 사적비용과 사적편익만을 고려한다. 그러나 공공부문에서 의사결정을 할 때에는 사회구성원 전체의 이익을 고려해야 하므로 공공부문 계획의 경우 직접적 편익과 비용 이외에도 다른 유형의 편익과 비용이 고려되어야 한다.

표 14-1 비용과 편익의 판별

실질적 비용과 편익	내부적 비용과 편익	직접적 비용과 편익	무형적 비용과 편익
· 국민생산 또는 사회적 후생증가를 통한 이익자원의 기회비용	· 공공사업 자체에서 발생하는 내부적인 비용과 편익	· 공공사업의 일차적 목교와 관련된 비용 및 편익	· 시장가격으로 평가될 수 없는 비용과 편익
금전적 비용과 편익	**외부적 비용과 편익**	**간접적 비용과 편익**	**유형적 비용과 편익**
· 공공사업으로 발생한 화폐적인 비용과 편익	· 공공사업으로 발생하는 간접적인 사업효과로 금전적인 성격을 갖지 않는 것이 많음	· 공공사업의 2차적인 목표의 성격을 갖는 것으로 유발효과, 연관효과의 성격을 가짐	· 시장가격으로 평가될 수 있는 비용과 편익

계획결정에서 비용과 편익의 형태를 파악하고 나면, 이들을 평가할 수 있는 적절한 가격을 결정해야 한다. 이때 유형적인 편익이나 비용의 경우 시장가격이 존재하나, 무형적이거나 간접적이고 외부적인 비용과 편익은 시장가격이 존재하

지 않기에 평가에 어려움이 있다. 또한 시장가격이 존재할 경우에도 시장이 완전하지 않으면 시장가격이 자원의 정확한 기회비용을 반영하지 못하므로, 사회적 편익과 비용을 정확하게 평가하지 못하는 문제점이 있다.

3) 편익과 비용 판별의 고려사항

첫째, 편익과 비용의 무투자 대안과의 비교이다. 비용과 편익을 분류하고 측정하는 데 있어서 이것이 과연 계획에 의한 비용과 편익인지를 확인하여야 한다. 이러한 확인을 위하여 사업이 있을 경우와 없을 경우를 비교하여 그 사업의 효과를 확인하여야 한다. 따라서 사업이전과 사업이후의 비교는 중요한 것이 아니라 사업이 존재할 경우와 존재하지 않을 경우의 효과의 비교가 중요하다

둘째, 이전소득을 배제해야 한다. 이전소득에 해당하는 금전거래의 경우 국가경제 차원의 분석에서는 아무런 영향을 줄 수 없다. 세금이나 정부보조금 등은 소비자인 국민에게 분명히 비용이나 편익의 효과를 주지만 국가전체로 보아서는 진정한 경제적 비용이나 편익이 아니다. 예를 들면 지하철 건설의 효과 중 역세권개발의 효과는 상점 수의 증가와 그에 따른 고용의 증가를 분석가가 개발효과로 간주하여 편익으로 측정하였다. 만일 도시내 재화에 대한 수요에 아무런 변화가 없다면 이러한 역 주변의 경제성장은 도시 내 다른 지역에서의 상점 수와 고용의 감소로 이루어진 이전소득에 해당하므로 이 경우 개발효과는 진정한 정책의 효과라고 할 수 없기 때문에 정책분석에서 배제되어야 한다.

셋째, 인플레이션을 반영해야 한다. 인플레이션의 반영은 단기간의 사업에서 불변가격이 아니라 경상가격에 의해 비용과 편익을 측정할 수 있지만 장기간이 소요되는 사업의 경우 그 순현재가치에 인플레이션이 비용과 편익에 모두 영향을 주기 때문에 아무런 변동을 줄 수 없고 또한 먼 미래에 발생할 인플레이션을 정확히 예측하는 것이 불가능하다.

넷째, 매몰비용을 고려해야 한다. 계획의 타당성평가 이전에 이미 지출된 매몰비용은 비용편익분석에서 고려할 필요가 적지만 기존에 투입된 매몰비용이 일련의 투자사업의 한 부분으로 간주될 경우 기 투자된 사업에 의한 초과시설을 사용하고 이에 의해 더 많은 이득이 발생한다는 것을 증명하기 위하여 기 투자된 사업에서 발생한 매몰비용을 고려하게 된다.

다섯째, 감가상각과 감모상각을 고려해야 한다. 감가상각은 기업의 회계처리상 중요한 비용항목으로 감가상각의 설정은 기업의 순이익규모에 큰 영향을 미친다. 감가상각은 고정자산의 취득비용을 내구연수기간에 걸쳐 배분하여 비용으로 상각시켜 나가는 것이다. 이렇게 고정자산을 매년 감가상각함으로써 미래의 고정자산 획득을 위한 내부자금을 미리 회수·확보할 수 있다. 한편 광산이나 유전과 같은 추출산업의 경우 감가상각에 더하여 감모상각의 비용을 허용한다. 감모상각은 점차로 감소하게 되는 자연자원의 추출과 같이 막대한 경비가 발생하는 경우 특별히 상각을 허용하는 것이다. 비용편익분석에서 감가상각은 별도의 추가적인 비용으로 간주될 필요가 없다. 비용편익분석은 미래에 발생할 고정자산의 취득을 현재 시점에서 일시에 처리하기 때문에 감가상각의 비용이 편입되어 있다. 감모상각의 경우 특별한 별도의 비용이므로 비용편익분석에서도 비용으로 계산하여야 한다.

2. 사회적 할인율의 결정

일반적으로 계획의 목표가 설정되면 그 목표를 달성하기 위해 다양한 대안들이 제시된다. 그리고 분석가는 제시된 다양한 대안을 분석하고 효과들을 측정하여 사회에 최대의 편익을 제공하는 대안들의 우선순위를 결정한다. 계획의 효과가 정확하게 측정되었다고 할지라도 대안들의 우선순위는 다르게 나타날 수 있다(김홍배, 2000: 134). 계획에 의해 투입되는 비용은 사업초기에 집중적으로 투입되는 반면, 계획에 의한 편익은 사업기간 전반에 걸쳐서 장기간에 의해 발생한다.

따라서 비용의 소요시점과 편익의 발생시점간에는 시간적 격차가 발생한다. 그러므로 미래의 편익을 현재의 가치로 환산해야 하는데, 이를 위해서 할인율을 적용하게 된다. 이를 위한 할인계수(discount factor) 공식은 [식 14.1]과 같다.

$$\text{할인계수}(DF) = \frac{1}{(1+r)^t} \qquad \text{[식 14.1]}$$

여기서 r은 적용할인율, t는 연도

비록 편익과 비용이 타당하고 정확하게 추정되었다고 할지라도 할인율의 선택이 잘못되면 사업대안에 대한 올바른 평가가 이루어지기 어렵기 때문에 할인율의 선택은 계획사업의 평가에 있어서 매우 중요한 과정이다. 편익과 비용의 추정결과가 동일한 사업대안에 대하여 그 사업을 채택하도록 하거나 부결하도록 하는 서로 다른 결론에 도달하게 하는 등의 큰 차이를 가져올 수도 있다. 공공사업을 평가하는데 적용되는 할인율을 사회적 할인율(social rates of discount)이라 한다(노화준, 1999: 239).

1) 민간할인율

민간할인율은 민간자본시장에서 형성되는 시장이자율을 근간으로 하여 결정되는 할인율을 가리킨다. 자본시장이 완전경쟁시장이라면 이때 형성된 시장이자율은 소비자의 시간선호(time preference)가 적절히 반영되고 있으며, 동시에 자본이 갖는 한계생산성과도 일치하게 된다.

2) 사회적 할인율

사회적 할인율은 시장의 이자율뿐만 아니라 사회의 여러요인을 함께 고려하여 결정되는 할인율을 말한다. 공공사업의 경우에는 시장이자율보다 낮은 사회적 할인율을 적용하여야 한다는 주장이 있다. 자본시장이 비록 완전경쟁시장이라 하더라도 시장이자율은 현세대의 시간선호를 반영하고, 미래세대들을 무시한다고 볼 수 있다. 그러나 대부분의 계획들은 미래 세대들의 복지에 영향을 미치게 된다. 따라서 공공계획에는 시장이자율보다 낮은 사회적 할인율의 적용이 권장되고 있다.

3) 자본의 기회비용

사회적 시간선호율(social rates of time preference)을 정확히 측정하는 것은 불가능한 일이어서 일반적인 접근방법은 자본의 기회비용으로 파악하는 것이다. 공공계획에 사용되지 않고 민간투자사업에 사용되었을 때 획득할 수 있는 수익률을 할인율로 하는 것이다. 이렇게 본다면 전 사업의 평균수익률(average rates of return)이 공공사업의 할인율로 사용될 수 있다.

3. 잠재가격의 추정

1) 의 의

계획의 효과를 가치화하는데 시장가격은 매우 중요한 정보를 분석가에게 제공한다. 왜냐하면 시장가격은 바로 소비자들의 한계효용과 사회의 한계편익, 그리고 생산자들의 한계비용과 사회한계비용을 동시에 가리키기 때문이다. 따라서 계획으로 인해 재화의 가격이 변한다면 그 가격의 변화는 바로 사회편익과 사회비용의 변화를 의미하므로 정책의 효과들은 구체적으로 가치화 될 수 있다. 이러한 변화를 가치화하는 방법에 있어서 소비자잉여(consumer's surplus)와 생산자잉여(producer's surplus)를 활용할 수 있다.

소비자잉여는 재화의 일정량에 대해 소비자가 실제로 지불하는 가치와 소비자가 주관적으로 느끼는 가치의 차액이며 소비자가 느끼는 주관적인 효용을 구체적인 금전적 가치로 나타낸 것이다. 생산자 잉여는 생산자의 수익 중 투입된 비용을 제외한 이윤을 가리킨다. 따라서 사회후생은 소비자잉여와 생산자잉여의 합으로 구성된다.

시장가격이 사업에 대한 진정한 사회적 가치를 반영한다고 할 때에는 여기에 하나의 중요한 전제조건이 충족되어야 한다. 시장이 완전해야 한다는 점이다. 완전한 시장이란 통상 완전경쟁적 시장을 뜻하며, 완전경쟁시장에서는 시장가격이 자원의 기회비용을 의미하므로 자원의 진정한 사회적 가치를 반영한다고 할 수 있다.

그러나 현실세계에서는 완전한 시장이란 존재하기가 어렵다. 이때의 시장가격은 진정한 사회적 가치를 반영하지 못한다. 따라서 이러한 경우의 사회적 가치평가를 위해서는 시장가격을 완전경쟁적인 가격으로 조정해야 하고, 이렇게 조정된 가격을 잠재가격(shadow price)이라고 한다. 잠재가격은 왜곡된 시장에서의 자원의 기회비용이다. 이는 진정한 사회적 가치를 반영하는 가격이라고 정의할 수 있다.

2) 잠재가격의 도출

(1) 시장가격이 있는 경우

특정재화의 시장가격이 존재하며 동시에 이 시장가격이 특정재화의 사회적 가치를 반영하고 있는 경우에는 별도의 잠재가격 도출을 위한 조치를 취할 필요가 없다. 왜냐하면 시장가격이 그대로 잠재가격으로 간주되기 때문이다. 이러한 상황은 상당히 이상적인 상황인데, 이는 [그림 14-1]과 같다.

[그림 14-1]은 기업입장에서 본 완전경쟁시장의 수요곡선 및 공급곡선을 보여주고 있다. 기업입장에서 본 자신의 생산물에 대한 수요곡선은 BC선으로 표시되는데, BC선이 수평선을 유지하는 이유는 완전경쟁시장에서 해당기업이 시장가격보다 높게 값을 책정한다면 자신의 생산물은 전혀 팔리지 않는다는 사실에 근거하고 있다. 따라서 BC선은 생산물의 수요곡선일 뿐만 아니라 평균수입곡선이면서 한계수입곡선이 된다. 동시에 BC선은 소비자의 개인적 한계편익을 보여줄 뿐만 아니라 사회적 한계편익 또한 반영하고 있다.

한편 해당 생산물의 적정 시장가격은 BC선과 DE선이 교차하는 OB가 되며 적정 생산량(소비량)은 OA가 된다. 사실상 가격 OB는 개인기업이 결정하기보다는 시장에서 자동적으로 형성된 것이므로 개인기업은 이 가격에 순응할 수 밖에 없으며 단지 생산량을 OA로 결정함으로써, 이윤극대화를 추구하게 된다. 가격 OB는 기업에게는 이윤극대화를 가져다 주는 시장가격이며 소비자에게는 효용극대화

그림 14-1 완전경쟁하의 기업 수요·공급곡선

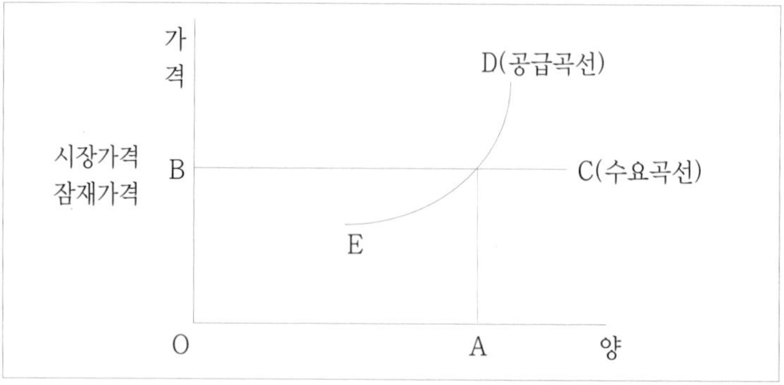

를 가져다 주는 시장가격이다. 따라서 가격 OB는 시장가격이면서 잠재가격이 된다.

(2) 시장가격이 없는 경우

① 외부효과

계획의 결과로부터 일어나는 외부비용효과는 시장이 존재하지 않기 때문에 그 비용을 정확한 금전적 가치로 나타내기가 매우 어렵다. 그러나 외부비용효과는 계획결정과정에서 무시할 수 없는 효과이기 때문에 종종 개략적인 방법에 의해 측정되어진다. 계획으로부터 발생하는 외부효과를 방지하기 위해 개인들이 기꺼이 지불하려고 하는 가치를 조사하여 그 가치를 정책의 외부비용효과의 가치로 간주하는 것이다.

② 생명의 가치

생명의 가치는 여러 가지 접근방법에 의해 측정될 수 있는데, 가장 대표적인 방법은 사망하지 않았을 때 그 생명이 일생동안 벌어들일 수 있는 미래 기대소득의 현재가치를 계산하는 것이다. 이럴 경우에는 해당되는 사람의 나이, 능력, 교육정도 등이 중요 고려변수가 된다. 그러나 현실적으로 미래의 기대소득에 관한 자료가 불충분하므로 대부분 간접적인 접근방법을 택하게 된다. 예컨대 사망과 같은 위험을 회피하기 위하여 사람들이 일생동안 지불할 의사가 있는 최대지불액이라든가, 반대로 위험부담을 안고 어떤 위험한 일을 택할 때 그 대가로 수령할 의사가 있는 최소수령액을 계산하는 것이다.

생명의 가치를 죽음이라는 위험의 기회비용으로 본다면 다음과 같은 방법으로 그 가치를 측정하게 된다. 어떤 사업에 n만큼의 고용자가 있다고 하고, 그 중 m만큼의 사망자가 발생할 가능성이 있다고 하자. 이때의 고용자 개개인에게는 m/n만큼의 죽을 확률이 존재하는 것이다. 한편 위험에 대한 보상으로서 추가적으로 더 받는 임금차액이 z원이라고 하면 모든 사람의 죽음에 대한 총기회비용은 $z \times n$원이 될 것이다. 그러므로 죽음 1건당 기회비용은 $z \times m/n$원이 되고, 이는 z원을 죽음의 확률인 m/n으로 나눈 값이다.

③ 환경가치

환경가치를 화폐적 가치로 어떻게 측정하느냐는 항상 어려운 과제로 취급되어 왔다. 이에 대해 여러 가지 방법들이 고안되었는데 우선 고려되는 하나의 방법은 시간의 가치측정방식과 유사하게 회귀방정식과 같은 통계방식을 동원하는 것이다. 공기를 정화시키는 사업의 사회적 편익을 측정한다고 하자. 공기정화는 주택의 가치를 증대시킬 것이라 보고 [식 14.2]와 같은 회귀방정식을 설정할 수 있다.

$$H = a_0 + a_1 N + a_2 P + a_3 Z \quad \text{[식 14.2]}$$

여기서 H는 연간 귀속될 것으로 예상되는 소득크기로 평가한 주택의 가치, N은 도심지의 소음/교통체증 수준을 밝히는 지수, P는 공기정화지수, 그리고 Z는 기타의 여러 독립적 요소들의 연합지수를 나타내고 있다. 위 방정식은 주택의 가치(H)는 여러 독립변수들인 N, P, Z 등에 의하여 크게 영향을 받는다고 보고 이를 회귀분석에서 상관계수인 a_1, a_2, a_3를 도출하고자 한다. a_2의 도출은 공기정화에 의해 주택의 가치가 얼마만큼 변화하는지를 알 수 있고, 이것을 총주택수에 곱함으로써 공기정화의 사회적 편익이 계산된다. 이와 같은 접근방법에는 장단점이 모두 있는데 가장 큰 단점이라면 위의 방법이 공기정화에 의한 효과를 전부 그리고 정확히 표출한다는 보장이 없다는 점이다. 다른 접근방법으로는 수요곡선을 추정하여 소비자잉여를 계산하는 방법인데 [그림 14-2]와 같다.

그림 14-2 수몰지역의 수요곡선

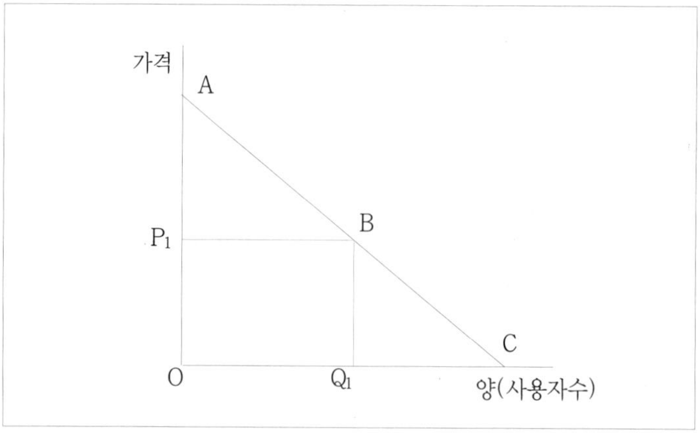

[그림 14-2]에서 수요곡선 AC는 유사지역에서 도출된 수요곡선이다. 이를 수몰지역의 수요곡선이라고 보고, 만약 수몰되기 이전에 P_1 정도의 가격이 부과되었다면 Q_1 정도의 사용이 있을 수 있다는 것을 암시하고 있다. 따라서 사각형 OP_1BQ_1은 사용자가 지불한 총비용이며, 삼각형 P_1AB는 소비자잉여이다. 소비자잉여 몫이 수몰지역의 사회적 순편익이므로 수몰지역이 물에 잠김으로써 발생하는 사회적 순손실도 이 소비자잉여분이다. 이제 우리가 파악해야 할 사항은 해당 수몰지역에서 그 동안 과연 얼마만큼의 가격이 사용자에게 부과되어 왔느냐이다. 그 동안 사용자에게 부과된 가격이 전무하다면 사회적 순손실은 삼각형 OAC만큼이나 높을 것이며 그렇지 않고 상당한 가격, 즉, P_1보다 높은 가격이 부과되었다면 [그림 14-2]의 삼각형부분보다 적은 면적이 사회적 순손실로 계산된다.

④ 공공재

국방, 경찰 및 소방, 등대, 공원과 같은 공공재의 가치측정도 매우 중요하다. 공공재를 위한 시장이란 존재하지 않으며 따라서 시장가격도 존재할 수가 없다. 공공재가 갖고 있는 비경합적 특성 때문에 소비자 스스로가 자신의 선호를 자발적으로 표현하지 않으므로 시장에서 수요가 형성되지 못하고 따라서 민간기업이 이를 취급할 수 없다. 결국 정부가 개입하여 재화를 공급하게 된다. 이 경우 조세가 일종의 공공재 가격의 의미를 갖고 있다.

그러나 실제로 공원 입장료의 경우처럼 공공단체가 공공서비스에 대해 가격을 부과해야 할 경우가 발생하며, 비용편익분석에서도 공공재에 대한 수요곡선을 도출하여 소비자잉여 몫을 계산하고, 이를 해당 공공재의 사회적 가치로 평가해야 하는 상황에 이르기도 한다. 이럴 경우의 완벽한 해결방법은 없고 여러 가지 간접적 방법을 동원할 수밖에 없다.

첫째, 설문조사를 통해 납세자들의 선호를 파악하는 것이다.

둘째, 실제의 실험을 통해 납세자들의 선호를 파악하는 것이다.

셋째, 공공재와 유사한 사적재가 있다면 이 사적재의 시장수요를 파악하여 이를 해당 공공재에 적용시키는 방법이다.

넷째, 공공재 선호에 관하여 투표를 행하는 것으로 어떤 공공재를 어느 정도 공급하고 어떤 방법으로 재원을 조달하느냐를 합의에 의해 결정하는 것이다.

4. 민감도분석

1) 의 의

타당성 분석에서 위험(risk)에 관한 논의가 빠져 있다면, 그 분석은 완전할 수가 없다. 사업의 위험 정도는 주요 변수들의 민감도 여부에 직접적으로 연관되어 있다. 주요 변수들의 민감도지수(sensitivity indicator)[1]가 크면 클수록 사업의 위험은 그만큼 높다. 따라서 민감도지수가 1보다 높은 변수들에 대해서는 이들을 더욱 세분화시켜 정밀분석함으로써 민감도가 큰 원인이 무엇인가를 밝혀 내야 할 것이다.

위험이라는 용어를 사용하면서 민감도분석을 설명해 왔는데, 이 위험이라는 용어와 불확실성이라는 두 용어를 학술적인 정의를 가지고 구별하면, 위험은 어떤 의미있는 확률을 측정할 수 있는 상황을 의미하는 반면, 불확실성은 이와 같은 확률을 측정하는 것조차 불가능한 상황을 의미한다.

2) 민감도분석의 방법

(1) 주관적 예측

주관적 예측은 미래에 발생할 지도 모르는 변동상황을 주관적인 느낌으로 예측하고 판단하는 것으로 가장 신속하고 간편한 접근방법이다. 이와 같은 판단은 분석가의 경험과 감각에 의존하는 경우가 많다. 좋은 예로서 사업의 비용편익분석에 의해 산정된 순현재가치 또는 내부수익률에 ±10%의 오차가 발생할 수 있다고 지적하는 경우이다. 또 다른 예로 측정된 NPV가 나중의 실제 NPV와 10% 이상 차이가 날 확률은 5% 이하라고 지적하는 것이 이에 해당된다. 이와 같은 오차에 대한 예상은 여러 방법에 의해 도출될 수 있겠지만, 여기서 강조하고자 하는 것은 이러한 예측이 공식적인 계산과정을 통해 도출되는 것이 아니라 순전히 주관적·경험적 판단에 의해 도출된다는 점이다.

---

1) 민감도지수 = 내부수익률의 변화(%) / 관련변수의 변화(%)

(2) 선택적 민감도분석

선택적 민감도분석(selective sensitivity analysis)은 객관적인 검토과정을 거쳐 이루어지는 것으로 여러 가지 가능성있는 변동상황 가운데서 중요한 상황들은 선택하고 이들 변화가 사업의 NPV와 IRR에 어떻게 영향을 미치는가를 밝혀내는 방법을 말한다.

특히 다음과 같은 상황에 대해서 심층분석이 이루어져야 할 것이다. 첫째, 산출물의 가격과 산출량이 예상과 달리 변동되었을 때 사업의 타당성은 어떻게 변할 것인가?

둘째, 투입물의 가격과 투입량이 당초 계획과 달리 변동되었을 때 사업의 타당성은 어떻게 변하게 될 것인가?

셋째, 시설의 가동률이 당초계획과 달라진다면 이것이 사업의 비용과 편익흐름에 어떠한 영향을 주게 될 것인가?

넷째, 공사기간과 시설가동률을 일정수준까지 끌어올리는 데 소요되는 기간 등이 예상보다 늘어날 경우 이것이 사업의 타당성에 어떠한 영향을 줄 것인가?

(3) 일반적 민감도분석

일반적 민감도분석(general sensitivity analysis)은 사업의 NPV 또는 IRR에 영향을 미칠 수 있는 주요 변수들의 변화가 실제적으로 일어날 수 있는 가능성을 모두 나열하고, 이 가능성 하나 하나에 대하여 확률을 부여함으로써 미래에 발생하는 여러 가지 상황을 종합적으로 정리 · 분석하는 방법을 뜻한다. 따라서 일반적 민감도분석은 사업효과에 대한 확률분석(probability analysis)이며, 위험도분석(risk analysis)이라고 할 수 있겠다.

3) 민감도분석의 과정

실제로 분석가들은 어느 수준까지의 민감도분석을 행해야 할 것인가에 대해 고민할 때가 있다. 물론 시간상으로나 예산상에 아무런 제약이 없다면 일반적 민감도분석을 택하는 것이 가장 바람직하고 추천할 만하다. 그러나 이러한 선택 역시 현실적 여건이 어떠한가에 따라 달라질 수 있다. 그래서 분석가는 현명한 선택을 위해 노력하지 않으면 안된다.

민감도분석 수준에 관한 어떤 일반적인 규칙은 없으나 경제이론상의 효율성 규칙(efficiency rule)[2]을 적용시켜 볼 때, 비용편익분석은 다음과 같은 다섯 가지의 과정으로 구성되어 있다.

첫째, 목표의 설정 및 구체적 대안마련

둘째, 각 대안에 대한 비용과 편익의 분류 확인

셋째, 비용과 편익의 측정 및 수익성 도출

넷째, 민감도분석

다섯째, 최종선택 및 보고서 작성

이러한 방식으로 위의 다섯 가지 과제에 예산을 적정하게 배분시키고 이에 합당한 분석의 수준이 결정되게 함으로써 민감도분석도 이에 적절한 수준의 선택이 이루어질 수 있다.

제 3 절 비용편익분석의 방법

1. 비용편익분석의 평가기준

비용편익분석에 있어서 적용되는 판단의 기준은 대체로 순현재가치(Net Present Value: NPV), 편익/비용비(Benefit-Cost Ratio: B/C ratio), 그리고 내부수익률(Internal Rate of Return: IRR)로 구분해 볼 수 있다.

2. 순현재가치법

1) 개 념

순현재가치(NPV)란 투자사업의 전기간에 걸쳐 발생하는 순편익의 합계를 현재가치로 환산한 값을 의미하며, 이 순현재가치가 정(+)으로 나타나면 그 사업은 타당성이 있는 것으로 평가된다.

2) 효율성 규칙은 아래 다섯 가지의 과제에 대하여 자금(예산)을 배정할 때 한 과제에 배정한 달러의 한계가치와 다른 과제에 배정한 달러의 한계가치가 일치하도록 하고, 그래서 전체 비용편익분석의 총 가치가 최대로 증가될 수 있도록 자금을 배분해야 한다는 것이다.

계획으로 인한 편익과 비용의 발생은 대부분 시간을 두고 발생한다. 어떤 계획으로 인한 효과가 시간대별로 달리 발생하기 때문에 계획의 각 효과들은 시간의 투자가치가 고려되어야 할 것이다. 순현재가치법은 시간대별로 달리 발생하는 편익과 비용을 가지고 계획을 평가하는 것이다. 순현재가치의 계산 공식은 [식 14.3]과 같다.

$$\text{편익의 총현가} = \sum_{t=0}^{n} \frac{B_t}{(1+r)^t}$$

$$\text{비용의 총현가} = \sum_{t=0}^{n} \frac{C_t}{(1+r)^t}$$

$$\text{순현재가치} = \sum_{t=0}^{n} \frac{B_t}{(1+r)^t} - \sum_{t=0}^{n} \frac{C_t}{(1+r)^t} = \sum_{t=0}^{n} \frac{B_t - C_t}{(1+r)^t} \qquad \text{[식 14.3]}$$

여기서 r은 사회적 할인율, t는 사업의 기간(연수)

순현재가치는 비용편익분석에서 가장 널리 사용되는 보편적인 기준이다. 그러나 의사결정에 있어서 여기에 전적으로 의존하는 것은 문제가 있다. 이 기준의 가장 큰 취약점은 대규모 사업이 소규모사업에 비해 큰 순현재가치가 발생하게 되어 대규모 사업이 통상 유리하게 평가된다는 점이다

2) 순현재가치법의 할인율

순현재가치를 계산하기 위해서는 적절한 할인율을 사용하여 시간의 흐름에 따라 순편익의 가치를 할인해 주어야 하므로 어떤 수준의 할인율을 적용하느냐가 매우 중요한 관건이 된다.

(1) 할인율

미래의 가치를 현재의 가치로 전환하기 위해서는 미래가치를 현재부터 미래기간까지의 투자가치만큼으로 할인해야 한다. 시간의 투자가치는 바로 미래의 가

치를 현재의 가치로 전환할 때 할인하는 비율이다. 이러한 할인율은 정책의 편익과 비용의 규모를 결정하는데 큰 영향을 주는 것으로 미래의 가치를 현재의 가치로 전환할 때 높은 할인율은 미래의 가치를 크게 할인하며 낮은 할인율은 미래의 가치를 작게 할인한다는 것이다. 시간은 투자가치를 가지고 있기 때문에 미래에 발생하는 가치를 현재가치로 평가하기 위해서는 미래가치를 시간의 투자가치 만큼 할인하는 것이다.

(2) 할인율에 따른 우선순위

할인율이 변할 때 미래에 발생하는 가치들의 현재가치는 변하게 되고 이에 따라 선택되는 대안도 달라질 수 있다.

표 14-2 대안의 비용과 편익(순현재가치)

구분 \ 연도	0	1	2
대안#1	-100	0	260
대안#2	-100	220	0

할인율이 5%일 때

대안#1의 순편익: 135.83백만원

대안#2의 순편익: 109.52백만원

할인율이 20%일 때

대안#1의 순편익: 80.56백만원

대안#2의 순편익: 83.33백만원

할인율이 5%일때는 대안 #1이 선택되고, 할인율이 20%일때는 대안 #2가 선택된다.

3) 순현재가치법의 접근방법

(1) 후방접근법

후방접근법(backward approach)은 현재를 평가의 기준으로 설정하는 방법으로, 발생하는 모든 항목의 편익이나 비용의 가치를 현재 시점으로 전환하여 타당성을 측정하는 방법이다. 이는 현재가치법이라 한다.

(2) 전방접근법

전방접근법(forward approach)은 계획의 효과가 더 이상 나타나지 않는 미래 시점을 기준으로 정하는 방법으로, 발생하는 편익과 비용을 모두 분석가가 설정한 마지막 시점으로 전환하여 타당성을 평가하는 방법이다. 일반적으로 계획분야의 비용편익분석에서는 전방접근법의 경우 계획성과의 마지막 시점이 모호하기 때문에 현재가치법을 주로 사용한다.

3. 편익/비용비

1) 개 념

편익/비용비(B/C ratio)는 계획의 총편익을 계획에 투입된 총비용으로 나눈 값으로 단위비용당 편익을 가리키는 것이다. 편익/비용비의 기준은 편익/비용 비율이 높은 대안일수록 경제적 타당성이 높은 것으로 평가하는 기준이며 여기에서도 적절한 사회적 할인율을 적용하여 비율을 계산한다. 대안의 편익/비용비가 1보다 크면 그 대안은 비용에 비해 더 큰 편익이, 그리고 편익/비용비가 1보다 작은 대안은 비용에 비해 낮은 편익이 발생됨을 가리킨다. 그러므로 전자는 계획으로 의미가 있고, 후자는 대안선택 대상에서 제외되어야 하는 것이다. 1일 경우는 사회후생변화에 아무런 영향을 미치지 못함을 말한다. 편익/비용비의 공식은 [식 14.4]와 같다.

$$\frac{B}{C}=\frac{\sum_{t=o}^{n}\frac{B_t}{(1+r)^t}}{\sum_{t=o}^{n}\frac{C_t}{(1+r)^t}} \qquad \text{[식 14.4]}$$

여기서 r은 사회적 할인율, t는 사업의 기간(연수)

2) 비용/편익비와 순편익

비용/편익비와 함께 대안들을 비교하여 계획으로 선택하는 데 자주 사용되는 방법이 순편익(Net Benefit: NB)이다. 이는 계획의 총편익과 총비용의 규모를 단순비교하여 계산하는 것이다. 비용/편익비는 계획에 투입되는 비용의 효율성을 나타내고 순편익은 비용에 대한 편익의 규모를 나타내는 것이다. 이러한 두 가지 기준에 의해 대안의 선택을 할 때 제시된 대안의 수를 구분해서 설명한다.

3) 점진 편익/비용비 방법

한 번에 두 대안씩 묶어서 한 대안에서 다른 대안으로 변경되었을 때 발생하는 편익과 비용의 변화를 가지고 대안들의 우선순위를 결정하는 방법이다. 여기서 점진 편익/비용비란 대안 변경에 따른 비용의 한계편익을 가리킨다. 방법은 대안들을 비용의 규모에 따라 가장 적은 비용이 투입되는 대안부터 가장 많은 비용이 투입되는 대안까지 오름차순으로 구분한 다음 처음 두 대안을 선택하여 비용의 변화와 편익의 변화를 계산하고 그 결과로부터 두 대안의 순위를 결정하는 것이다.

4) 편익/비용비의 취약점

편익/비용비는 사업의 비용 1단위당 편익이 얼마인가를 보여주는 것이므로 자연히 소규모 사업이 상대적으로 높은 편익/비용비를 갖게 되는 경우가 많다. 그러나 이러한 소규모사업의 순편익 규모는 그리 크지 않으므로 사업의 우선순위를 결정하는데 있어서 편익/비용비 기준은 큰 의미가 없으며, 다만 예산의 제약 때문에 순편익이 큰 대규모 사업을 수행하기 어려울 때에 이 기준을 적절히 사용할 수 있을 것이다.

4. 내부수익률

1) 개 념

내부수익률(IRR)은 계획이 원만히 진행된다는 전제하에서 기대되는 예상이익률로서 계획의 전 기간에 걸쳐 발생하는 편익의 현재가치와 비용의 현재가치를 일치시켜 순현재가치(NPV)가 영(zero)이 되게 하는 할인율, 즉 내부수익률은 현재가치의 편익과 비용을 서로 동일하게 만드는 할인율을 말하는 것이다. 내부수익률은 현재가치법과 마찬가지로 시간대별로 편익과 비용이 발생하는 정책을 평가하는데 널리 사용하는 방법이다. 내부수익률을 구하는 공식은 [식 14.5]와 같다.

$$\sum_{t=o}^{n} \frac{B_t}{(1+\lambda)^t} = \sum_{t=o}^{n} \frac{C_t}{(1+\lambda)^t} \qquad \text{[식 14.5]}$$

여기서 λ는 내부수익률, t는 사업기간임.

표 14-3 대안의 비용과 편익(내부수익률)

구 분 \ 연 도	0	1
대안 #1	-20	30
대안 #2	-30	40

내부수익률의 공식을 이용하여 다음과 같은 값을 얻을 수 있다.

대안 #1의 내부수익률: 0.50
대안 #2의 내부수익률: 0.33

2) 내부수익률의 할인율

내부수익률은 바로 비용의 평균 연수익률로 해석할 수 있고, 대안평가에서 내부수익률이 높으면 높을수록 그 대안은 우수한 대안으로 평가받는다. 내부수익률에 의한 대안의 비교는 기본적으로 할인율과 시간의 투자가치의 비교라고 할 수 있다. 그러므로 대안의 내부수익률이 할인율보다 높다면 비용의 수익률이 할인율보다 높다는 것을 의미하므로 그 대안은 실질적으로 가치(편익)를 증가시키는 계획대안으로 볼 수 있다. 따라서 이 경우 제시된 대안은 계획으로 의미가 있다. 이와 반대로 대안의 내부수익률이 할인율보다 낮으면 이는 투자된 비용의 수익률이 할인율보다 작음을 의미하므로 실질적으로 가치(편익)를 증가시키는 대안으로 볼 수 없다.

3) 내부수익률의 취약점

첫째, 어떤 사업이 성질상 사업의 초기에 많은 비용이 투입되어야 하고, 어느 정도의 편익기간이 지난 후 다시 대규모 비용이 발생하는 사업에 대해서는 내부수익률이 두 개로 계산될 수 있다.

둘째, 예산상의 제약이 있다든가 혹은 사업들간에 상호배타적인 관계가 있을 때에는 내부수익률 기준을 직접적으로 적용할 수 없다.

셋째, 내부수익률의 가장 큰 취약점이라 할 수 있는 것으로 평가기간에 따라 내부수익률의 수가 달라지는 것이다. n기간 동안 대안의 효과가 측정되는 경우 계산되는 내부수익률이 n개가 되는 것이다.

제 4 절 비용편익분석의 한계와 해결방안

1. 비용편익분석의 한계

비용편익분석은 계획 및 대안의 타당성 평가에 있어서 아주 보편적으로 시용되고 있을 뿐만 아니라, 방법론적으로 큰 신뢰성을 가지고 있다. 그 결과 비용편익분석의 적용범위는 과거에 비해 확대되고 있다. 그럼에도 불구하고 비용편익분석은 불확실성의 처리, 사회적 형평성의 미고려, 무형적 편익의 측정 등에 있어서는 방법론적 한계가 지적된다.

첫째, 불확실성의 문제이다. 기본적으로 비용편익분석은 계획의 사전평가에 주로 사용된다. 따라서 비용편익분석에서는 수립된 계획이 원활하게 수행되었다고 전제를 하고 효율성 평가를 수행하게 된다. 비용편익분석시 고려해야 할 비용과 편익은 변화가 없고, 적용하는 할인율도 변화가 없으며, 계획의 성과에도 변화가 없다고 가정하는 것이다. 그러나 현실적으로 계획의 집행과정에서는 다양한 환경변화가 발생한다. 예컨대 계획집행단계에서 추가적인 비용부담 혹은 편익의 감소, 사회적 할인율의 증가, 그리고 계획성과의 변동 등과 같은 불확실성의 문제가 지적된다. 그러나 이러한 불활실성은 엄격하게 볼 때, 위험조건(condition of risk)이라고 할 수 있다. 반면 순수 불확실성은 계획상황에 대한 확률의 추정이

전혀 불가능한 상황이다(노화준, 1994: 347). 이러한 순수 불확실성은 A국과 B국 사이에 전쟁이 발생할 것인가 발생하지 않을 것인가와 같은 상황이라고 할 수 있다.

둘째, 사회적 형평성의 미고려이다. 비용편익분석에서는 계획집행결과 총편익보다 총비용이 크면 그 계획은 타당하다고 보고 있다. 그러나 현실적으로 모든 계획은 수혜집단과 피해집단이 발생하게 된다. 비용편익분석에서는 계획성과가 누구를 대상으로 한 것인가에 대해서는 관심을 가지지 않는다. 오직 총편익이 총비용보다 얼마나 더 큰가에만 관심을 가지고 있을 뿐이다. 비용편익분석에서는 집단간, 계층간, 지역간, 더 나아가 세대간의 형평성을 전혀 고려하지 못한다는 한계점이 지적된다. 이를테면, 어떤 강의 제방을 1m 보수공사를 한다고 할 때, 이 계획은 비용편익분석의 측면에서 볼 때, 경제적 타당성을 확보하지 못한다. 그 결과 제방보수공사를 하지 않았을 경우, 제방의 범람으로 인하여 피해를 보는 집단은 제방인근에 거주하고 있는 다수의 저소득층이라는 점을 지적할 수 있다. 이런 경우 과연 제방보수공사의 경제적 타당성은 어떠한가에 대한 한계가 지적되는 것이다.

셋째, 무형적 편익의 가치추정이다. 비용편익분석의 가장 큰 장점은 모든 비용과 편익을 화폐화함으로써, 서로 상이한 대안을 비교·평가하여 우선순위를 선정할 수 있다는 것이다. 대부분 비용은 화폐단위로 측정가능하다. 그러나 다수의 편익과 일부의 비용은 화폐단위로 측정하기 어려운 경우가 있다. 예컨대 간척사업을 위해 필요한 골재를 채취하기 위해서 인근 지역의 어떤 산을 훼손한 경우, 훼손된 산에 대한 비용가치에 대한 문제이다. 우선 훼손된 산의 가치를 비용으로 계산할 것인가라는 문제이고, 만약 비용으로 계산을 한다면 시장에서 거래되지 않는 자산(공공재, 환경재 등)의 가치를 어떻게 측정할 것인가라는 문제이다. 특히 최근 들어 환경재의 가치에 대한 인식이 증가함에 따라 환경재가 주는 무형적 편익 및 비용에 대한 중요성이 비용편익분석에서 매우 중요하다. 그러나 현재의 비용편익분석은 이러한 무형적 편익의 가치추정에 한계가 지적된다.

2. 해결방안

비용편익분석은 계획 및 대안의 경제적 타당성을 평가하는 데 있어 매우 유용한 기법이다. 그리고 이 기법은 적용범위가 더욱더 확대되고 있다. 최근 수립된 대부분의 계획들은 비용편익분석의 결과를 제시하고 있다. 그러나 비용편익분석은 앞서 지적한 바와 같은 세 가지 문제점이 근본적 한계로 지적된다. 최근 들어서는 비용편익분석의 한계를 보완하기 위한 다각적인 노력이 시도되고 있는데, 이러한 개선방안을 살펴보면 다음과 같다.

첫째, 비용편익분석에서 제기되는 불확실성의 문제점을 해결하기 위해서 민감도분석(sensitivity analysis)을 수행한다. 앞서 살펴본 바와 같이, 민감도분석은 비용편익분석의 계수값(parameter)의 변화가 비용편익분석의 결과에 어떠한 영향을 미치는가를 분석하는 방법이다. 이러한 민감도분석을 통하여 계획의 타당성이 각 계수값에 얼마나 민감하게 반응하는가를 알 수 있다. 계획집행과정에서 비용의 증가, 편익의 감소, 사회적 할인율의 증가, 그리고 목표달성 정도의 변동이 어떻게 되는가에 따라서 비용편익분석의 순현재가치, 비용편익비, 내부수익률이 어떻게 달라지는가를 분석하는것이다. 예컨대 5%의 할인율을 적용해서 A계획이 타당성을 확보하였다고 할때, A계획이 타당성을 확보할 수 있는 할인율의 범위를 민감도분석을 통해 알아본다. 이것은 A계획의 집행기간 중 시장이자율 등의 상승으로 할인율이 증가할 수 있는 불확실성을 대비한 것이다. 그리고 확률의 추정이 어려운 경우에는 의사결정나무분석(decision tree analysis)과 게임이론(game theory) 등의 방법을 보완적으로 사용할 수 있다.

둘째, 비용편익분석에서 제기되는 사회적 형평성의 미고려 문제를 해결하기 위해서 사회적 비용편익분석을 수행한다(김동건, 1997: 173). 사회적 비용편익분석은 계획으로부터 누가 어떤 혜택을 얼마만큼 받았는가에 큰 관심을 가지고 있다. 여기에는 기본적으로 빈곤계층에 부여되는 편익증대의 가치는 부유계층에 부여되는 편익증대의 가치보다 높다는 가정을 전제로 하고 있다. 따라서 사회적 비용편익분석에서는 빈곤계층의 편익증대가 클 수록 그 계획의 타당성은 높아지게 된다. 이를 위해서 편익의 측정시 집단별로 편익을 추정하고, 각 집단별로 사회적 가중치를 곱함으로써 비용편익분석에서 발생하는 형평성의 문제를 보완하고 있다.

셋째, 비용편익분석에서 제기되는 무형적 편익의 가치추정을 위해서 조건부가치평가법(Contingent Valuation Method; CVM)[3]을 편익과 비용 추정시 사용한다. CVM은 환경재 등과 같이 시장에서 거래되지 않는 재화의 가치를 측정하는 기법의 하나이다. CVM은 비시장재의 소비량 변화에 따른 한계지불의사액(WTP)을 설문조사방법을 통하여 직접적으로 추정하는 방법을 택한다. 무형적 편익과 비용을 추정하기 위해서 각 개인이 실제로 행한 선택을 분석하여 무형적 편익/비용의 가치를 평가하는 방법이다. 이러한 방법은 원칙적으로 자연휴양지, 경관, 습지, 대기 및 수질, 산림보호, 야생동물보호 등과 같은 어떤 종류의 무형적 가치평가를 위해 적용할 수 있다.

3. 비용효과분석

1) 개 념

후생경제학에 바탕을 둔 비용편익분석은 비용과 편익 모두를 화폐단위로 환산하여 B/C ratio, NPV, IRR 등을 도출함으로써 계획에 대한 타당성 평가를 수행하게 된다. 그러나 산아제한 프로그램, 보건서비스 프로그램 등의 사회계획과 같이 합리적인 가치의 부여가 어려운 경우는 편익을 금전적 가치로 추정하기가 거의 불가능하다고 할 수 있다.

이러한 경우에는 합리성을 결여하면서까지 편익을 금전적 가치로 환산하는 것이 아니라 총비용과 총효과를 비교하여 계획을 평가하게 되는데, 이러한 기법을 비용효과분석(cost effectiveness analysis)이라고 한다. 따라서 비용효과분석은 편익이 비금전적인 단위로만 측정될 수 있거나 혹은 경쟁적인 대안의 편익의 크기와 유형이 비교될 수 있으리라고 예상되는 경우에 이용할 수 있다.

그러므로 비용효과분석은 비용편익분석과 동일하게 계획결정가가 어떤 대안을 선택하는데 있어서 합리적인 결정을 내릴 수 있도록 객관적인 정보를 제공한

---

3) 조건부가치평가법은 다양한 대상과 지역에 적용될 수 있다는 장점이 있으며, 미시적 자료가 불충분한 경우에도 광범위하게 적용할 수 있으나, 분석결과가 여러 가지 편의에 의해 영향을 받는 단점도 가지고 있다. 따라서 어떠한 문제에도 적용될 수 있는 기법은 아니고, 비시장재의 시장을 가상할 수 있어야 하며, 동시에 이러한 가상적인 시장이 충분히 현실적으로 납득가능하여야 한다.

다는 점에서는 동일하지만, 비용편익분석과는 달리 편익을 금전적 가치로 환산하지 않고 산출물을 그대로 분석에 활용한다는 측면에서는 상이하다. 이처럼 비용효과분석의 경우 비용은 화폐단위로 측정되지만 편익은 화폐단위로 측정되는 것이 아니라 물건의 단위나 용역의 단위 및 기타측정이 가능한 효과로 나타난다. 비용효과분석에서는 순효과성이나 순편익을 측정할 수 없으므로 효과/비용비 혹은 비용/효과비를 기준으로 계획의 타당성을 평가하게 된다. 이러한 효과/비용비는 B/C ratio와 같이 객관적인 판단기준이 되지 못하기 때문에 각 경우마다 다른 의미를 가지게 된다.

한편 비용효과분석의 경우 편익과 비용이 각기 다른 단위로 측정되기 때문에 정책집행으로부터 얻어지는 총편익이 총비용을 정당화하는데 대한 확신이 없는 경우, 혹은 집행의 최적예산수준을 선택하고자 하는 경우에는 직접적인 평가기준으로서 제시될 수 없다.

2) 비용효과분석의 방법

(1) 평가기준

비용효과분석에서 비용은 화폐단위로 측정되지만, 효과는 화폐단위로 측정되지 않기 때문에 계획 혹은 대안의 평가기준은 크게 최소비용기준과 최대효과기준으로 구분되는데, 그 구체적인 내용은 다음과 같다.

첫째, 최소비용기준(least cost criterion)이다. 바람직할 것으로 판단되는 효과성의 기준을 설정하고, 이 기준을 만족시키는 대안 가운데 최소의 비용을 부담하는 대안을 선택하는 기준이다. 둘째, 최대효과기준(maximum effectiveness criterion)이다. 이는 비용의 상한선 기준을 설정한 다음, 이 기준을 만족시키는 대안 가운데 최대의 효과를 나타내는 대안을 선택하는 기준이다.

(2) 접근방법

비용효과분석의 적용에 있어서는 다음과 같은 표준화된 10단계를 거치게 되는데, 이러한 과정은 일반적 계획의 평가과정과 거의 유사하다고 볼 수 있다.

1단계: 달성되어야 할 목표와 임무 등을 정의한다. 비용효과분석은 이들 목표들을 달성하기 위한 최선의 대안들을 식별하기 위한 것이다.

2단계: 목표들을 달성하기 위하여 필요한 요구사항들을 기술한다. 즉, 설정된 목표들이 달성되려면 필수적으로 갖추어져야 한다고 판단되는 요구사항들을 기술한다.

3단계: 설정된 목표를 달성하기 위한 대안들을 개발한다. 이 과정에서 최소한 두 개 이상의 대안을 작성해야 한다.

4단계: 대안들의 능력과 목표달성을 위한 요구사항들을 관련시키는 평가의 척도를 설정한다. 전형적인 평가의 척도로서는 성과, 이용가능도, 신뢰성, 유지도 등을 들 수 있다.

5단계: 최소비용기준 혹은 최대효과기준 중 어느 것을 택할 것인가를 결정한다. 여기서 비용은 현재가격 또는 수명주기 동안의 비용(life cycle cost)에 대한 연도별 평균가격으로 표시된다. 수명주기 동안의 비용은 연구개발비, 건설, 운용, 유지관리 및 기타 대안의 한 수명주기를 통하여 발생하게 될 비용들을 포함한다.

6단계: 평가의 척도에 의한 대안의 능력을 측정한다.

7단계: 각 대안들을 기술하고, 대안별 능력을 적당한 방법으로 나타낸다.

8단계: 여러 대안들을 효과성의 평가기준과 비용에 의하여 분석한다.

9단계: 기본적인 가정들이나 조건들에 대한 작은 변경들이 대안들의 선호에 어떤 중요한 변화들을 가져오는지를 검토하기 위하여 민감도분석을 실시한다.

10단계: 위의 제 단계의 모든 고려사항, 분석 및 평가내용을 문서화한다.

(3) 장단점

먼저 비용효과분석의 장점을 살펴보면 다음과 같다. 첫째, 비용효과분석은 편익을 화폐가치로 측정하는 문제를 피하므로 비용편익분석보다 사용이 간편하다. 둘째, 비용효과분석은 계획대안의 효용을 경제적 기준이나 사회복지의 총량적 기준으로 판정하는 것이 아니기 때문에 기술적 합리성을 대표하는 것이라 할 수 있다. 즉, 비용효과분석은 어떤 계획을 다각도로 검토할 수 있게 한다. 셋째, 비용효과분석은 시장가격에 의존하지 않으므로 민간경제부문에서 사용하는 이윤극대화의 논리를 따르지 않는다. 따라서 외부경제와 불가측가치의 분석 등에 비용편익분석보다 더 적절하다고 하겠다.

이상의 장점에도 불구하고 비용효과분석은 다음과 같은 단점이 있다. 첫째, 비용효과분석에 의한 계획 혹은 대안의 평가는 총량적인 사회복지와 관련된 판단기준을 제시하지 못하는 제약점을 가진다. 둘째, 비용편익분석은 어떠한 경우에도 비용과 편익이 화폐단위로 계산되기 때문에 일률적인 평가의 기준이 존재하지만, 비용효과분석은 여러 가지 측면의 효과를 다각도로 검토하는 경우가 많은데, 이때 최적대안의 선택은 궁극적으로 평가항목의 중요도에 대한 주관적인 판단에 의존하지 않을 수 없다는 제약점을 가진다. 셋째, 비용효과분석은 동일한 목표를 가지고 있는 대안들의 효과/비용비를 계산하여 최종대안을 선택하기 때문에 서로 다른 목표를 가지고 있는 대안들에 관해서는 비교평가할 방법이 없다. 넷째, 비용효과분석은 계획에 투입된 자원이 어느 정도의 효과를 내느냐를 밝히는 것이 주목적인 바, 사용된 자원의 경제적 효율성의 판단에는 아무런 근거자료를 제공하지 못한다.

탐구학습

1. 주요개념과 요약
   - 소비자잉여와 생산자잉여
   - 무차별곡선
   - 조건부가치평가법(CVM)
   - 비용편익분석의 의의: 개념, 특징
   - 비용편익분석의 전제조건: 비용과 편익의 판별, 사회적 할인율의 결정, 잠재가격의 추정
   - 비용편익분석의 방법: 순현재가치(NPV), 편익/비용비(B/C ratio), 내부수익률(IRR), 기타 방법
   - 비용편익분석의 한계와 극복방안: 불확실성의 처리와 민감도분석, 사회적 비용편익분석, 비용효과분석

2. 토론과 과제
   - 비용편익분석의 의의와 유용성에 대하여 설명하시오.
   - 비용편익분석의 절차에 대하여 설명하시오.
   - 비용편익분석에서 편익이 왜 중요한가?
   - 비용편익분석에서 사회적 할인율과 잠재가격이 왜 중요한가?
   - 비용편익분석의 장단점을 설명하시오.

▪ 비용편익분석의 한계와 그 해결방안을 설명하시오.

참고문헌

김동건(1997), 비용·편익분석, 서울: 박영사.

김재형 외(2000), 예비타당성조사 수행을 위한 일반지침 연구, 한국개발연구원.

김홍배(2003), 정책평가기법, 서울: 나남출판.

노화준(1999), 정책분석론, 서울: 박영사.

박희정(1997), 편익분석을 통한 지방공공시설의 투자결정, 서울: 한국지방행정연구원.

배득종 역(1992), 공공선택론, 서울: 나남.

Dasgupta, A. K. and D. W. Pearce(1978), *Cost-Benefit Analysis*, London: The Macmillan Press Ltd.

Mayer, R.(1985), *Policy and Program Planning: A Developmental Perspective*, New Jersey, Prentice-Hall, Inc.

Schmid, A. A.(1989), *Benefit-Cost Analysis*, London: Westview Press.

Schofield, J.(1987), *Cost-Benefit Analysis in Urban & Regional Planning*, London: Allen & Unwin.

宮川公男(1994), 政策科學の基礎, 東京: 東洋經濟新報社.

宮川公男(1997), 政策科學の新展開, 東京: 東洋經濟新報社.

제 15 장 파급성분석

제 1 절 산업연관분석의 개요

1. 산업연관분석의 개념

파급성분석을 위해 가장 보편적으로 사용하는 기법은 산업연관분석이다. 산업연관분석은 일정기간 동안 한 지역에서 생산된 모든 재화와 용역의 각 산업간 거래, 최종수요부문과 산업간 거래, 생산부문과 산업간 거래관계를 분석하는 기법으로서 투입산출분석이라고도 한다. 산업연관분석은 각종 승수와 연관관계를 파악하여 지역경제의 연관구조를 분석하는데 목적이 있다.

산업연관표의 세로방향은 각 산업부문에서 구입한 원재료와 노동이나 자본의 투입을 나타내는 비용구성을, 그리고 가로방향은 각 산업부문에서 생산된 생산물이 중간재나 최종재로 판매된 내역을 나타내는 판로구성을 각각 의미하며, 산업연관표를 통해 그물과 같이 복잡하게 얽혀 있는 산업부문간의 모든 상호연관관계를 한눈에 파악할 수 있다.

산업연관표는 1930년대초 W. W. Leontief 교수에 의하여 시작된 이후 현재 선진국에서 개발도상국에 이르기까지 많은 나라에서 작성되어 경제구조분석은 물론 각종 경제정책의 파급효과 측정이나 경제계획수립 등의 기초자료로 다양하게 이용되고 있다.

우리나라에서는 한국은행이 1960년 최초로 산업연관표를 작성한 이래 최근에 이르기까지 모두 16차례에 걸쳐 산업연관표를 편제・발표해오고 있다. 우리나라의 산업연관표는 1958년 당시의 부흥부 산업개발위원회가 1957년 및 1958년의 산업연관표를 작성하면서 비롯되었다. 그러나 산업연관표는 일종의 시산표에 불과하였으며 비교적 체계있는 형식과 내용을 갖춘 실질적인 산업연관표가 작성된 것은 제1차 경제개발5개년계획 수립을 위한 기초자료로 이용하기 위하여 한국은행에서 1960년 산업연관표를 작성하면서부터라고 할 수 있다. 그 이후로 한국은행은 경제규모의 확대와 경제발전에 따른 산업구조의 변화를 더욱 정확히 파악하기 위하여 1963년, 1966년, 1970년, 1975년, 1980년, 1985년,1990년, 1995년, 2000년, 2003년, 2005년, 2010년의 실측표와 1968년, 1973년, 1978년, 1983년, 1986년, 1987년, 1988년, 1993년, 1998년, 2005~2014년 연장표를 각각 작성하였다. 또한 2003년 처음으로 지역표를 발표하면서 광역권별 산업연관표를 발표하였고 2005년, 2010년, 2013년에는 16개 시·도별 산업연관표를 발표하였다.

2. 산업연관분석의 가정

한 나라의 경제는 소비·투자·수출 등 최종수요가 생산을 유발하고, 그 생산활동의 결과 부가가치로서 소득이 발생하며 발생된 소득은 차기의 최종수요로 다시 지출되는 형태로 순환하고 있다. 그런데 산업연관모형은 이와 같은 국민경제의 순환 중 최종수요가 어떠한 메커니즘에 따라 생산을 유발하는가 하는 과정을 대상으로 하고 있으므로, 본질적으로 생산의 메커니즘이 중심이 되는 단순화된 생산의 일반이론이라 할 수 있다.

이러한 산업연관모형의 기본가정은 다음과 같다. 첫째, 결합생산(joint production)이 존재하지 않는다. 한 산업은 하나의 생산물만 생산한다는 가정으로 산업과 상품이 1대 1로 대응하고 있다는 것이다. 이는 산업부문별로 하나의 기술구조를 가진다는 것을 의미한다.

둘째, 대체활동(substitution activity)이 존재하지 않는다. 이는 각 상품의 생산방법은 하나밖에 없다는 가정이다. 어떤 특정상품의 생산기술은 하나이고 기술방법의 대체는 없다는 의미로서 선택의 가능성을 배제하는 것을 의미한다.

셋째, 규모경제(economies of scale)가 존재하지 않는다. 이는 각 산업이 사용하는 투입량은 그 산업의 산출수준만의 1차함수로서 수확체증이나 수확체감이 아닌 수확불변의 법칙이 적용된다는 것으로 불비례투입물의 존재를 인정하지 않는 가정이다.

넷째, 외부경제(external economies)가 존재하지 않는다. 이 가정은 수개의 생산활동이 동시에 가동되는 총효과는 각각의 개별활동에 의한 효과의 합계와 일치한다는 것으로 각 산업의 생산활동은 운수, 통신, 기타보조산업 등 외부시설 및 산업발전의 영향을 받지 않는다는 것이다.

그러나 이러한 제 가정은 어디까지나 경제현실을 단순화하기 위한 것이며, 현실적으로 투입계수는 불비례투입물로서 간접비용의 존재, 기술진보, 생산물 구성의 변화 및 투입물 대체 현상 등에 의하여 변화하고 있어 산업연관모형에 의한 경제분석의 제약요인으로 작용하고 있다.

3. 산업연관표의 종류와 작성방법

산업연관모형은 크게 전국산업연관표와 지역산업연관표로 구분되고, 지역산업연관표는 다시 지역내 산업연관표와 지역간 산업연관표로 구분된다.

산업연관표는 거래액의 가격평가방법, 수입의 취급방법에 따라 여러 가지 형태로 작성할 수 있다. 부문간의 물량거래를 어떠한 가격으로 평가하느냐에 따라 구매자가격 평가표와 생산자가격 평가표로 구분된다. 또한 수입거래액과 국산거래액을 합하느냐 분리하느냐에 따라 경쟁이입형표와 비경쟁이입형표로 구분되며, 그 절충형으로서 경쟁비경쟁 이입형표가 있다.

지역산업연관표를 작성하는 데는 여러 가지 기법들이 이용되고 있다. 주요한 기법으로는 가중치조정법, 입지계수법, 수요공급균형법, 지역구매계수법, RAS방법, 중력법 등이 있다. 가중치조정법이란 지역산업구조의 특성을 반영시킨 기술계수를 이용하여 전국산업연관표에 반영하여 계산하는 방법이다. 입지계수법은 지역별 산업의 입지계수를 계산하여 전국 투입계수행렬에 곱해주는 방법이며, 수요공급균형법은 W. Isard의 지역상품균형접근법을 기초로 개발된 방법으로 각 산업의 지역총산출액에서 지역총요구액을 차감하여 지역상품의 과잉 또는 과소분을 추정하고, 이를 이용하여 지역투입계수를 추계하는 방법이다. 지역구매계수법은 B. H. Stevens를 중심으로 비교적 최근인 1980년대에 개발된 이론으로서 지역기술계수를 지역투입계수로 전환시키는데 필요한 지역구매계수를 구하는 방법이다. RAS방법은 전국표와 지역표로부터 중간수요와 중간투입량을 계산하여 산출하는 방법이며, 중력법은 Newton의 만유인력법칙을 지역간 거래변수에 활용하는 분석 기법이다.

4. 산업연관분석의 기본구조

산업연관분석은 투입산출표의 작성에서 시작된다. 투입산출표는 거래표(transaction matrix)라고도 불리며, 일정 기간 동안 경제단위(국가 또는 지역) 내에서 생산된 제품 또는 서비스에 대해 생산단계에서부터 최종소비단계까지의 모든 과정에서 발생되는 거래관계를 나타낸 표이다. 거래표는 크게 세 부문으로 분류되는데 재화와 서비스의 거래를 중간투입 거래부문, 생산요소의 구입부문, 최종생산물의 판매부문 등으로 나눌 수 있다. 한편 중간수요와 중간투입을 기록한 부분을 내생부문이라 하고, 최종수요와 부가가치를 기록한 부분을 외생부문이라고 부른다.

표 15-1 투입산출 거래표의 기본구조

투입\산출		중간수요			최종수요				수입	총산출
		산업1	산업2	산업3	소비	투자	정부	수출		
중간투입	산업1	Z11	Z12	Z13	C1	I1	G1	E1	M1	X1
	산업2	Z21	Z22	Z23	C2	I2	G2	E2	M2	X2
	산업3	Z31	Z32	Z33	C3	I3	G3	E3	M3	X3
부가가치	노동	W1	W2	W3						
	자본	R1	R2	R3						
총투입		X1	X2	X3						

〈표 15-1〉의 가로축(열)은 생산물판매이고 배분구조를 나타내며, 이는 다시 중간수요와 최종수요부분으로 나누어진다. 중간수요와 최종수요를 합한 것을 총수요액이라고 하고, 여기서 수입을 제외한 것을 총생산(총산출)이라 한다. 세로축(행)은 투입구조를 나타내고 중간투입과 부가가치의 두 부분으로 나누어지며 그

합계를 총 투입이라고 한다. 예를 들어 한 국가의 경제가 세 종류의 산업으로 구성되어 있다면 산업연관모형에 의한 거래표는 위의 표와 같다.

〈표 15-1〉에서 각 산업별로 중간수요와 최종수요를 합하여 수입분을 제하면 그 산업의 총생산과 같고 다음 등식이 성립된다. 최종수요(Y_i)는 가계부문의 소비(C_i)와 투자(I_i), 정부부문의 소비(G_i), 그리고 수출(E_i)의 합계이다.

$$X_i = Z_{ij} + Y_i - M_i \qquad \text{[식 15.1]}$$

제 2 절 투입산출계수와 승수효과

1. 투입산출계수

투입산출계수(input-output coefficient)는 투입계수(direct input coefficient) 또는 기술계수(technical coefficient)라고 부르기도 한다. 산업연관모형에서는 i산업에서 j산업으로의 흐름은 전적으로 j산업의 총생산량에 의존하게 된다. 자동차산업의 생산이 늘어나면 원자재를 제공하는 철강산업의 생산도 늘어나게 된다. 투입산출계수는 이와 같은 관계를 설명하는 것이다. 즉, i산업의 제품 또는 서비스를 1단위 생산하기 위하여 투입되는 j산업의 제품 또는 서비스의 양은 [식 15.2]와 같이 계산된다.

$$aij = \frac{Zij}{Xj} \qquad \text{[식 15.2]}$$

여기서 Zij는 j산업 생산을 위해 투입된 i산업의 중간 수요량을 나타낸다. 이와 같이 산업연관모형에서는 특정산업간의 투입산출계수가 특정값으로 고정되어 있어, 생산규모의 경제효과를 고려할 수 없는 한계가 있다.

2. 생산유발계수

생산유발계수는 최종수요가 1단위 증가하였을 때 이를 충족시키기 위하여 각 산업부문에서 직·간접적으로 유발되는 생산액 수준을 나타내는 것으로, 이는 도출과정에서 역행렬이라는 수학적 방법이 이용되므로 역행렬계수라고도 한다. 이러한 생산유발계수는 최종수요로부터 파생되는 파급효과를 나타내는 승수의 성질을 가지므로 케인즈의 투자승수와 구별하여 다부문승수(multi-sector multiplier) 혹은 레온티에프승수(Leontief multiplier)라고도 한다.

일반적으로 국산품과 수입품을 통합하여 표시한 경쟁수입형의 산업연관표로부터 도출된 $(I-A)^{-1}$형의 레온티에프 역행렬에서 계산되는 생산유발계수와 국산품과 수입품을 분리한 비경쟁수입형의 산업연관표에서 도출된 $(I-Ad)^{-1}$형의 역행렬에서 계산되는 생산유발계수는 다른 값을 갖게 되는데, 그 차이는 수입중간재의 사용여부와 관계되는 것이다. 만약 모든 산업부문이 국산중간재만 사용한다고 가정하면 두 계수는 같게 될 것이다. 따라서 두 계수의 차이가 큰 산업부문은 그 산업 또는 연관산업의 수입의존도가 높은 산업이라고 판단할 수 있다.

3. 영향력계수와 감응도계수

1) 영향력계수

영향력계수는 어떤 산업부문의 생산물에 대한 최종수요가 한 단위 발생할 때 전산업부문에 미치는 영향이다. 이는 후방연쇄효과(backward linkage effect)의 정도를 전산업평균에 대한 상대적 크기로 나타내는 계수로서, 당해산업의 생산유발계수의 열(列)합계를 전산업 평균으로 나눈 값이다.

2) 감응도계수

감응도계수는 모든 산업부문의 생산물에 대한 최종수요가 각각 한단위씩 발생할 때 어떤 산업이 받는 영향이다. 이는 전방연쇄효과(forward linkage effect)가 어느 정도인가를 전산업 평균에 대한 상대적 크기로 나타내는 계수로서, 그 산업의 생산유발계수의 행(行)합계를 전산업 평균으로 나눈 값이다.

4. 수입유발계수

수입유발계수는 어떤 생산물에 대한 최종수요가 한 단위 증가했을때, 이에 의하여 유발되는 직·간접의 수입액을 나타내는 것으로서, 수입중간투입률에 생산유발계수를 곱하여 계산된다.

5. 부가가치유발계수

부가가치유발계수는 어떤 산업부문의 국내생산물에 대한 최종수요가 한 단위 증가했을 때 발생하는 직·간접의 부가가치를 나타내는 것으로서, 산업별 부가가치행렬과 생산유발계수를 곱하여 계산된다.

6. 노동유발계수

노동유발계수는 어떤 산업부문의 최종수요가 단위당(10억원) 증가하였을 때 발생하는 직간접의 노동유발효과를 나타내는 것으로서, 산업별 노동력 행렬과 생산유발계수를 곱하여 계산된다.

7. 관련 승수

산업연관모형에서는 어떤 산업의 최종수요가 1단위 변화할 때 경제전체에 미치는 영향을 생산승수(output multiplier), 소득승수(income multiplier), 그리고 고용승수(employment multiplier)로 나타낸다. 우선 생산승수는 생산량의 변화를 측정하는 것이고, 소득승수는 가계부문의 소득변화를 측정하는 것이며, 그리고 고용승수는 고용의 변화를 측정하는 것이다.

제 3 절 산업연관분석의 과정

1. 지역산업연관표의 작성

지역산업연관표에는 특정지역 내의 경제구조만을 대상으로 하는 지역내 산업연관표와 여러 지역간의 연관관계를 나타내는 지역간 산업연관표가 있다. 지역내 산업연관표는 특정지역의 생산기술구조를 나타내는 산업연관표로서 국민경제를 대상으로 하는 산업연관표와 같은 형식을 취하게 되는데 해당지역에서 상품을 타지역으로 판매하는 이출과 타지역으로부터 구입하는 이입을 수출입의 취급과 같은 방법으로 계상한다.

이처럼 지역내 산업연관표에서는 해당 지역내에서의 산업부문간 거래관계는 상세히 표시되지만, 다른 지역과의 거래관계는 이출 또는 이입으로 일괄계상되므로 어느 지역, 어느 산업부문과의 거래관계인지는 파악할 수 없다. 이와 달리 국민경제를 몇 개의 지역으로 구분하여 지역간 및 산업간의 거래관계를 함께 기록한 산업연관표가 지역간 산업연관표이다.

지역간 산업연관표의 행(行)은 각 지역의 각 산업부문에서 산출된 상품이 어느 지역의 어느 산업으로 배분되고 있는지를 나타내고, 열(列)은 각 지역의 각 산업에서 생산활동을 영위하기 위하여 어느 지역의 어느 상품이 얼마씩 투입되고 있는지를 보여준다.

지역간 산업연관표를 작성하게 되면 특정지역의 상품에 대한 최종수요가 각 지역의 각 산업에 미치는 산출, 고용 등 제반 경제적 파급효과를 분석할 수 있게 되므로, 지역경제분석이나 균형있는 지역개발을 위한 계획수립 등에 크게 기여할 수 있다.

한편 지역과 지역간의 상호연관관계를 분석하기 위하여 작성하는 지역간 산업연관표를 국가와 국가 사이의 관계에 적용하여 하나의 산업연관표로 작성한 것이 국제산업연관표이다. 이는 각 국가의 수출입을 매개로 하여 작성되기 때문에 한 국가에서 수입한 것이 다른 국가에서는 수출이 되며, 한 국가에서 수출한 것은 다른 국가에서는 수입이 된다. 또한 한 국가에서 원료나 중간재로 사용하기 위해 외국으로부터 수입한 물품은 그 국가에서는 원자재나 중간재로 투입되며, 외국으로부터 최종재로 쓰기 위해 수입한 물품은 그 국가의 최종수요를 충족시키는 것으로 된다. 이는 상대국의 경우도 마찬가지이다. 따라서 두 국가의 산업연관표에서 수입부문을 국가별·용도별로 각각 구분한 다음 수출입을 이용하여 두국가 산업연관표를 상호연결시키면 하나의 국제산업연관표를 작성할 수 있다. 국제산업연관표는 국가간의 상이한 생산기술구조와 교역형태를 반영한 것으로 그 기본구조는 지역간 산업연관표와 동일하다.

이러한 지역산업연관표를 작성하는 방법은 전국산업연관표의 작성에서처럼 실제조사(survey)에 의한 방법과 전국산업연관표를 이용한 간접 추계방식인 비조사방법(non-survey), 그리고 이들의 방법을 절충한 부분조사(partial survey)에 의한 방법이 있다. 가장 바람직한 방법은 직접 지역의 투입산출구조를 조사하는 것이나, 시간과 비용의 문제를 고려할 때 현실적인 어려움이 있다. 흔히 지역산업연관표를 작성하기 위해서는 가중치에 의한 수정방법(weighing method), 입지계수법(location quotient method), 수요공급균형법(supply-demand pool method), 지역구매계수법(regional purchase coefficient method), RAS방법(biproportional adjustment method), 부분조사방법(partial survey method) 등이 있다.

2. 생산유발계수표의 종류

실제로 사용하고 있는 생산유발계수표는 수입의 취급방법에 따라 여러 가지가 있다. 여기서는 유발계수표의 도출과정을 살펴보고 이용상의 장·단점에 대해 설명하면 다음과 같다.

1) $(I-A)^{-1}$형

이 형의 생산유발계수표는 국산과 수입을 구분하지 않는 경쟁수입형 생산자가격평가표의 투입계수를 기초로 하여 도출된 것인데, 이 생산유발계수표에서는 수입과 국내 생산활동간에 아무런 함수관계가 존재하지 않는다는 가정하에 수입을 외생변수로서 취급하고 있다. 도출과정은 다음과 같다.

$$AX + Y - M = X \qquad \text{[식 15.3]}$$
$$X = (I - A)^{-1}(Y - M)$$

이 생산유발계수표를 이용하여 총산출액(X)을 계산하기 위해서는 외생변수로서 최종수요 벡터(Y)와 수입 벡터(M), 잔폐물 발생액 벡터(z)가 주어져야 한다.

2) $(I - A + \widehat{M^*})^{-1}$형

각 산업부문의 수입은 그 부문의 국내 총산출 수준에 따라 결정된다고 보는 것이 1)형 생산유발계수의 가정보다 타당하다고 할 수 있는데, $(I - A + \widehat{M^*})^{-1}$형 생산유발계수표는 수입을 외생변수로 취급하지 않고 내생화하여 도출한 생산유발계수표의 한 종류이다. 수급방정식은 다음과 같다.

$$AX + Y - M = X \qquad \text{[식 15.4]}$$
$$AX + Y - \widehat{m}^* X = X$$

$\widehat{M^*}$; 수입계수(=수입액/총산출액)의 대각행렬

$$M = \widehat{M^*} X \qquad \text{[식 15.5]}$$
$$X = (I - A + \widehat{M^*})^{-1} \mathrm{Y}$$

이 생산유발계수표를 이용하여 총산출액(X)을 계산하기 위해서는 외생변수로서 최종수요 벡터(Y)만 주어지면 된다.

3) $[I - (I - \widehat{M})A]^{-1}$형

앞에서 제시한 $(I - A + \widehat{M^*})^{-1}$형의 생산유발계수처럼 수입을 내생화하면 최종수요 항목의 하나인 수출에도 원재료가 아닌 최종수요로서의 수입품이 포함되

어 있다는 다소 무리한 가정을 해결하기 위해서, 즉 수입을 내생변수로 간주하기는 하되 다만 최종수요 항목중 수출은 다른 항목과 별도로 취급하여 수입품이 수출에 포함되지 않도록 하여 도출되는 생산유발계수표가 [I-(I-m̂)A]-1형이다.

$$AX + Y - M = X \qquad \text{[식 15.6]}$$
$$AX + Y^* + E - M = X$$
$$Y = Y^* + E(\ Y^*;\ \text{국내최종수요},\ E;\ \text{수출})$$
$$Y = Y^* + E$$
$$AX + Y^* + E - \hat{m}(AX + Y^*) = X$$

$\hat{m}$; 수입계수[=수입액/(총수요액-수출액)]의 대각행렬

$$M = (AX + Y^*) \qquad \text{[식 15.7]}$$
$$AX + Y^* + E - \hat{m}AX - \hat{m}Y^* = X$$
$$X - AX + \hat{m}AX = Y^* - \hat{m}Y^* + E$$
$$X - (I - \hat{m})AX = (I - \hat{m})Y^* + E$$
$$[I - (I - \hat{\ })A]X = (I - m)Y^* + E$$
$$X = [I - (I - \hat{m})A]^{-1}[(I - \hat{m})Y^* + E]$$

이 형의 생산유발계수표를 이용하여 총산출액(X)을 계산하기 위해서는 외생변수로서 최종수요(Y^*)와 수출(E)이 주어지면 된다.

4) $(I - A^d)^{-1}$형

앞의 세 가지 생산유발계수는 국산과 수입을 구분하지 않는 경쟁수입형 생산자가격평가표의 투입계수를 기초로 하여 도출되었는데, 국산과 수입을 구분하여 작성하는 비경쟁수입형표의 투입계수로부터 도출되는 생산유발계수가 $(I - A^d)^{-1}$형이다.

$$A^dX + Y^d = X \qquad \text{[식 15.8]}$$
$$(A^mX + Y^m = M;\ \text{수입거래표에서의 수급방정식})$$
$$X = (I - A^d)^{-1}Y^d$$

이 형의 생산유발계수표를 이용하여 총산출액(X)을 계산하기 위해서는 외생변수로서 국산품에 대한 최종수요(Yd)가 주어지면 된다.

한편 $(I-A)^{-1}$, $(I-A+\widehat{M^*})^{-1}$ 및 $[I-(I-\widehat{M})A]^{-1}$형의 생산유발계수표는 모두 국산과 수입을 구분하지 않고 작성된 경쟁수입형표로부터 산출되는 투입계수표를 기초로 도출된 것으로 이를 이용하여 최종수요 증가에 따른 생산파급효과를 계측하는 경우에는 순수한 국내생산파급효과와 수입으로 인하여 해외로 누출되는 부분을 구분할 수 없게 된다. 따라서 최종수요발생에 따른 국내생산파급효과만을 정확히 계측하기 위해서는 국산과 수입을 구분하여 작성한 $(I-A^d)^{-1}$형의 생산유발계수표가 적합하다고 볼 수 있다.

3. 역행렬계수의 산출

앞서 제시한 생산유발계수표 $(I-A^d)^{-1}$를 이용한 지역산업연관표에서 일련의 연립방정식체계로 역행렬을 유도해 보면 다음과 같다.

$$AX+F-M=X \qquad \text{[식 15.9]}$$

A : 지역투입계수행렬
X : 지역산업부문별 산출액 열「벡터」
F : 지역최종수요 열「벡터」
M : 지역수입 열「벡터」

이것을 X에 대해서 풀이하면

$$(I-A)X=(F-M) \qquad \text{[식 15.10]}$$

$$X=(I-A)^{-1}(F-M) \qquad \text{[식 15.11]}$$

이 된다. [식 15.10]의 $(I-A)$를 레온티에프 행렬이라고 하며, I는 단위행렬(identity matrix, unit matrix)을 나타낸다. 그리고 [식 15.11]의 $(I-A)^{-1}$을 생

산유발계수행렬 또는 레온티에프 역행렬이라고 한다. 이 계수는 최종수요의 1단위 변화가 각 산업의 생산에 미치는 직・간접효과를 나타내는 승수적 의미를 가진다. 이는 케인즈의 승수와는 의미가 약간 다르다.

이제 역행렬 $(I-A)^{-1}$를

$$(I-A)^{-1} = B = (b_{ij})_{n \times n} \qquad \text{[식 15.12]}$$

으로 표기하면, b_{ij}는 j부문의 최종수요 1단위를 충족하기 위하여 필요한 i부문의 재화 또는 용역의 직・간접 생산단위를 나타내는 것이다. 다시 말하면, 1단위 최종수요의 충격(impact)에 의해서 직・간접으로 유발되는 총산출액을 의미한다(이춘근, 1994: 1-20; 谷山新良, 1991: 80-81). b_{ij}의 대각항은 각 산업부문의 최종수요 1단위를 생산하기 위하여 직・간접으로 필요한 자기부문으로부터의 산출요구량을 나타낸다.

그리고, 최종수요의 증가가 반드시 중간재 투입의 증가를 수반하기 위해서는 역행렬표의 어떠한 원소도 부의 값으로 표기되어서는 안된다. 이를 만족하기 위한 필요충분조건은 첫째, $(I-A)$행렬의 모든 대각원소$(1-aii)$가 정의 값이어야 하고, 둘째, $(I-A)$행렬의 모든 주소행렬식(principal minors)이 양의 값이어야 한다. 이러한 경제적 불합리를 배제하기 위한 거시경제의 안정에 관한 조건을 호킨스-사이몬조건(Hawkins-Simon condition: H-S조건)이라 한다.

역행렬$(I-A)^{-1}$은

$$(I-A)^{-1} = I + A^1 + A^2 + A^3 + A^4 + \cdots = \sum_{m=0}^{\infty} A^m = b_{ij} \qquad \text{[식 15.13]}$$

과 같이 나타낼 수 있으며, A는 최종수요 1단위 변화에 대한 직접투입요구량을 나타내고, $A^2 + A^3 + A^4 \cdots$ 는 직접투입요구량 A를 만족시키기 위해서 모든 내생부문들에 의해서 유발된 간접투입요구량을 의미한다.

4. 산업연관분석의 방법

산업연관분석의 가상적인 단순 사례분석을 위하여 다음과 같은 고립된 경제권역을 가정한다. 수출입도 없고 정부도 없으며 저축과 투자, 그리고 재고도 없다고 한다. 따라서 그 고립된 경제권역 내부에서 현재 모든 것이 구매·처리·판매되고 소비된다. 최종구매자(가계)와 제1차적 공급자(가계)는 각각 한 명씩 뿐이다. 가계가 노동과 관리와 같은 제1차적 투입물을 공급한다. 산업체는 농업과 제조업의 두 가지 형태만 존재한다. 이 경우 단순한 투입산출표를 가상 수치를 사용하여 작성하면 〈표 15-2〉와 같다(A. Bendavid-Val, 1983: 96-100).

단순한 투입산출분석의 〈표 15-2〉에서 '균형의 조건'이 충족되어 있다는 것을 알 수 있다. 산업별 투입계와 산출계는 정확하게 일치하고 있다. 또한 총투입계와 총산출계(2,600만원)도 일치하고 있음을 알 수 있다.

표 15-2 가상적인 투입산출표

(단위: 만원)

구 분		중간구매자들		최종구매자 (가계)	총판매 (산출계)
		농업	제조업		
중간공급자들	농업	100	300	600	1,000
	제조업	50	100	350	500
제1차적공급자들	가계	850	100	150	1,100
총구매(투입계)		1,000	500	1,100	2,600

첫번째 행(行)의 자료를 해석하면 다음과 같다. 총 1,000만원의 농산물 판매는 산출물 중 100만원은 농업에 재가공 목적(씨앗, 사료, 비료 등)으로 판매되고, 산출물 중 300만원은 재가공(통조림 등)을 위해서 제조업에 판매되고, 나머지 600만원은 가계소비를 위하여 최종구매자에게 판매된 것이다.

첫번째 열(列)의 자료를 해석하면 다음과 같다. 총 1,000만원의 농산물을 산출하기 위하여 농업 그 자체로부터 산출물을 100만원 구입하고, 제조업으로부터 만들어진 투입물을 50만원 구입하고 가계로부터 노동력과 같은 제1차적 투입물을

850만원 구입해야만 한다는 것이다. 기타 행(行)과 열(列)의 해석도 동일한 방식으로 가능하다. 다음으로 투입산출계수의 일정성의 조건을 이해하기 위하여 구체적인 숫자를 이용해서 살펴보기로 하자. 〈표 15-2〉과 동일한 표를 근거로 투입산출계수를 계산하면 〈표 15-3〉과 같다.

표 15-3 투입산출계수표

구 분	농 업	제조업
농 업	0.10	0.60
제조업	0.05	0.20
가 계	0.85	0.20

〈표 15-3〉에서 투입산출계수의 값이 변수가 아니라 상수로 표시되었으므로 일단 투입산출계수의 일정성의 조건은 충족되었다는 것을 알 수 있다. 투입산출계수의 계산과정 자체가 특정산업이 산출량 1단위를 생산하는데 소요되는 다른 한 산업으로부터의 구매량을 의미하기 때문에 투입산출계수표는 일명 직접 요구량표라고도 한다.

제 4 절 산업연관분석의 한계와 해결방안

1. 산업연관분석의 한계

산업연관분석의 장단점은 다음과 같이 요약 · 정리될 수 있다(박종화, 1997: 304-305). 우선 산업연관분석의 장점으로서, 첫째, 일반균형적 분석기법으로서 여러 부문을 동시에 고려하고 있다. 분석의 중립성과 적응성이 있어서 시장경제체제나 중앙계획경제체제 어디서나 이용될 수 있다. 둘째, 기술적(記述的)인 분석도구로서 지역 투입산출표는 아주 간단명료하게 많은 양의 정보를 제공해 준다. 시계열분석에서는 제공할 수 없는 산업간 관계성에 대한 포괄적인 정보를 제공해 줄 뿐만 아니라 지역간 및 지역내의 재화와 서비스의 이동분석을 가능케 해준다.

셋째, 산업연관분석은 선택적인 시뮬레이션 용도로 이용될 수 있다. 예컨대 특정 산업의 최종수요의 변화가 중간과정부문의 수요증가에 미치는 영향을 시뮬레이션할 수 있을 뿐만 아니라 지역경제 구조에 있어서의 변화의 영향을 시뮬레이션할 수 있다.

한편 산업연관분석의 단점을 보면, 첫째, 기술수준이 급변하고 있는 오늘날 기술적 투입산출계수의 일정불변의 가정은 현실성이 약하다. 둘째, 하나의 상품은 하나의 전문산업분야에서 생산된다는 산업연관모형의 기본가정은 현실성이 약하다. 셋째, 생산과정에 있어서 투입물간의 대체효과를 제대로 다루지 못함으로써 지역간 경쟁력 효과에 대한 분석이 용이하지 않다. 넷째, 지역수준의 투입산출 회계자료라는 것은 간단하게 얻어 질 수 있는 자료가 아니어서 지역 투입산출표를 작성하는 것이 쉬운 일이 아니다. 넷째, 지역산업연관분석은 새로운 산업의 진입이나 오래된 산업의 퇴출과 같은 산업구조적 변화의 동태성을 다루기에 적합하지 않다.

2. 해결방안

산업연관모형은 이상에서 지적된 바와 같은 단점이 있을 뿐만 아니라, 모형의 기본가정이 현실세계와 동떨어져 있어, 최근에는 산업연관모형보다 일반연산균형모형을 이용하는 것이 더 적합한 것으로 평가되고 있다.

첫째, 산업연관모형은 대체효과를 만족스럽게 다룰 수 없기 때문에 한 지역의 기술변화 또는 저렴한 요소비용이 다른 지역의 산출, 가격 및 소득에 미치는 영향 등 지역간 경쟁력 분석에는 한계가 있다.

둘째, 산업연관모형은 새로운 산업이 추가되거나 기존 산업이 없어지는 등 동태적인 구조변화에는 적용하기가 곤란하다. 또한 투입산출표를 작성하는데 막대한 비용과 시간이 소요된다는 점이다.

반면에 일반연산균형모형은 다부문성이 인정되고, 비선형이며, 성장과 분배를 강조한다는 측면에서 산업연관모형보다 우수하다. 이러한 일반연산균형모형의 특징은 다음과 같다(김의준, 1993: 7-8). 첫째, 일반연산균형모형은 미시-거시시스템을 지니고 있는 다부문모형이다. 일반연산균형모형은 재화, 노동 및 자본의 수

표 15-4 산업연관모형과 일반연산균형모형의 비교

구 분	산업연관모형	일반연산균형모형
· 가격결정	· 고정	· 내생화
· 수요 · 공급	· 수요체계	· 수요 · 공급
· 다부문성	· 다부문성	· 다부문성
· 식의 형태	· 선형 · 정의식	· 비선형 · 행태식
· 경제행위	· -	· 적정화
· 시장구성	· 재화	· 재화 · 노동 · 자본
· 성장 · 배분	· 성장	· 성장 · 분배

요와 공급간의 관계를 거시적으로 분석하며, 또한 생산, 노동, 소비, 투자, 재정 등의 부문별 모형을 설정하여 생산량, 노동, 자본수요 등 미시적인 변화도 파악한다. 또한 모형의 다부문성으로 인해 부문별 계획의 경제적인 파급효과를 감지할 수 있고, 변수간의 상충성을 제거하여 분석결과의 일관성을 유지할 수 있다.

둘째, 일반연산균형모형은 수량과 가격을 내생적으로 결정하는 계량모형이다. 일반적인 계량모형에서는 수량이 재화시장에서 결정되고, 가격수준은 부수적으로 산정되거나 또는 반대로 수량이 가격수준에 따라 결정된다. 이에 반해 일반연산균형모형은 수요-공급의 제약조건을 반영하여 수량과 가격이 상호간 영향을 주면서 결정되도록 설계되어 있다.

셋째, 일반연산균형모형은 적정화 개념을 도입하였기 때문에 경기예측보다는 시뮬레이션에 적합하다. 일반연산균형모형을 계획실험에 적용함으로써, 현재 목표를 달성하기 위해서는 어떠한 계획을 사용해야 한다는 것을 알 수 있다. 예컨대 일반연산균형모형을 지역별 배분문제에 적용할 수 경우, 어느 지역에 얼마만큼의 자원을 배분해야 성장을 극대화할 수 있는가 혹은 지역간 소득격차를 최소화할 수 있는가를 분석할 수 있다.

탐구학습

1. 주요개념과 요약
   - 산업연관분석의 개념, 가정
   - 산업연관표의 종류, 작성방법
   - 산업연관분석의 기본구조
   - 투입산출계수와 승수효과: 투입산출계수, 생산유발계수, 영향력계수, 감응도계수, 수입유발계수, 부가가치유발계수, 노동유발계수, 관련승수
   - 산업연관분석의 과정: 지역산업연관표의 작성, 생산유발계수표의 종류, 역행렬계수의 산출, 산업연관분석의 방법
   - 산업연관분석의 한계와 해결방안

2. 토론과 과제
   - 파급효과분석 방법으로서 산업연관분석의 의의와 그 유용성에 대하여 설명하시오.
   - 산업연관분석의 사례를 하나 들고, 그 적용과정을 설명하시오.

참고문헌

강광하(2001), 산업연관분석론, 비봉출판사.

국토개발연구원(1993), 지역산업연관표 작성방안 연구.

김의준(1993), 공공투자분석을 위한 일반연산균형모형의 구축, 국토연구원.

이춘근(1994), 지역산업연관모형의 추정방법과 대구지역에의 적용, 연구보고서 93-1, 대구경북개발연구원.

이춘근(2006), 지역산업연관분석론, 서울: 학문사.

조철주(1996), "지역산업구조분석과 산업정책의 방향, 타지역 산업 연관 모형에 의한 충북지역사례연구", 국토계획, 대한국토도시계획학회지, 제31권 제2호.

한국은행(1998), 1995년 산업연관표(1970-1995) CD자료.

Bulmer-Thomas, V.(1982), *Input-Output Analysis in Developing Countries: Sources, Methods and Applications*, Chichester: John Wiley & Sons.

Czamanski, S. & E. E. Malizia(1969), "Applicability and Limitations in the Use of National Input-Output Tables for Regional Studies", *Papers of the Regional Science Association*, Vol. 23.

Hansen, W. L. & C. M. Tiebout(1963), "An Intersectoral Flows Analysis of the California Economy", *Review of Economics and Statistics*, Vol. 45, No. 4.

Hewings, G. J. D. & R. C. Jensen(1996), "Regional Interregional and Multiregional Input-Output Analysis", P. Nijkamp, eds., *Handbook of Regional and Urban Economics*, Vol. 1· Regional Economics, North-Holland.

Isard, W.(1951), "Interregional Input-Output Analysis: a Mode of a Space Economy", *Review of Economics and Statistics*, Vol. 33, No. 4.

Bendavid-Val, A.(1983), *Regional and Local Economic Analysis for Practitioners*, Praeger.

谷山新良(1991), 産業聯關論, 日本: 大明堂.

宮澤健一 編(1995), 産業聯關分析入門, 日本經濟新聞社.

제 4 편

계획관리

제16장 계획인력

제17장 계획조직

제18장 계획재정

제19장 계획공유

제20장 계획윤리

제 16 장 계획인력

제 1 절 계획전문가의 의의

1. 계획전문가의 개념

계획의 정의가 다양한 것처럼 계획전문가의 정의 역시 다양하다. 협의의 계획전문가는 단순히 미래예측 및 계선조직에 자료 및 정보를 제공하는 기능을 주요 임무로 수행하는 자를 의미한다. 광의의 계획전문가는 관리자 혹은 행정가의 업무 범주에 포함됨으로서 행정가가 계획업무까지 담당하는 것을 의미한다. 따라서 사회분화의 정도가 낮고 경제규모가 작은 국가에 있어서는 행정가가 계획전문가의 업무를 담당하고 있다. 그러나 사회분화의 정도가 높고, 사회구조의 다원화 정도가 크게 나타날수록 행정가와 계획가의 업무 및 기능이 분리되고 있다(이성복, 1988: 596-598).

우리나라의 경우에도 경제발전을 중시하던 발전행정시기에는 행정관료가 계획업무를 담당하였으나, 경제규모가 증가하고 국가기능의 다원화와 사회분화가 촉진되면서 행정관료와 계획전문가가 분리되고 있다. 그리고 행정기관과 계획기관이 분화되는 현상이 정치·행정과정에서 발생하고 있다.

2. 계획전문가의 중요성

어떤 집단이 자발적으로 일정한 행위의 규범을 수용하는가의 여부는 집단의 사회적 지위를 결정짓는 요인이 된다. 전문직 종사자로 인정을 받는 사람들은 스스로 일정한 범위의 윤리적 규범을 준수할 것으로 기대된다. 이러한 역할기대는 전문직 종사자들의 행위를 제약하는 요인이 되고 있다. 윤리적 규범은 공식화되지 않은 심리적 차원의 것이며 자발적인 준수가 요구될 뿐 그것을 지키지 않는다고 해서 제재를 받는 것은 아니다. 물론 일탈의 정도가 지나치면 사회적 비난의 대상이 되고 실정법에 위배되면 처벌을 받을 수도 있다.

계획전문가는 고도의 지식과 기술, 그리고 자율적인 직업의식이 요청되는 전문직종이다. 특히 계획은 실제 사회 현장에 바로 적용되는 경우가 많기 때문에 합리적인 판단과 건전한 윤리의식을 바탕으로 하지 않으면 안 된다. 이는 궁극적으로 계획가들의 자질과 양식에 의존할 수밖에 없는 문제이다.

제 2 절 계획전문가의 능력과 역할

1. 계획전문가의 능력

계획전문가는 직업윤리를 기준으로 하여 가장 좋은 계획대안을 제시할 수 있어야 하고, 정확성을 보장해 줄 수 있는 분석기술, 계획결정가들에게 확신을 심어주는 설득력을 갖추기 위한 의사전달 기술, 그리고 사회적 가치실현에 대한 노력과 계획적 전문성(professional competencies)을 갖추어야 한다.

이러한 계획전문가에게 요구되는 능력은 크게 분석적·기술적 능력, 예측적 능력, 비판적 능력, 창의적 능력, 조정협상능력으로 구분해 볼 수 있다. 첫째, 분석적·기술적 능력(technical competencies)은 계획전문가에게 요구되는 가장 기본적인 능력으로, 현실문제에 대한 분석기술뿐만 아니라 계획의 결과에 대한 분석기술을 말한다. 즉, 자료 및 현상에 대하여 정확하게 객관적으로 분석하고, 계획이 초래할 수 있는 다양한 결과에 대하여 그 효과를 분석하는 것을 말한다.

둘째, 계획전문가에게는 예측적 능력(predictive competencies)이 요구된다. 예측적 능력은 자료 및 현상에 대한 정확한 분석 및 종합화를 통하여 각 대안들이 초래하는 결과를 인지하는 능력을 말한다. 계획과정을 통하여 미래의 사실을 예견 · 인식하고 그에 따라 환경변화에 대처한다고 볼 때, 미래의 불확실한 상황 속에서 목적하는 바를 달성하기 위해서는 다양한 방법들을 이용하여 불확실한 미래를 보다 정확하게 예측하는 능력이 필요하다.

셋째, 비판적 능력(critical competencies)이 요구된다. 계획이 미래에 대한 가능성을 예측하고, 그에 대한 청사진을 제시했다고 해서 문제가 해결되는 것은 아니다. 환경이 계속적으로 변하고 있기 때문에 한번 설정된 계획에 대한 지속적인 수정 · 보완작업이 필요하다. 이러한 반복적인 수정 · 보완작업을 통하여 바람직한 방향을 제시하기 위해서는 계획에 대한 비판적 능력, 그리고 계획현상 및 과정, 결과에 대한 비판적 능력이 요구되는 것이다.

넷째, 창의적 능력(creative competencies)이 필요하다. 계획은 현재의 문제를 해결하거나 보다 바람직한 미래상을 제시하는 것이다. 따라서 계획전문가에게는 현재에 대한 정확한 분석을 통하여 문제를 해결할 수 있는 창의적인 대안을 제시할 것이 요구된다.

다섯째, 조정협상능력(interpersonal competencies)이다. 계획은 한정된 자원을 배분하는 하나의 과정이다. 이렇게 볼 때, 계획은 여러 조직 혹은 개인들의 연합이나 경쟁과 같은 상호작용을 수반하게 된다. 따라서 계획전문가는 계획과정에서 이해관계를 가지는 집단들의 다양한 욕구를 조정하고 통합해야 한다. 따라서 계획전문가에게는 협상기술 및 설득기술이 요구된다. 그리고 계획의 목표를 달성하기 위해서는 계획주체(planning subject)와 계획대상(planning object)간의 상호조정이 필요하다.

2. 계획전문가의 역할

계획전문가의 역할은 획일적인 것이 아니라 공동목표를 구상하고 달성하는데 있어서 참여하는 구성원과의 상호작용과정에서 규정된다(Taylor, 1980: 159-172; Burke, 1979: 268).[1] 이러한 계획전문가의 역할은 진행적 · 상호작용적 기술들을 포함하는 것으로 규정된다(Bolman, 1971). 따라서 계획전문가의 기능적인 역할과

1) 계획전문가가 어느 역할을 담당하더라도 공공차원에서의 윤리가 요구된다.

계획역할을 규정짓는 환경적인 측면들에 대한 이해가 필요하다.

계획전문가의 역할을 E. R. Alexander는 행정가, 동원가, 중재자, 기업가, 창도자 또는 게릴라로 보고 있으며, 기타의 역할로는 촉진자, 조언자, 의사전달자를 들고 있다(박우서 외, 1995: 129-136).[2] 계획전문가의 역할에 대해서는 이처럼 다양한 구분이 있지만, 여기서는 H. Fagin의 분류에 따라 계획가의 역할을 구분하였다. Fagin에 의하면, 계획전문가에게는 분석가(analyst), 조직자(organizer), 협상가(negotiator), 대변자(advocator), 촉진자(facilitator), 교육자(educator), 홍보원(propagator)의 일곱 가지 기능적 역할이 요구된다(Fagin, 1970: 128-129).

1) 분석가로서 계획전문가

계획전문가에 대하여 일반적으로 인식되는 기본적인 역할은 분석가(analyst)이다. 이는 자료 및 현상에 대한 분석 및 종합화의 전문가로서 기능을 의미한다(H. Fagin, 1970: 129). 분석적 기술은 문제를 분석·검토하고, 자료수집 방법과 전략을 구상하며, 행위의 여러 가지 과정들에 대한 결과들을 인지할 계획전문가의 능력을 포함한다.

분석가로서 계획전문가에게는 계획에 대한 창조적인 기술(creative skills)이 요구된다. 창조적 기술은 분석결과를 문제해결에 창조적으로 적용한다는 것을 의미한다. 이를 위해서 분석가로서 계획전문가에게는 계획을 실행하는 실질적인 분야에 대한 특수한 지식을 갖출 것이 요구된다.

2) 조직가로서 계획전문가

조직가(organizer)로서 계획전문가의 기능은 두 종류로 설명된다. 하나는 일반인과 집단들을 계획과정에 참여시키는 것이고, 다른 하나는 계획을 위한 자원을 획득하기 위하여 고객의 지지를 향상시키는 것이다. 모든 계획은 정치적으로 조직화하는 기술을 필요로 한다. 조직화의 필요성 정도는 조직의 성격, 고객의 능력 및 결정체제의 특성에 의존한다(Bolan, 1971: 395). 계획에 있어 조직화는 개인들의 이익을 수반하기 위해 고안된 여러 활동들이다. 그것은 다양한 형태의 리더십

2) E. R. Alexander는 계획전문가의 이러한 역할들이 공통적으로 적용되는 것이 아니라 특정한 상황이나 조건에 따라서 특정 역할이 요구된다고 보고 있다.

에 대한 일체화, 계획활동의 실행에 대한 창출, 계획목표들에 대한 승인을 구하려는 개인 및 집단에게 동기를 부여하는 것을 의미한다. 또 다른 조직화의 의미는 소집단 모임으로부터 대규모의 공동사회 모임에 이르기까지 여러 종류의 위원회 활동을 계획 및 실행하는 것을 포함한다.

이러한 조직화에는 조직 및 공동사회의 의사결정과정을 평가하고 활용할 수 있는 정치적인 측면도 포함된다. 여기에는 영향 및 통제에 대한 중심을 파악하는 기술, 의사결정에 영향을 미치는 정보의 제공, 유효성을 측정할 수 있는 능력 등이 포함된다.

3) 협상가로서 계획전문가

계획은 조직들 사이의 상호작용을 수반하는 경우가 있다(Rabinovitz, 1969: 90-98). 프로그램을 계획하고 조직하는데 있어서 조직들간에 연합이 형성될 수도 있으며, 치열한 경쟁을 할 수도 있다. 따라서 계획전문가에게는 조직 및 집단간, 혹은 같은 조직 내의 집단간에도 협상가(negotiator)로서 활동할 것이 요구된다. 협상가로서 계획전문가의 역할은 계획과정에서 이해관계가 있는 집단들의 다양한 욕구들을 조정 및 통합하는 것이다. 협상가의 역할은 논점을 조정하기 위하여, 협상기술을 이해하고 설득의 기술을 사용하며, 또한 결정과정에서 여러 아젠다들을 협상할 능력을 필요로 한다.

4) 대변자로서 계획전문가

대변(advocacy)은 계획전문가에게 전통적으로 요구되는 역할이다. 전통적인 사고에서 계획전문가는 계획 및 복지논쟁에 대한 개혁가로 행동하며, 특수한 고객집단에 대한 대변자로 행동한다(P. Davidoff, 1965: 331-337).

대변자(advocator)로서 계획전문가는 폭넓은 종류의 정치적인 기술들로, 협상(bargaining), 설득(persuading), 확신(convincing) 및 영향을 대변과정에 사용하여야 한다. 그것은 연설, 모임지도 및 중간결과의 조정뿐만 아니라 홍보기술들도 포함한다.

5) 촉진자로서 계획전문가

대변자의 역할에 대비되는 역할은 촉진자(facilitator)의 역할이다. 대변자 역할이 직접적이고 활동적 리더십을 요구하는 것에 비하여, 촉진자 역할은 간접적인 리더십을 요구한다.

촉진자로서 계획전문가는 고객집단이나 정책형성자들에게 조언과 지침을 제공한다. 따라서 계획전문가에게는 진단에 있어서의 기술성과 다양한 개인 및 집단과 더불어 아무런 불편없이 활동할 수 있는 의사소통 능력, 그리고 위원회 활동을 수행하기 위한 지식과 기술을 갖추어야 한다.

6) 교육자로서 계획전문가

교육자(educator)로서 계획전문가는 두 가지 역할을 담당한다. 첫째, 계획의 목적과 기능에 대하여 교육을 담당하는 역할이다. 공공연설, 계획에 대한 논설과 서적의 집필 등을 통하여 이러한 역할을 수행한다. 또한 계획전문가를 육성하는 교육자로서 역할도 포함한다. 둘째, 계획전문가와 고객간의 교육적 관계이다. 계획전문가 및 고객들의 상호관계는 지식의 전달과정에서 동반관계가 형성된다. 계획전문가는 분석적 정보 또는 계획의 발전측면에서의 '진보적 지식'을 공유한다(J. Friedmann, 1973: 171-185). 협력체계와 함께 계획전문가의 분석적 정보에 대한 공유는 계획과정의 여러 단계에서 발생할 수 있다.

7) 홍보원으로서 계획전문가

홍보원(propagator)은 계획에 있어 중요한 부분을 맡는다. 계획활동에 앞서 홍보는 계획문제에 대한 사회 여론을 환기시킨다. 이를 위하여 홍보원으로서 계획전문가는 언론매체를 잘 활용해야 한다. 예컨대, 언론매체를 통하여 제기된 사회의 논쟁점이 사회안전 목표를 설정하는 데 있어서 중요하다.

홍보는 계획고객에게 지원한다. 그것은 계획과정을 진행함에 따라 논쟁점에 대한 공공의 관심을 지속시킨다. 또한 홍보는 계획을 원하는 고객에 대한 지위 및 이미지를 향상시키는데 도움이 된다. 이러한 측면은 고객에 대하여 동기를 부여하고 활력을 넣는 영향력으로 작용한다.

홍보기술은 공공연설, 보고서 및 소책자 그리고 뉴스공개 및 기사의 집필을 포함한다. 규모가 적은 기관에서, 계획전문가는 모든 홍보활동을 취급해야 하고, 규모가 큰 기관에서는 계획전문가는 전문화된 공공관계나 공적인 정보참모로서 고용될 것이다. 그러나 모든 계획전문가들은 홍보기술의 가치 및 용도를 알아야 한다.

제 3 절 계획전문가의 교육과 활동

1. 계획전문가의 교육

계획전문가의 교육과정은 여러 형태로 분류가 가능하겠으나, 크게 공간을 대상으로 하는 실체이론, 정책과 제도를 대상으로 하는 절차이론, 지역조사 및 분석과 계획·정책기법을 대상으로 하는 분석이론으로 구분할 수 있다. 우수한 계획전문가가 양성되기 위해서는 이러한 교육과정이 체계화되어야 할 것이다.

계획전문가를 양성하기 위해서는 학제간 교류가 매우 용이할 뿐 아니라 그 실천성도 매우 높아야 한다. 학문적 영역에 있어서는 주로 경제학·지리학을 바탕으로 하는 실체이론의 영역, 행정학·정책학·법학·정치학을 바탕으로 하는 절차이론의 영역, 수학·통계학·정보처리 등을 바탕으로 하는 분석이론의 영역 등이 유기적으로 연계되어야 한다.

한편 최근 들어 계획의 대상영역이 지역기술혁신, 지역정보화, 지속가능한 발전, 문화, 보건·복지 등으로 다양화하고 있다. 계획의 학문적 이동(shift)에 대한 체계화와 함께 이들 분야에 대한 이론적 교육내용도 포함되어야 한다. 특히 앞으로 사회·환경적 수요와 계획수요를 감안할 때, 계획전문가의 학문적 정체성과 함께 경쟁력을 강화하기 위해서는 관련된 다양한 학문영역간에 위계화, 우선순위, 강도 등의 체계화가 필요하다.

그리고 계획전문가 양성을 위한 교육과정 중에서 절차적·분석적 교과목의 내용을 강화할 필요가 있다. 특히 정책영역과 분석영역의 교육내용과 이를 바탕으로 지역을 사례로 한 실무적 내용, 그리고 계량분석기법에 의한 내용들이 강화되어야 한다. 또한 최근 들어 계획수립과 분석에서 주요한 기법인 지리정보시스템(GIS)과 빅데이터의 분석 및 활용의 내용도 강조되어야 한다.

그리고 계획전문가 양성프로그램이 관련학회를 중심으로 개발·운영되어야 할 것이다. 미국과 영국의 경우는 이미 오래전부터 관련학회에서 계획관련 자격증 시험과 훈련프로그램을 통해 부여하고 있고, 이들 자격증을 취득한 전문인력은 거의 대부분 중앙 및 지방정부에서 계획관련 전문직에 종사하고 있다. 따라서 우리나라도 대한국토·도시계획학회, 한국지역개발학회, 등의 관련학회가 계획전문가를 양성하는 체계적인 프로그램과 자격증을 도입할 필요성이 크다.

2. 계획전문가의 활동

21세기에 접어들면서 우리 사회를 급격하게 변화시키고 있는 큰 흐름은 바로 신지역화와 분권화의 흐름이라고 할 수 있다. 따라서 개별지역이 지속적 지역발전을 추구하기 위해서는 무엇보다도 다른 지역과 차별화·특성화된 발전전략의 수립이 요구되고, 이러한 발전전략은 세계적 수준에서 경쟁력을 갖추어야 한다. 이러한 시대적 흐름과 요구들은 국가차원에서도 동일하게 적용되고 있다.

이에 따라 중앙 및 지방정부는 각종 발전계획을 광범위하게 수립·집행하여 왔으나, 발전계획에 대한 전문성과 계획관련 전문인력 부족 등의 이유로 대부분의 계획을 외부전문가 혹은 전문용역기관에 위탁하여 수립해 온 실정이다. 그 결과 계획의 수립과정에서 개발사업의 집행주체인 중앙 및 지방정부 공무원들의 참여가 미흡하였다. 그러므로 지역발전을 위해 수립된 각종 계획들은 집행단계에서 그 실효성이 매우 낮을 뿐만 아니라, 재정계획이 뒷받침되지 않아 단지 청사진식 사업구상으로 기능하는 한계를 가졌다.

한편 개발계획을 수립함에 있어서 보고서와 계획도면의 연구결과도 중요한 가치를 지니지만, 개발계획의 수립과정에서 조사·수립·정리되는 각종 지역정보와 문제인식이야말로 매우 중요한 가치를 지닌다고 할 수 있다. 그러나 각종 계획이 외부기관에 의해서 독립적으로 수행되어 계획수립과정에서 조사·수집·정리되는 중요한 1차 자료가 계획수립 주체에게 내면화가 되지 못하는 한계를 지니게 되었다.

반면에 영국·미국·일본 등을 비롯한 대부분의 선진외국에서는 각종 계획을 해당 조직의 내부인력이 직접 수립·집행함으로써, 행·재정여건이 뒷받침되고 있을 뿐만 아니라, 계획의 실효성을 높이고 있다. 또한 계획수립 과정에서 획득한 각종 1차 자료를 사업계획·집행·평가 등의 전과정에 걸쳐 피드백함으로써 환경 변화에 맞는 전문화·특성화된 사업을 추진하고 있다.

현대사회는 한마디로 복잡화·전문화·다양화·신속화되는 경향을 띠고 있다. 따라서 계획을 수립함에 있어서 특정분야의 전문지식으로 접근하기보다는 다양한 전문지식을 활용하여 다면적으로 접근해야 할 것이다.

그러므로 중앙 및 지방정부 차원에서 각종 개발계획을 수립함에 있어서 가장 기본적으로 충족해야할 필요조건은 바로 사회·경제·문화·환경 등의 전분야에 걸쳐 종합적 식견을 고루 갖춘 인재의 확보라 할 수 있다.

3. 계획전문가의 직업

모든 조직은 비전과 목표를 설정하고, 그 설정된 목표를 달성하기 위한 최선의 대안을 모색하고, 선택된 대안의 수단을 당초 시나리오에 맞추어 집행하기 위한 일련의 목표지향적인 행위를 수행한다. 이러한 미래지향적이고 목표지향적인 행위는 사회가 복잡하고 미래의 불확실성이 높아질수록 그 경향이 더욱 증가한다. 왜냐하면 모든 조직과 인간은 미래의 불확실성을 감소시키고 싶기 때문이다.

계획전문가는 조직이 직면하고 있는 문제 상황 속에서 바람직한 목표를 찾아내고, 이를 달성할 수 있는 합리적인 대안을 선택·집행할 수 있도록 한다. 따라서 불확실성이 증대되는 미래사회에서 계획전문가의 활동영역은 크게 확대될 것으로 기대된다. 계획전문가의 진출영역은 공공부문과 민간부문으로 구분해 볼 수 있다. 공공부문은 국가 및 지방공무원, 공사, 연구원 등으로 구분되고, 민간부문은 엔지니어링회사와 부동산디벨로퍼 등으로 구분해 볼 수 있다.

계획전문가는 공직사회로의 진출이 확대될 것으로 기대된다. 현재 공무원은 계획가로서 능력이 미흡한 편이다. 그러나 공무원이 수행하는 모든 행위는 사회발전을 위해 문제에 대한 정확한 인식, 목표설정, 대안의 모색, 선택, 집행이 이루어져야 하는 고도의 목표지향적인 행위이다. 현재 중앙정부와 지방정부는 대부분의 계획을 자체적으로 수립하고 있지 못하고, 외부의 전문기관에 위탁하고 있는 실정이다. 그 결과 계획수립과 집행이 괴리되는 문제점을 야기하고 있다. 이러한 문제점을 개선하고 공무원의 계획마인드를 제고하기 위해서는 공직사회에 계획전문가의 역할이 증대되어야 할 것이다.

그리고 공공부문의 LH공사, 한국농어촌공사, 한국수자원공사 등과 같은 공사를 비롯하여 지방공기업에서도 계획전문가에 대한 수요가 증대될 것으로 기대된다. 이와 더불어 국토연구원, 한국지방행정연구원 등과 같은 국책연구원과 17개 시·도의 지방연구원에서도 각종 개발계획을 수립하기 위해 계획전문가에 대한 수요가 증가하고 있다.

이외에도 전통적으로 계획전문가는 도시 및 지역계획 분야에 국한되어 그 영역에서 벗어나 향후 경제, 사회, 문화, 교육, 행정 등의 분야에도 계획전문가가 활동할 수 있는 영역이 확대될 것으로 기대된다. 특히 각종 개발사업을 수행하는 민간디벨로퍼, 예컨대 부동산, 주택사업분야의 민간영역에도 계획전문가의 역할이 증대될 것으로 기대된다.

탐구학습

1. 주요개념과 요약
   - 계획전문가의 개념과 중요성
   - 계획가의 능력: 분석적·기술적 능력, 예측적 능력, 비판적 능력, 창의적 능력, 조정협상 능력
   - 계획가의 역할: 분석가, 조직가, 협상가, 대변자, 촉진자, 교육자, 홍보원

2. 토론과 과제
   - 계획전문가의 주요 활동내용과 직업전망에 대하여 설명하시오.
   - 계획전문가의 교육과정에 대해 설명하시오.
   - 계획전문가의 직업에 대해 설명하시오.

참고문헌

대한국토·도시계획학회 편저(2000), 국토·지역계획론. 서울: 보성각.

박우서 외(1995), 현대기획이론, 서울: 나남출판.
안태환(2001), 계획이론연구, 경산: 대구대학교 출판부.
이성복(1988). 도시행정론. 서울: 법문사.
임길진(1995), 미래를 향한 인간적 계획론, 서울: 나남출판사.
정환용(2001), 계획이론, 서울: 박영사
Asher, William(1978), *Forecasting: An Appraisal of Policy-Makers and Planners*, Baltimore: Johns Hopkins Univ. Press.
Barnsley, John H.(1972), *The Social Reality of Ethics: The Comparative Analysis of Moral Codes*, London: Routledge and Kegan Paul.
Bolan, Richard S.(1971), "The Social Relations of the Planner", *JAIP*, 37(6).
Burke, Edmund M.(1979), *Urban Planning: A Participatory Approach*, New York: Human Sciences Press.
Davidoff, P.(1965), "Advocacy and Pluralism in Planning", *Journal of the American Institute of Planners*, Vol. 3, No. 4.
Fagin, Henry(1970), "Advancing the State of the Art", In Ernest Erber(ed.), *Urban Planning in Transition*, New York: Grossmen.
Friedmann, J.(1973), *Retracking America: A Theory of Transactional Planning*, *Garden City*, N. Y.: Anchor Doubleday.
Godet, Michel(1979), *The Crisis in Forecasting and the Emergence of the Prospective Approach*, New York: Pergamon Press.
Quade, E. S.(1982), *Analysis for Public Decisions*, N. Y.: Elsevier Science.
Rabinovitz, Francine F.(1969), *City Politics and Planning*, New York: Atherton Press.
Taylor, Nigel(1980), "Planning Theory and the Philosophy of Planning", *Urban Studies*, Vol. 17.
Wachs, Martin(1985), "Ethical Dilemmas in Forecasting for Public Policy", *Ethics in Planning*, Rutgers: The State University of New Jersey.

제 17 장 계획조직

제 1 절 계획조직의 의의

1. 계획조직의 개념

1) 조직의 개념

조직은 인간의 집합체로서 특정한 목표를 달성하기 위해 의도적으로 구성된 사회단위를 말한다. 조직이 존재하는 이유는 개인이 혼자 작업하는 것보다 집합체를 이루어 작업하는 것이 보다 효율적이고 효과적으로 과업을 수행할 수 있기 때문이다(B. Hodge & W. Anthony, 1988). 조직은 이를 둘러싸고 있는 복잡한 환경 속에서 존재한다. 따라서 성공적인 조직이 되기 위해서는 주변 환경과 상호작용을 통하여 조화를 이룰 수 있어야 한다. 이러한 조직은 다음과 같은 특성을 지니고 있다.

첫째, 규모가 크고 복잡하며 어느 정도 합리성의 지배를 받는다. 둘째, 조직은 사람으로 구성되며 동시에 개별적인 구성원의 존재와는 별도의 실체를 형성한다. 셋째, 조직은 존재가치인 미션과 목표를 가지며 목표지향적이다. 넷째, 조직은 어느 정도의 분화와 통합에 관한 공식적 구조와 과정이 있다. 다섯째, 조직 내에는 비공식적 또는 자생적 관계가 형성된다. 여섯째, 조직은 경계가 있으며 환경과 상호작용하는 사회적 단위이다. 일곱째, 조직은 규범을 가지고 있다. 여덟째, 조직은 일정기간 존속하는 지속성을 지니고 있다.

2) 계획조직의 개념

조직은 복잡한 사회환경과 교호작용하면서 존재한다. 이러한 환경 속에서 계획전문가는 복합적인 조직망 속에서 작업을 해야 한다. 따라서 계획전문가들은 효과적인 조직활동을 위해서 조직환경과의 관계, 조직 내부의 관계에서 무엇이 중요한가에 대한 질문에 늘 직면해 있다. 계획에 있어서 조직환경은 계획전문가의 작업에 대한 수용, 이해, 그리고 효과성에 실질적인 영향을 주고 있기 때문에, 조직과 조직행동을 이해할 수 있는 실제적이며 정치적인 이해의 틀을 제공해야 한다. 이러한 조직에 대한 시각은 도구적, 사회적, 그리고 종합적인 견해의 세 가지로 나타난다(정환용, 2001).

(1) 도구적 견해

도구적 견해는 조직을 조화된 효율적 장치 또는 유기체로 인식하며, 조직이 목표와 수단에 대해 규제 또는 자기규제적 구조를 갖고 있다고 본다. 이러한 도구적 견해는 구성원들의 전문성 측면에서 보면, 부분적으로는 타당한 견해인 것처럼 보인다. 그러나 조직이 전체의 목표를 추구한다는 점에서 부분적으로는 도구적이지만 실제로는 그 이상이다.

(2) 사회적 견해

조직에 대한 사회적 견해에서는 조직의 효율적인 구성을 강조한다. 그리고 조직의 효율성을 향상시키는 기법들은 상호보완적인 것이라고 본다. 구성원 개개인의 도구적인 산출과 다른 사람과의 관계 등에 따라서 업무의 효율성이 좌우된다고 보는 견해이다.

사회적 견해는 대체로 조직구성원들이 의미있는 관계를 지속하는 방법에 초점을 둔다. 작업의 도구적 기능 혹은 기능적 측면은 건강한 조직환경의 일부분에 불과하다. 계획전문가들은 그들의 작업을 수행하는 데 있어서 감독자, 동료, 다른 기관의 구성원, 정치가, 주민 등 많은 사람들과의 관계를 형성한다고 보는 입장이 사회적 견해이다.

(3) 종합적 견해

종합적 견해는 비판적 견해라고도 불리며, 다음의 특성들에 대해 다룬다. 첫째, 조직에 대한 다른 견해보다 계획전문가는 정치적, 조직적 환경에 대해서 보다 더 잘 이해할 수 있고 민감하다. 또한 조직의 생산, 합의, 신뢰, 문제형성 등과 관련된 사회적·정치적 관계를 재생산한다.

둘째, 계획전문가에게는 더 많은 기술적, 도구적 지식이 요구된다. 이러한 지식과 더불어 공식조직상 연계는 물론 비공식적 연계를 맺고 있어야 한다.

셋째, 사회관계는 비민주적 방법으로 유지되고, 권위에 대한 책임은 제한되며, 비조직화되고 빈곤한 소외계층의 대의성은 매우 취약하다. 계획전문가들은 덜 혜택받는 주민들을 민주적으로 조직하고, 통제하며, 사회의 생산적 자원이 되도록 하기 위해서 어떻게 해야 하는가의 문제에 직면하게 된다.

넷째, 계획전문가들은 민간자본 축적이나 공공관료조직에 의존과 갈등적인 주민들에게 어떻게 보상하며, 이러한 문제들을 극복하기 위해 무엇을 지원해야 하는가에 대해서도 고민해야만 한다.

2. 계획조직의 유형과 기능

1) 계획조직의 유형

일반적으로 계획집행조직은 정태적인 조직과 동태적인 조직으로 구분된다. 정태적 조직은 환경의 변화에도 불구하고 본래의 상태를 유지하려는 것을 전제로 한다. 동태적 조직은 환경의 변화를 중요시하며 체제의 효율성을 위해 집행절차와 구조를 고정시키지 않고 상황에 대응할 수 있도록 변경하는 것을 말한다.

(1) 정태적 조직

정태적 조직은 합법적·합리적 권위에 의해서 결정된 계획을 집행하는 것으로 그 특징은 다음과 같다. 첫째, 정태적 조직의 전형은 관료제이다. 여기에서의 모든 기능은 개인의 의도에 따라 운영되는 것이 아니라 합법적이고 합리적인 법규에 의해서 운영된다. 둘째, 고도의 분업화에 의해 구성원의 임무가 부여되고 계층제의 원칙을 따른다. 셋째, 소유권과 경영권의 완전한 분리를 원칙으로 하는데,

이는 입법부와 사법부가 분리된 형태와 비슷하다. 넷째, 직업관료들에 의해 구성되고 고용인은 직업인으로서 평생을 자기 조직체와 함께 한다는 직업의식을 가진다.

이러한 정태적 조직은 다음과 같은 문제점을 가지고 있다. 첫째, 법규의 과잉 준수를 통해 형식주의를 초래하여 조직의 목표를 달성하는데 방해가 된다. 둘째, 분석의 초점을 내부에만 맞추고 외부환경은 소홀히 하였다. 셋째, 비공식적인 조직을 등한시하였다.

(2) 동태적 조직

급변하는 환경에서 여러 가지 문제를 해결하기 위한 조직으로, 위원회, 단위사업조직, 행렬조직,[1] 네트워크조직 등이 있다. 위원회는 특정문제를 해결하기 위하여 각 기관의 전문가들로 구성된 조직으로 다음과 같은 특징을 가지고 있다. 첫째, 각 부문의 구성원이 모이기 때문에 부처간 조정이 원활해질 수 있다. 둘째, 특정문제의 해결을 위해서 여러 사람이 소집됨으로써 그들의 참여의식이 고취되어 조직 내의 사기가 향상된다. 셋째, 장기적인 관점에서 볼때 조직구성원들에게 참여의 기회를 넓혀줌으로서 집행자의 능력을 높여줄 수 있다. 이러한 위원회 제도가 갖는 문제점으로는 첫째, 여러 사람을 소집하기 위한 준비과정과 많은 시간과 경비를 필요로 한다. 둘째, 위원장에게 많은 권한과 책임이 주어질 때 위원들을 압도하여 독주할 우려가 있다. 셋째, 각 기관의 전문가들로 구성되기 때문에 각자의 좁은 시각으로 문제해결에 접근하는 경향이 있으며 위원들의 책임감이 비교적 낮은 경향이 있다는 점이 지적되고 있다.

과거 미국에서는 남북전쟁 이후 산업사회로 전환되면서 여러 가지 복잡한 사회·경제적 문제가 나타나 정부의 대응책이 필요하였다. 이에 연방정부는 1887년 독립규제위원회라는 새로운 형태의 조직을 구성하였다. 이것은 준사법적, 준입법적 기능을 수행하고, 초당적인 성격을 갖고 처벌할 수 있는 권한을 가지며 정당의 지배 및 대통령의 통제를 받지 않고 독립적인 기능을 수행하였다.

---

1) 행렬조직은 종축(列)과 횡축(行)의 두 지휘 명령 계통을 설치하고, 이원적 관리에 의해 활동하는 조직을 의미한다. 예컨대 다국적기업에서는 지역별·제품별로, 서비스산업에서는 지역별·활동구분별 등으로 양축의 내용을 설정하는 경우를 들 수 있다. 이러한 행렬조직은 환경의 다양화에 대응하기 위해 생겼으나, 이원적 관리에 따른 조직질서의 혼란이 최대의 문제로 지적된다.

동태적 조직의 또 다른 형태로 단위사업조직이 있는데 이것은 중요한 단위사업이나 특정한 목표를 달성하기 위하여 이미 설치된 부처와는 별도로 일정한 기간 동안 편성되는 조직의 형태이다. 이 조직은 어떠한 부처에도 소속되지 않고 독자적인 사업계획을 가지며 존속기간이 한정되어 있고, 환경의 변화에 신축성 있게 대응하는 장점을 가지고 있다.

2) 계획조직의 기능

계획의 조직상 의미는 계획에 대한 책임의 배분과 관계된다(정환용, 2001: 445). 계획조직이 갖는 기능은 크게 계획기능, 집행기능, 평가기능, 관리기능으로 나누어 볼 수 있다. 먼저 계획기능에서는 최선의 선택가능한 대안을 선택하는 기능을 수행한다. 집행기능은 선택된 대안을 실행하기 위하여 부서별로 역할을 분담하고 조정하는 기능을 한다. 평가기능은 합리적인 기준에 따라서 집행된 대안에 대한 모니터링, 자체평가, 외부평가를 실시한다. 그리고 관리기능은 이러한 모든 과정에 대해서 부서간 의사소통 및 갈등관리 등을 담당하는 기능을 수행한다.

제 2 절 계획조직의 일반모형

1. 계획조직의 일반적 모형

계획이론은 계획과 행동간의 관계를 규명하고, 변화시키고자 하는 미래의 상태와 현재의 주어진 상황과의 관계를 밝히는 것이다. 이러한 두 과정은 여러 가지 조직과 관련이 있다. 여기에서는 독립계획위원회 모형, 행정조직모형, 참여모형, 통합조직 모형을 통해서 살펴보기로 한다.

먼저 독립계획위원회 모형은 중앙정부 및 지방정부의 특정계획을 수립하기 위하여 독립계획위원회를 설치하는 것이다. 정부 내의 기관으로 최고정책집행자의 직접적인 통제는 받지만 집행이나 입법기능은 독립되어 있는 모형을 의미한다. 행정조직모형은 최고정책집행자 아래 입법기관과는 독립되어 있는 행정기관과 예산기관을 두고, 그 부서별로 해당 계획기관을 설치한 모형을 말하는 것이다.

이러한 특징으로 인하여 행정조직모형은 타 모형보다 실행력이 강하며 통합적인 차원에서 주로 공공서비스 문제를 다룬다. 참여모형은 다양한 형태의 외부지원 집단과 관련하여 계획이 이루어지는 것을 말하며, 통합조직모형은 위의 세 가지 모형을 혼합하여 계획결정이 공공 혹은 집단적 관심을 최대한 반영할 수 있도록 사용하는 모형이다(R. Mayer, 1985: 77-101).

2. 독립계획위원회 모형

1) 배 경

미국에 있어서 정부차원의 계획은 개혁운동(Reform Movement)과 19세기 후반에서 20세기 초반에 걸쳐 나타났던 도시미화운동(City Beautiful Movement)[2]에 그 기원을 두고 있다. 계획이 개혁운동에서 유래되었다는 것은 정부불신에서 비롯되었다는 것을 의미한다.

2) 발 전

역사적인 배경에 따라서 관료들은 부정부패에 연루되지 않으려고 조직의 운영 등과 관련된 간섭을 최소화하였다. 그러한 상황 하에서 공공협의회가 행정관료들의 통제를 받지 않고 독자적으로 시의 발전을 도모할 수 있도록 수립되었다. 도시협의회는 1893년 시카고에서 열린 만국박람회의 영향을 받아 해당 시에서 시발전협회와 상공회의소 주관으로 그들 지역사회발전을 위해 설계가를 고용해서 이상적인 계획을 수립하도록 하였다. 이와 같은 계획은 성공적으로 이루어졌고, 시민대표들은 그 계획집행을 감독하고 있는 주행정부의 감시에는 아랑곳없이 시정부 범위 내에서 독립계획위원회를 만들기에 전심전력을 다했다.

3) 성 격

독립계획위원회는 대개 개혁적이고 시민의식이 투철한 사람들로 구성되어 있고, 시장이 단독으로 그 위원회를 통제할 수 없으며 시장이 교체되더라도 현재 실

---

2) 계획이 관심의 대상이 되어 체계적으로 발전할 수 있도록 한 동기가 되었다.

시중인 사업은 지속적으로 진행할 수 있다. 그리고 독립계획위원회의 위원들을 특별한 이유없이 제재할 수 없도록 하였다. 독립계획위원회는 시 계획을 집행하는 시당국을 감시하고 자문가로서 의무를 다할 수 있도록 시의회에 대해서도 독립적이었다. 어떤 주에는 독립계획위원회에 지역개발이나 공공 프로젝트에 대해서 그들의 의사를 요구할 수 있도록 준입법적인 권한을 부여했다. 이러한 독립계획위원회는 1907년에 처음 설치되었고, 1940년대에 이르러서 1,000개의 시에 그 유형이 확산되었다(R. A. Walker, 1950: 95).

시카고 공공위원회와 시민조직은 유명한 번햄계획(Burnham Plan)의 집행을 감독하기 위해서, 1909년에 시장으로부터 도시계획위원회에 확실한 권한을 위임받는데 성공하였다. 이 위원회는 1940년에 시정부의 한 기관으로서 인식될 때까지 법적인 인가를 받고 시의회의 공식적인 지출승인을 얻어서 실질적인 시민운동을 전개하였다. 독립계획위원회의 개념은 1936년 뉴욕시 헌장에 가장 잘 나타나 있다. 여기에는 위원들에 대한 완전고용제와 임금지불 등과 관련한 내용들이 있다.

4) 계획조직으로서의 독립계획위원회 모형

독립계획위원회 모형은 독립적인 계획임무를 지니고 있다. 독립계획위원회는 행정상 또는 법률상 부서로서 독립되어 있지만, 정부 내의 위원회 단위이다. 권한이 헌장 혹은 법률에 의해 부여된다. 그리고 출연금(appropriation)에 의해서 보다는 세입에 의해 직접 자금이 마련된다. 독립계획위원회는 임명과정과 헌장 혹은 법률을 통해서 위원들에게 책임을 지우도록 되어 있다. 이러한 구조를 통해 제공되는 계획기능은 다음과 같이 요약될 수 있다.

(1) 장기적인 안목

독립계획위원회는 시간적 측면에서 장기적인 안목으로 정책수립에 접근할 수 있다. 위원의 임기 또한 일정기간 보장된다. 위원회의 존속기간이 입법기간 도중도 아니고 위원장의 임기에도 영향을 받지 않는다.

(2) 대중 혹은 집단적 이익 고취

독립계획위원회는 프로그램을 운영하기 위해서 기관장 혹은 부문별 책임자에 의해 공인된 것과는 다른 공익을 확인하여 공식화하여야 한다. 그것은 수많은 선거구를 채택하는 국회의원이 제시하는 정치적 약속과도 별개이다. 독립계획위원회는 기관으로 하여금 포괄적 위임을 받는다.

(3) 통합적 혹은 전체론적인 인식

독립계획위원회는 부속 행정기관 혹은 법률적 특수위원회의 관점에서 보다는 전체로서의 집단 혹은 조직의 관점에서 계획을 결정할 수 있다. 이러한 독립계획위원회 모형은 대체로 두 가지 특징을 가지는데, 첫째로 독립계획위원회는 행정관료의 통제로부터 독립되어 있다는 것이고, 둘째로 정부의 어느 부처의 통제도 받지 않는다는 것이다. 이러한 독립계획위원회는 각종 지원조직을 통해 정부의 활동을 지원하는 중요한 기능을 가지고 있으며 [그림 17-1]과 같다.

독립계획위원회 모형은 중앙정부 및 지방정부의 특정계획을 수립하기 위하여 독립계획위원회 형태로 최고정책집행자의 직접적인 통제를 받고, 입법 및 집행과정이 타 기관과는 달리 독립되어 있으며, 계획기관 및 구성원이 시간적으로 제한되어 있는 모형을 말한다. 독립계획위원회는 그 조직이 독립되어 있기 때문에 비교적 장기적인 차원에서 계획을 수립할 수 있고, 대체로 종합적·통합적 차원에서 계획을 수립하며 공공적·집합적 이해관계를 대변하나, 때로는 대중적인 지지를 받지 않는 분야의 계획을 수립하기도 한다.

그림 17-1 계획기능의 조직상 위치 : 독립계획위원회모형

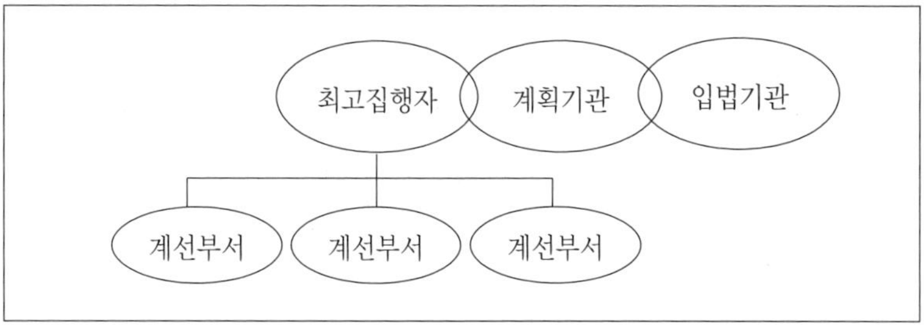

3. 행정조직모형

정부의 행정부문의 한 기능으로서 계획에 대한 사례연구가 R. A. Walker (1950)에 의해 주정부 독립계획위원회의 획기적인 연구로 이루어졌다.

1) 배 경

1937년 미국에서 가장 큰 37개의 도시를 대상으로 이루어진 현장연구를 기초로 R. A. Walker는 ① 독립계획위원회가 행정부 또는 입법부와 밀접한 관계를 갖고 있지 않거나, ② 독립계획위원회가 도시개발 혹은 정부의 활동에 대한 실질적인 지식을 가지고 있지 않은 사람들로 구성될 경우, 그리고 구성원들이 시장이나 위원회에 대해 자문가가 아니라 스스로 감시자(watchdogs)로 인식하는 경우 독립계획위원회는 효과가 없다고 결론지었다. R. A. Walker의 주장은 독립계획위원회 모형의 개념을 반박하고, 계획을 정부관료의 한 기능으로 인식하였다. Walker의 이러한 인식은 행정학에서 유래된 것이고, 그 효과성은 사회적 가치나 집단이익의 고취보다는 정부의 의사결정에 대한 영향력으로 측정된다.

2) 구 분

R. A. Walker는 계획의 본질적인 기능에 대하여 두 가지로 가정하고 있다.

(1) 행정 또는 일반정책계획(administrative and general-policy planning)

행정 또는 일반정책계획은 조직의 운영과 관계가 있다. 그 예로는 장기간에 걸친 계획 또는 새로운 상품이나 서비스 개발 등을 들 수 있다. Walker에 의하면, 행정계획은 조직에서 정책결정의 기능을 수행한다.

(2) 관리계획(management planning)

관리계획은 신속한 서비스 제공 등과 관련되어 있다. 관리계획은 시정부 또는 조직체의 범위내에서 한 부서의 기능을 수행한다.

3) 계획조직으로서의 행정조직모형

행정조직모형은 대부분 정부 내의 계획구조를 그 예로 들 수 있다. 행정조직모형은 최고집행자가 전체계획에 대해서 책임을 지며, 하위계획을 담당하는 직원(부서)을 각 운영부서에 두는 구조를 가지고 있다.

(1) 집 행

계획기관은 최고집행자의 통제하에 있기 때문에 최고집행자가 지지하는 이슈에 보다 쉽게 접근할 수 있다. 계획기관이 이러한 위치에 있기 때문에 계획집행을 위한 여러 가지 활동에 대해 최고집행자의 권한까지 부여받는다.

(2) 관리능력의 향상

행정조직모형은 계획결정 상에서 여러 가지 계획이 경쟁하기 보다는 서로 협력하고 지지하도록 한다. 그것은 실행적 관점과 분석적 관점을 대립시키기 보다는 취해진 입장을 공식화하는데 있어서 행정기관의 서비스를 분석하고 합리화한다.

그림 17-2 계획기능의 조직상 위치 : 행정조직모형

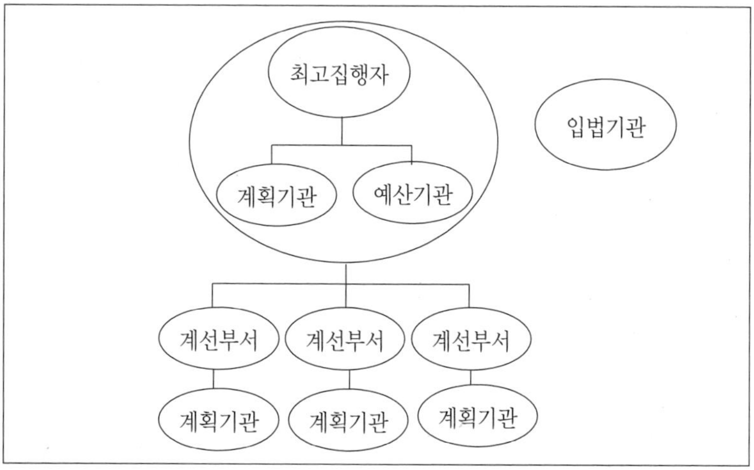

(3) 통합적 인식

비록 시간적 틀과 계획의 범위는 독립계획위원회모형 보다 더 한정적이지만, 최고집행자는 집행에 대한 책임을 지고 있는 운영부서의 업무에 대해서 총체적인 관점으로 본다. 계획조직으로서의 행정조직모형은 미국의 경우 모든 주정부에서 활용하는 것으로, 최고집행자 아래 입법기관과는 독립되어 있는 행정기관과 예산기관을 두고 그 아래 각 부처별로 계획기관을 설치하는 것으로, 이를 그림으로 나타내면 [그림 17-2]와 같다. 행정조직모형은 이러한 구조 때문에 계획기관을 통해 작성된 계획이 각 부처를 통해서 최고 정책집행자에게 보고되는 단계를 거친다. 따라서 행정조직모형은 타 모형보다 실행력이 강하다는 특징을 지니고 있다.

4. 참여모형

독립계획위원회 모형을 통해 얻고자 하는 것은 공공 또는 집단적 이익의 지지이며, 행정조직모형의 경우 계획이 집행될 가능성을 찾는 것이라 하겠다. 참여모형의 가정은 영향을 받는 모든 부문의 참여를 증진시킴으로서 좀 더 나은 결과가 나오도록 하는데 두고 있다. 여러 집단의 지지 및 다양한 이익집단의 참여를 통해

그림 17-3 계획기능의 조직상 위치 : 참여모형

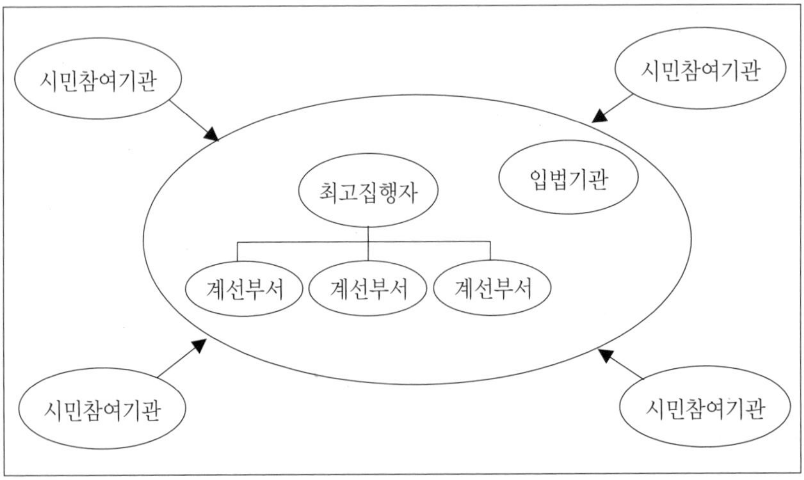

서 공공가치를 형성하고, 이해집단에게 대안을 선택할 수 있는 기회를 제공해 주며, 이에 따른 이해를 명확하게 한다는 점에서 그 특성이 있다.

여기서는 P. Davidoff의 대변자적 계획모형(model of advocacy planning)과 J. Friedmann의 세포계획모형(model of cellular planning)의 구조에 대해 알아본다.

1) P. Davidoff의 대변자적 계획모형

(1) 내 용

공익이 유일무이한 것은 아니라는 가정에 기초를 두고 있다. 그는 다원론적인 이익집단을 정부조직을 제어할 수 있는 능력을 갖춘 집단과 제어능력을 갖추지 못한 집단으로 구분하였다.

한 사회 내에서 모든 집단에 대한 기회를 평등하게 부여하기 위해서는 공공계획 또는 정책에 그들의 이익이 반영되어야 한다. 시민들이 계획수립과정에 참여할 수 있다면 단지 공청회 뿐만 아니라 계획의 선택에도 참여할 수 있는 기회가 주어져야 할 것이다. 그러므로 유일무이한 계획의 개념은 그런 참여를 배제하는 것이라 할 수 있다.

(2) 장 점

P. Davidoff가 제안한 모형의 가장 큰 장점은 미국의 정치적 상황에 가장 잘 부합하도록 되어 있다는 점이다. 사실 이것은 C. Lindblom의 점진주의의 모형을 형식화한 것이라 볼 수 있다. 그러나 놀랍게도 이것은 실제에 있어서 많이 사용되지는 않았다.

(3) 단 점

P. Davidoff의 모형은 위와 같은 장점에도 불구하고 계획기능의 조직에 대한 완전한 규범의 확립이 부족하며 다원론적인 사익과 다원론적인 공익을 구별하지 못하고 있다.

2) J. Friedmann의 세포계획모형

J. Friedmann은 계획전문가와 그 계획의 영향을 받는 개인 또는 집단의 차이

를 해소해 서로를 연결해 주는데 관심을 가졌다. 그의 모형이 P. Davidoff의 모형보다는 더 이상적이기는 하나 개인과 집단의 입장을 연결시켜주는 장점을 지니고 있다.

(1) 개인과 집단의 이익

J. Friedmann은 사회에서 개인이나 집단의 이익이 반드시 대립관계에 있고 상호배타적이라고 가정하지 않았다. 그리고 계획가와 개인은 동일한 이익에 관해 서로 다른 입장을 가지며, 개인의 견해는 개인 단독의 경험으로부터 기인한다고 보았다.

계획가의 입장은 구체적인 사건에 대해 상징적인 추상성으로부터 기인한다고 말하고 있다. 그러나 개인과 계획가의 불균형적인 입장을 연결시키기 위해서는 계획은 개인과 계획가가 지속적인 대화를 통해서 상호학습과 교류과정을 통해서 구성되어야 한다고 보았다.

(2) 세포조직(cellular organization)

J. Friedmann은 그러한 계획과정을 제공하기 위해 다음과 같은 조직을 주장했다. 이 구조는 세 단계로 구성된다.

① 최하층

소규모이고 일시적이며 과업지향적 집단으로 12명 내외로 구성된 집단의 구성원은 대화에 기초를 두고 직접적인 상호작용을 한다. 그러한 집단 내에서의 회원자격을 부여받는 길은 누구에게나 열려있고, 구성원 각자는 조직에서 중요한 역할을 한다.

② 중간층

입법과 관련된 일을 하는 모든 사람들로 구성된 집단이다. 각각의 집단은 8개의 분과로 구성되어 있고, 거기에는 80명이 속해 있다. 집단의 기능은 일반적인 문제를 조정하고 최상위 조직에 어떤 행동을 권하는 것이다.

③ 최고층

마지막 단계는 각 집단으로부터 위임받은 사람들로 구성된 공동계획기구이다. 이러한 공동계획기구는 중앙정부의 의사결정기구와 직접적인 관련이 있다. 공동계획기구는 각 집단에서 제기하는 수요나 상황에 대한 정보를 처리하고, 전체 조직에 영향을 미치는 계획에 합의하며, 하위층의 집단들에게 수행해야 할 새로운 업무들을 시달하는 기능을 한다. 계획전문가는 정보의 처리 및 분류에 도움이 될 수 있도록 하위집단에서 기술적인 기능을 담당한다. 비록 J. Friedmann이 이 점에 대해서는 분명하게 설명을 하지는 못했으나 공동계획기구는 정책결정행위가 발생하는 모든 수준의 정부에서 생겨날 수 있다.

3) 계획조직으로서의 참여모형

다양한 대변자적 계획프로그램과 1960년대 유행한 근린계획프로그램이 대표적인 사례이다. 계획구조가 제공하는 기능은 최고의 선택과 이익을 분명하게 해준다. 첫째, 최고의 선택이다. 이 모형은 다양한 계획의 창출에 의해 특별한 정책과 계획을 선정할 수 있도록 다양한 대안을 제공한다. 둘째, 이익을 명확하게 해준다. 참여모형의 구조는 계획으로 인해서 발생하는 이익이나 가치를 더 분명하게 해준다.

5. 통합조직모형

정부와 비정부조직 내에 조직화된 계획기능의 입장을 논의할 때 흔히 세 가지 기본 모형에 초점을 맞춘다. 각 모형은 계획기능의 서로 다른 개념을 전제로 하고 있고, 상호보완될 수 없도록 되어있다. 논리적인 결론은 세 가지 모형이 모두 바람직하고 그것들의 채택여부는 어떤 의사결정체제를 강조하느냐에 따라 결정된다.

조직적 내용과 계획형태 사이의 관계는 결정된 것은 아니다. 개발계획은 세 가지 내용 모두에서 실행될 수 있다. 왜냐하면 계획형태는 과정이 어떻게 수행되는가에 대한 의식적 선택의 정도에 따라 결정되기 때문이다.

그럼에도 불구하고 계획형태에 따라서 적합한 모형이 있다. 개발계획의 성공적인 사례는 독립계획위원회 모형에 적합한 조직적 내용에서 흔히 발견된다. 이러한 내용은 계획을 정치적이거나 집행상의 제한으로 인해 곤란하게 하고 있다. 좀 더 분명한 관련성은 참여모형과 계획형태간에 존재한다. 상당한 다양성이 포함된 다양한 집단들에 특성을 부여할 때, 그리고 내용의 조정을 위해 공개된 과정을 제공할 때 참여모형은 높은 수준의 통합을 통해 개발계획을 촉진시킬 수 있다. 다시 말하면 이해가 일체화될 때, 그리고 변화에 대한 요구가 진전이 있을 때 이러한 내용상의 계획은 자연적으로 증가하는 경향이 있다.

어쨌든 조직적 내용에 세 가지 모형의 상대적 힘에 대한 이러한 분석은 각 모형이 공공 혹은 집합적 의사결정에 공헌할 수 있다는 것을 알려준다. 계획에 책임이 있는 이러한 모형들은 다른 내용과 일치하는 하나의 내용을 선택하며, 주어진 의사결정체제에서 가장 필요로 하는 기능에 의존한다. 이상의 세 가지 모형은 결정이 공공 혹은 집단적 관심을 최대한 반영할 수 있도록 사용되어야 한다. 이러한 이유 때문에 그것들은 조직화된 계획내용의 다핵중심모형(poly-centered model)과 타협하는 것처럼 생각된다.

이러한 다핵 또는 분산구조가 계획의 특성, 집단행동을 위한 집중된 힘을 제공하지 못하게 하는가에 대한 의문이 생길 수 있다. 그러나 G. Benveniste(1972)는 집중화된 계획이 작용하는 사회는 분명한 이념에 의해 특징지워지거나, 정치단체에 의해 유지되는 사회임을 지적했다. 오히려 집단행동은 계속적인 갈등의 해결과정에 달려있고 상반된 가치 사이에서의 협상은 선거와 입법과정을 통해 성취된다. 이러한 정치체제에서 계획은 집단적 관심의 최후의 조정자가 될 수 없다. 이와 같이 계획은 의사결정체제 내에서 최대한의 실현가능성을 위해 다양한 전략지점에 위치해야 한다.

독립기관은 총체적·장기적 전망을 고려할 수 있는 위치에 있고, 실행부서에서는 실현가능한 전망의 개발과 채택된 계획이 끝나는 시점을 확인할 수 있으며, 의사결정체제의 외부에서 후원집단에 의한 행위는 개인이 공익적 기능을 하기 위한 정치적 해결을 모색하는 역할을 한다.

제 3 절 계획조직의 실제

1. 정부형태와 계획조직

1) 중앙계획기구

중앙계획기구는 각 부처 또는 각급 지방자치단체가 수립한 각종 계획을 전국적인 수준에서 전반적이고 포괄적인 입장에서 조정하는 임무를 수행하는 기구이다. 중앙계획기관의 주된 설치 목표는 부처간 또는 지역간의 중복·상충 또는 불균형과 일관성이 결여된 계획을 사전에 인지하고 이에 대비하여 집행 과정중에 발생할 수 있는 낭비를 제거하기 위한 것이다(정환용, 1991).

이러한 중앙계획기구의 기능 및 역할은 다음과 같이 요약할 수 있다. 첫째, 중·장기 및 연차별 국가발전계획을 수립하고 수정·보완한다. 둘째, 국가규모가 작거나 독자적인 지역단위계획기구가 없는 경우에는 지역개발계획의 작성도 담당한다. 셋째, 중기계획을 실현하기 위한 연차계획을 작성한다. 넷째, 계획의 집행에 소요되는 재원과 인적·물적 자원을 동원하기 위한 제도, 정책, 기타 수단을 강구하여 건의한다. 다섯째, 계획의 진도와 추진실적을 정기적으로 평가하고 보고하며, 문제 또는 저해요인을 규명하여 그 대책을 제시한다. 여섯째, 외국제도나 기술의 도입 및 활용계획을 조정하고 통제한다.

중앙계획기구에서 가지고 있는 이러한 기능을 성공적으로 수행하기 위해서는 집행부서들과의 의사소통을 통한 그들의 참여와 협력이 필수적인 과제이다. 집행담당가들에게 계획의 목표를 주지시키고, 세부계획의 작성·집행·보고시 필요로 하는 정보를 제공하여 중앙계획이 지향하는 방향과 실제 행정이 일관성을 유지할 수 있도록 해야 할 것이다. 또한 중앙계획기구가 효과적으로 운영되려면 강력하고 안정된 정부의 지원이 필수적이다. 최고 계획결정가와 끊임없이 긴밀한 연계를 유지해야 하며 입법부 대표들의 참여 또한 중요하다.

그리고 중앙계획기구는 일반 국민의 이해와 참여, 그리고 지원을 확보할 수 있도록 조직되고 운영되어야 한다. 따라서 각계 각층의 중지를 모으는 과정이 제도화되어야 할 필요가 있다. 중앙계획기구는 계획의 목표와 이를 설정하기 위한 조직, 목표달성을 위한 수단을 강구하기 위한 조직이라는 두 가지 차원의 조직을 필요로 한다. 전자를 위원회 조직이라고 하고, 후자는 하부조직이라고 한다.

2) 지방계획기구

지방계획기구는 대상분야만 한정될 뿐, 대체로 중앙계획기구의 축소판이라 할 수 있다. 지방계획기구는 대체로 지방집행기관에서 독립된 기구가 아니라 집행기관의 구체적인 사업계획을 담당하는 부서인 경우가 대부분이다. 이 경우 지방계획기구는 ① 담당분야의 사업계획을 작성하여 중앙계획기구 및 예산당국에 제출, ② 계획집행방안의 제출, ③ 사업계획 및 세부사업계획에 대한 정기적인 보고, ④ 각종 기술지원 활동의 전개와 같은 기능을 수행하고 있다.

운영계획부서는 중앙계획기구와 상호보완적 관계에 있으며, 집행부서와의 의사교환 통로가 된다. 세부사업계획의 개발 및 집행은 집행부서에서 담당하고 운영계획부서는 위치나 기능면에서 집행기관의 장과 밀착되어야 하며 정책수립에 참모기능을 수행하여야 한다.

3) 국제계획기구

국제계획기구는 제1차 세계대전을 겪으면서 국제문제에 대한 일반국민의 새로운 자각과 욕구에 의하여 연구됨은 물론 국제연맹이 조직되면서부터 활발해지기 시작하였다. 이는 여러 국가들이 국제사회에서 유기적 협력의 필요성과 공동이익 추구를 증진시키는 방편으로 성장해 왔다. 또한 교통과 통신기술의 발달은 각국 국민들과 개인간의 접촉기회를 넓혀 줄 뿐만 아니라, 서로의 의존성도 높여주게 되어 비정부간의 국제계획기구까지도 급증하여 왔다(곽효문, 1996: 125-131).

국제계획기구는 유엔을 비롯하여 정부간의 기구와 비정부간의 기구들을 모두 총칭하는 것으로서 모두 다 파악하기는 힘들다. 국제계획기구로서 가장 규모가 크고 중요한 기구는 유엔과 유엔산하기구로 유엔개발계획(UNDP), 유럽공동체(EC), 안데스공동시장(ANCOM), 콜롬보계획(Colombo Plan)을 들 수 있다. 각 기구들은 각국의 경제개발 사업 지원, 국가들의 경제통합, 동남아 국가의 경제발전촉진 등을 목표로 한다.

2. 계획조직의 운영관리

1) 의사소통

의사소통은 전달자와 수신자간에 의견과 사실을 전달함으로서 상호간에 영향을 미치도록 하는 상호교류 작용이다. 이러한 의사결정기능을 Scott와 Mitchell은 정서적 기능, 동기부여기능, 정보제공, 통제기능의 네 가지로 구분하고 있다(유훈, 1991). 정서적 기능은 대인관계에서의 모호성을 극복하기 위해 인간은 선천적으로 의사소통 욕구를 지니고 있다는 것이다. 동기부여는 조직구성원들이 조직목표 달성을 위한 공헌도를 높이고 근무의욕을 고취하기 위해서는 원활한 의사전달이 필요하다고 본다. 이는 구성원들에게 안정감, 소속감, 참여의식 등 심리적 욕구를 충족시켜 준다. 그리고 의사소통은 합리적 의사결정을 위하여 정보를 제공하는 기능도 수행한다. 마지막으로 활동을 시작하고 지속시킬 뿐 아니라 조직내 각 하부체제의 활동을 조정하고 활동결과에 대한 환류 등을 통하여 통제기능을 수행하고 있다.

이러한 의사전달의 유형은 공식성 여부에 따라 공식적·비공식적 의사전달, 의사전달의 방향에 따라 수직적·수평적 의사전달, 의사전달자의 수에 따라 개인적·개인간·개인과 집단간·집단간 의사전달로 구분할 수 있다(오석홍, 1999).

의사전달의 원칙으로는 명료성(clearness), 일관성(consistency), 적합성(suitableness), 적시성(timely), 배분성(distribution), 적응성(adaptation)과 통일성(consolidation), 관심과 수용(concern and acceptance)의 일곱 가지를 들 수 있다. 적응성은 융통성, 개별성, 합치성을 의미하고, 통일성은 적응성과 반대되는 개념인데 문제는 이 둘을 어떻게 조화시키느냐 하는 것이다.

계획조직 내에서의 원활한 의사소통을 위해서는 최고 계획책임자(chief planning officer: CPO)에게 계획정책에 대한 특정한 견해를 부각시킬 수 있는 권한이 부여되어야 한다. 또한 최고 계획책임자는 위원회의 정보흐름을 통제함으로써 정보보류, 정보의 시기조절, 의장 및 위원회의 구성원에게 사적인 추가 정보의 제공 혹은 보류, 그리고 문제의 특정한 측면을 강조하거나 무시한다. 대체로 일반적인 계획조직은 계획위원회와 계획부서간의 의사소통을 통해서 최고 계획책임자의 생각이 반영된다. 따라서 의사결정의 왜곡된 결과를 가져올 수 있다.

현재의 계획조직에서 나타나는 주요한 문제는 조직자체에서 상이한 견해의 토론과 대립이 없다는 점이다. 계획과정에 있어서 다원주의가 형성되어 있지 않다. 따라서 계획부서와 외부세계를 추가적으로 연결하는 기능을 제공할 수 있도록 대중에 의한 참여가 활성화되어야 한다.

2) 갈등관리

갈등은 둘 이상의 개인이나 집단이 대립되는 목표, 생각, 철학, 지향을 가지고 있을 때 발생한다(B. Hodge & W. Anthony, 1988). 어느 조직에나 갈등이 존재하기 마련이다. 따라서 최고 계획책임자 혹은 관리자에게는 갈등에 대한 효과적인 관리가 가장 큰 과제가 될 수 있다.

이러한 갈등은 개인간 갈등, 집단내 갈등, 집단간 갈등의 세 가지 유형으로 구분된다. 먼저 개인간 갈등은 둘 또는 그 이상의 사람간의 긴장과 관련된 것으로, 적절히 관리하지 않으면 효과적으로 목표를 달성하고자 하는 조직의 노력에 장애가 될 수 있다. 집단내 갈등은 역할갈등, 문제갈등, 그리고 상호작용 갈등의 세 가지 유형으로 구분된다. 역할갈등은 주어진 과업을 수행하는 과정에서 발생한다. 문제갈등은 집단의 구성원이 함께 의사결정하거나 혹은 문제해결을 할 때, 그들의 개인적 가치나 지향이 서로 대립될 수 있다는 것이다. 상호작용 갈등은 집단의 구성원들에게 일정한 협동적 행태를 요구하는 것과 관련이 있다. 마지막으로 집단간 갈등은 계층집단간, 기능집단간, 계선과 참모집단간, 그리고 공식집단과 비공식집단의 갈등으로 구분할 수 있다. 조직 내의 다양한 부서들이 수행하는 작업의 유형에 따라서 갈등이 발생될 수 있으며, 제한된 자원배분에 대한 의견차이, 자기민족 중심주의 등이 집단간 갈등을 유발한다.

이렇게 하여 생성된 갈등은 순기능적인 측면을 강화하고 창의력과 혁신을 촉진하여야 할 필요성이 제기되고 있다. 갈등해소를 위한 방법은 억압, 순화, 회피, 타협, 최소최대전략(minimax strategy)[3], 제3자 개입, 호선, 민주과정, 보직순환, 대립 등 여러 가지가 제시되고 있다. 또한 이러한 갈등을 보다 효율적으로 관리하

---

3) 최소최대전략(minimax strategy)은 게임이론에서 유래된 것으로 상대의 최대값을 최소화하는 전략을 의미한다. 즉, 이익을 극대화하기 보다는 손실을 최소화하는 전략이다.

기 위해서 갈등관리수단에 대한 협상이 필요하다. 협상은 협력적 업무이고, 공동의 이익을 추구해야 하며, 게임이 아닌 행태적 과정이며, 좋은 협상은 모두가 이기는 게임이다. 이는 갈등관리와 자원배분에 있어 가장 수용가능한 형태이다(Bright et al., 2001). 협상을 성공적으로 이끌어내기 위해서는 ① 사람과 문제의 분리, ② 지위보다는 이익에 초점을 두는 시각, ③ 다양한 가능성에 대한 합리적인 고려, ④ 일정한 객관적 기준에 기초하고 있는 결과의 제시 등이 필요하다.

3) 계획과 정치

계획의 소극적인 역할은 계획목표와 가치형성 과정을 계획과정에 포함되지 않는다. 그러나 계획의 적극적인 역할은 가치형성과 계획목표의 설정은 계획과정에서 중요하고, 계획과정의 일부에 포함한다. 이러한 점에서 계획의 이중적 역할을 확인할 수 있다. 하나는 사회적 과정의 관점에서 가치중립적인 과학적 태도를 기반으로 하는 조언적 역할이며, 다른 하나는 가치형성 과정에 개입하는 적극적 역할이다(Albrecht, 1985). 계획의 조언적이고 도구적 역할은 편견없고 객관성을 갖는 과학적 기준을 고수하고, 적극적(정치적) 역할은 사회발전의 개입을 조장하는 역할을 강조한다(임길진, 1995). 후자의 입장에서 계획을 볼 경우, 계획은 사회발전과 개혁에의 개입활동으로 간주된다. 이 과정에서 계획실천은 역할관계의 사회조직망 속에서 발생하는 사회적 과정으로 정의된다. 이러한 사회계획의 유형은 실체적 논점 및 바람직한 목표를 다루게 된다. 이 경우 계획전문가들은 실체적 논점의 해결에 적절한 수단을 찾아내고 계획의 목표를 발견해야 한다.

계획기관의 구성요소로서 계획전문가는 대안을 도출하고, 정치인은 선택자로서 기능한다. 양자간의 관계에서 정치인은 목표를 결정하고, 계획전문가는 목표달성을 위한 수단을 제시하기 때문에 양자가 주종관계를 맺고 있다는 계획의 도구적 견해가 지배적이다. 이러한 계획의 도구적 견해는 정치인에 대한 이상적인 견해, 목표를 통해서 프로그램이 도출된다고 하는 합리적 계획과정에 대한 잘못된 가정, 복합적 조직이론과의 부조화라는 비판을 받고 있다. 먼저 정치인에 대한 이상적 견해는 정치인이 전체적으로 지역사회의 모든 계층을 대표하지 않고 자신들의 이해관계를 가지고 있다는데 중점을 둔다. 따라서 정치인이 계획에 있어서 합리적인 계획목표를 수립한다는 가정이 현실과는 동떨어진 이상적 견해라는 것이다. 둘째, 결정된 목표를 통해서 프로그램이 도출된다는 것은 계획의 순환성과 계획목표설정시 필요한 분석적이고 예측적인 기술을 도외시한 것이다. 셋째, 공식적 조직은 상명하달식의 집행과정보다는 집단간, 계층간의 쌍방 의사소통이 이루어지고 있고, 효과적인 의사결정을 위하여 상호협력하고 책임을 분담하는 체제가 자리잡아 가고 있다. 따라서 전통적인 도구적 견해에서 주장하는 상위계층의 지침제시를 하위계층에서 집행만 한다는 견해는 더 이상 설득력이 없다.

탐구학습

1. 주요개념과 요약
   - 계획조직의 의의: 개념, 유형과 기능
   - 계획조직의 모형: 독립계획위원회 모형, 행정조직모형, 참여모형, 통합조직모형
   - 정부형태별 계획조직: 국가계획기구, 지방계획기구, 국가계획기구
   - 계획조직의 운영관리: 의사소통, 갈등관리, 계획과 정치

2. 토론과 과제
   - 계획조직의 의의와 역할에 대하여 설명하시오.
   - 우리나라 중앙 또는 지방정부 계획조직의 특성에 대하여 설명하시오.
   - 우리나라 도시계획분야의 계획조직에 대하여 설명하시오.

참고문헌

권영찬 · 이성복(1990), 기획론, 서울: 법문사.
권원용 · 서순탁(2003), 협력적 계획, 서울: 한울.
김신복(1999), 발전기획론, 서울: 박영사.
김재관(1991), 기획론, 서울: 대영문화사.
박성복 · 이종렬(1993), 정책학원론, 대영문화사.
박우서 · 박경원(1995), 현대기획이론, 서울: 나남출판.
오석홍(1999), 행정개혁론, 서울: 박영사.
정환용(2001), 계획이론, 서울: 박영사.

Benveniste, G.(1972), *The Politics of Expertise*, San Francisco: Boyd & Fraser Publishing Co.
Hodge, B. & W. Anthony(1988), *Organization Theory*, Boston: Allyn & Bacon.
Walker, R. A.(1950), *The Planning Function in Urban Government*, Chicago: Univ. of Chicago Press.

제 18 장 계획재정

제 1 절 계획재정의 의의

1. 계획재정의 개념

정부는 조세나 정부보유주식 매각, 각종 벌과금, 수수료 징수, 국공채 발행 등을 통하여 재원을 마련해 공공재와 공공서비스를 공급한다. 이러한 정부의 수입, 지출 활동을 재정이라 한다. 정부의 수입, 지출의 규모는 시대의 이념과 요청에 따라 변천해 왔다. 19세기 야경국가를 이상으로 하던 시대에 정부는 주로 국방, 외교, 치안 등의 기능만을 담당하였다. 그러나 20세기 들어 경제발전과 함께 초래된 여러 가지 문제점들은 시장의 기능만으로 해결이 곤란해짐에 따라 정부가 이를 담당하게 되었고, 이는 곧 정부의 수입 및 지출 규모 확대로 이어졌다. 따라서 20세기에 들어와서 정부의 재정활동에 대한 관심이 증가하기 시작하였다.

재정은 국민의 복지증진을 위하여 필요한 재화와 서비스를 공급하는데 소요되는 재원을 일반보상 또는 개별보상원리에 의하여 조달하고 관리하는 일련의 경제활동을 의미한다(이영조, 1995: 29). 이러한 재정은 고도의 계획성과 체계성을 필요로 한다. 이는 어떠한 경제주체이든 이용할 수 있는 재원이 상대적으로 한정되어 있으므로 자원의 효율적인 이용이 요구되기 때문이다. 따라서 정부는 자원의 효율적인 이용을 위해 재원의 동원과 지출에 대한 계획을 수립하고 이를 체계적으로 집행해나가야 한다.

이러한 재정의 의미를 바탕으로 계획재정은 정부의 목표를 달성하기 위해서 선택된 대안들을 수행하는데 소요되는 재원을 조달하고 관리하는 일련의 경제활동을 의미한다고 할 수 있다. 계획재정은 정부의 목표달성을 위하여 선택된 대안들을 효과적으로 수행할 수 있도록, 소요되는 재원들을 효율적으로 조달 및 관리하는 일련의 경제활동을 의미한다.

2. 계획과 재정의 관계

계획은 결정행위의 하나로서 어떤 목표를 달성하는 데 있어서 최선의 가능한 대안을 선택하는 과정이다. 매년 한번씩 편성되는 예산은 정부가 대부분의 정부지출을 승인하고 통제하는 주요 수단이므로 계획의 실현을 위해서 계획과 예산은 연계 내지 통합의 관계가 필요하다. 현재 국가계획 및 재정계획 제도가 마련되어 있으며 계획과 예산은 밀접한 관계에 있다. 국가가 수립한 계획들은 정도의 차이는 있으나 국가의 예산에 의해서 주로 추진된다(최신융 외, 2001: 301; 곽효문, 1996: 104).

예산의 뒷받침이 없는 계획은 실효성이 없는 형식적인 문서에 지나지 않는 것이며, 계획과 연계되지 않은 예산은 자원의 낭비를 초래하기 쉽다. 이는 성과주의 예산이나 계획예산제도를 통해서 예산의 계획화라는 성격이 잘 드러나 있다.

계획과 예산은 그 성격과 지향성에 있어서도 현저한 차이점이 있다. 계획은 변화지향적이고 적극적인데 비해서 예산은 보수적이고 소극적인 성격을 지닌다. 또한 계획담당자들은 가치관이나 의식구조가 이상적이고 진취적인 경향을 갖는데 비해서 예산담당자들은 실제적이고 통제지향적인 태도가 강하다(Naomi Caiden et al., 1988: 240-255). 계획과 예산의 성격을 먼저 살펴보면, 계획이 장기적이고 추상성을 지닌 최종년도의 목표를 설정하고, 이 목표달성을 위해 필요한 투자소요액을 책정하는 논리적이고 합리적이며 조직화된 미래의 조망활동(G. B. Galloway and Associates, 1941: 5)인데 비해, 예산은 단기적인 구체성을 지니고 있을 뿐만 아니라 예산의 배정이나 집행에 있어서 논리적이고 합리적인 근거에 따라 조직화된 활동이 아닌 경우가 많다(곽효문, 1996: 105).

그림 18-1 계획과 예산과의 관계(예, PPBS)

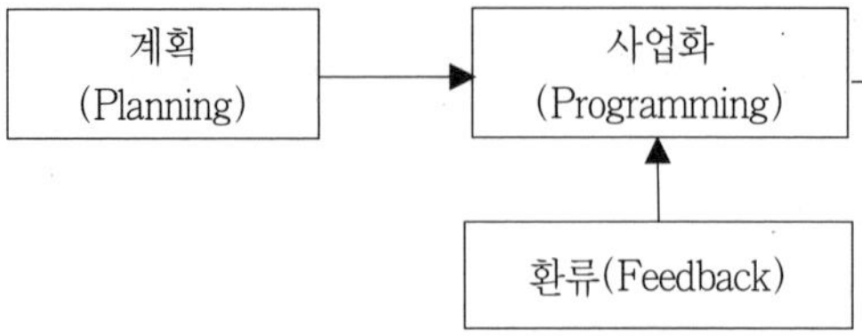

3. 계획재정의 기능

1) 재정의 기능

R. A. Musgrave는 재정의 3대 기능을 자원배분, 소득재분배, 경제안정화를 들고 있다. 이것은 재정의 기능이면서도 동시에 재정이 추구하는 목표이기도 하다.

(1) 자원재분기능: 효율성

자원배분은 어떠한 재화와 용역이 사회적으로 바람직한 생산과 소비수준을 유지하고 있는가의 정도를 보여주는 것이다. 특정재화가 사회적으로 바람직한 생산수준과 적정소비수준을 충족시켜 주지 못할 때에는 자원배분이 잘 되어 있다고 볼 수 없다. 다시 말해서 사회적 수준이 최적수준보다 과잉생산되거나 과소생산된 경우에는 자원배분이 잘 되어 있다고 볼 수 없다. 자원배분은 재화와 용역뿐만 아니라 노동·자본과 같은 생산요소의 경우에도 마찬가지로 적용된다. 또한 사적재와 공공재 간의 배분문제도 동일하게 적용된다.

그런데 자본주의 시장경제체제에서는 가격기능을 중심으로 소비자와 생산자들 간의 자발적인 교환과 경쟁을 통해 자원배분이 이루어진다. 시장 메커니즘하에서는 가격기능에 의해 자동적으로 효율적인 자원배분이 이루어지며 이를 A. Srnith는 '보이지 않는 손'이라고 부르고 있다. 그러나 비용체감산업과 같은 독점적인 요인이나 외부효과로 인해 시장실패 현상이 발생하는 경우에는 효율적인 자원배분이 이루어지기 어렵다. 예컨대 외부경제가 발생하는 재화의 경우 시장기능에 맡길 때에는 과소공급되며, 외부불경제가 발생하는 재화(예: 공해)는 과잉공급된다. 따라서 시장실패 현상을 교정하기 위해 정부개입이 필요하다. 대표적인 정부개입 방법이 재정이다.

따라서 재정의 자원배분기능은 재정을 통해 시장실패를 교정하고 사회적인 최적생산과 소비가 이루어지도록 하는 것을 말한다. 특히 공공재는 외부효과가 크고 소비의 비경합성과 비배제성이라는 특성을 갖고 있기 때문에 정부가 재정을 통해 공급하지 않으면 안 된다. 민간부문의 공급이 불가능하거나 가능하더라도 비효율적인 재화와 서비스를 정부가 공급한다. 이는 시장의 실패를 교정하기 위한 기능으로, 그 예로는 국방이나 외교, 치안, 도로의 건설 등이 있다. 국방, 치안, 사회간접자본시설과 같은 공공재뿐만 아니라 교육, 주택 등의 준공공재까지도 정부재정을 통해 공급하게 된다. 여기서 재정은 자원배분면에서 효율성이라는 규범을 추구한다.

(2) 소득재분배기능: 형평성

정부는 재정을 이용해 소득재분배기능을 수행한다. 재화와 서비스의 공급이 시장기구를 통해 효율적으로 이루어졌다 하더라도 소득분배가 바람직하게 이루어지지 않는 경우가 있다. 특히 소득의 불균형은 사회구성원들간에 갈등을 심화시켜 사회의 분열을 일으키는 원인이 된다. 이러한 문제를 해결하기 위해 정부가 재정이라는 수단을 통해 소득재분배를 실시하게 되는데 공적부조, 사회보험, 교육비 지원, 공공주택 공급 등이 그 예이다.

(3) 경제안정화기능: 안정과 성장

재정을 통해 정부는 경제의 안정적 성장을 도모한다. 경제의 안정적 성장은 국민의 효용증대를 위해 절대적으로 필요하다. 이를 위해 정부는 총수요의 부족으로 경기침체와 실업이 우려되는 경우, 세수를 줄여 민간수요를 크게 하거나 직접 정부지출을 늘려 부족한 총수요를 보전할 수 있다. 반대로 총수요가 과다해 인플레이션이 우려되는 경우에는 세수를 늘리거나 정부지출을 줄여 총수요를 억제하게 된다.

2) 계획재정의 기능

계획재정의 기능은 크게 계획실현기능, 계획조정기능으로 나누어 볼 수 있다. 우선 설정된 계획의 효율성과 형평성을 추진하고, 계획을 실현하기 위해서는 합리적이고 과학적으로 수립된 계획재정을 필요로 한다. 이것이 계획재정이 계획실현기능이다. 계획재정을 통하여 정부는 선정된 계획 및 사업을 실현가능성 있는 사업으로 만들 수 있다. 또한 적절하게 배분된 계획재정을 통하여 계획의 시행을 최적화시킬 수도 있다. 계획조정기능은 계획의 타당성 평가 혹은 실행계획에 대한 평가를 통하여 재원배분을 달리하는 것을 말한다. 계획재정의 이러한 조정기능을 통하여 정부는 타당한 계획에 대한 지원, 실행계획에 대한 성과평가 결과를 계획재정에 환류시켜 계획을 촉진 혹은 중지시킬 수도 있다.

제 2 절 계획재정 관련제도

1. 계획예산제도

1) 계획예산제도의 개념

계획예산제도(planning programming budgeting system: PPBS)는 장기적인 계획수립과 단기적인 예산편성을 사업계획을 통하여 유기적으로 관련시킴으로써 자원배분에 관한 의사결정을 합리적이고 일관성 있게 행하려는 제도이다(R. McKean & Ahshen, 1965: 286-287). 계획예산제도는 우선 목표를 설정하고(planning), 정해진 목표를 달성할 수 있도록 사업계획을 짜고(programming), 짜여진 사업계획들에 자금을 합리적·체계적으로 배정(budgeting)하는 예산제도라 할 수 있다(C. J. Zwick, 1968: 18). 계획예산의 개념에 있어서 계획(planning)은 "조직이 무엇을 위해서 활동해야하는가"와 관련있는 것으로 조직의 목표를 정의하고 이를 설정하는 과정이며, 사업계획(programming)은 계획에 대한 하위의 세부계획으로서 "설정된 목표를 달성하기 위해서 대안들을 제시하고 선택하는 것"을 의미한다. 예산(budgeting)은 목표와 대안을 달성하는데 필요한 재원배분을 결정하는 과정이며 사업계획에 대한 하위수단이 된다. 이러한 계획예산제도의 과

그림 18-2 계획예산제도의 과정

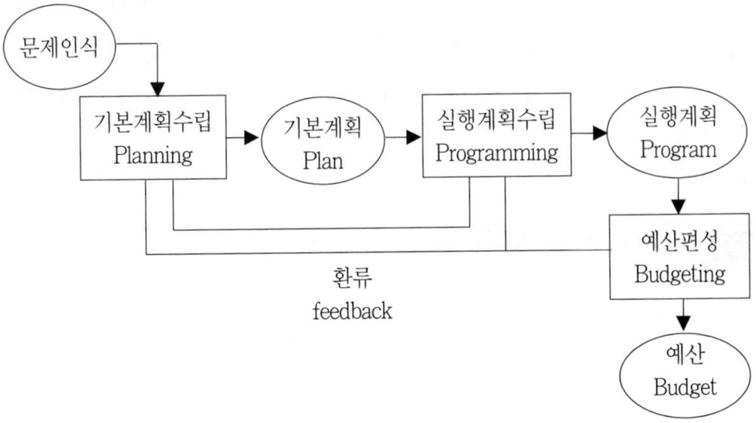

정은 [그림 18-2]와 같다.

계획예산제도의 기본적인 입장은 정부가 여러 가지 행동대안을 합리적으로 선택하여 정책을 효과적으로 수립하는데 있으며, 또한 지금까지의 자원배분에 관한 비체계적이고 비합리적인 의사결정을 개선하고, 정보를 체계적으로 사용하기 위해서 사용되는 제도이다. 이를 위해서 계획예산제도는 다음과 같은 3대 요소를 필요로 한다(나중식, 1995: 370). 첫째, 목표의 명확한 규정이 있어야 한다. 프로그램 구조는 정부사업의 목표를 명확히 밝힐 수 있도록 작성되어야 한다. 둘째, 목표달성을 위한 각종 대안이 비용과 편익에 입각하여 체계적으로 검토되어야 한다. 셋째, 5년 정도의 장기간에 걸친 활동 및 소요자원을 예측하여야 한다.

2) 계획예산제도의 내용

이러한 계획예산제도는 목표설정, 사업계획의 수립, 목표달성을 위한 대안분석, 효과에 대한 평가로 구성되어 있다. 먼저, 목표설정은 정부가 앞으로 수년에 걸쳐 어떠한 재화와 서비스를 공급할 것인가, 그 수혜대상자는 누구이며, 얼마를 공급할 것인가를 결정하는 것이다. 이러한 목표는 정부 혹은 기관의 평가대상이 되며 책임에 관한 기준이 된다. 둘째, 사업계획은 특정 목표의 달성을 위한 기관 노력의 집합체이다. 또한 이는 상위목표에 대한 수단인 동시에 하위목표가 된다.

셋째, 주어진 목표를 달성할 수 있는 최선의 대안을 선택하기 위하여 가능한 모든 대안을 비교 · 분석하고 선택한다. 이때 비용편익분석(B/C 분석), 체제분석과 같은 기법들이 이용된다(R. C. Fisher, 1979: 19-22). 넷째, 계획예산제도는 목표의 달성도에 대한 평가를 요건으로 하며, 따라서 다른 예산제도와 비교해 볼 때 효과성을 강조한다.

그림 18-3 계획예산제도의 구성

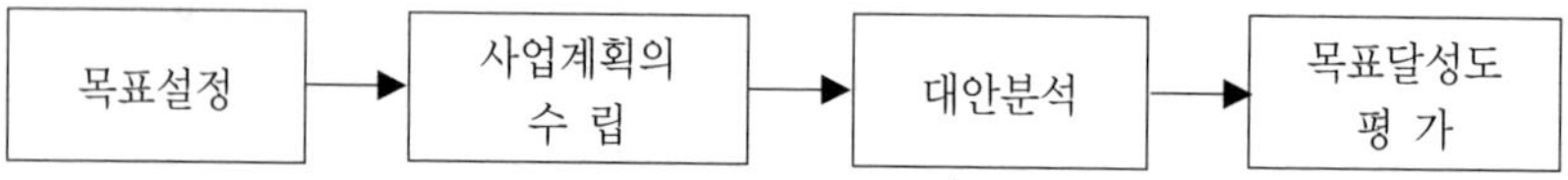

이러한 계획예산제도는 품목별 예산이나 성과예산에 비해 운영상에 있어서 다음과 같은 특징을 지니고 있다(Merewitz & Sonsnick, 1979: 79-84).

(1) 사업별 회계

계획예산은 지출기관과는 관계없이 동일한 목표에 해당되는 사업이면 예산을 통합편성한다. 예를 들어 국방예산 중에서 교육에 관한 예산은 각 군을 구별하지 않고 교육예산에 통합 · 편성하는 것이다. 따라서 예산은 사업별로 분류되고 예산구조는 사업범주에 따라서 계층별로 형성되며 사업과 예산의 계층구조는 하나의 체계를 이루게 된다.

(2) 다년도 예산

단기예산으로 지출의 예측을 일년 단위로 하고 있는 품목별 예산이나 성과예산과는 달리 계획예산은 장기예산으로 사업에 소요되는 기간(최대 5년)의 비용을 추계한다.

(3) 영기준 예산

사업을 선정함에 있어서 기존사업을 인정하지 않는다. 모든 사업을 신규사업으로 간주하여 그 기준을 0으로 하고, 비용편익분석을 통해 새롭게 순위를 설정하며 그에 따라 재원배분을 결정한다. 그러나 계획예산은 매년 반복되는 예산이 아니기 때문에 영기준(zero base)은 큰 의미가 없다.

(4) 상세한 기술과 과다한 문서

계획예산제도는 다년도 예산이기 때문에 사업의 선정, 대안의 선택, 산출 등과 자료 분석에 대한 상세한 기술이 필요하다. 또한 이러한 문서 이외에 운영에 관련된 많은 조직 내・외적 문서를 필요로 한다. 이러한 문서의 과다는 계획예산의 문제점으로 제기되기도 한다.

(5) 비용편익분석 등의 분석기법 적용

계획예산은 장기예산이기 때문에 미래의 사업을 결정하는데 있어서 많은 불확실성과 위험성이 따른다. 특히 공공부문에는 가격기구와 같은 자원의 효율적인 배분을 보장하는 메커니즘이 존재하지 않는다. 이러한 상황하에서 효율적으로 자원을 이용하기 위해서는 비용편익분석, 산업연관분석, 체제분석 등과 같은 다양한 분석기법이 동원되어야 한다.

3) 계획예산제도의 한계

계획예산제도의 한계는 다음과 같다. 첫째, 계획예산제도가 합리적 결정과정을 택하기 때문에 목표의 설정없이는 대안선택 자체가 불가능해진다. 그러나 정부사업은 다목표인 것이 많기 때문에 목표의 명확한 설정이 매우 어렵다(F. C. Mosher, 1969: 162-3). 둘째, 계획예산제도는 집권화를 지향한다. 계획예산의 결정은 분석가가 제공하는 자료를 바탕으로 결정가가 단독으로 행하는 것이기 때문에 결정권은 조직의 상위층에 집중된다(W. Niskanen, 1971: 41-4). 셋째, 계획예산제도하에서 성과의 측정을 용이하게 하기 위하여 목표들이 계량화되어야 한다. 그러나 정부사업 중 대부분이 산출물의 계량화가 곤란하다. 넷째, 계획예산제도하에서 다른 사업을 지원하는 사업은 독립된 사업요소로 인정되지 않는다. 따라서 소요되는 비용은 목표달성에 대한 공헌도에 따라서 합리적으로 배분되어야 한다. 이러한 간접비의 배분을 위해서는 배분기준이 필요하나 실제로 배분기준 자체를 설정하는 것이 용이하지 않다. 다섯째, 계획예산제도는 예산서에 사업구조만 나타내고 이를 집행하는 기관은 명시되지 않는다. 따라서 예산집행을 위해서 사업을 실제로 담당하고 있는 사업집행기관별로 예산이 배분되어야 할 필요가 있다. 계획예산제도는 기관중심으로 운영되는 것이 아니라 사업중심으로 운영되기 때문에 예산에 대한 환산작업[1)]이 반드시 필요하다. 여섯째, 계획예산제도는 미래지향적인 예산이며 과학적 근거에 의한 결정을 요구한다. 그러나 미래에 대한 결정에는 불확실성과 위험성이 많이 따르며 과학적 결정을 위해서는 많은 자료와 정보가 필요하다. 그리고 이러한 정보욕구를 충족시키기 위해서는 많은 인적・물적 자원이 필요하다. 또한 사업과 대안을 선택하기 위해서는 기관 내는 물론 기관간에도 많은 문서들을 필요로 하게 된다. 따라서 다른 예산제도들과 비교해 볼 때, 훨씬 더 많은 정보와 문서를 필요로 한다. 일곱째, 예산과정에는 이해관계자들이 참여하여 각기 상이한 가치를 주장하게 되며, 이들간의 협상이나 교섭을 통해 상당한 부분의 결정이 이루어진다. 그러나 계획예산제도는 예산결정과정에 있어서 이러한 과정을 배제하고 있다.

2. 자본증진예산제도

1) 자본증진예산제도의 개념과 연혁

자본증진예산제도(capital improvement budgeting system: CIBS)의 개념은 그 범위를 어떻게 보느냐에 따라서 달라진다. 협의로 정의하면 사용기간이 1년을 초과하는 자본자산을 취득하기 위하여 편성한 예산(Hay, 1980: 139-40), 또는 편익이 1년 이상 산출되는 자산의 취득을 위해 마련한 예산(M. Consiez, 1966: 41)이 자본예산이다. 이를 광의로 볼 때는 미래의 편익을 가져오는 지출계획을 자본예산으로 본다(Vogt, 1975: 12-3). 이를 종합하여 보면 자본예산이란 자본시설계획과 그 자원계획을 통합한 것이다(B. J. Reed & J. W. Swain, 1990: 227).

자본예산의 개념에서 분명히 해야 할 것은, 전체 예산을 경상적 지출과 자본

---

1) 환산작업은 사업별 예산을 하위사업별로 구분하고 여기에 다시 재원을 배분하는 작업을 위미한다. 이는 예산을 새롭게 편성하는 것과 유사한 것으로서 사업예산을 기관별・과목별로 재구성하기 때문에 상당히 어려운 작업이다.

적 지출을 구분하여 복식계정으로 편성하는 경우는 자본예산으로 부르지 않는다는 점이다. 이를 지출만이 아니라 수입까지 구분하여 두 개의 예산으로 분리운영할 때 자본적 수입과 자본적 지출에 관한 것만을 자본예산으로 부른다(이영조, 1995: 175-6). 다시 말해서 경상적 지출과 자본적 지출을 구분할 뿐만 아니라 경상적 지출에 충당하는 세입과 자본적 지출에 충당하는 세입을 구분하는 예산제도이다. 이를 통해 정부의 중장기적 자본투자사업을 효율적으로 수행할 수 있다.

자본예산제도는 1937년 스웨덴의 중앙정부에서 최초로 채택되었으며, 1940년대 이후 미국의 시정부와 주정부에서 주로 활용되고 있고, 연방정부에서는 채택되지 않고 있다. 스웨덴 등에서 채택하였던 중앙정부의 자본예산은 자본투자사업의 원활한 수행보다는 예산의 경기대책기능의 수행에 목표를 두었던 제도이다. 그러나 불경기가 심화되면 경기대책으로서 자본적 지출에 역점을 두게 되는 자본예산이 경제안정효과에 있어서 경상적 지출의 증대나 세율인하 조치에 비해 정책효과가 뒤진다는데 문제가 있다. 미국의 지방정부에서 채택한 자본예산은 지방정부의 자본투자사업을 합리적으로 선정하고, 그 재정적 뒷받침을 제대로 하여 사회간접자본의 확충 등을 원활히 추진하자는데 그 목적을 두고 있다.

2) 자본예산제도의 필요성

자본예산은 첫째, 지방정부로 하여금 지역사회의 요구와 목표 그리고 이를 달성할 수 있는 능력 등에 관심을 가지게 하며, 둘째, 주민들의 요구를 충족시키는데 집중하기 때문에 납세자들이 부담한 재원을 최적으로 이용할 수 있도록 해준다. 셋째, 정부를 보다 효율적으로 관리하도록 해주며, 넷째, 정부내 기관간의 협조체제를 개선시키고, 다섯째, 지역의 재정정책을 안정적이고 건실하게 유지할 수 있도록 한다.

자본예산제도에서 자본적 지출과 경상적 지출을 구분해야 하는 필요성은 다음과 같다. 첫째, 장기적 계획의 필요성이다. 경상적 지출은 당연히 경상적 수입에 의해 충당되어야 하나 자본적 지출은 차입, 수년간에 걸친 경상계정의 잉여금 또는 경상수입으로 충당할 수 있다. 따라서 자본적 지출의 합리화를 위해서는 세입, 차입 및 잉여금 처리에 관한 재정계획이 수반되어야 한다.

둘째, 지역사회에 미치는 영향으로 자본적 지출에 의한 건설사업은 지역사회에 지대한 영향을 미친다. 자본적 지출을 위한 과도한 차입은 미래의 재정위기를 초래할 수 있다. 이런 점에서 자본적 지출의 과오는 경상적 지출에 비해 그 영향이 장기적이다.

셋째, 미래의 운영비 측면이다. 자본적 지출은 미래의 운영비의 규모에 크게 영향을 미치는 요인이며, 따라서 자본적 지출은 충분한 계획을 필요로 한다.

넷째, 특별한 자료의 필요성으로, 자본적 지출을 위한 계획은 경상적 지출과는 달리 특별한 자료를 필요로 한다. 현재의 운영비뿐만 아니라 새로운 시설이 완공됨으로써 추가적으로 소요되는 운영비, 과거·현재·미래의 재원분석, 시설개발계획, 소요액의 추정 등이 대표적인 사례이다.

다섯째, 회계연도의 초월이다. 경상적 지출과 달리 자본적 지출은 사업별로 승인을 해야 한다. 자본적 지출은 수년간에 걸친 사업이 많으며, 회계연도라고 하는 인위적인 시기구분을 초월해야 하는 경우가 많다.

3) 자본예산제도의 장단점

자본예산제도는 정부의 재정구조, 순자산상태를 명확하게 파악하는데 용이하고, 장기적 재정계획수립에도 도움을 줄 수 있으며, 공채발행을 통한 적자재정 운영에 대한 정당성의 근거를 제공할 수 있다.

그러나 자본예산은 경상비의 적자를 은폐하기 위한 수단으로 사용될 우려가 있다. 스웨덴 등 일부 국가들이 자본예산을 채택하였다가 이를 폐기한 이유나 미국 연방정부가 이의 도입을 포기한 이유도 여기에 있다. 또한 인플레이션을 조장할 우려가 있고, 경상계정과 자본계정을 구분하는 기준이 명확하지 않은 문제도 있다.

4) 자본예산제도의 내용

자본예산은 물적계획과 재정계획이 통합된 것으로서(Matson, 1976: 42), 이에 대한 통일된 절차는 마련되어 있지 않다. 정부마다 약간의 차이는 있으나 대체로 종합계획의 수립, 사업계획의 수립, 다년도 자본투자사업결정, 시설계획, 사업선택기준, 재정계획의 확정이라는 절차를 따르고 있다(D. Axelrod, 1988: 107-8; 이영조, 1995: 178-9에서 재인용).

(1) 종합계획(master plan)

이는 각 정부에 관한 종합개발계획을 수립하는 것을 말한다. 이 계획은 도시 발전에 대한 주민의 요구를 수렴하여 종합한 불완전하고 추상적인 계획이다.

(2) 사업계획(program plan)

사업계획은 종합계획을 사업별 또는 기능별로 구체화한 것으로, 기능계획(functional plan)이라고도 불린다. 사업계획은 종합계획의 하위계획으로 앞으로 달성해야 할 구체적인 사업목표, 사업간의 우선순위 설정, 소요비용 등이 포함된다. 그러나 사업계획이 바로 자본예산이 되는 것은 아니고 단지 자본예산의 편성 지침으로서의 역할을 한다. 사업계획은 담당기관 단위별로 작성하여 종합한 것이기 때문에 계획의 집행은 담당기관별로 이루어진다.

(3) 다년도 자본투사사업과 투자예산

다년도 자본투자사업(multiyear capital investment program: CIP)은 사업계획을 좀 더 자세하게 기술한 활동문서로서, 선택된 사업의 시간계획・비용분석・재원지원 방안 등으로 구성되어 있다. CIP는 5년을 기간으로 작성되는데 이것이 의회에서 승인되면 5개년의 자본예산이 된다. 따라서 5개년 투자사업계획 가운데 각 연도의 계획이 당해연도의 자본예산이 된다.

자본투자사업계획과 실제가 불일치되는 경우가 흔히 발생할 수 있다. 이는 자본계획운영과정상의 결함이나 예측의 착오 때문이다. 사업선정에 있어서 기준의

그림 18-4 자본예산제도의 절차 및 내용

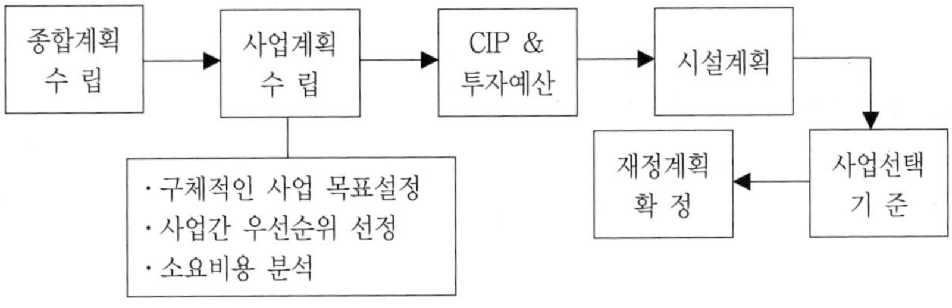

부적절, 단편적인 사업선정, 재원조정계획의 착오, 재원부족으로 인한 계획의 축소시행, 대안에 대한 무관심, 보조금으로 인한 사업의 우선순위 왜곡, 정치적 환경의 변화 등을 그 원인으로 들 수 있다. 따라서 자본예산의 유효성을 증진시키기 위해서는 이러한 결점들을 극복할 수 있어야 한다.

3. 사업별예산제도[2)]

1) 사업별예산제도의 의의

사업별예산제도는 예산의 계획·배정·집행의 과정과 체계를 프로그램 중심으로 구조화하고 그것을 성과평가체계와 직접 연계시켜 성과를 관리하는 예산제도이다(김동기, 2005: 320). 프로그램예산제도는 기존 품목별예산제도가 투입예산과 '목' 중심의 예산운영·통제시스템을 그 특징으로 하는 것과 달리 프로그램과 사업 중심으로 재정지출의 성과를 관리하는 체계를 그 특성으로 한다. 구체적으로 프로그램예산에서는 예산이 사용되는 프로그램과 사업단위를 성과단위(정책목적·목표 또는 예상산출물·성과)와 직접 연계시켜 줌으로써 예산집행(정부정책수행)의 결과인 산출물(output) 내지 성과(outcome)를 정책목표와 비교·평가하는 시스템을 구비하고 있다. 이러한 시스템 하에서는 조직 및 사업별 성과측정과 그 결과의 예산반영이 가능해지고 보다 객관적이고 다양한 성과정보를 재정정보 수요자에게 제공하는 것이 가능해진다. 반면 현행 품목별예산제도에서는 조직별, 프로그램 단위별 비용 및 성과정보가 생성되지 않는다.

2) 사업별예산제도의 내용

첫째, 투입과 산출 및 성과의 연계가 명확함으로 인해 정책부문과 프로그램 및 단위사업간의 우선순위 결정에 유용하고 객관적 성과평가가 가능하며 그 결과의 환류가 가능하다. 둘째, 조직 및 프로그램 단위의 재정운영에 따른 자율성과 책임성이 확보되고 양자의 상호연계가 가능해진다. 셋째, 재정정보 수요자에게 다양한 객관적 성과정보를 제공하며 성과관리를 통한 행정의 효율성이 제고된다.

---

2) 이성근·박의식·서정섭·이헌국 공저, "사업별예산제도(제8장 7절)", 한국지방재정론, 서울: 법문사, 2016.3.

미국은 1930년대부터 예산개혁에 착수하여 지속적으로 관리수준을 선진화해 왔으며, 1960년대 미행정부 후버위원회의 프로그램 개념도입 및 운영을 통하여 예산개혁을 심화시킨 적이 있고, 호주는 프로그램예산제도와 함께 발생주의 산출예산(Accrual Output Budgeting)제도를 도입하여 국제적으로 가장 혁신적인 형태의 예산개혁을 주도해 오고 있으며, 영국은 2001년 4월부터 도입된 자원회계(Resource Based Financial Management: RBFM)를 통해 재무정보 및 성과보고를 연계하고 있다.

3) 우리나라 지방예산제도에의 적용

우리나라의 경우에도 지방재정운영의 투명성·효율성을 제고하고 재정사업의 성과를 높이기 위해 2003년부터 몇 단계의 준비과정을 거쳐 2008년 예산서부터 사업별예산제도를 본격 도입하였다. 사업별 예산제도의 주요 개편내용과 기대효과를 구체적으로 살펴보면 다음과 같다.

(1) 주요 개편내용

사업별예산제도의 도입을 통해 환경변화에 부응하는 동시에 현행 품목별예산제도에 내재한 문제점을 극복할 수 있도록 개편하였다.

① 예산구조 개편

중장기계획 및 단년도 예산과의 연계가 용이하도록 현행 예산구조를 사업중심으로 개편하였고, 자치단체의 정책이 체계적으로 사업에 반영될 수 있도록 정책·단위·세부사업으로 사업을 구조화 하였으며, 동일 사업이 여러 목에 걸쳐 산재되던 목 중심의 예산체계를 사업중심으로 개편하였다.

② 기능개편

중기지방재정계획, 세출예산 및 통합재정분석 간 기능분류를 일치시키고, 재정환경 변화 및 국제 기능분류기준에 부합되도록 개편하였으며, 추상적이고 모호한 일부 기능분류를 보다 구체화하였다.

③ 품목개편

현행 목·세목 명칭을 각각의 목적에 맞도록 편성목·통계목을 개편하였고, 의회심의대상 편성목 수는 유지하고, 자치단체 내부관리 및 통계관리목적의 통계목은 세분화하는 방향으로 개편하였으며, 국제과목분류기준 및 회계과목과의 연계를 고려하였다.

④ 예산서 체계 개편

기존의 예산서는 회계별 세입세출 중심으로 편세되어 각 자치단체에서 추진하고자 하는 사업내용을 파악하기가 곤란하였다. 이번 개편에서 사업 중심으로 예산서를 편제하고 정책 · 단위 · 세부사업에 대한 설명서를 예산서 첨부자료로 제출하게 함으로써 예산서를 통해 사업내용과 정책성과를 쉽게 이해할 수 있도록 하였다.

(2) 기대효과

① 성과평가 및 환류

사업별 예산은 원가배분이 가능하도록 하고 있으며, 이는 곧 원가대비 산출의 비교와 성과평가의 기반을 제공하므로 하나의 사업에 대하여 전년도 혹은 다른 유사한 사업과의 비교가 가능하게 되어 예산규모 · 내용 · 달성도에 대한 분석 · 평가 및 환류가 가능하게 된다.

② 주민이해도 및 투명성 증대

품목별예산은 하나의 사업에 대한 비용이 비목별로 산개되어 편제되었으나, 사업별예산은 사업에 대한 비용내역이 일목요연하게 일괄 편제되므로 명확한 정보를 제공하여 재정운영의 투명성을 제고한다.

③ 전략적 자원배분이 가능

자원의 희소성 및 지역주민의 행정서비스에 대한 요구 급증으로 예산의 합리

그림 18-5 사업별 예산제도의 구조

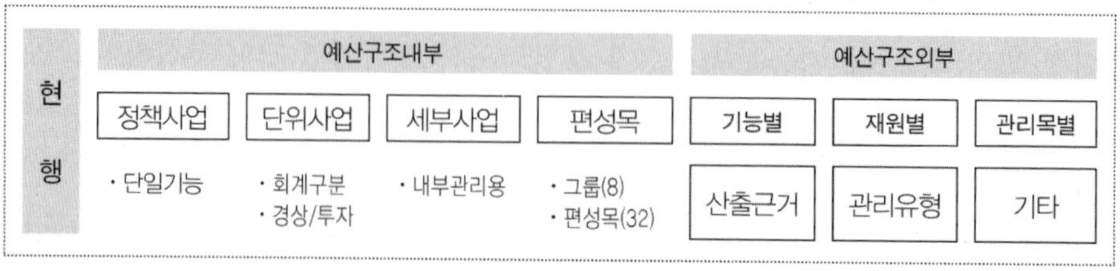

그림 18-6 사업별 예산제도의 구조화 형태

적 배분이 중요하며, 사업별 예산제도에서는 지방자치단체의 미션 · 전략 등에 근거하여 사업화가 이루어지므로 전략적 자원배분이 가능하다.

4. 성과주의예산제도

1) 성과주의예산제도의 개념

예산집행에 있어서 유용과 부정을 막는 여러 가지 제도가 마련되어 예산의 통제기능이 충족되자 국민과 정부의 관심은 자연히 일정액을 지출하여 얼마의 성과를 거둘 수 있는가에 쏠리게 되었다. 또한 과다한 재정적자로 인하여 공공서비스는 유지하되 정부지출을 축소하자는 논의가 제기되면서 그에 대한 대책으로 정부의 효율성 및 성과를 제고하기 위하여 성과주의예산제도(performance budgeting system)가 대두되었다.

성과주의예산제도는 예산과목을 사업계획별, 활동별로 분류한 다음 활동별로 업무측정단위를 선정하여 양적으로 표시한 다음 단위원가를 기준으로 하여 예산을 과학적이고 합리적으로 편성함으로서, 그 집행성과를 측정 · 분석 · 평가할 수 있게 하는 예산제도를 말한다(나중식, 1995: 363). 과거에는 예산편성의 관점에서 성과예산주의의 실현을 시도하였으나, 현재는 지출의 결과에 초점을 둔 성과주의 예산제도를 시도하고 있다.[3] 따라서, 성과주의예산은 지출의 성과를 중심으로 예산을 관리・운영하는 제도를 의미한다(박기백, 2003: 1). 성과주의 예산은 첫째, 지출대상에 따라 분류되는 것이 아니라 정부가 수행하는 활동・기능・사업에 초점이 주어지고, 둘째, 예산기능의 중심이 통제가 아닌 관리에 있고, 셋째, 투입만을 취급하는 것이 아니라 투입과 산출을 동시에 고려하며, 넷째, 중앙예산기관의 역할을 재정적인 타당성을 확보하는 것보다는 효율성을 증대시키는 것으로 보고, 다섯째, 사업단위별로 원가계산을 하여 예산을 편성한다(이영조, 1995: 157).

따라서 성과예산은 품목을 없애는 대신 기능・활동・사업 등을 중심으로 운영되며(F. C. Mosher, 1954: 79), 예산운영에 있어서 구성원들에게 권한과 책임을 부여해준다. 따라서 성과예산에서는 외부통제보다는 내부통제가 요구되고 결정에 있어서도 상위수준의 사업은 최고관리층이, 하위수준의 사업은 중간관리자가 담당하며 사업관리에 있어서 중간관리자에게 많은 재량을 부여하고 기업회계방식에 따라서 예산을 운영한다.

이러한 성과관리예산제도의 최적방안으로 프로그램 예산제도인 사업별 예산제도가 현재 각광받고 있다. 사업별 예산제도란 예산편성・배정・집행의 과정 및 체계를 정책사업과 단위사업 중심으로 구조화하고, 사업의 성과평가와 직접 연계시키는 예산기법으로 예산관리의 질적 개선을 목표로 하는 성과지향적인 예산제도이다. 기존의 '목(目)' 중심의 예산편성・운영・평가・감사체제에서, 정책・단위사업을 중심으로 예산의 구조를 개편한 것이며, 정책사업을 성과와 직접 연계시켜 예산집행의 산출물 내지 성과를 평가하는 예산제도를 말한다.

2) 성과주의예산제도의 필요성

성과관리를 위해서는 예산의 계획・배정・집행결과와 이를 통한 성과평가 및 그 결과에 따른 환류체계가 필요하다. 그러나 기존의 품목별예산제도는 첫째, 정책과 사업예산의 연계가 어려우며, 둘째, 사업별 재정운영이 어렵고, 셋째, 사업별 책임성이 떨어지며, 넷째, 전반적인 정부기능 혹은 계획의 목표나 성과에 대한 정

3) 과거의 성과주의예산은 예산과 성과의 직접적인 연계에 관심을 가졌으나($y=f(x)$), 현재는 지나친 복잡성을 배제하고 예산편성의 참고자료로 사용하기 위하여 예산과 성과의 간접적인 연계($y \leftrightarrow x$)에 관심을 둔다.

보를 확인하기 어렵다는 단점이 있다. 이러한 품목별예산제도의 단점을 극복하고 효과적인 계획의 추진과 계획의 시행결과에 따른 책임성의 확보를 위해서 성과주의예산제도가 필요하다. 공공성이라는 막연하고 일반적인 성과가 아니라 구체적인 개별부서 혹은 계획의 산출물을 강조하면서, 일반 국민들이 쉽게 이해하고, 공익을 정확히 파악할 수 있도록 하는 예산지원체계가 필요하다.

3) 성과주의예산제도의 내용

성과주의예산을 구성하고 있는 의미를 구분하여 보면 다음과 같다(Seckler-Hudson, 1954: 86-93). 첫째, 사업 · 기능 · 활동을 중심으로 운영되고, 둘째, 성과측정단위를 설정하고 성과기준을 이용하여 그 결과를 측정하며, 셋째, 성과기준에 따른 정기적인 보고체제를 설치하여 진척상태를 판단하며, 넷째, 발생주의 회계제도를 따르고, 다섯째, 관리상의 효율성을 높이기 위하여 포괄적이고 연속적인 관리분석체제를 수립하며, 여섯째, 세출예산을 경상예산과 자본예산으로 구분 · 표시하고, 일곱째, 세출구조를 기능중심으로 구성한다.

사업별예산제도는 사업구조화, 예산과목 구조개선, 예산운영방법의 세 가지로 구성되어 있다. 먼저 사업구조화를 보면, 자치단체의 목표에 따른 기능수행을 위하여 전략과 정책을 세우고, 그 정책을 수행하기 위한 활동들과 그에 따른 세부사업들을 구조화시켜 자치단체의 모든 재정활동들을 사전에 정의하기 위한 것이다. 그리고 예산과목구조는 국가의 기능에 따라서 예산의 과목구조를 개편하는 것을 의미하며, 이러한 예산제도 운영의 성과를 얻기 위하여, 효과적인 재정재원 배분을 위한 근거 제공과 성과관리를 위한 기준정보 제공을 위한 예산원가의 도입, 해당사업의 질을 측정하기 위한 성과지표의 설정, 그리고 담당자에게 추가적인 권한의 부여와 같은 운영방법이 필요하다.

사업별예산제도는 재정계획단계, 예산관리단계, 예산집행단계, 결산단계로 구분되어 살펴볼 수 있다. 먼저 재정계획단계는 사업별 예산설계, 중기지방재정계획, 재정 투자심사로 나뉘어 진다. 사업별 예산설계를 위해서 먼저 실 · 국의 목표를 파악하고, 전략목표 및 성과목표를 설정한 후 이를 토대로 정책사업을 설정한다. 다음 정책사업과 수직적인 연관성이 있도록 구체적인 단위사업을 지정하고 산출기초로부터 도출된 정책사업 · 단위사업과 비교 · 조정한 후 재정계획을 세운다. 예산관리단계에서는 이러한 과정을 토대로 하여 예산을 편성, 배정 및 재배정하며, 그후 부서의 목표를 달성하기 위하여 배정된 예산을 집행하는 예산집행단계를 거친다. 마지막으로 결산단계에서는 현금주의 결산인 '예산결산'과 발생주의 결산인 '재무결산'으로 이원화하고 이를 토대로 하여 각 사업의 성과를 측정한 후 이를 다시 환류하는 과정을 거친다.

그림 18-7 성과주의예산제도 추진모형

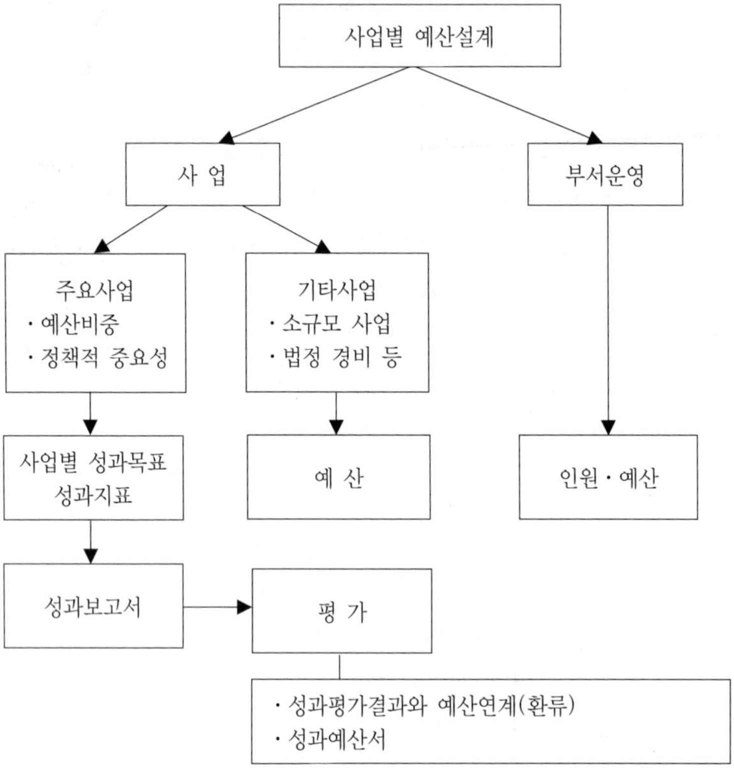

5. 주민참여예산제도[4)]

1) 주민참여예산제도의 의의

주민참여예산제도는 예산의 결정과정에서 배제되었던 주민들을 예산편성과정에 참여시켜 주민의 행정수요를 적극적으로 반영하고 궁극적으로 재정의 책임성과 투명성을 향상시키는데 목적이 있다(임성일 외, 2012: 12). 행정 일방향적이던 예산의 결정방식에 변화를 추구하는 것이기 때문에 예산제도 자체에는 근본적인 변화를 주지 않는다는 특성에서 성인지예산제도[5)]와 유사하다. 그러나 예산운영의 의사결정방식과 주체에 변화를 가하는 거버넌스 시스템이라는 점에서 예산운영의 기법적 특성을 지닌 성인지예산제도와 차이가 있다.

주민참여예산제도는 예산편성에 주민이 직접 관여하여 영향력을 행사하는 것에 핵심이 있기 때문에 예산에 관한 의사결정방식과 권한의 변화를 수반하게 된다. 이 때 주민참여의 방식은 공청회, 설문조사, 위원회 참여, 면담 등의 소극적 행태에서부터 예산편성과정에 직접 참여하여 영향력을 행사하는 적극적 참여에 이르기 까지 다양하다. 주민참여예산은 지방재정의 수입과 지출을 결정하는 의사결정과정에 이해관계자들이 참여하여 대화를 통하여 조세부담에 대한 합의, 지역의 사업우선순위에 대한 결정을 도출하는 합리적인 의사결정과정이라고 볼 수 있다(임성일 외, 2012: 58-59). 따라서 주민참여예산제도는 직접민주주의의 실현을 위한 하나의 수단으로서 작용하기도 한다. 그리고 정부의 책임성과 투명성 제고, 부패축소, 공공서비스 공급개선, 예산우선순위의 전환, 자원배분과정에서의 사회정의와 재분배 강화, 효율성 증진과 합리적인 행정도모 등의 순기능이 있다(Zamboni, 2007). 그러나 적절한 조건을 구비하지 못한 상태에서 실현된다면 이익집단의 횡포, 엘리트 주도적인 거버넌스 체제로 변질될 수 있다는 한계점도 노정하고 있다(Shah, 2007). 따라서 주민참여예산제도가 활성화되기 위해서는 주민의 대표성과 주민의견 및 수요대표성 확보가능성, 주민의견의 합리성, 주민의사결

---

4) 이성근 · 박의식 · 서정섭 · 이헌국 공저, "주민참여예산제도(제8장 9절)", 한국지방재정론, 서울: 법문사, 2016.3.

5) 성인지예산제도는 예산편성 · 집행과정에서 남녀에게 미치는 효과를 고려하여 남녀 차별없이 평등하게 혜택을 받을 수 있도록 하는 제도이다.

정 영향력에 대한 책임성 담보 등이 전제되어야 할 것이다(임성일 외, 2012).

2) 주민참여예산제도의 내용

주민참여예산제도는 2003년 지방예산편성지침에서 주민참여형 예산편성제도가 권장되었고, 2005년에는 지방재정법과 지방재정법 시행령을 개정하여 법적 근거를 마련하였다. 그리고 2011년에는 주민참여예산제 운영규정을 임의규정에서 강제규정으로 개정하면서, 2013년부터 의무적으로 실시하도록 하고 있다. 이에 따라 2018년 기준 243개의 지방자치단체가 조례를 제정하여 주민참여예산제도를 운영하고 있다.[6]

주민참여예산제도의 운영과정을 살펴보면, 주민이 직접 제안사업을 신청하면 주민참여예산위원회에서 제안사업의 우선순위를 결정하고, 분과위원회에서는 사업별로 실효성에 대해서 검토한다. 실효성에 대한 검토가 끝나면 민관협의회에서 사업별로 예산을 편성하고, 지자체의 예산부서에서 이를 반영하여 예산을 확정하는 과정을 거친다.

위와 같은 운영과정을 예산의 과정과 연계하여 살펴보면 다음 그림과 같다.

그림 18-8 주민참여예산제도의 운영과정

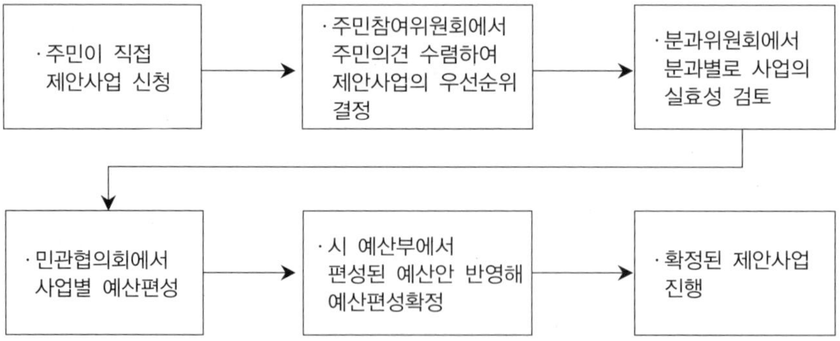

6) 주민참여예산제도 관련 조례는 3가지 유형으로 나뉜다. 1유형은 주민참여예산위원회 설치 임의규정, 2유형은 주민참여예산위원회 설치 의무규정, 3유형은 주민참여예산위원회 및 분과위원회 설치 의무규정으로 되어 있다. 우리나라의 경우 2013년 기준 1유형이 128개, 2유형이 62개, 3유형이 52개로 1유형의 비율이 높다.

주민참여예산제도는 예산편성단계에서 주민의 참여에 초점을 맞춘 제도이다. 따라서 예산편성지침 작성단계, 예산요구서 작성단계, 예산안 심의조정단계, 잠정 예산안 작성단계, 예산안 확정단계에서 주민들이 참여할 수 있다. 현재 주민참여 방식은 공청회, 간담회, 설명회, 토론회 등 지방자치단체별로 다양하나 주로 제한된 방법으로 주민의 의견과 선호를 파악하는 수준에 머무르고 있다.

그림 18-9 예산과정에서의 주민참여대상

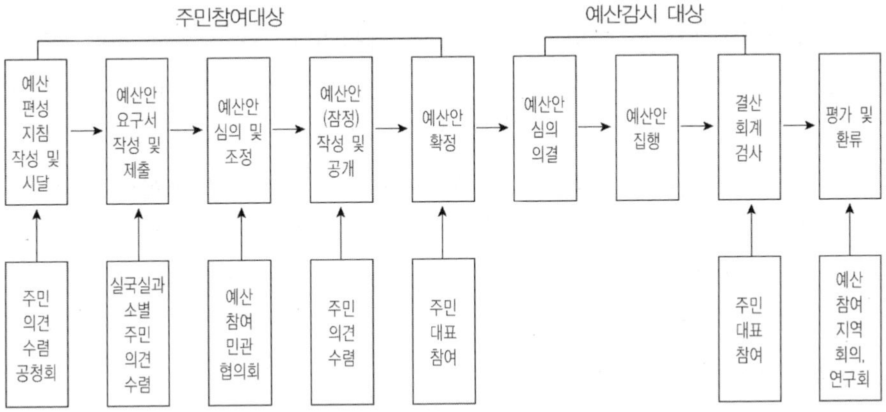

3) 주민참여예산제도의 평가

주민참여예산제도는 정부의 재정활동에 대한 시민사회의 불만과 불신을 배경으로 도입된 제도이다. 또한 전 세계적으로 법제정 및 정책을 통하여 주민참여예산제도를 의무화하고자 하는 움직임이 제기되고 있다. 우리나라의 경우 2013년부터 전 지방자치단체에서 의무적으로 시행하고 있으며, 2018년 12월 현재 전국의 모든 지방자치단체가 주민참여예산제도와 관련된 조례를 제정하여 운영중에 있다. 박근혜 정부 들어서 추진하고 있는 정부 3.0의 일환으로 지방재정정보공개가 확대됨에 따라 지방재정운용에 대한 관심이 증가하면서 주민참여예산제도에 대한 관심이나 실질적 참여확대에 대한 요구가 증가한 것으로 보인다. 따라서 지방자치단체에는 일정규모 이상 사업에 대한 주민참여를 의무화한다거나, 주민참여예산의 범위제한 금지, 주민의견수렴 결과의 지방의회 제출 의무화 등이 요구된다. 또한 제도의 정착 및 실효성을 제고하기 위해서는 지방자치단체의 여건에 맞는 운용이 가능하도록 지방자치단체의 자율성과 책임성을 강화시켜주어야 할 필요가 있다.

6. 중기재정계획

1) 중기재정계획의 개념

정부에서 수립하는 중기재정계획은 단년도 예산과는 별도로 3~5년 정도의 기간을 정하여 수립하는 수입・지출에 관한 계획이다. 정부사업은 미래지향적인 계획에 의해서 이루어지는 반면 실제 재정은 현실지향적인 계획에 의해서 운영되고 있다. 따라서 사업의 연결성이나 종합성이 결여되고, 자원의 낭비를 초래하여 결국 장기적인 사업이 효율적으로 수행되지 못하는 경우가 발생한다. 이러한 문제를 해소하고 사업을 책임있게 수행하며 예산을 효율적으로 운영하기 위해서는 중장기적인 관점에서 재정을 계획적으로 운영할 필요가 있다.

2) 중기재정계획의 필요성[7)]

'국가계획-지역계획-재정계획-예산편성' 체계의 확립으로 국가재정과 재정운영의 연계성을 확보한다. 즉 계획과 예산의 연계를 위한 지방채 발행, 지방재정투자심사 등을 기초로 활용하며 투자수요와 재원공급의 조정으로 투자재원의 효율성을 제고할 수 있다.

지방예산의 운용시계를 중기시계로 확대하여 예산편성의 계획성・효율성을 확보하여 지방자치단체의 계획적이고 효율적인 재정운용을 유도할 수 있으며 지방재정을 '재정계획-예산편성-결산-재정분석・진단'으로 체계화하여 운영하는 기반을 마련한다. 그리고 지방재정 수요의 증가에 대비하여 지방세의 지속적인 확충노력과 세외수입의 증대 등을 통하여 투자재원의 안정적인 확보방안을 강구하고 재원이 부족한 경우 지방채 및 채무부담행위 등의 지방채 발행계획을 수립해야 한다(김동기, 2005: 297).

7) 이성근・박의식・서정섭・이헌국 공저, "중기지방재정계획(제12장 1절 2)", 한국지방재정론, 서울: 법문사, 2016.3.

3) 중기재정계획의 기능

중기재정계획의 재정운영상의 기능은 재원의 확보, 국가시책의 실현, 지방자치단체의 행·재정운영의 지침, 정책형성의 합리화·계획화, 계획과 예산의 연계로 볼 수 있다(최신융 외, 2001: 287-289).

첫째, 급증하는 행정수요를 충족시키기 위해서는 충분한 재원이 확보되어야 하는데 재정계획의 수립은 재정을 공급하는데 기여한다. 중기재정계획은 재정수요의 예측으로서만이 아니라 계획을 수립하여 일반에게 공표함으로써 재원확보에 대한 국가의 의사결정 자료로서 활용할 수 있도록 한다(김신복, 1999: 344).

둘째, 국민경제의 상황에 대처하여 채택되는 재정정책은 국가와 지방간의 통일성을 필요로 한다. 특히 지방정부는 공공사업의 실시주체이고, 국가시책은 지방재정과 광범위하게 연결되어 있으므로 양자의 협력관계하에서 효율적으로 수행되어야 한다. 다시 말하면, 국가가 중장기계획을 수립하고 이를 바탕으로 매년 예산을 편성하여 시책을 구체화함에 있어서 중기재정계획은 지방재정상황과 전망을 함께 분석한다. 이에 따라 국가와 지방을 통한 재정규모를 측정하여 국가의 행·재정시책에 대응하여 필요한 조치를 강구하며, 국가시책을 완전히 수행할 수 있는가의 여부를 확인하는 기능을 수행한다(이규환, 1997: 550-551).

셋째, 오늘날 지방행정의 대다수는 전국적으로 일정한 수준을 요청받고 있다. 지방재정계획에 있어서는 매년도 당면한 지방행정수준, 행·재정제도의 개정에 수반하는 경비의 증감 등을 표준적인 형태로 세출에 누계하고, 경제의 동향 등을 포함해 당해연도의 수입전망액을 세입에 계상하며, 그 수지의 상황을 명확하게 한 다음에 중앙정부의 지방재원대책을 결정하고 지방자치단체의 재원을 보장한다. 각 지방자치단체의 재정운영에 있어서는 지방재정계획에서 제시된 제도개정에 따른 경비의 증감경향, 지방세 기타 세입의 동향을 그 지침으로 하는 것이 건전한 재정운영을 하는 방법이다(신해룡, 1995: 333).

넷째, 중기재정계획은 재정전망에 근거하여 재원의 한도 내에서 시책을 서열화하고, 다음 연도 부담을 포함하는 총비용을 충분히 검토한 재정운용을 행함으로써 정책형성의 합리화, 효율화 및 건전화를 도모한다. 중기재정계획에서는 세입전망에 근거하여 재원의 범위 내에서 우선순위가 높은 시책부터 순차로 선택하게 되고, 그 결과 중장기적 관점에서 엄격한 서열화가 검토의 중심이 된다(최신융 외, 2002: 288). 우리나라와 같은 단년도주의 예산편성에서는 예상되는 재원을 의무적 경비, 계속사업의 순으로 충당하고 남은 재원의 범위 내에서 신규의 정책적 경비를 채택하는 경향이 있었지만, 중기재정계획에서는 정책적 경비를 우선적으로 확보하는 정책주도형 예산편성으로 전환해 갈 수 있다(이규환, 1997: 552).

다섯째, 통제위주의 단년도 예산제도는 급증하는 행정수요에 효율적으로 대처하지 못하며 재정계획의 뒷받침 없이 개발계획이 수립되어 계획과 예산의 괴리현상을 심화시키고 있다. 반면에 중기재정계획은 전통적 예산제도의 단점을 보완하고 각종 개발계획과 재정운영의 연계성을 강화하기 위해 재정정책의 방향을 먼저 수립한 후에 여건의 변화를 반영하여 재원배분정책을 매년 연동화하고 이를 기초로 예산을 편성 집행한다(김신복, 1999: 343).

4) 중기지방재정계획의 유형

(1) 중앙정부에서 수립하는 국가재정운용계획

과거 1962년부터 경제개발5개년계획으로 국가발전의 비전과 목표를 제시하였다. 하지만 경제·사회 발전에 따른 민간부문의 역량 확대로 사전적·총체적 계획의 실효성은 한계에 직면하여 국가경제·사회전체를 망라하는 5개년계획의 수립은 중단되고, 지난 1982년부터 중장기적인 시각에서 재정을 관리하기 위하여 중장기 재정운영계획제도를 도입하여 왔다.

2003년부터는 중장기적인 시계에서 국가재원을 보다 전략적으로 배분하여 국정과제를 체계적으로 뒷받침할 국가재정운용계획수립을 추진하였다. 새로이 추진되는 국가재정운용계획은 추상적인 투자방향을 제시하는 종래의 중기계획과 달리 재정수지·국가채무 등 총량목표와 구체적인 재원배분계획을 제시한다.

(2) 지방자치단체에서 수립하는 중기지방재정계획

첫째, 재정정책의 운용에 있어 합리성을 제고하기 위함이다. 지방정부는 중기재정계획을 수립·운영함으로써 중·장기적인 재정 전망하에서 자원을 합리적으로 배분할 수 있고, 재정의 건전성을 확보할 수 있다.

둘째, 계획과 예산을 연계시키기 위함이다. 정부사업 가운데는 완성에 수년이 소요되는 것이 있다. 그러나 단년도주의 예산제도하에서는 사업의 계속성을 유지하면서 효율적으로 운영하는 것이 매우 어렵다. 이러한 문제를 없애고 계획과 예산을 일치시키기 위한 것이 중기계획이다.

셋째, 예산편성의 효율성을 제고할 수 있다. 중기계획은 가용자원의 한계를 사전에 예측하는 것이므로 각 기관의 지나친 예산요구나 정책결정가의 임의적인 정책변경을 막을 수 있으며, 안정적인 서비스 공급을 가능케 해 준다.

넷째, 지방자치단체가 위임사무를 수행할 경우 중기재정계획을 수립함으로써 국가로부터 계획수행에 필요한 재원을 지원받을 수 있고, 국가시책을 효율적으로 수행할 수 있다.

다섯째, 중기재정계획은 지방정부의 행・재정지표로서의 기능을 한다.

여섯째, 지방정부 활동에 대한 주민의 이해를 높일 수 있다. 정부시책의 중장기적 청사진을 주민에게 제시함으로써 정부의 활동과 역할을 이해시키고 지방행정에 대한 주민의 참여와 협조를 구할 수 있다(이영조, 1995: 489-490).

제 3 절 공공투자재원 조달[8)]

1. 공공투자재원의 의의

지방재정(local finance)은 지방정부의 기능을 수행하기 위해 필요한 재원을 조달・지출・관리하는 것을 뜻한다. 국가재정이 국민경제의 성장과 안정 및 소득분배에 주목표를 두고 있다면, 지방재정은 지역의 경제개발과 지방주민의 기본적인 욕구충족 및 복지증진에 그 목표를 두고 있다. 지방재정은 자원배분과 소득재배분, 경제안정의 기능 가운데 자원배분의 기능이 가장 중요하다.

지방정부가 지역개발을 추진하기 위해서는 지역개발사업에 대한 소요예산을 추정하고 이를 토대로 연차별 시행계획을 작성하도록 하며, 새로운 세원 발굴 등 지방재정의 확충방안을 고려하여 지방재정수입에 대한 예측을 수행하여야 한다. 지방재정수입 충당분 이외의 자금소요에 대해서는 민자유치, 중앙정부로부터 보조, 외자유치 등의 재원조달방안을 사업의 공공성과 수익성 등 각 사업의 특성에

---

8) 이성근・임규채・함윤주, "투자재원조달(제3장 4절)", 공공투자분석론, 서울: 집현재, 2014.12.

따라 마련하여야 한다.

지방정부가 지역개발을 위해 사용할 수 있는 투자재원은 ① 지방자치단체의 자체재원, ② 중앙정부로부터의 재원, ③ 민간부문의 활용을 통한 재원 등으로 나누어 살펴볼 수 있다.

2. 지방자치단체의 자체재원

지방정부의 자체재원으로는 크게 지방세와 세외수입, 지방채, 지역개발기금 등으로 나눌 수 있다.

1) 지방세

지방세는 지방자치단체가 공공활동 수행에 필요한 재정수요를 충족하는 수단의 하나로 직접적인 보상이 없이 주민으로부터 강제적으로 징수하는 화폐수입으로서 가장 기본적인 재정수입이다. 지방세는 지방자치단체가 독자적으로 사용할 수 있는 자주재원의 성격을 가지고 있으며, 보조금과 달리 용도지정이 되어 있지 않은 일반재원이다.

현행 「지방세법」에 의하면 우리나라 지방세 제도는 11개 세목(2011년 지방세법 개정으로 14개 세목에서 축소)으로 구성되어 있다. 과세권자가 광역자치단체인 경우 특·광역시세 또는 도세로 구분되고, 기초자치단체인 경우 시·군세 또는 구세로 구분된다. 또한 조세의 사용목적이 한정되어 있는 목적세와 사용목적

표 18-1 우리나라의 지방세 체계

구 분			세제 내용
광역 자치단체	특·광역시세	·보통세	· 취득세, 레저세, 담배소비세, 지방소비세, 주민세, 지방소득세, 자동차세
		·목적세	· 지역자원시설세, 지방교육세
	도세	·보통세	· 취득세, 등록면허세, 레저세, 지방소비세
		·목적세	· 지역자원시설세·지방교육세
기초 자치단체	구세	·보통세	· 등록면허세, 재산세
	시·군세	·보통세	· 담배소비세, 주민세, 지방소득세, 재산세, 자동차세

이 한정되어 있지 않고 일반적인 운영경비를 위해 징수하는 보통세로 분류할 수 있다.

2) 세외수입

세외수입은 지방자치단체 자체수입 중 세제의 성격을 갖지 않는 일체의 수입을 의미한다. 세외수입은 징수근거와 용도 형태가 다양한 것이 특징이며, 수입형성방법에 따라 광의, 협의, 최협의로 구분할 수 있다. 광의의 세외수입은 지방재정수입 가운데 지방세, 지방교부세, 국고보조금을 제외한 나머지 수입일체를 의미한다. 협의의 개념은 경상적인 세외수입만을 의미하고, 여기에는 일반회계와 특별회계에 의한 많은 종류의 수입이 포함된다. 최협의의 개념은 협의의 세외수입 가운데 특별회계에 의한 영업수입을 제외한 세외수입을 말한다. 여기에는 일반회계의 사용료, 수수료, 재산임대수입 등이 있으며 매년 반복적으로 징수되는 경상적 수입으로서, 세외수입 중 가장 보편적인 수입원을 말한다.

3) 지방채

지방채란 지방자치단체가 정부 또는 민간부문으로부터 증서차입 또는 채권발행에 의하여 장기차입형태로 자금을 조달하는 것을 말한다. 지방채는 지방자치단체의 채무이나 우리나라는 안전행정부장관의 연초승인과 그 승인의 한도 내에서 지방자치단체 의회의 의결에 의해 발행하도록 하고 있어 지방채 개별승인제 대신 지방채발행 총액한도제를 운영하고 있다(지방재정법 제35조).

4) 지역개발기금

지방자치단체는 급증하는 지역개발 투자수요에 필요한 재원을 효율적으로 조달하기 위한 방안의 하나로 지역개발기금을 설치·운영하고 있다. 그 이유는 계속 증대되고 있는 지역개발 투자수요에 현재의 빈약한 자주재원 규모나 재원조달 기능이 미흡하기 때문이다. 지역개발기금을 구성하는 재원으로는 중앙정부의 재정자금, 지방세수 증대에 따른 추가세입, 금융기관차입과 차관, 공채발행 등을 들 수 있다.

3. 중앙정부의 의존재원

지방자치단체가 최소한의 행정수준을 유지하기 위해 필요한 재원을 보장해 주면서 아울러 자치단체간의 재정력격차를 시정하기 위해 국세수입의 일부 또는 기타 자금을 일정기준에 따라 지방자치단체에 배분하는 제도를 지방재정조정제도라 한다. 우리나라에서 국가와 지방자치단체 간의 지방재정조정제도로는 지방교부세, 국고보조금, 국가균형발전특별회계가 있다.

1) 지방교부세

지방교부세(local share tax)제도는 지방재정조정제도 중 가장 핵심적인 것으로서 국가수입 중 일부를 재정력이 취약한 자치단체의 행정운영에 필요한 재원으로 교부하여 지방자치단체 간 재정을 조정함으로써 지방행정의 균형적인 발전을 기하려는 제도라 할 수 있다. 지방교부세는 세원의 대도시 편재 등에 따른 문제를 합리적으로 조정하기 위한 조정재원으로서, 본질적으로는 지방세의 대체적 재원의 성격을 갖는 일종의 간접과징형태의 지방세라고도 할 수 있다.

2) 국고보조금

국고보조금은 국가 정책상 필요가 있거나 또는 지방자치단체의 재정사정상 필요하다고 인정될 때 국가예산범위 안에서 지방자치단체에 교부하는 것으로 보조금 이외에 부담금, 조성금, 장려금, 위탁금 등도 여기에 포함된다. 보조금은 대부분 용도와 수행조건 등을 지정하는 조건이 붙게 되고, 일정한 자부담을 하여야 하며, 보조금 중 남은 잔액은 일반용도로 쓸 수 없다(김동기, 2008). 국고보조금은 지방자치단체의 재정력의 불균형을 조정할 목적보다는 일정한 지방행정수준의 유지와 특정사업의 장려를 목적으로 하고 있기 때문에 지역간의 재정적 불균형을 조정하는 역할은 미약하다. 또한 국고보조금은 지방자치단체의 재정력의 불균형을 조정할 목적보다는 일정한 지방행정수준의 유지와 특정사업의 장려를 목적으로 하고 있기 때문에 지역간의 재정적 불균형을 조정하는 역할은 미약하다. 또한 국고보조금은 지방자치단체의 재정부담을 경감시키는 이점은 있지만 재정의 중앙통제 강화라는 문제점을 안고 있다.

3) 국가균형발전특별회계

국가균형발전특별회계는 지역의 특화발전 및 광역경제권의 경쟁력 향상을 위하여 지방자치단체에 예산을 지원하는 것으로서, 2005년부터 시행하던 국가균형발전특별회계를 2010년부터 광역·지역발전특별회계로 재편하였다. 광역·지역발전특별회계는 광역발전계정, 지역개발계정, 제주특별자치도계정으로 구분하고 있다. 한편 2014년 1월 개정된 국가균형발전특별법에 근거하여 2015년 부터는 동 회계를 지역주민의 삶의 질 향상 및 지역경쟁력 강화를 위한 사업을 효율적으로 추진하기 위하여 지역발전특별회계로 재편하였다. 지역발전특별회계는 생활기반계정, 경제발전계정, 제주특별자치도계정, 세종특별자치시계정으로 구분되어 있다.[9)]

광역·지역발전특별회계는 참여정부 시절에 운용되던 지역혁신사업계정을 광역발전계정으로 전환하여, 규모화·광역화·협력화·상생화를 뒷받침할 목적으로 재원규모를 확대하였다. 또한 지역개발사업계정은 지역개발계정으로 전환하여 기초생활권의 지역개발사업, 지역문화·예술·체육진흥, 기초관광자원 육성, 향토산업 육성, 농산어촌 생산기반확충사업, 상수도시설, 소상공인 지원사업, 대중교통 등이 지원대상이다.

지역발전특별회계는 지역행복생활권 기반을 확충하고, 지역경제 활력 및 회복투자 강화, 일자리·복지·의료지원 확대, 지역균형발전추진을 기본적인 방향으로 하고, 포괄보조금 사업을 확대하였다. 지역발전특별회계의 생활기반계정은 기존의 지역개발계정의 시도자율편성사업 20개, 시군구자율편성사업 4개를 확대하여 시도자율편성사업은 20+α, 시군구자율편성사업은 5개 사업으로 하며 이는 자율사업을 다양화하기 위한 목적에 기반하였다. 그리고 광역발전계정은 경제발전계정으로 개명하면서 기존의 5+2권역을 폐지하고 시·도 중심의 '경제협력권'을 전환하였다(기획재정부, 2014).

---

9) 기존의 광역·지역발전특별회계 하의 광역발전계정은 경제발전계정으로, 지역개발계정은 생활기반계정으로 전환되고, 세종특별자치시계정이 신설하였다.

표 18-2 국가균형발전특별회계 편성체계 변경내용

구 분	국가균형발전특별회계	광역 · 지역발전특별회계	지역발전특별회계
지역개발계정 (생활기반계정)	· 시 · 도자율편성사업 · 시 · 군 · 구자율편성사업 · 국가 직접편성사업	· 시 · 도자율편성사업 · 시 · 군 · 구자율편성사업	· 시 · 도자율편성사업 · 시 · 군 · 구자율편성사업
광역발전계정 (경제발전계정)	· 시 · 도자율편성사업 · 국가직접편성사업	· 국가직접편성사업	· 국가직접편성사업
제주특별자치도 계정	· 시 · 도자율편성사업 · 균형발전기반지원사업 · 특행기관 이관사무 · 국가직접편성사업	· 시 · 도자율편성사업 (기초생활권사업포함) · 특행기관 이관사무 · 국가직접편성사업	· 시 · 도자율편성사업 (시군구 기반구축사업 등 포함) · 특행기관 이관사무 · 국가직접편성사업
세종특별자치시 계정	-	-	· 시 · 도자율편성사업 (시군구 기반구축사업 등 포함) · 국가직접편성사업
사회발전계정	-	-	· 자율편성(일자리/복지 · 의료) · 시군구자율편성사업

주: 1) ( )는 2015년부터 시행된 지역발전특별회계의 명칭이며, 세종특별자치시계정은 신설계정임.
2) 문재인 정부는 지역발전특별회계를 국가균형발전특별회계로 명칭을 변경하면서 회계는 지역자율계정, 지역지원계정, 제주특별자치도 계정 및 세종특별자치시계정으로 각각 변경하였다.

문재인 정부는 2018년 균형발전에 대한 국가의 책무를 강조하고자 지역발전특별회계를 국가균형발전특별회계로 명칭을 다시 변경하였다.

지금까지의 국가균형발전특별회계는 부처간 이해관계에 따른 칸막이와 자치단체의 자율성 제약, 유사사업의 중복투자 등에 대해 지적을 받아왔다. 이에 따라 유사사업의 과감한 통폐합, 자치단체의 재정운영 자율성 확대, 자치계획권의 신장 등을 촉진하고자 지역개발계정 전체를 포괄보조금으로 운용하도록 하였다. 그간 200여개에 달하였던 유사 · 중복사업을 대폭 통합하여 22개 사업군으로 재편하였다. 사업군 내에서는 지자체가 자율적으로 사업을 기획하여 추진할 수 있도록 하고 공모방식을 폐지하였다.

예산지원 방식은 지자체 자율편성사업으로 시 · 도 자율편성사업과 시 · 군 · 구 자율편성사업으로 구분된다. 시 · 도 자율편성사업은 시 · 도 단위에 지역개발

계정의 한도액(ceiling)을 설정하면, 시·도는 한도액 범위에서 관할 시·군에 대한 한도액을 산정하여 교부하는 방식이다. 그리고 시·군·구 자율편성사업인 기초생활권개발 사업은 기존의 농촌지역 및 낙후지역 대상 지역개발사업으로 하나의 정책군으로 통합하여 도시활력증진지역, 성장촉진지역, 일반농산어촌지역, 특수상황지역으로 구분하여 교부되며, 그 내용은 다음과 같다.

표 18-3 시·군·구 자율편성사업의 내용

주관부처	포괄보조 사업명	대상	국고 보조율
국토교통부	· 도시활력증진지역 개발	· 143개 시·군·구	50%
	· 성장촉진지역 개발	· 70개 시·군·구 및 185개 도시	100%
행정안전부	· 특수상황지역 개발	· 15개 시·군 및 186개 도서	80%
농림축산식품부	· 일반농산어촌 개발	· 123개 시·군	70%
	· 지역행복생활권 협력사업	· 63개 행복생활권	70~80%

자료: 2019년 국가균형발전특별회계 예산안 편성지침.

한편, 2011년 신규사업부터는 시·군·구 자율편성의 내역사업을 폐지하고 포괄보조금의 용도자율성을 확대하는 차원에서 생활기반 확충, 소득창출, 지역경관 개선, 역량 강화 등 4대 기능으로 개편하여 운용하고 있다(지역발전위원회, 2013).

포괄보조금의 도입으로 지자체의 재정운영 자율권, 계획자치권 등이 신장하는 반면에, 책임성 확보를 통한 재정자원의 효율적 배분이 문제될 수 있다. 이 때문에, 정부는 지역개발계정은 소관부처가 포괄보조금 가이드라인을 제시하여 1차 평가를 실시하고 지역발전위원회가 2차 종합평가의 방식으로 사후평가에 대한 평가체계를 재정비하였다. 평가결과는 익년도 포괄보조금에 연계하여 시군별 인센티브 형태로 반영하여 지방재정의 자율성과 책임성간 조화를 도모하고 있다.

4. 민간부문의 재원활용

지역개발에서 민간으로부터 재원을 조달하는 방법은 지방자치단체 등 공공부문이 공공시설의 건설과 운영을 위하여 부족한 재원의 일부 또는 전부를 민간부문으로부터 조달하고 대신 민간부문에게 일정범위내 공공시설의 운영 및 수익을 보장하는 제도라고 할 수 있다. 민간자본을 유치하는 형태는 직접참여방법, 간접참여방법, 사무위탁방법, 그리고 민관협력방법(제3섹터) 등으로 나누어 볼 수 있다

첫째, 직접참여방법은 민간부문에서 공공사업을 직접 시행하는 형태이다. 이 경우 민간부문이 건설, 자금조달, 그리고 운영까지 책임을 지는 형태로서 유료도로와 유료터널의 경우에 흔히 활용된다. 이 방법은 민간기업이 수익성 확보에만 치중하는 것을 방지하기 위해 요금이나 가격규제를 대개 병행하고 있다.

둘째, 간접참여방법은 민간부문이 자본참여만을 하는 경우이다. 시급한 지역개발사업이지만 지방자치단체가 재정적 여력이 없을 때, 민간의 자본을 직접 폭넓게 활용하기 위하여 민간자본이 공공투자사업에 활용되는데, 정부보증채 발행, 공사・공단의 채권발행, 민간차입 등이 이에 해당한다.

셋째, 사무위탁형태의 계약(contracting out)방식이다. 이는 민간기업에 업무의 전부 또는 일부를 위탁해서 처리하는 형태로서 폐기물 수거, 도로보수, 공항운영, 탁아시설 운영 등과 같이 경비를 절약하고 서비스의 질을 개선할 수 있는 장점이 있다.

넷째, 민관협력(public-private partnership)방법이다. 이는 도시 및 지역문제를 해결하기 위하여 공공부문과 민간부문의 협력형태(제3섹터)로 사업을 추진하는 경우이다. 공공성이 요구되는 대규모의 사업에 민간부문의 기술・자금・경영능력 등을 활용하기 위하여 지방자치단체와 민간부문의 중간에 위치하여 공익성과 수익성을 동시에 확보하는 민관혼합출자 회사형태가 민관협력형태 내지 제3섹터방식이다(박종화 외, 2004).

1) 민관공동출자사업

민관공동출자사업은 공익을 추구하는 제1섹터인 공공부문과 사익을 추구하는 제2섹터인 민간부문이 결합한 제3섹터 형태라 할 수 있다. 지방자치단체와 민간부문이 공동으로 출자하여 설립하는 법인으로서 공익과 사익을 함께 추구할 수 있으며, 「지방공기업법」을 근거로 민관공동사업이 활발히 추진되고 있다. 민관공동출자사업은 지역개발사업과 관련하여 철도, 도로, 공항, 도시철도, 여객운항사업, 리조트, 관광개발, 교통터미널 건설 등 대상분야가 다양해지고 있는 추세이다.

민관공동출자사업의 기대효과는 ① 새로운 재원조달에 기여, ② 민간부문이 가지고 있는 창의력과 전문성 활용, ③ 공익성과 수익성의 조화로운 결합을 통한 민관 양 부문의 발전에 기여, ④ 지방자치단체로부터 독립성 보장을 통한 생산성 증대 등을 들 수 있다.

그러나 민관공동출자사업은 ① 민자유치의 어려움, ② 공익성 확보의 곤란, ③ 책임의 한계설정 곤란, ④ 대상사업 선정의 어려움, ⑤ 지방자치단체의 엄격한 통제장치, ⑥ 조세감면이나 보조금 등 재정지원 장치의 부재 등의 제약을 받고 있다(이승철, 2011).

2) BTL사업

BTL(Build-Transfer-Lease)사업은 「사회기반시설에 대한 민간투자법」에 있는 민간투자사업 방식의 하나로서 임대형 민간투자사업이라고도 한다. 우선 민간부문이 자금을 투자하여 공공시설을 건설(build)하고, 시설의 완공시점에 소유권을 지방자치단체에 이전(transfer)하며, 일정기간 동안 시설의 사용 또는 이용권한을 가지고 그 시설을 지방자치단체에 임대(lease)하여 임대료를 받아 시설투자비를 회수하는 방식이다.

우리나라는 종전의 도로 등 교통시설 위주로 이루어지던 민간투자사업에서 민간이 직접 이용료 수익을 통해 투자금액을 회수하는 BTO(Build Transfer Operate)방식을 주로 이용해 왔으나, 민간투자사업 대상이 수익에 취약한 교육·복지·문화 등 생활기반시설분야까지 확대되면서 BTL방식의 민간투자사업이 활발해지는 추세이다.

BTL 방식의 시설 및 부대사업의 운영은 국가 또는 지방자치단체가 직접 운영하거나 사업자에게 위탁운영 할 수 있으며 사업자에게 위탁하는 경우에 사업자는 일정기간 동안 적정 수익률에 의해 산정된 임대료에 유지관리비용을 더한 금액에 부대사업수익을 제외한 만큼을 정부 및 지방자치단체로부터 지급받게 된다.

BTL사업은 민간자본을 활용하여 지자체의 재정지원사업의 폭을 넓힐 수 있으며, 민간부문은 확실하게 투자비의 회수를 보장받을 수 있다. BTL사업은 교육시설, 환경시설, 주거시설, 문화·복지시설, 도시철도사업 등에 널리 활용되고 있다.

BTL사업에서 민간부문의 참여체계를 살펴보면 다음과 같다(이승철, 2011). ① 지자체는 민간부문으로부터 투자를 유치할 공익시설을 선정하고 기본사업계획을 수립하여 민간사업자를 모집한다, ② 민간사업자는 특정시설을 건설·운영하는 것을 목적으로 하는 프로젝트 회사(special purpose company: SPC)를 설립하여 회사에 참여한다, ③ 사업자로 선정된 SPC는 자기 책임 아래 설계-자금조달-건설-운영의 역할을 담당한다, ④ 지자체는 일정기간 동안 시설을 임차해 사용하면서 SPC에게 임대료를 지급함으로써 시설투자비와 임대료를 보전해 준다.

3) BTO사업

BTO(build-transfer-operate)사업은 「사회기반시설에 대한 민간투자법」에 의한 민간투자사업 방식의 하나로서, 사회기반시설의 준공(Build)과 동시에 당해시설의 소유권이 국가 또는 지방자치단체에 귀속(Transfer)되며 사업시행자에게 일정기간의 시설관리운영권(Operate)을 인정하는 방식으로 시행되는 민간투자사업이다.

BTO 방식은 주로 도로·철도·항만 등 교통시설 등 운영에 따른 충분한 사용료수익으로 투자금 회수가 예상되는 시설을 대상으로 시행되며, 정부의 민간투자사업계획에 의한 정부 주도의 시행은 물론 민간제안방식으로도 시행 가능하다. BTO 방식의 민간투자자는 준공 후 약정된 시설관리 운영기간동안 시설사용자로부터 직접 이용료를 징수하여 수익을 올리고 투자금을 회수하게 되므로 '수익형 민간투자사업'이라고도 한다.

4) BOT사업

BOT(build-own-transfer)사업은 시설의 완공 이후 일정기간 민간부문에 소유권이 인정되며, 그 기간 만료시점부터 지자체에 소유권이 이전되는 방식이다. 이러한 방식은 주로 재정적자의 누적 외채문제로 자금조달이 어려운 개발도상국들이나 국가사업의 민영화 정책을 추진하고 있는 국가들의 인프라 개발에 도입되고 있다. 그러나 BOT 프로젝트는 비교적 공사기간이 장기적이며 정치적 안정성에 따른 위험이 큰 것은 단점으로 지적된다.

탐구학습

1. 주요개념과 요약
   - 계획재정의 개념
   - 계획과 재정의 관계
   - 계획재정관련제도: 계획예산제도, 자본증진예산제도, 사업별예산제도, 성과주의예산제도, 주민참여예산제도, 중기지방재정계획
   - 공공투자재원: 자체재원, 의존재원, 민간부문의 재원
   - 자체재원: 지방세, 지방채, 지역개발기금
   - 의존재원: 지방교부세, 국고보조금, 국가균형발전특별회계
   - 민간재원: 민관공동출자사업, BTL사업, BTO사업, BOT사업

2. 토론과 과제
   - 계획과 재정의 관계에 대하여 설명하시오.
   - 계획재정의 관련제도에 대하여 설명하시오.
   - 투자심사제도의 전망과 과제
   - 지방재정운영시스템
   - 공공투자의 지방자치단체 자체재원에 대하여 설명하시오.
   - 공공투자의 중앙 의존재원에 대하여 설명하시오.
   - 민간부문의 재원 활용에 대하여 설명하시오.

참고문헌

김동기(2005), 한국지방재정학, 서울: 법문사.
김수신(2011), 도시행정론, 서울: 한국통신대학교출판부.
노시평 외(2006), 정책학의 이해, 서울: 비앤앰북스.
노춘희 · 강현철(2012), 새로 쓴 도시학, 서울: 형설출판사.
노화준(2006), 정책평가론, 서울: 법문사.
______(2010), 정책분석론, 서울: 박영사.
박종화(2009), 도시경영론, 서울: 박영사.
박종화 외(2004), 지역개발론, 서울: 박영사.
이달곤(2004), 지방정부론, 서울: 박영사.

이성근(2006), 정책계획론, 서울: 법문사.
이성근・박의식(2010), 최신 지방재정론, 한국행정DB센터.
이성근・박의식・서정섭・이헌국(2016), 한국지방재정론, 서울: 법문사.
이승철(2011), 지방행정론, 대전: 글누리.
이종수(2009), 행정학사전, 서울: 대영문화사.
정환용(2009), 계획이론, 서울: 박영사.
지역발전위원회(2013), 지역발전정책의 성과와 과제.
http://www.law.go.kr(국가법령정보센터).

제 19 장 계획공유

제 1 절 계획보고서

1. 계획보고서의 의의

계획은 문제해결과 목표달성을 위한 실현가능한 대안으로 전개시키는 작업을 의미한다. 이렇게 실현가능한 대안을 문서로 작성한 것이 계획보고서이다. 계획보고서를 작성하기 위해서는 계획안을 설계해야 하고, 이를 문서로 정확히 정리하여야 한다. 이러한 계획보고서는 계획을 실현하기 위해 작성한 것으로, 의사결정가를 설득하여 계획을 공식화하게 된다. 따라서 계획보고서에는 설득력이 담겨있어야 한다. 설득력 있는 계획보고서를 작성하기 위해서는 무엇보다 먼저 계획을 정확하고 이해하기 쉽게 매력적으로 표현하는 것이 중요하다. 또한 계획에 대한 신뢰감과 설득력을 확보하기 위해서 계획보고서의 내용이 보다 정확하고 간결해야 한다.

이러한 계획보고서는 현재의 업무진행보다는 업무개선 및 사업발굴을 위해서 필요하다. 따라서 계획보고서는 건설적이고 창조적인 내용을 가져야 한다. 계획보고서는 현재의 업무에 대한 문제인식에 근거를 두고 있기 때문에, 표준화하기 어렵다는 특징을 지니고 있다. 계획보고서를 작성하는 일은 업무의 본질을 이해하도록 하여 기본적인 업무능력의 강화에 도움이 되고, 시야 확대, 문제의식 확대, 개인의 자신감 및 의욕 증대 등 긍정적인 영향을 미친다.

2. 계획보고서의 유형 및 기본요건

1) 계획보고서의 유형

계획보고서의 유형은 대상과 내용에 따라 개선형 계획보고서, 개발형 계획보고서, 영업형 계획보고서, 상품형 계획보고서로 나눌 수 있으며, 계획보고서 작성 동기에 따라 하의상달형, 상의하달형, 업무형으로 구분할 수 있다. 먼저 개선형 계획보고서는 직장 개선, 업무시스템 개선 등 환경개선이 주목적인 경우에 작성하는 것이며, 개발형 계획보고서는 신규사업의 계획 등 업무의 확대로 이어지는 것이 대부분이다. 영업형 계획보고서는 판매 확대를 위해서 작성되는 것이며, 상품형 계획보고서는 계획자체가 하나의 사업으로 상품가치가 있는 것을 말한다. 그리고 하의상달형 계획보고서는 하급자 스스로 문제에 대해 인식하여 자발적으로 작성하는 보고서를 의미하고, 상의하달형 계획보고서는 상사가 부하에게 문제 혹은 과제를 제시하고 계획보고서를 요구하는 경우에 작성하는 것이다. 그리고 업무형 보고서는 업무담당자의 업무상 필요에 따라 작성되는 계획보고서를 의미한다.

어떠한 경우이건 계획은 현상에 만족하지 않고 더 큰 가능성을 찾으려 할 때 반드시 필요한 것이다. 계획보고서가 채택되어 실시되면, 이러한 업무의 결과 및 효과에 따라 새로운 과제가 도출되고 다시 계획보고서가 작성되는 순환과정을 거친다.

그림 19-1 계획보고서의 순환과정

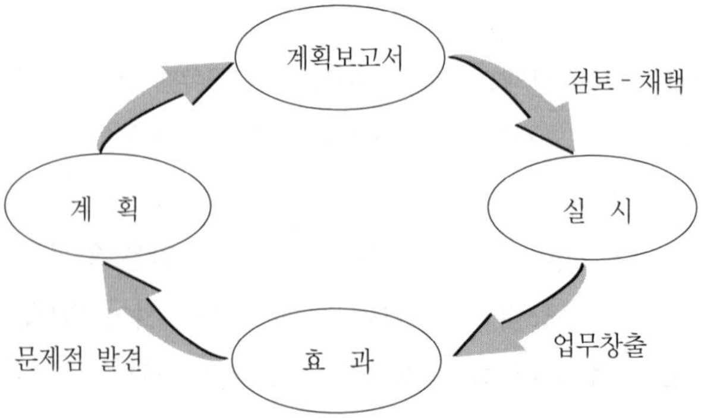

2) 계획보고서의 기본요건

계획보고서는 계획의 목표와 관련된 내용을 정확하고 간략하게, 그리고 이해하기 쉽도록 표현해야만 한다.[1] 따라서 계획보고서 작성시 기본적으로 갖추어야 할 요건은 목표 전달의 정확성, 신속성, 이해와 이용의 용이성 등을 갖추어야 한다(박연호 · 임영제, 2000: 234-5; 최신융 외, 2001: 379-380).

첫째, 계획보고서는 정확하게 표현해야 한다. 따라서 오자, 탈자 등이 있으면 안 되고 그 내용 또한 바르게 표현되어야 한다. 그리고 문장의 구성 면에서 논리적으로 내용을 제대로 전달할 수 있어야 한다. 둘째, 계획보고서를 읽는 상대방이 쉽게 이해할 수 있도록 표현되어야 한다. 쉽게 이해할 수 있도록 하기 위해서는 그 내용이 정확하고 바른 표현도 중요하지만, 알기 쉽게 내용을 구성해야 하며, 사회적인 관념에 맞는 언어를 사용해야 한다. 셋째, 계획보고서는 빨리 읽을 수 있도록 해야 한다. 따라서 알기 쉽게, 보기 쉽게, 읽기 쉽게 작성해야 한다.

3. 계획보고서의 작성단계

계획보고서의 작성을 위해서는 [그림 19-2]와 같은 과정을 거친다. 먼저 현실에 대한 관찰 및 정보수집활동을 바탕으로 문제를 파악한 다음에, 문제해결에 도움이 될 만한 아이디어를 찾는다. 수집된 아이디어를 설명가능한 계획의 형태로

그림 19-2 계획보고서 작성단계

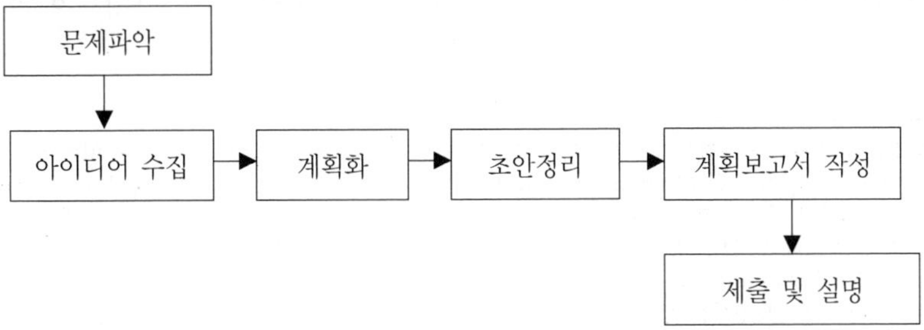

1) 일반적으로 계획보고서의 3원칙은 ① 쉽게, ② 짧게, ③ 그리고 알게 하는 것이다.

체계적으로 정리하고, 계획의 프레임을 설계한 후에 계획보고서의 초안을 정리한다. 이러한 과정이 끝나면 계획보고서의 초안을 바탕으로 계획보고서를 작성한다.

1) 아이디어 수집

문제해결로 이어지는 아이디어를 구상하는 것이 계획보고서의 작성에서 가장 먼저 해야 할 일이다. 아이디어 구상을 위해서 중요한 점은 다음과 같다. 첫째, 목표를 명확히 한다. 문제해결을 위한 아이디어를 구상하기 위해서는 문제의 본질을 이해하고, 아이디어로부터 얻고 싶은 것이 무엇인가를 분명히 해야 한다. 좋은 아이디어를 찾기 위해서 '체크리스트' 방법을 주로 사용한다. 체크리스트 방법을 통하여 얻어진 아이디어를 정리하면 계획의 맥락이 잡히게 되며, 계획의 중심이 무엇인가가 명확해진다.

둘째, 관련 정보[2]를 수집한다. 아이디어의 구상 및 이를 구체화하기 위해서는 관련된 정보를 수집하고, 그 정보를 체계적으로 검토한 다음, 최상의 목표를 달성할 수 있도록 수집·검토된 정보를 체계적으로 조합하는 것이 필요하다.

아이디어 수집을 위해서는 여러 가지의 기본적인 정보가 필요하다. 정보는 일상적인 정보를 목표 혹은 필요에 따라 수집·선별하는 과정을 거쳐서 계획보고서에 사용한다. 이러한 정보는 기본정보, 보강정보, 보조정보로 유형화할 수 있다.[3] 먼저 기본정보는 계획의 실마리가 되는 정보로서, 평소에 수집해 놓은 정보 중 계획의 바탕이 되는 정보를 말한다. 보강정보는 계획보고서 본문에 포함되어 계획보고서의 내용을 뒷받침하고 강화하는 정보를 의미하며, 보조정보는 계획보고서에 설득력을 더하기 위해 자료편으로 편집해 넣는 정보로 직·간접 정보가 포함된다.

---

2) 정보란 개인이나 조직체의 의사결정에 필요한 것으로, 가용자료들을 처리함으로써 얻어지는 새로운 자료를 의미한다(Manchlup & Manfield, 1983: 642). 이러한 정보는 지식과 유사하게 사용되기도 하는데, 정보는 자료를 조직화하고 의미를 부여하여 해석한 것이라고 한다면, 지식은 정보의 집합에 대한 이해를 통하여 정보가 유용하게 활용될 수 있는 방법을 체계화한 것이라고 볼 수 있다(최신융 외, 2001: 369).

3) 최신융 외(2001: 370-371)는 정보를 정책계획정보, 관리·통제적 정보, 운영적 정보의 세 가지로 구분하고 있다. 먼저 정책계획정보는 전략적 정보로 조직의 최고관리층에서 주로 다루는 정보이다. 이러한 정보는 조직의 목표설정 및 구체화를 위한 세부계획을 수립하는 일에 관여한다. 둘째, 관리·통제적 정보는 전술적 정보라고도 하며 조직의 중간관리층에서 주로 다루는 정보의 유형이다. 이러한 정보는 실제로 관리활동을 수행하고, 관리의 실적이 정책이나 목표에 비추어 차질이 있는가를 점검하고 시정하는 관리통제적 임무를 수행한다. 셋째, 운영적 정보는 기술적 정보라고 할 수 있으며 주로 조직의 하위층에서 다룬다. 운영적 정보는 실제 업무수행시 적용되는 선례, 규정, 기술과 관련된 정보를 의미한다.

이러한 정보는 계획보고서의 구상, 입안, 작성 등 계획보고서 작성의 모든 단계에서 다 활용되는 것이며, 각 단계에 따라 주된 정보원이 달라진다. 먼저 기본정보는 계획보고서의 구상단계에 주로 활용되는 것으로, 정보원은 일반신문, 전문잡지, 도서 및 인터넷 등이 될 수 있다. 이러한 자료들이 수집・정리・분류되어서 문제의식을 가지게 하고 계획보고서의 구상에 영향을 미치게 된다. 이러한 정보들을 바탕으로 계획보고서 초안을 정리하거나 검토할 때, 필요한 정보가 보강정보이다. 따라서 보강정보의 정보원은 취재・관찰에 의한 자료, 관련된 통계자료, 전문자료 등이 될 수 있다. 보강정보를 바탕으로 하여 계획보고서의 초안을 참조・비교・검토하여 계획보고서의 전체구상을 거쳐, 계획보고서의 본문을 작성하게 된다. 이 과정에서 기존에 수집된 정보들은 보충・선별・편집하는 과정을 거쳐 계획보고서의 내용과 일치하도록 자료화하고 필요한 경우 계획보고서의 내용을 보충할 보조정보를 사용하도록 한다. 이 때 주의할 점은 계획보고서 작성시 많은 정보를 수집하는 것도 중요하지만, 수집된 정보를 재검토하는 작업도 중요하게 다뤄야 한다.

2) 계획화

계획은 논리성과 뚜렷한 목표가 설정되어 있다는 점에서 아이디어와 차이가 있다. 따라서 계획화는 목표를 설정한 다음, 여러 아이디어를 논리적으로 설명하는 체계를 지니고 있다. 논리적으로 설명하는 체계는 목표를 달성하기 위한 여러 가지 대안들을 지니고 있는데, 이러한 대안들이 바로 아이디어이다. 계획화는 목표달성을 위하여 실현가능하도록 선택된 대안을 체계화 하는 과정이라고 할 수 있다.

아이디어의 계획화는 다음과 같은 순서에 따라 진행된다. 첫째, 연상으로 얻은 아이디어 가운데 목표가 되는 것과 목표를 실현하기 위한 출발점이 되는 것을 골라 계획의 핵심을 분명히 한다. 둘째, 계획의 핵심을 살펴보면서 실현가능성을 검토한다. 셋째, 계획이 실현가능하다고 판단되면, 계획을 실현가능할 수 있도록 하는 아이디어를 분류하여 구상계획을 만든다. 넷째, 계획의 목표를 효과적으로 달성할 수 있도록 구상계획의 우선순위를 정한다. 다섯째, 구상계획을 실현할 수 있는 아이디어들을 체계화한다. 여기에서 가장 중요한 점은 문제해결을 위한 출발점과 목표를 설정하고 가능한 한 모든 대안들을 제시하며, 문제 발생시 그에 대한 대책까지도 고려해야 한다는 것이다. 이러한 작업은 '브레인스토밍'을 통해서 달성될 수 있다.

3) 계획보고서의 초안 및 작성

계획화가 문제의 창조적인 해결방법이라는 새로운 가치를 창조하는 것이라면, 계획보고서의 작성은 다른 사람들이 계획의 가치를 '필요한 것'으로 인정하게끔 설득하는 것을 기본전제로 하고 있다. 이러한 계획보고서의 작성은 크게 계획보고서 초안작성과 계획보고서의 작성이라는 두 가지 과정을 거쳐서 진행된다.

먼저 계획보고서의 초안작성은 계획을 계획보고서로 서술할 수 있게끔 정리하는 것을 의미한다. 이를 위해서는 문제에 대한 인식, 타인으로 하여금 필요성을 인식하도록 하는 방법, 계획보고서의 내용전개 양식을 결정하는 것을 의미한다. 계획보고서 작성은 이렇게 마련된 계획보고서의 초안을 바탕으로 하여, 계획보고서 내용의 구상·편집과정을 거쳐서 계획보고서의 설득력 강화 방안을 문서로 표현하는 것을 말한다.

(1) 계획보고서의 초안작성

계획보고서의 초안작성이 계획보고서 작성의 가장 첫번째 단계이다. 이를 위해서 각 단계를 구분할 수 있다. 첫째 단계는 계획의 체계를 검토하는 것이다. 계획의 체계검토를 통하여 문제를 해결할 수 있는지, 계획을 더 발전시킬 수 있는지 등에 대해서 파악한다. 둘째 단계는 계획보고서에 대한 수요(needs)를 찾는 것으로, 최신 정보를 수집하여 이러한 정보를 바탕으로 계획의 주체를 정하는 것이다. 셋째 단계는 수요에 기반하여 계획과제를 찾는 것이다. 계획의 어느 부분에 수요를 채울 수 있는 가치가 있는지 검토하여 개념을 정리한다. 넷째 단계는 설정된 개념과 계획을 밀접하게 연결시키는 것이다. 이 단계에서는 설정된 개념에 맞추어서 새로운 관점에서 계획 자체를 수정하는 작업까지 포함된다. 다섯째 단계는 개념을 바탕으로 하여 계획보고서의 체계와 초안을 만들어 계획보고서의 틀을 구성한다. 계획보고서의 틀의 구성요소로는 누가(who), 언제(when), 어디에서(where), 무엇을(what), 왜(why), 어떻게(how) 하였느냐의 요소가 기본적으로 필요하며,

계획의 실현가능성과 효과를 구체적으로 보여주는 수지예산(how much), 계획의 달성 목표 등이 있다. 이러한 구성요소는 계획보고서 초안을 검토할 때도 사용되는데, 각 요소들을 중심으로 하여, 계획의 모순을 검토하고, 실현가능성을 재확인하며, 계획의 구체적인 실현방법을 제시할 수 있다.

(2) 계획보고서의 작성

계획보고서의 초안이 완성되면 계획을 표현하는 과정인 계획보고서의 작성단계에 들어간다. 초안을 바탕으로 하여 계획보고서를 작성하나 다음과 같은 작업들이 병행되어야 한다. 첫째, 조사·관찰·면접 등을 통하여 보충정보를 수집하고, 계획서 전체의 구상을 정리하고 편집방침을 정한다. 이러한 과정을 통하여 계획보고서의 핵심내용인 계획을 보완하여 계획의 체계성을 높일 수 있다. 둘째, 계획의 내용을 분명하고 적절하게 표현한다. 셋째, 계획서의 검토 및 참고자료의 보충, 보조정보의 활용 등으로 계획보고서가 완성된다.

좋은 계획보고서는 전달력, 호소력, 설득력을 가진 것을 의미하며, 이를 위하여는 유용성, 실효성, 표현력과 같은 세 가지 기능이 필요하다. 먼저 유용성은 계획보고서는 계획의 가치나 편익이 명시되어 있어야 한다는 것을 의미한다. 계획보고서의 유용성을 위해서는 가치창조, 독창성, 구체성, 정보라는 네 가지 요소가 필요하다. 다음으로 실효성은 계획보고서에 실현가능성과 실천의지가 분명하게 표현되어야 한다는 것이다. 계획보고서의 실효성을 위해서는 필요성, 내용, 순서, 효과라는 네 가지 요소가 필요하다. 마지막으로 표현력은 계획보고서의 내용이 계획의 목표를 잘 전달할 수 있도록 구체적으로 설명되어 있어야 한다. 계획보고서의 표현력을 강화시키기 위해서는 명확성, 간결성, 도표화, 정확성이라는 네 가지 요소가 필요하다.

4) 제출 및 설명

계획보고서가 완성되면 계획보고서를 제출하고 그 내용에 대해 설명하는, 프리젠테이션 과정을 거친다. 계획보고서의 제출은 상의하달형 방식으로 계획보고서가 작성되었다면, 작성을 지시한 사람에게 제출하고, 하의상달형이라면 계획에 관심을 가질만한 사람을 임의로 선택하여 제출하면 된다. 이렇게 제출된 계획보고서는 계획보고서 내용에 대한 설득력을 높이기 위하여 설명하는 과정을 거친다. 계획보고서를 설명하고자 할 경우에는 계획의 큰 맥락에 주목하여 요점을 강조하면서 가능한 한 간결하게 설명해야 한다. 그리고 통계자료나 실제 사례를 들어 가능한 한 구체적으로 설명한다. 설명과정은 계획보고서의 통과여부를 결정짓는 매우 중요한 절차이므로 자신감을 가지고 간결하게 설명하는 것이 무엇보다도 중요하다.

4. 계획보고서 작성의 실제

1) 법정여부에 따른 계획보고서

(1) 법정계획

법정계획은 법률에 근거한 강제적 계획으로 계획서 작성지침에 따라 계획보고서에 담아야 할 내용에 대한 체계와 순서가 있다.

(2) 비법정계획

비법정계획은 법률에 근거하지 않은 자율적 계획으로 별도의 계획지침은 없다. 따라서 계획보고서는 계획의 목적과 성격에 따라 체계와 내용을 신축적으로 구성한다.

2) 계획수준에 따른 계획보고서

(1) 정책계획보고서

정책계획은 전략적 계획으로 정책의 방향성과 지침적 성격을 띤다. 따라서 계획보고서는 SWOT분석, 비전과 목표(지표포함), 전략과제, 추진체계, 성과지표 등으로 구성된다.

(2) 사업계획보고서

사업계획은 프로그램과 프로젝트에 관한 계획으로 정책계획의 실현을 위한 하위계획이다. 사업계획은 구체적인 내용으로 계획보고서가 작성되어야 한다. 따라서 계획보고서는 사업의 필요성 및 목표, 주요 사업내용과 연차별 사업계획, 추진주체, 재원조달 및 투자계획, 성과 및 기대효과 등으로 구성된다.

3) 계획성격에 따른 계획보고서

(1) 물리적 계획

물리적 계획은 사회간접자본투자와 같은 물적 시설계획이다. 이와 같은 계획은 청사진식 계획과 같이 상세계획이 필요하다. 따라서 계획보고서 또한 구체적이고 세밀하게 작성되고 계획도면과 설계도면이 포함된다.

(2) 사회 · 경제적 계획

사회 · 경제적 계획은 비물적 계획 모두를 일컫는다. 계획기간이 중장기로 3~5년을 단위로 중기 또는 장기로 구분하여 보고서가 작성된다. 또한 계획기간의 구분에 따라 계획지표와 사업추진내용이 작성되어야 한다.

제 2 절 계획설득과 프리젠테이션

1. 계획설득의 의의

1) 계획설득의 개념

설득에 대한 개념은 다양하게 정의되고 있다. 먼저 Brembeck & Howell(1952)은 목표성취를 위해 다른 사람들의 동기를 유발시키고 그들의 사상이나 행동을 변화시키고자 하는 의도라고 정의하였다. Fotheringham(1966: 7)은 설득주체가 바라는 어떤 목표를 달성하고자 주로 메시지를 통하여 수용자들로부터 어떤 의도된 행동을 유발시키는 역동적 과정이라고 정의하고 있다. Bettinghaus(1968: 1)는 개인이나 집단이 어떤 메시지의 전달을 통하여, 다른 개인이나 집단의 행동을 변화시키고자 하는 의도적 의사소통이라고 정의하고 있다.

따라서 계획설득은 공공계획에 대한 시민참여를 촉진하기 위한 제반활동으로 정의된다. 계획설득의 주요방법으로 의사소통과 프리젠테이션을 들 수 있다.

2) 계획설득의 기본요소

계획설득을 위해서는 수용자 분석, 정보원의 전문성, 신뢰성, 메시지의 명확성, 시간과 상황이라는 요소가 중요하다. 첫째, 수용자 분석은 목표 대상집단의 태도와 신념을 파악하는데 필요하다. 또한 의사소통자가 이들의 욕구에 부응하고 논리적인 방향제시와 메시지를 설계하는데 도움이 된다. 둘째, 정보원의 전문성(Birnhaum & Stegner, 1979: 48-74)은 정보원이 주어진 메시지의 주제 또는 쟁점에 대하여 올바른 해답이나 정확한 판단을 제시할 수 있다고 대상자들이 지각하는게 중요하다. 셋째, 정보원이 주어진 주제나 쟁점에 대하여 편견없이 순수한 동기에서 자신의 입장·생각 또는 의견 등을 솔직하게 제시하고 있다고 대상자들이 신뢰해야 한다. 넷째, 전달하고자 하는 메시지가 명확하여, 대상자가 취해야 할 행동을 분명히 제시해 주어야 한다. 마지막으로 계획설득은 정보원과 대상자들간의 상호작용에서 시간과 장소 그리고 그들의 처한 상황도 중요하다.

2. 계획과 의사소통

계획설득은 계획주체와 계획의 이해관계자들간의 의사소통이 중요하다. 일반적으로 의사소통을 위한 기술에는 청취기술, 자아노출, 메시지에 대한 분명한 표현, 그리고 의사소통 당사자와의 효과적인 교류, 갈등에 대한 대처, 협상 등이 있다. 청취는 사람과의 관계를 만들고 유지하는데 필수적인 기술이다. 또한 효과적인 의사소통을 위해서는 전달하고자 하는 메시지에 대한 분명한 표현과 의사소통의 과정관리도 중요하다. 여기서는 청취기술과 자아노출 그리고 표현에 대해 살펴보기로 한다. 자아노출은 자신에 대한 정보를 전달하는 것으로 이를 통하여 친근감을 형성하고, 관계를 투명하게 만들 수 있다(임철일·최정임, 1999).

1) 청취기술

청취는 상대방을 이해하고자 할 때, 대화를 즐기고자 할 때, 무언가를 배우고자 할 때 필요하다. 효과적인 청취를 위해서는 대체로 질문을 하고 피드백을 해야 진정한 의사소통이 가능하다. 이를 위해서는 첫째, 바꾸어 말하기, 둘째, 공감, 셋째, 개방성, 넷째, 이해하면서 청취하기가 필요하다. 먼저 바꾸어 말하기는 청취한 것에 대하여 청취자가 다시 자신만의 언어로 진술하는 것을 말한다. 이러한 과정의 반복을 통하여 의사소통에서 말하고자 하는 것을 분명히 이해하고, 전달할 수 있다. 그리고 말하는 내용에 대해서 판단하거나 실수를 발견하고자 할 때는 진정한 청취가 어려우므로, 의사소통 가운데서 개방적으로 들어야 한다. 이해를 돕는 청취는 자신의 지식과 상대방이 말한 것을 비교하면서 듣는 것과 관찰하는 것이 일치해야 한다. 전자는 판단하면서 듣는 것이 아니라 의사소통의 내용이 사실과 일치하는지 주의하면서 들어야 하고, 후자는 말하는 사람의 내용과 태도가 일치하는가를 판단한 후에 내용에 대하여 피드백을 주기 위한 것이다.

2) 자아노출

자아노출은 자신에 대한 정보를 제공하는 것이다. 자아노출은 다른 사람과의 관계를 흥미롭게 만들고 친근감을 형성하며, 관계를 투명하고 생기있게 만든다. 자아노출은 말하지 않더라도 자신이 보여주는 침묵 혹은 태도 등 모든 면에서 나타나게 된다. 이때 중요한 것은 노출할 것인가 말것인가에 대한 것이 아니라 어떻게 하면 효과적이고 적절하게 자신을 드러낼 것인가이다. 적절한 자아노출은 언제, 누구에게, 무엇을 이야기할 것인가를 균형있게 정하는 것을 말한다.

3) 표 현

표현은 의사소통에서 가장 핵심이 되는 것으로 관찰, 생각, 감정, 요구의 네 가지 범주로 나눌 수 있다. 관찰은 감각기관을 통하여 수집된 정보를 보고하는 것으로 추측이나 의견은 포함되지 않으며, 단순한 사실만을 알리는 것을 말한다. 생각은 관찰로부터 나온 결론에 대한 추론을 의미하는 것으로, 이를 통해서 실제로 일어나는 것이 무엇인지, 발생의 원인은 무엇인지, 옳고 그름을 파악하는 것 등의 가치판단을 내릴 수 있다. 감정은 의사소통에 있어서 가장 어려운 표현법으로 관찰이나 가치판단, 의견과는 다르다. 효과적인 감정표현은 상대방을 이해시킬 수 있으며, 자신의 요구충족을 위해서 상대방의 행동을 변화시킬 수도 있다. 그리고 요구는 판단이나 비난을 하는 것이 아니라, 자신이 요구하는 것을 표현하는 것으로, 효과적인 요구의 표현을 통해서 상대와의 친밀한 관계를 유지할 수 있다.

실제 의사소통과정에는 이러한 네 가지 범주를 모두 포함하고 있다. 따라서 완벽하고 분명한 메시지의 전달을 위해서는 네 가지 범주에 대한 정확한 피드백을 주고, 추론과 결론에 대해서 명확히 진술하며, 다른 의견이 있으면 요구하거나 제언해야 할 필요가 있다. 따라서 효과적인 메시지를 전달하기 위해서는 네 범주를 모두 포함하고, 다음과 같은 과정을 거치는 것이 중요하다.

첫째, 자아인식이다. 이는 자신이 관찰하고, 생각하고, 느끼고 원하는 것이 무엇인가에 대해서 분명히 파악하고, 의사소통의 목적을 분명히 해야 한다. 둘째, 다른 사람에 대한 인식이다. 중요한 메시지의 전달을 위해서는 청취자에 대한 분석이 선행되어야 한다. 셋째, 장소에 대한 인식이다. 중요한 메시지는 조용한 환경이 좋다.

효과적인 표현을 위해서는 다음과 같은 규칙이 필요하다. 첫째, 직접적이어야 한다. 효과적인 표현을 위해서는 자신이 생각하는 것을 다른 사람들이 알고 있다고 가정해서는 안 되며, 간접적인 의사소통을 해서는 안 된다. 이는 전달하고자 하는 메시지를 왜곡시키기 때문에 가능한 한 의사소통은 직접적으로 전달해야 한다. 둘째, 즉각적이어야 한다. 즉각적인 의사소통을 하면, 다른 사람에게 자신이 원하는 것을 파악하게 하고 그들의 행동을 결정할 수 있는 가능성을 증가시켜주며, 반응에 대한 즉각적인 공유로 친밀감을 강화시켜준다. 셋째, 명료해야 한다. 명확한 전달에는 자신의 사고와 감정, 요구, 관찰을 정확하게 반영하는 것이 필요하다. 이를 위해서는 전달하고자 하는 내용과 자신의 태도에 일관성을 유지하고 관찰과 생각을 구분하며, 자신의 요구와 감정을 명확히 표현해야 한다. 넷째, 솔직해야 한다. 다섯째, 고무적이어야 한다. 즉, 상대방이 관심을 가지고 자신의 얘기를 들을 수 있도록 해야 한다.

3. 계획과 프리젠테이션

1) 프리젠테이션의 개념

프리젠테이션(presentation)은 자신의 생각이나 아이디어, 경험, 노하우 등 제반 정보를 상대방에게 전달하고 설득하는 모든 행위를 지칭한다. 프리젠테이션은 표현과 발표를 의미하는 것이다. 일반적으로 프리젠테이션은 프리젠터, 내용(메세지), 청중, 커뮤니케이션 방법, 피드백, 장소 등 여섯 가지 구성요소를 가진다(박재호, 2001).

프리젠터는 프리젠테이션을 하고자 하는 동기와 프리젠터로서의 신뢰성과 프리젠테이션의 스타일을 고려해야 한다. 프리젠테이션의 내용(메세지)은 발표내용과 표현스타일, 그리고 구조가 중요하게 고려된다. 프리젠테이션에 있어서 청중은 매우 중요하다. 청중은 연령, 성별, 문화, 지역, 단체를 구체적으로 확인해야 한다. 의사소통방법에는 언어외에 제스처, 표정, 행동, 자세 등 다양하다. 프리젠테이션 이후의 피드백도 중요한 요소이다. 마지막으로 프리젠테이션의 장소도 중요하다.

2) 프리젠테이션의 유형

성공적인 프리젠테이션을 위해서 가장 우선적으로 고려해야 할 사항은 프리젠테이션에 대한 명확한 목표의 설정이다. 성공적인 프리젠테이션을 위해서는 프리젠테이션을 하는 이유, 청중들이 원하는 기대, 청중으로부터 최종적으로 얻고자 하는 것에 대한 분석과 분명한 목표설정이 우선되어야 한다. 프리젠테이션은 진행목적에 따라 다음과 같이 구분할 수 있다.

(1) 정보제공을 위한 프리젠테이션

일반적인 프리젠테이션의 경우 개인이나 조직이 가진 정보를 상대방이나 청중들에게 제공할 목적으로 프리젠테이션을 한다. 청중에게 현재나 과거의 사실을 보고하거나, 새로운 정보, 아이디어, 데이터, 사실 등을 전달하여 이해를 구하는 것을 목적으로 한다. 정보제공을 위한 프리젠테이션은 청중에게 미처 생각하지 못했던 사실이나 몰랐던 사실을 전달해주기 위한 것을 목적으로 하므로, 청중들이 무엇을 알고자 하는가를 파악하는 것이 가장 중요하다. 청중의 욕구가 파악되었으면, 효과적인 정보전달을 위하여 시각자료(visual)를 사용하며, 정보를 정리하고 분류하는, 정보의 가공이 필요하다. 이러한 프리젠테이션의 경우 대부분 청중들과 같이 호흡하면서 진행하는 프리젠테이션이라기보다는 일방적인 전달이 되는 경우가 많다.

(2) 동기부여를 위한 프리젠테이션

참석자들에게 대한 긍정적인 시너지 효과나 업무의 능률향상 등 조직구성원들의 동기부여를 목표로 하는 프리젠테이션을 의미한다. 이런 경우에는 개인이나 조직들을 대상으로 하는 교육용 프리젠테이션이 대부분이다. 참석자들에게 동기부여를 하도록 하는 방법은 크게 다섯 가지가 있다. 첫째, 목표를 부여한다. 둘째, 경쟁시킨다. 셋째, 기록에 도전하게 한다. 넷째, 평가하고 피드백한다. 다섯째, 당근과 채찍의 원리를 적절히 사용한다.

(3) 행동유발을 위한 프리젠테이션

행동유발을 위한 프리젠테이션의 경우 실제 참가자들이 프리젠테이션 교육을 통하여 실제업무나 삶에서 보다 긍정적인 행동을 유발하도록 하는 것을 목적으로 한다. 이는 설득을 위한 프리젠테이션으로 청중의 가치관을 바꾸고 발표자가 의도한 행동양식을 받아들이게 하거나, 청중의 가치관을 강화하며 새로운 가치관을 창출시키고자 하여 행동하도록 유도하는 것이다. 동기부여를 위한 프리젠테이션과 유사하나, 실제 참석자들의 행동을 유발한다는 점에서 발표자가 더 많은 준비와 더불어 동기부여에 역점을 기울여 참석자들이 행동하게끔 하는 것이 더 중요하다는 점에서 차이가 있다.

3) 프리젠테이션의 구조와 과정

(1) 프리젠테이션의 구조

프리젠테이션의 구조는 도입(10~15%), 본론(70~80%), 결론(10~15%)의 세 부분으로 구성된다.

도입은 시작말과 목적, 내용(아젠다)으로 구성된다. 본론은 프리젠테이션의 몸통에 해당되며 3~5가지 주요 부분으로 구성된다. 본론의 구성은 PREP법을 따른다.

첫째는 point로 전달하고자 하는 요점 및 논리를 말한다. 둘째는 reason으로 전달하고자 하는 point의 이유를 밝힌다. 셋째는 example로 실제사례를 보여주면서 point를 강조한다. 넷째는 point를 요약하고 다시 강조하도록 내용을 구성한다.

결론은 재검토와 행동유도, 마무리로 구성된다.

(2) 프리젠테이션의 과정

① 프리젠테이션의 준비

가. 자료수집과 3P분석

효과적인 프리젠테이션을 위해서는 자료수집이 필요하다. 자료수집의 내용은 주로 여섯 가지가 고려된다(박재호, 2001). 첫째, 무엇을 말할 것인가, 둘째, 어떻게 말할 것인가, 셋째, 언제 할 것인가, 넷째, 어디서 할 것인가, 다섯째, 어떤 시각, 청각, 시청각 자료를 사용할 것인가, 여섯째, 누구에게 말할 것인가이다.

여기서는 3P분석을 중심으로 살펴보고자 한다. 3P는 프리젠테이션을 위한 기본적인 분석에 필요한 것으로, 누구를 상대로(people), 어떤 목적으로(purpose), 어떤 장소(place)에서 프리젠테이션을 실시하는가를 의미한다(나상억 역, 2002: 22-89). 프리젠테이션은 청중을 설득하여 이해시키는 일이다. 따라서 프리젠테이션의 목표를 달성하고자 한다면 청중에 대한 분석이 필요하다. 프리젠테이션의 내용이 청중에 따라서 달라질 수도 있고, 목적이나 구성이 달라질 수 있으며, 사용하는 용어도 청중의 수준에 맞추어야 한다. 먼저 청중에 대한 분석을 위해서는 청중이 누구인지, 청중이 왜 모여 있는지, 청중이 발표자에게서 알고자 하는 것이 무엇인지에 대해 알아야 한다. 그리고 청중의 수, 청중에 대한 인구통계학적인 분석, 청중의 지식 정도 및 수준, 청중의 자세 및 태도, 핵심인물에 대한 분석이 필요하다.

프리젠테이션의 목적을 분석하기 위해서 고려해야 할 점은 첫째, 왜 프리젠테이션을 하는가, 둘째, 청중이 무슨 기대를 하고 있는가, 셋째, 청중으로부터 최종적으로 얻고 싶은 것이 무엇인가이다. 대체로 프리젠테이션은 두 가지 이상의 목적을 가지며, 이 중에서 어느 것에 더 중점을 두는가에 대한 분석이 필요하다. 이는 프리젠테이션의 각 유형 중에서 현재 하고자 하는 프리젠테이션이 어느 정도의 비율을 차지하는가에 대한 분석을 통해서 가능해진다.

이러한 과정이 끝나면 어떤 장소에서 프리젠테이션을 실시하는지 분석해야 한다. 철저한 장소분석은 주어진 공간과 설비를 최대한 활용하고 가장 어울리는 무대장치를 설치할 수 있는데 도움이 된다.

나. 아우트라인 작성

프리젠테이션은 생각나는대로 이야기 하는 방법, 원고를 작성하는 방법, 아우트라인을 구성하고 이에 따라 말하는 방법의 세 가지가 있다(나상억 역, 2002: 94-117). 효과적인 프리젠테이션을 위해서는 3P 분석에 이어 프리젠테이션에 대한 설계도가 필요하다. 이러한 프리젠테이션에 대한 설계도가 아우트라인이다. 이러한 아우트라인의 구성은 첫째, 말하고자 하는 바가 분명해져서 프리젠테이션의 내용을 일목요연하게 정리할 수 있다. 둘째, 프리젠테이션 내용에 대한 목차(items)를 만들어 주어 청중이 이해하기 쉽다. 셋째, 발표안내의 역할을 담당해주어, 프리젠테이션 수행에서 내용이 약간 빗나가도 본론으로 돌아올 수 있도록 해준다. 넷째, 시간조정이 용이하다는 장점이 있다. 아우트라인을 효과적으로 작성하기 위해서는 중요한 내용에 대해서 도입, 본론, 결론으로 나누어 작성하여, 각 부분에 대한 간략한 내용, 시간배정을 해둔다. 먼저 도입에서는 청중의 주의를 환기시키면서, 테마를 제시하고, 테마의 중요도를 다루어야 한다. 본론에서는 프리젠테이션의 내용을 3~5부분으로 구성하여 각 내용에 대하여 논리적으로 설명할 수 있도록 구성하여야 한다. 결론에서는 본론에서 언급한 내용을 요약하면서 결론을 진술하고, 프리젠테이션이 끝난 후 질의 응답, 인사말에 대해서 다루어야 한다.

다. 개념 정리와 내용구성

프리젠테이션의 개념(concept)을 정리하기 위해서는 첫째, 프리젠테이션의 목적을 구체적으로 설정하고, 둘째, 프리젠테이션의 범위를 한정하고 중요한 키워드를 선정하며, 셋째, 프리젠테이션의 내용이 객관적이며, 논리적이어야 한다(나상억 역, 2002: 118-141). 이러한 개념 정리는 아우트라인에 따라서 구성되는데, 도입에서는 3P분석을 기반으로 하여, 프리젠테이션의 프레임에 대한 구체적이면서 명확한 설정이 필요하다. 그리고 본론에서는 중요하게 다루어져야할 부분에 대하여 각 하나씩의 개념을 정하고, 가장 강조하고 싶은 사항을 가장 먼저 제시하여야 한다. 본론의 개념 정리를 위해서는 시계열적 개념 정리, 공간적 개념 정리, 위계적 개념 정리, 논리적 개념 정리 등의 방법을 사용할 수 있다. 시계열적 개념 정리는 시간의 흐름에 따라서 프리젠테이션의 내용을 정리하는 것이며, 공간적 개념 정리는 프리젠테이션의 내용을 지리적 혹은 공간적으로 정리해 가는 방법을 말한다. 위계적 개념 정리는 작은 것에서 큰 것으로 내용을 정리해가는 것으로, 이를 사용하면 프리젠테이션을 수렴적으로 전개할 수 있다. 논리적 개념 정리는 문제제기, 문제해결, 대안제시의 프리젠테이션에 가장 적합한 방법으로, 인과관계, 예증, 가치기준에 대한 분명한 제시가 필요하다.

② 프리젠테이션의 수행

프리젠테이션을 위한 준비가 끝나면, 프리젠테이션의 효과적인 전달이 필요하다. 이를 위해서는 의사소통이 중요하다. 의사소통의 방법으로는 언어적 의사소통과 비언어적 의사소통이 있다. 실제 프리젠테이션에서는 언어를 사용하여 의도하는 내용을 전달하는, 언어적 의사소통을 주로 사용한다. 따라서 효과적인 프리젠테이션을 위해서는 언어의 사용은 필수적이다. 그러나 언어 이외에도, 움직임, 태도, 표정, 말의 억양, 음조의 변화 등과 같은 언어 이외의 전달방법도 효과적이다. 언어적 의사소통과 비언어적 의사소통이 모두 효과적인 프리젠테이션을 위해서는 중요한 역할을 차지한다. 비언어적인 의사소통을 위해서는 언어의 대리역할을 하는 표상, 예시적 동작, 신체적 동작이 중요하게 다루어진다. 또한 발표시 청중에게 주목하고, 청중들과 시선을 맞추는 것이 필요하고, 발표의 내용은 딱딱하지 않게 적당히 리듬감 있는 유머를 사용하며, 청중들이 동감할 수 있는 예시를 적절하게 사용하는 것이 효과적이다(한정선, 1999: 179-187).

그리고 청중들이 프리젠테이션의 내용을 잘 이해할 수 있도록 시각적인 도구를 사용하는 것이 효과적이다(한정선, 1999: 204-272; 나상억 역, 2002: 196-245). 시각적인 도구로는 여러 종류의 보드, 포스터, 차트, 슬라이드, OHP, 동영상, 유인물, 컴퓨터, 인터뷰 등이 있다. 최근에는 주로 컴퓨터를 이용한 프리젠테이션이 대부분이다. 이러한 시각적인 도구의 사용은 청중의 이해를 돕고, 청중에게 흥미를 불어넣으며, 청중의 기억력 유지에 도움을 주고, 시간을 절약해준다는 장점을 가지고 있다.

③ 프리젠테이션의 정리 및 환류

프리젠테이션의 정리과정에서 요약발표와 질의응답 시간을 가져야 한다. 먼저 요약발표에서는 당초 전달하고자 했던 것을 다시 말하고 프리젠테이션의 중요 point를 반복해서 말해야 한다. 이는 청중이 청취한 것을 기억에 되살릴 수 있게 한다.

표 19-1 프리젠테이션의 구조와 과정

· 발표: 유용한 어구들, 발표 어휘, 발표 기본	
- 효과적인 발표를 위해서 준비는 필수적이다. - 발표준비는 특정 키워드를 이용하여 여러 발표단계들을 구분한다. - 키워드를 암기하면서 연습하는 것이 좋은 생각이다. 이유는 발표중에 해당부분의 내용을 쉽게 기억해낼 수 있기 때문이다.	
· 발표를 시작할 때	· 안녕하세요, 신사 숙녀 여러분 · 오늘 저의 발표주제는 · 오늘 제가 말씀드리고자 하는 것은…
· 발표의 목적을 설명할때	· 발표목적은… · 이 발표는 매우 중요합니다, 그 이유는.. · 저의 목적은…
· 요점들을 말할때	· 제가 말하고자 하는 요점들은 첫째… 둘째… 다음, 마지막으로… · 저는 다음 내용을 보려고 합니다.
· 첫번째 요점을 소개할때	· 먼저 다음 내용부터 시작합니다.
· 발표자료인 그래프, 투명필름, 슬라이드 등을 보여줄 때	· 저는 다음과 같은 자료를 보여줌으로써 이러한 내용을 설명하고자 합니다.
· 다음의 핵심 내용으로 넘어갈 때	· 이제 계속해서 다음의 핵심 내용으로 넘어갑니다.
· 구체적인 설명을 제공할 때	· 저는 이러한 측면, 문제, 내용에 대하여 보완하여 설명하고자 합니다. · 저는 그 점에 대하여 보다 구체적인 설명을 하고자 합니다. · 혹시 제가 그 점에 대하여 보다 구체적인 설명을 해주기를 원하십니까?
· 다른 토픽으로 전환할 때	· 저는 이제 완전히 다른 내용에 대하여 논의하고자 합니다.
· 토픽과 관계없는 내용을 설명할때	· 저는 여기서 잠깐 다른 내용을 말씀드리고자 하는데, 그것은 다음과 같다는 점을 말씀드리고 싶습니다.
· 다시 이전의 토픽으로 돌아갈때	· 제가 바로 이전에 말씀드렸던 내용으로 돌아갑니다.
· 핵심 내용을 요약 또는 반복할 때	· 제 발표의 핵심내용을 요약하고자 합니다. 우선 저는 어떤 내용을 다루었고, 그리고 저는 어떤 내용에 대하여 말씀드렸으며, 마지막으로 저는 어떤 내용을 고찰하였습니다. · 제가 말씀드렸던 핵심내용들을 이제 요약하고자 합니다.

· 결론	· 저는 다음과 같이 말함으로써… 또는 제가 말씀드린 내용을 생각해 보시길 바람으로써… 또는 유명인의 말씀을 인용함으로써… 제 발표를 마치고자 합니다. · 결론적으로 저는 여러분들에게 저의 생각을 전해드립니다. 또는 저는 여러분들이 저의 생각을 잘 생각해 보시길 바랍니다.
· 질문	· 마지막으로 여러분의 질문을 받겠습니다. · 이제 질문을 해 주시기 바랍니다. · 질문이 있으십니까?

다음으로 프리젠테이션이 끝나면 발표자는 청중들과 질의응답 시간을 가져야 한다. 질의응답은 프리젠테이션의 효과성을 평가하는 최상의 방법이 될 수 있으며, 프리젠테이션의 목적을 달성했는지의 여부를 평가할 수 있는 방법이다. 또한 질의응답은 통찰력을 키우고, 향상시킬 수 있는 기회라는 시각에서 바라보아야 한다(고광모 역, 2004: 274-9). 효과적인 질의응답방법은 다음과 같다(박재호, 2001). 첫째, 질문 전체를 듣는다. 둘째, 잠시 멈추고 질문에 가치를 부여한다. 셋째, 질문자에게 감사를 표한다. 넷째, 질문에 성실히 구체적으로 대답한다. 다섯째, 추가로 질문을 요청하거나 연결하도록 한다.

또한 발표자는 청중들의 질의응답에 대해서 첫째, 질문을 분류하여 정형화시키고, 둘째, 질문에 대해 정확한 단계를 밟아 처리하며, 셋째, 질문에 대한 이성적인 대처로 질문자보다 강력하다는 인식을 심어주어, 청중들이 발표자에 대한 신뢰를 확보할 수 있도록 해야 한다.

마지막으로 프리젠테이션이 끝나면 평가 및 환류과정을 거쳐야 한다. 자신의 프리젠테이션에 대한 장·단점을 확인하고 보완내용을 찾는다. 이를 파일로 만들어 다음의 프리젠테이션 기회에 활용하도록 한다.

제 3 절 계획홍보

1. 계획홍보의 의의

1) 계획홍보의 개념

홍보는 개방적 의사소통 구조를 가지고 있는 서양에서 생겨난 개념으로 공공관계(public relations: PR)[4]를 의미한다. 홍보는 조직과 공공간 호혜를 목적으로 사용되는 조직 자체의 제반 의사소통 활동과 그를 대행하거나 협조하는 제 활동을 의미한다(김주호, 1997: 21-22). 광의로는 조직의 이미지 증진을 위한 제반활동으로 정의되고, 협의로는 언론관련 대응을 의미하는 퍼블리시티(publicity)의 의미로 쓰인다(김주호, 1997: 21-22). 공공관계(PR)의 종류는 광고, 홍보, SP(sales promotion), 캠페인, 이벤트, 문화활동, 사회공헌에 이르기까지 사회와의 다양한 의사소통이 포함되고, 퍼블리시티는 이를 뉴스형태로 언론에 제공하는 역할을 한다(장상인 역, 2004: 27). 따라서 공공홍보는 지역사회, 주민, 기관·단체의 이익을 증진하기 위한 뉴스와 같은 가치있는 정보로서 공적인 대중매체에 관계하고 의사소통과 설득 및 여론, 기타 매체활용을 계획하고 실행하는 기술을 의미한다. 또한 공공홍보는 조직과 공공간의 의사소통, 이해, 수용과 협력을 도모하고 유지하는데 도움을 주는 특수한 기능을 지니고 있다.

한편 계획홍보는 광의로는 행정홍보를 의미하고, 협의로는 정책이나 사업홍보를 의미한다. 따라서 계획홍보는 행정서비스를 공급하는 정부가 주체가 되어 국민 또는 지역주민들에게 정책이나 사업 등을 알리고 이해와 협조를 구하기 위한 일련의 커뮤니케이션 활동이라 할 수 있다.

---

4) 조직과 공공간의 관계는 어느 한 쪽이 다른 쪽에 어떤 결과 또는 영향을 미칠 때 형성된다. 이러한 결과가 발생되면, 조직과 공공은 서로 의사소통을 해야 한다. 이러한 과정에서 PR 전문가가 필요하게 되며, PR 전문가는 조직과의 의사소통, 공공과의 의사소통을 통하여 각 집단(조직, 공공)의 의견을 설명하는 기능을 수행한다.

2) 계획홍보의 특징

다양한 기관에서 제시한 홍보는 다음과 같은 특징이 있다. 첫째, 의도적인 (deliberate) 활동이다. 홍보는 공공에게 영향을 미치고, 이해를 구하며, 정보를 제공하고 피드백을 얻도록 설계된 노력이다. 둘째, 계획된(planned) 활동이다. 홍보는 문제의 해결안 제시와 지원계획의 수립이 일정기간 이루어지는 조직화된 활동이다. 홍보는 연구와 분석을 필요로 하는 체계적인 활동인 것이다. 셋째, 성과 (performance)이다. 효율적인 홍보는 개인이나 조직의 실질적 계획과 행동에 그 기초를 둔다. 넷째, 공공의 이익(public interest)을 추구한다. 홍보활동의 논리적 근거는 공공의 이익에 기여하는 것으로 단지 조직의 이익만을 추구하는 것은 아니다. 이상적으로 효율적인 홍보활동은 조직과 공공 모두에게 상호이익을 제공한다. 다섯째, 쌍방 의사소통(two-way communication)이다. 여섯째, 관리기능 (management function)이다. 홍보는 최고위자의 의사결정의 한 부분이 될 때 가장 효율적이다. 홍보는 어떤 결정이 이루어진 후 그 정보를 전달하는 것에 그치는 것이 아니라 최고 관리층에 대한 카운셀링과 문제해결에 관여한다.

3) 계획홍보의 중요성

홍보의 목적은 각종 미디어에 자료나 정보를 제공하여 개인 또는 조직에 대하여 수요자가 갖는 호의적인 인상을 갖게끔 하는 데 있다고 볼 수 있다. 홍보의 발생지인 미국에서는 공공의 사회관계를 중시하고 있고, 우리나라에서는 인간관계를 중시하고 있는 공공관계로 널리 사용되고 있는 편이다. 또한 사회변화에 대한 적응력의 제고와 국민의 알권리 실현, 국민에 대한 교육목적 실현, 조직의 자체논리를 강화해 준다는 점 이외에도 제도형성의 목적이나 작용이 직면하게 되는 큰 영향력을 행사할 수 있다.

홍보의 중요성은 다음과 같다(장상인 역, 2004: 43-45). 첫째, 조직구성원에게 조직의 목표와 비전을 제시해 주어, 조직구성원의 의식개혁에 일조하고 조직의 활성화에 효과가 있다. 둘째, 조직의 재무성효과가 있다. 셋째, 조직의 마케팅 효과가 있다.

계획홍보는 계획가의 업무중 중요한 부분을 차지한다. 도시 및 지역사회의 구성원, 이해관계자, 그리고 언론매체에게 적절하게 계획을 홍보하고 소통을 함으로서 지역사회의 지지를 받을 수 있으나, 그렇지 않은 경우 어려움에 부딪치게 된다. 특히, 선출직공직자들이 반대의견에 동조하게 되면, 계획은 더이상 진전을 보지못하고 중단된다. 반면에 선출직공직자들이 계획안에 대한 광범위한 지지를 하게되면, 반대의견은 수그러들게 된다. 계획가는 이러한 정치적인 변혁과 소용돌이 상황에서 계획홍보와 소통에 있어서 매우 전략적이고 적극적일 필요가 있다.

2. 계획홍보의 원칙과 범위

1) 계획홍보의 원칙

현대사회의 요청에 부응하여 홍보가 수행되기 위해서는, 다음과 같은 몇 가지 원칙들이 강조된다. 첫째, 민주사회에서 최종적인 판단을 행하는 것은 수요자인 공공이라는 점을 인식하여, 정확하고 사실된 정보(information)를 제공하여야 한다. 둘째, 일방적인 정보의 제공에만 그치는 것이 아니라, 공공과 공급주체 사이의 상호작용에 근거하여야 한다. 셋째, 홍보는 공공을 의식하고, 공공의 이익을 실현할 수 있도록 노력하는 자세에서 이루어져야 한다. 넷째, 홍보는 계몽적이어야 하고 교육적인 성격을 가져야 한다.

이러한 홍보의 원칙[5)]을 살펴볼 때, 계획홍보는 정부에서 수립한 계획의 원활한 추진을 위하여 수요자들에게 그 내용을 알려서 수요자를 설득하기 위한 행동이라고 볼 수 있다.

2) 계획홍보의 범위

홍보는 세 가지 요소를 가진다(장상인 역, 2004: 94-95). 첫째, 대상이 되는 언론사가 있어야 한다. 대상이 되는 언론사의 특징, 성향, 독자층에 대한 분석이 필요하다. 둘째, 정보, 즉, 뉴스소재이다. 뉴스가치가 있는 정보만이 퍼블리시티로 연결될 수 있다. 셋째, 적절한 발표방법과 언론사에 어떻게 접근하느냐하는 문제이다.

---

5) 이와 별도로 계획홍보의 효과적인 커뮤니케이션의 원칙으로 7C가 있다. 신뢰도(credibility), 상황(context), 내용(content), 명확성(clarity), 계속성(continuity), 일관성(consistency), 매체(channels), 공공의 수용력(capability)이다(신호창 · 이두원, 2002).

홍보는 의사소통 부문과 연계되어 있으므로, 그 범위는 방대하다고 할 수 있다(김주호, 1997: 24-25). 첫째, 홍보 주체측면에서 볼 때 홍보의 영역은 다양하다. 대부분의 홍보는 기관 · 단체의 홍보실에서 담당하나, 채용을 위한 홍보, 마케팅을 위한 홍보, 각 부서별 자신들의 업무를 알리기 위한 목적으로 홍보가 독자적으로 전개된다. 둘째, 홍보는 다양한 수요층에 대한 우리편 만들기 활동이다. 다양한 계층과의 유대관계를 형성하기 위한 종합적인 활동이 홍보의 의사소통 영역이다. 셋째, 홍보와 언론은 불가분의 관계를 맺고 있다. 언론은 대중매체로서 사회적 영향력이 크기 때문에 홍보활동은 언론과의 관계형성을 통해 뉴스화됨으로써 그 효과가 증폭될 수 있다. 넷째, 홍보는 전개수단측면에서 광고, 출판, 영상, 이벤트, 뉴미디어 등과 관련이 있다. 다섯째, SP와 관련이 있다. SP는 판촉을 위한 다양한 활동으로 홍보의 효과가 극대화 될 수 있다. 이러한 의미에서 홍보는 통합 의사소통의 수단이라고 할 수 있다.

3) 계획홍보의 종류

홍보의 종류는 기준을 어디에 두느냐에 따라 여러 가지로 구분할 수 있다. 먼저 홍보의 주체에 따라 국정홍보, 시정홍보, 도정홍보, 구정홍보, 군정홍보로 구분할 수 있으며, 목적에 따라 제품홍보, 기구홍보, 매체에 따라 신문홍보, 잡지홍보, 기타 인쇄물 홍보로 구분할 수 있다. 그리고 홍보의 성격에 따라 적극적 홍보, 방어적 홍보, 비상홍보로 구분할 수 있다.

여기서는 계획홍보의 주체에 따라 정책홍보와 지역홍보로 구분하여 살펴보기로 한다. 정책홍보는 새로운 정책이나 사업계획 그리고 법률 등에 대한 여론형성을 위한 홍보활동을 말한다.

지역홍보는 지역주민에게 지역계획과 공공사업 그리고 조례 등에 대한 여론형성을 위한 홍보활동을 말한다. 지방자치실시와 함께 지역홍보에 대한 중요성이 증대되고 있다.

3. 계획홍보의 과정

홍보는 조직의 문제해결과정의 한 부분이자 과학적으로 운영되는 하나의 기법이다. 따라서, 효율적인 홍보를 위해서는 체계적인 계획이 필요하다. 이러한 홍보는 조사연구, 행동과 계획, 의사소통, 평가라는 네 가지의 필수요소로 구성된다.

1) 조사연구

조사연구는 홍보가 시작되는 첫번째 단계(Dennis et al., 1986: 129)로써, 무엇이 문제인가에 관심을 지닌다. 이러한 조사연구는 홍보프로그램 운영에 필요한 기본적인 정보를 제공한다. 그러나 조사연구는 홍보과정의 첫 단계에서만 필요로 하는 것이 아니라 홍보수행과정의 모든 단계에서 다양한 수준의 조사연구분석을 필요로 한다.

홍보와 관련하여 조사연구는 상황을 기술하고 이해하기 위하여 정보를 체계적으로 수집하고 홍보수행결과를 추정해 내는 것으로 규정된다. 이러한 조사연구는 첫째, 홍보 대상자들을 좀 더 구체화 시킬 수 있다. 둘째, 공공과 조직간의 의견수렴 및 상호 의사소통의 역할을 강화시킨다. 셋째, 조사는 조직으로 하여금 실제로 있지도 않은 문제에 소비하는 시간, 노력 및 예산을 절약할 수 있다. 넷째, 조사는 홍보프로그램의 기초가 되는 사실들을 제공해 준다. 다섯째, 조사결과의 배포를 통하여 퍼블리시티 효과를 얻을 수 있다. 조사연구의 방법으로는 조직의 자료, 인터뷰, 뉴스기사, 여론조사 결과, 기관의 간행물, 우편 혹은 전화 등을 조사분석하는 비공식적인 방법과 설문조사와 같은 공식적인 방법이 있다.

2) 계획과 행동

먼저 조사연구와 자료분석을 통해 문제가 규정되면, '문제의 해결을 위해서 무엇을 해야 하는가'에 관심을 가져야 한다. 문제해결방법이 홍보계획이다. 이러한 홍보계획은 해야 할 일과 일을 처리하는 방법에 대한 청사진 같은 것이고, 실제로 홍보를 수행하는 사람에게 모든 요소들을 고려할 수 있도록 도와준다. 홍보계획의 작성절차는 '문제의 규정 → 목표의 설정 → 대상자 규정 → 전략개발 → 홍보활동의 시작과 끝을 보여주는 시간표 작성 → 예산확보 → 평가'이다. 홍보계획을 설정할 때, 홍보의 목표설정과 의사소통 효과, 예산 및 시간의 제한 등을 고려해야 한다.

3) 의사소통

적절한 조사연구를 통해 문제가 확인되고, 이 문제해결을 위한 목표가 설정되었다면, 홍보계획을 집행해야 한다. 이는 내용을 대중에게 알리고, 설득하여, 공공의 행태변화를 위한 의사소통을 필요로 한다. 설정된 홍보계획을 효율적으로 수행하기 위해서 공공과 어떻게 대화할 것인가를 정하고 수행하는 작업을 의미한다.

효과적인 의사소통을 위해서는 의사소통자, 메시지, 대상자 및 채널과 같은 기본적인 요소들을 고려해야 한다. 첫째, 의사소통자는 계획내용의 전달자로서, 의사소통자의 신뢰도는 대상자가 지각하는 의도, 신뢰성과 전문성에 의하여 결정된다. 만일 신뢰도가 높은 의사소통자라면, 대상자는 의사소통자가 주장하는 방향으로 그의 신념을 바꾸게 될 것이다. 둘째, 설득적인 의사소통은 정보에 대한 전달을 필요로 한다. 셋째, 홍보의 목표가 되는 대상자가 필요하다. 이러한 대상자는 어떤 쟁점에 대하여 흥미를 느끼는 사람으로서, 흥미를 느끼면 느낄수록 쟁점에 대하여 일관성있는 입장을 취하는 경향이 있어, 홍보의 효과를 극대화시켜 준다. 넷째, 메시지가 전달되는 통로가 필요하다. 메시지가 전달되는 통로는 공적인 미디어와 사적인 미디어 그리고 조직내외 미디어가 있다. 홍보담당자는 목표 대상자와 메시지를 파악함으로서 적절한 채널을 선택한다.

4) 평가 및 환류

홍보평가는 홍보효과를 측정하는 것이다. 설정된 목표의 수행결과에 대한 평가이다. 설정된 목표의 수행결과에 따라서 홍보의 지속성, 수정 등이 결정된다. 이에 따라 홍보의 환류가 이루어진다.

그림 19-3 홍보의 과정

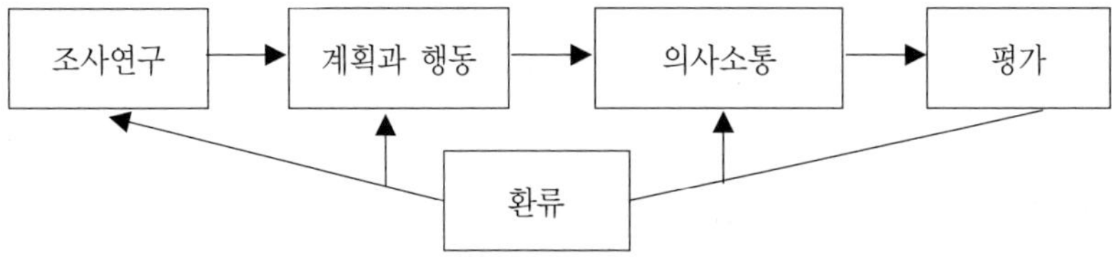

4. 계획홍보의 실제

미국계획협회에서는 계획홍보와 소통의 중요성을 인식하고 계획가의 소통 가이드(2006)를 정리하여 소개한 바 있으며, 이후 PAS(planning advisor service) Memo를 통하여 계획홍보와 관련한 여섯 가지 유형의 주제별 가이드라인을 제시하고 있다(Rooney, Hart, and Johnson, 2012). 다음에는 여섯 가지 유형의 주제별 홍보와 소통방법을 보다 구체적으로 설명하기로 한다.

1) 계획홍보의 목표설정

계획을 수립 또는 수정하려는 노력이 성공적으로 진행되기 위해서는 독립된 계획홍보 및 소통계획의 프로그램이 수립되어 있어야 한다. 이러한 계획홍보 및 소통계획의 프로그램은 복잡하거나 정교할 필요는 없다. 단지 계획을 위한 소통 전략 및 노력이 예상되는 반대의 수준과 조직내에서 이용가능한 자원의 수준에 맞추어서 진행되면 된다. 그러나 효과적인 홍보를 추진하기 위해서는, 계획안내에 계획안의 목표와 잘 연계된 독자적인 홍보 및 소통의 목표를 갖고있어야 한다. 계획홍보에 추가적으로 포함해야 할 요인으로는 다음과 같다.

만약에 예산이 허락하면, 홍보 및 소통전문가를 고용하는 것이 매우 중요하다.

- 전략, 메시지, 전술
- 주민들을 관심분야별 인구학적 특성별로 유형화
- 전통적인 언론매체 관계 및 소통
- 웹사이트 및 소셜미디어
- 홍보 및 소통의 시간표
- 홍보와 소통의 효과성과 결과를 측정하는데 사용할 방법들

2) 계획의 설명과 논의방식의 재구성

계획반대자들의 반대에 대비하고 도시 및 지역사회의 구성원들이 계속 새로운 정보를 받을수 있게 하려면, 궁극적으로 계획이 해당 도시 및 지역사회에 주는

혜택에 대한 이해가 절실히 필요하며 일반주민의 지지를 받을 수 있도록 노력해야 한다. 이때 주민들에게 전달할 핵심메시지는 계획이 주는 혜택을 재구성하여 주민의 이해를 증진하는 데 필수적인 역할을 한다.

현재의 여건에서는 계획과정의 재구성을 통하여 다양한 반대의견에 대응할 뿐만 아니라 계획이 주는 혜택을 주민에게 인식시키는 교육이 가능하도록 한다. 일반적으로는 해당 도시 및 지역사회의 경제전반, 특히 일자리에 대한 광범위한 우려가 많기 때문에, 계획가들은 계획과 경제활성화, 번영 및 투자에 대한 효과를 설명함으로서 계획의 유용성을 강조할 수 있다.

본질적으로 핵심메시지는 주민중심으로 만들어져야 한다. 주민 개개인이 가지는 질문은 도대체 해당 계획이 나에게 무슨 의미가 있는가이기 때문에, 핵심메시지는 그러한 질문에 답할 수 있어야 한다. 핵심메시지는 계획 또는 계획과정에 대한 선언문 같은 것이다. 계획에 대한 여러 반대가 있는 여건에서는 핵심메시지를 통하여 계획가들이 바로 미래의 관리자라는 점을 강조하고, 계획가는 토지이용결정에 촛점을 맞춤으로서 해당 도시 및 지역사회에 중요한 기여를 한다는 점을 이해시키도록 한다.

이상의 핵심메시지들이 바로 계획에 대한 지지를 이끌어내는 중요한 수단이 된다. 다시말하면 주민들 개개인이 핵심메시지를 이해하고 믿게되면, 성공적인 계획소통의 결과라 할 수 있다. 핵심메시지가 효과적인 소통의 수단이 되기 위해서는 핵심메시지를 통상 3계층으로 나눈다.

· 1계층: 계획의 전반적인 방향제시 형태의 선언적인 핵심메시지
· 2계층: 사실에 근거한 또는 감정에 근거한 요점
· 3계층: 구체적인 증거로 사실에 근거한 또는 감정에 근거한 요점을 뒷받침하는 것으로서, 이를 바탕으로 주민들은 계획가가 말하는 내용을 지지하고 믿게된다.

예컨대 핵심메시지를 위한 사실에 근거한 요점은 새로운 계획이 해당 도시 및 지역사회에 6,000개의 새로운 일자리를 창출할 것이라는 점이고, 구체적인 증거로는 6,000개의 새로운 일자리 중에서 1,700개의 일자리는 새로운 센터의 설립으로

인하여 창출될 관련 일자리를 말한다. 다시 말하면, 두 계층의 다른 증명방식을 통하여 계획이 어떻게 해당 도시 및 지역사회에 경제적인 효과를 가져올 것인가에 대한 이야기를 말하게 된다.

3) 계획의 경제적 효과와 결과의 강조

만약 도시 및 지역사회가 처한 상황이 제한된 예산, 고실업률, 그리고 주민들의 미래에 대한 불확실성 인식의 증대 등인 경우이다. 이 경우 활기찬 지방경제를 만들고 지속적인 도시 및 지역사회의 발전을 이룩하는데 기여하는 것이 계획의 역할이라는 핵심메시지의 전달을 위해서는 주민과 지역사회의 선출직공직자 등의 지지를 받는 것이 중요하다.

보통 일자리 창출과 경제활성화 등은 도시 및 지역사회의 최상위 우선순위에 속하는 것으로서 여타 과제인 토지이용, 교통, 주택, 환경 그리고 다른 이슈 등에 비교하여 더욱 많은 관심을 받게 된다. 따라서 계획가는 좋은 계획을 수립하고 집행하는 것과 해당도시 및 지역사회의 경제성장과 경쟁력의 연계성을 분명히 함으로서 새로운 계획에 대한 지지를 확보할 수 있게 된다.

계획과 지방경제간의 연계를 논의하는 데 있어서 어려움의 하나는 특정 경제적인 결과와 새로운 계획을 직접적으로 연결시키는 부분이다. 이런 경우 계획가들은 계획이 없는 상태와 계획이 있는 상태의 경제적인 성과를 비교함으로서 새로운 계획의 경제적 성과에 대한 기여를 설명할 수 있게 된다. 이때 중요한 경제지표들로는 비용절감의 정도, 재산가치의 상승, 일자리, 민간투자, 비용의 감소 등을 들 수 있다.

4) 논쟁적인 상황의 관리

계획가들은 공식회의와 비공식회의에서 많은 사람들을 만나고 다양한 견해를 접하게 된다. 최근에는 다양한 이해관계자와 단체 등이 잘 조직화되어 계획에 대한 반대목소리를 냄으로서, 매우 어렵고 논쟁적인 분위기를 조성하게 되는 경우가 많다. 이러한 상황들을 다루는 데 도움이 되는 수단과 접근방법은 다음과 같다.

첫째, 아는 것이 힘이라는 말이 있다. 새로운 계획을 소개할 공식회의에 참여하기 전에, 그 계획의 내용을 잘 숙지하는 것이 중요하다. 특히 계획안이 가져다 주는 혜택을 잘 설명할 수 있도록 한다. 아울러 계획의 집행에 따른 특정한 결과들에 촛점을 맞추고, 계획가가 아닌 일반인들이 사용하는 용어를 사용한다. 계획가들이 사용하는 전문용어를 피한다. 그러면 공식회의에서의 분란에 대한 대비책은 무엇인가? SWOT분석을 통하여 회의의 분란을 초래할 단체들에 대한 정보를 수집하여 이들의 행동에 대비할 필요가 있다. 이러한 단체는 통상 웹사이트를 가지고 있거나 소셜미디어를 통하여 활동하고 있다. 따라서 여기에 접속하여 이러한 단체들의 주장과 견해를 이해할 필요가 있다.

둘째, 분란가능단체들로부터 예상할 수 있는 질문에 대하여 생각해 두는 것이다. 가능한 질문들을 정리하여 적절한 답변을 준비하여 연습하도록 한다. 물론 이런 질문과 답변과정에서도 제안된 계획안에 대한 핵심메시지를 전달하고, 가능한한 새로운 계획이 주는 혜택들을 강조하도록 한다.

셋째, 회의의 분란시에 대비하여 계획가들이 팀웍을 이루어 역할분담을 하도록 하는 것이다. 회의중 분란이 초래되면 이를 정리할 수 있는 능력은 바로 시의적절하게 핵심메시지를 일깨워주고 전달하는 데 달려있다.

계획가는 계획의 강력한 지지기반을 만들어나가는 것이 중요하고 개인적으로 이들 지지자들을 초청하여 참여하도록 촉구한다. 필요하면 지지자들에게 사전에 계획의 수정보완된 내용을 알려주고 계획가들이 공식회의를 통해서 성취하고자 하는 바가 무엇인지 알려준다. 도시 및 지역사회의 선출직공직자들이 이러한 공식회의에 참석할 예정인 경우, 가능하면 사전에 이들에게 간단한 설명을 제공하도록 한다.

또한 회의형식과 분위기를 다루기가 쉽도록 조성한다. 방, 벽, 의자위에 있는 것 등 모두가 회의의 환경이 된다. 예컨대 비공식적인 회의환경의 경우에는 발표연단과 마이크를 사용하지 않음으로써 회의방해를 사전에 제거한다.

회의시작에 앞서 참석자들에게 기본적인 규칙을 공지하고 이러한 규칙에 동의할 것을 요청한다.

· 회의시간을 정한다.
· 참석자들 모두로부터 의견제공을 위한 시간을 제공한다는 공지를 한다.
· 생산적이고 대안제시형 반대의견을 제시할 것을 요청한다.

· 한 사람당 질문과 코멘트를 위해서는 대략 2분동안 가능하다는 시간을 미리 알려준다.

주민들로부터 의견을 수렴하는 창의적인 방법들을 활용한다. 예컨대 첫째, 회의실 주변에 큰 도화지 등을 비치하여 참석자들이 회의 시작전에 그들의 관심사항을 적도록 한다. 둘째, 흰도화지에 계획안에서의 핵심 우선순위와 관련 주제를 적어두고, 발표후 참석자들이 그들의 코멘트를 적도록 한다. 셋째, 참석자들에게 질문용지를 배포하고 그들에게 질문을 적도록 한다. 회의에서 가능한한 많은 질문과 응답시간을 가진다. 회의후에 이러한 질문과 답변을 웹사이트에 공지하겠다고 약속한다.

5) 언론매체와의 관계를 효과적으로 설정

전통적인 언론매체들은 도시 및 지역사회의 계획당국 관련업무에 관한 뉴스를 전하는 가장 효과적이고 믿을만한 방법의 하나이다. 이들 신문, 라디오, TV의 기자 등과 전문적인 관계를 설정해 두게 되면 계획관련 뉴스가 있을때 주민들에게 용이하게 전달이 가능하다. 특히 도시계획당국 등이 새로운 계획 및 계획과정에 관한 거짓정보를 흘리는 사람들에 의한 공격이 있을 때 이러한 언론매체와의 관계는 대단히 중요하다.

기자들은 항상 뉴스원을 찾고 있기 때문에 도시계획당국에 근무하는 계획가들과 같은 정보제공자를 중요하게 생각한다. 그러므로 이러한 기자를 잘 사귀도록 노력하는 것이 필요하다. 이들에게 계획이 사회에 미치는 영향에 대한 이해를 더 잘 할 수 있도록 도와주도록 한다. 기자에게 전화하는 것이 그렇게 두려워할 일이 아니다. 오히려 기자들에게 본연의 업무를 도와주는 것이기 때문에 전화받는 것을 반가워할 것이다. 지방신문들을 보면 어느 기자가 계획이슈들을 다루는지 알게 된다. 아마도 그 기자는 어떤 계획관련회의에서 만난적이 있거나 전화통화를 한 적이 있는 기자일 수 있다. 그 기자와 우호적인 관계를 설정하기 위해서는 다음과 같은 요령이 필요하다.

· 계획관련회의에서 기자의 명함을 요청하고 나중에 전화를 걸어서 필요한

정보를 제공하겠다고 제안한다.

- 기자에게 전화를 걸고 따로 회의를 준비해서 필요한 정보를 제공하겠다고 한다.
- 계획가 사무실 또는 계획현장에서 회의를 주재한다. 현장으로 가는 것은 때로는 계획의 맥락을 이해하는 데 도움이 되고 기자가 구체적인 내용을 언급할 때 도움이 된다.
- 이러한 회의를 하기전에 생각을 잘 정리해 둘 필요가 있다. 예컨대, 무슨 정보를 제공하고자 하는가? 기자는 회의결과 무엇을 이해하게 되는가? 중요한 것은 핵심메시지를 전하기전에 준비하고 연습을 해야한다는 점이다.
- 자료들이 도움이 될런지 물어보는 것도 필요하다. 필요하다고 하면, 2-3쪽짜리 배경정보, 지도, 전후의 사진 등을 준비한다. 다른 기사거리를 준비할 수도 있고, 마감시간이 촉박한 다른 기사를 준비할 수 있다. 따라서 기자는 뉴스의 가치가 있는 간결한 정보를 필요로 한다.
- 만약에 회의 참석자가 회의도중에 분열적인 행동을 한다면, 기자와의 친분을 활용하여 회의 후 또는 다음날 계획가가 발표한 정확한 핵심내용을 기자에게 부연 설명한다.

6) 다양한 소셜미디어의 유기적 활용

온라인 소셜미디어 플랫폼은 블로그로부터 페이스북, 트위터와 같은 네트워킹 서비스에 이르는 것으로서, 계획가들이 업무를 하고 소통을 하는 방식을 기본적으로 변화시키고 있다. 이러한 플랫폼은 계획가들이 계획작업 전반과 핵심이슈에 대한 계획가의 전망 등에 대한 이해를 증진시키는데 중요한 기회를 제공해 줄 뿐만 아니라 추가적인 소통수단을 제공해 준다. 소셜미디어를 통한 온라인 대화는 투명하면서도 정보가 풍부한 공개대화를 추구함으로서, 계획가 뿐만 아니라 일반 대중들에게도 중요한 의미를 주고 있다.

인터넷상의 중요 웹사이트와 동호회 등이 급속도로 증가하고 있는 것과 함께, 전세계의 수많은 인터넷 인구를 고려하면, 이제 계획가가 소셜미디어 등에 적극적으로 참여하는 것이 더욱 중요해지고 있다. 계획에 관한 대화는 계획가가 없어도 계속 진행될 수 있으므로, 계획가들이 이러한 논의에 참여하는 것이 매우 중요하다.

소셜미디어도 물론 여러 가지 어려움 점이 이지만, 이들은 또한 계획가들에게 대중들과 계획안을 추진하는데 있어서 중요한 역할을 좀더 잘 이해할 수 있도록 기회를 제공하게 된다. 소셜미디어와 전통적인 미디어와의 차이점은 바로 상호교류에 있다. 소셜미디어는 독자, 시청자 또는 청취자가 내용을 만들어내고 개발하는데 적극적으로 참여하도록 한다는 점에서 차이가 있다.

소셜미디어는 다양한 멀티미디어 소통을 망라한다.

- 블로그(blogs): 만약에 일기장을 가지고 있다면, 이와 유사한 블로그에 익숙할 것이다. 블로그는 웹 로그(web log)에서 유래하는데, 통상 담을 수 있는 정보로는 코멘트, 정보, 그래프, 비디오, 아이디어 등 공유하고자 하는 모든 것 등을 포함한다.
- 위키스(wikis): 위키스는 사용자가 전체 동호회원들과 협력적으로 상호교류하도록 하고, 동호회원은 특정 주제에 대한 내용을 추가하고 편집할 수 있도록 한다. 위키피디아(wikipedia)와 위키트래블(wikitravel)과 같은 위키스는 지식을 창출해 나가는 것을 추진하며 독자들에게 특정 주제에 대한 완전한 보고서를 제공해 준다.
- 뉴스: 디그(digg), 슬래쉬닷(slashdot), 레디트(reddit) 등과 같은 사이트는 사용자들이 제출한 이야기를 대중성에 따라서 순위를 매긴다. 어떤 사이트는 특정 장르의 논문만을 소개한다. 예컨대, 슬래쉬닷은 주로 과학과 기술계 뉴스를 다룬다. 반면에 디그는 어떤 종류의 논문을 포함하는데, 독자들이 좋아하는 논문을 디그하고 독자들이 재미없다고 생각하는 논문들을 묻어버린다.
- 사진 및 비디오 공유: 플리크 (flicker), 유튜브(youtube), 비메오(vimeo)와 같은 웹사이트는 사용자들이 그들의 사진 또는 비디오를 다른 사람과 공유하도록 한다. 이러한 사이트에서는 사용자들이 사진과 비디오를 공개적으로나 비공개적으로 업로드하고 전시하도록 한다. 또한 웹사이트들은 사진과 비디오를 정리하는 방법을 제공한다. 계획가들은 현재 페이스북(facebook), 트위터(twitter), 링크드 인(linked ln), 비디오 및 사진공유 사이트들을 사용하여 대중들과 소통한다.

결론적으로, 이상의 계획홍보 또는 소통전략은 계획을 추진중인 지역사회에서 어떻게 시행할 것인가를 시간을 두고 고민을 해보는 것이 중요하다. 이상의 계획홍보와 소통전략을 시행함에 있어서 긍정적인 경험과 부정적인 경험의 차이를 만들수 있으며, 계획집행을 위한 지지를 끌어내는 능력을 크게 향상시킬 것이다.

탐구학습

1. 주요개념과 요약

- 계획보고서의 의의와 기본요건
- 계획보고서의 유형과 작성단계
- 계획설득의 개념, 기본요소
- 계획과 의사소통의 관계
- 계획과 프리젠테이션의 관계, 프리젠테이션의 구조, 프리젠테이션의 과정
- 프리젠테이션의 자료수집, 3P분석, 개념정리와 내용구성, 효과적인 질의응답방법
- 계획홍보의 의의
- 계획홍보의 유용성 및 범위
- 계획홍보의 과정: 조사연구, 계획과 행동, 의사소통, 평가 및 환류
- 계획홍보의 가이드라인(PAS Memo): ① 계획홍보의 목표설정, ② 계획의 설명과 논의방식의 재구성, ③ 계획의 경제적 효과와 결과의 강조, ④ 논쟁적인 상황의 관리, ⑤ 언론매체와의 관계를 설정, ⑥ 다양한 소셜미디어의 유기적 활용

2. 토론과 과제

- 계획보고서의 유용성에 대하여 설명하시오.
- 계획보고서의 기본요건과 작성단계에 대하여 설명하시오.
- 계획사례를 선택하고, 효과적인 의사소통과 설득방법에 대하여 설명해 보시오.
- 계획사례를 선택하고, 프리젠테이션에 적용해 보시오.
- 계획과 홍보의 관계에 대하여 설명해 보시오.
- 계획홍보사례를 선택하고, 계획홍보과정을 적용해서 설명하시오.

참고문헌

고광모 역(2004), 프리젠테이션의 기술, 서울: 지식공작소.
김주호(1997), 이기는 홍보 성공하는 PR, 서울: (주)사계절출판사.
나상억 역(2002), 프리젠테이션 박사, 서울: 21세기 북스.
박연호 · 임연제(2000), 현대사무관리론, 서울: 법문사.
박재호(2001), 의사소통기술: 프리젠테이션 스킬, 영남대학교출판부.
임철일 · 최정임(1999), 효과적인 의사소통을 위한 기술, 서울: 커뮤니케이션북스.
장상인 역(2004), 홍보, 머리로 뛰어라, 서울: 월간조선사.
차배근 · 이대용 · 오두범 · 조성겸(1995), 설득 커뮤니케이션 개론, 서울: 나남출판.
최신융 외(2001), 행정기획론, 서울: 박영사.
최윤희(1995), 현대 PR론, 서울: 나남출판.
한정선(1999), 프리젠테이션 오!프리젠테이션, 서울: 김영사.
American Planning Association. 2006. Planners' Communication Guide: Strategies, Examples, and Tools for Everyday Practice. Available from https://www.planning.org/communicationsguide/
Bettinghaus, E. P.(1968), *Persuasive Communication*, New York: Holt, Rinehart & Winston.
Birnhaum, M. & S. Stegner(1979), "Source Credibility in Social Judgement: Bias, Expertise and the Judge's Point of View," *Journal of Personality & Social Psychology*, Vol. 37.
Brembeck, W. L. & W. S. Howell(1952), *Persuasion*, Englewood Cliffs, N. J.: Prentice-Hall.
Fotheringham, W. C.(1966), *Perspectives on Persuasion*, Boston: Allyn & Bacon.
Rooney, M., Hart, L., and Johnson, D. 2012. Taking the Communications High Ground. PAS Memo. American Planning Association. Available from https://www.planning.org/publications/document/9139884/

제 20 장 계획윤리

제 1 절 계획윤리의 의의

1. 계획윤리의 개념

윤리는 많이 사용하면서도 그 개념과 유사 개념들 사이에서 명확하게 구분되지 못하고 있다.[1] 윤리(ethics)는 이상적인 차원의 규범적 정신(normative ethos)을 의미한다. 윤리는 인간 본연의 이성을 토대로 완전과 이상을 추구하는 성향을 반영하여 가치와 규범, 그리고 도덕을 선도하는 성격을 띤다(정환용, 2009: 542). 또한 윤리는 다분히 창의성과 상상력의 차원에서 도출되고 실정법은 물론 사회규범을 앞서가는 당위적인 행동유형과 판단기준을 제시해 준다. 따라서 윤리는 가치체계 및 규범과 도덕으로 하여금 보다 이상적인 방향으로 변화를 가져오게 하는 역할을 하며 개인의 행위를 규제하는 가장 기본적인 준거가 된다(Boling & Dempsey, 1985: 184).

계획을 현재의 상황에 대한 파악과 과학적인 조사에 근거하여 현실을 의도적으로 바람직한 방향으로 변화시키고자 하는 결정행위(대한국토·도시계획학회, 2000: 39)로 볼 때 계획에 있어서 윤리는 아주 중요하다. 계획은 과학적인 조사에

---

1) 윤리와 유사한 개념으로는 가치(values), 규범(norms), 도덕(morals) 등을 들 수 있다. 가치체계는 사회의 구성원들의 행태에 영향을 미치고, 구성원들의 추상적인 표준이 되는 것, 옳고 그름을 결정짓는 준거틀(frame of reference)을 의미한다. 이에 반해 규범은 무엇이 요구되고 용인되는가를 규정함으로써 개인을 규제하는 역할을 한다. 규범은 사람들의 구체적인 행동을 지배하는 집합적인 원칙의 성격을 가지고, 도덕은 개인적인 판단의 기준이 되는 것이다. 개인의 행동과 판단에는 가치체계나 규범이 영향을 미치지만 도덕과 비도덕에 대한 판단은 개인이 판단하는 것이다(Barnsley, 1972).

근거한다는 점에서 논리성, 객관성, 실증성, 보편성 등을 지니고 있다고 볼 수 있다. 이에 반해 윤리는 이성(natural reason)을 바탕으로 인간행위(human conduct)의 정·오와 선·악을 평가하고자 한다(Fagothey, 1967: 6-8). 따라서 당위성(ought to be: sollen)을 전제로 하고, 도덕(moral rules)을 바탕으로 하기 때문에 사회적 규범에 비추어 옳고 그름을 판단하므로 가치의 문제와 불가분의 관계에 있다. 이렇게 보면 과학적인 성격을 지닌 계획과 가치에 중점을 두고 있는 윤리는 서로 상반된 것으로 인식될 수 있다. 그러나 가치는 개인적인 희망이나 취향, 선호를 나타내는 수준만 있는 것이 아니라 집단적인 차원의 표준적인 가치, 공익적 차원의 이상적인 가치가 모두 포함된다(Rein, 1976; Dunn, 1981). 이렇게 볼 때, 가치는 설명가능하게 될 뿐만 아니라 정당화될 수 있다. 따라서 계획윤리는 현실에 대한 과학적 접근방법에 있어서 지켜져야 할 윤리적 규범으로 볼 수 있다.

계획윤리는 계획가들이 직무수행과 관련해서 지켜야할 최소한의 기준과 계획목적의 효과적인 달성을 위한 행동기준을 내용으로 하고 있다. 이러한 계획윤리는 가치와 관련되기 때문에 그 내용이 시대나 국가에 따라서 차이가 있다. 여기서는 계획과정에서 요구되는 계획윤리의 일반적인 특성을 중심으로 논의해 보고자 한다.

먼저 목표의 설정단계를 보면, 목표는 계획을 통하여 달성하고자 하는 이상적인 미래의 상태를 말한다. 이러한 목표는 계획과정에 지침이 되고, 계획집행과 성과평가의 기준이 된다. 따라서 목표는 타당성과 실현가능성이 있어야 하고, 체계적이고 구체적으로 제시되어야 한다(김신복, 1999: 256). 실제로 목표로 제시되는 것들에는 공익증진, 자아실현, 복지수준 향상 등의 추상적인 개념들이 많다. 이러한 목표들을 설정하고 우선순위를 결정하는데 있어서 과학적 준거가 부족하기 때문에 절차적 합리성에 지나치게 의존하게 되는 경우가 발생하게 된다. 그리고 목표의 구체적인 제시를 위해서는 개념의 조작적 정의가 필수적인데, 이 과정 또한 가치판단이 개입된다.

다음으로 목표를 달성하기 위한 대안의 모색과 선택에 있어서도 윤리문제가 제기될 수 있다. 우선 대안의 모색과정에서는 유사한 사례나 경험의 모방 혹은 유추의 방식이 많이 활용되지만, 계획가의 전문지식, 통찰력, 가치관, 외부의 영향도 상당부분 반영된다(김신복, 1999: 257-258). 따라서 계획가의 가치관이나 외부의 영향으로 인하여 검토해야 할 대안들이 누락되거나 조작되는 경우도 발생할 수 있다.

그리고 모색된 대안들에 대한 사전평가에도 윤리적인 문제가 제기된다. 대안의 사전평가에는 흔히 정책실험이 많이 이용된다. 이러한 정책실험은 외부적 압력에 의한 조작가능성, 인간을 대상으로 하는 연구의 허용가능성, 실험결과의 의도적인 조작이 가능하다는 윤리적 문제가 있다.

대안의 선택과정에는 인간의 객관성과 합리성에 있어서의 한계, 불완전한 정보 등으로 인하여 윤리적 문제가 제기된다. 또한 대안을 선택하는 데 있어서 개인적인 주관이나 선호가 배제될 수 없다. 특히 오늘날과 같이 다원화된 사회에서의 계획결정은 개인 혹은 집단의 상호작용과 세력관계, 그리고 정치적 흥정의 결과로서 나타날 수 있다(Braybrooke & Lindblom, 1963: 124-127).

2. 계획윤리의 중요성

계획과정은 다양한 이해집단의 이해가 반영되거나 반영되지 못하는 정치적 과정이다. 계획가는 계획과정을 통해 수요자, 수혜자, 비용부담자, 이익집단 등 여러집단의 다양한 이해를 다루며 협상과 거래, 공모와 결탁, 강요 등 여러 방법을 동원하여 이들과의 관계를 조절한다. 이들의 관계를 조절해가는 과정에서 따라야 할 행동강령 내지 지침이 필요하다.

미국 AICP에서는 1978년 윤리적 행동지침을 처음 채택하였으며, 현재 공공에 대한 책무, 고객과 고용주에 대한 책무, 계획이라는 전문분야와 동료 계획가에 대한 책무, 계획가 개인의 책무 등 네부분으로 구성하고 있다. 또한 계획윤리에 관한 연구도 꾸준히 진행되어 왔으며, 계획윤리가 독립적인 교과목으로 개설되어있거나 계획이론 과목의 한 부분으로 다루어져 왔다. 우리나라는 1960년대 대부분의 계획이 중앙정부차원에서 이루어졌으며, 계획윤리는 의사결정자의 이해를 추구하는 계획체제에서 효율성을 저하시키는 요인으로 여겨졌다.

그러나 현대사회의 계획은 한 사람 또는 소수의 이해를 위해 독립적, 자율적으로 존재하는 전문분야가 아니라 지역주민, 시민단체 등 사회 내 다양한 이해를 다루게 되었다. 이러한 계획환경의 변화는 계획윤리의 필요성을 부각시키고 있다.

계획윤리는 가치의 판단 및 추구를 의미하고, 행동으로 나타나기 이전에는 내부적이며, 계획윤리의 내용이 상황에 따라서 달라지며 실천적 필연성을 지니고 있다는 특성을 지니고 있다. 계획이 영향을 미치는 범위가 불특정 다수이므로 계획의 윤리적 측면을 무시할 수는 없다(최신융 외, 2001: 70).

제 2 절 계획윤리의 내용

1. 목적론의 계획윤리

목적론(teleology)은 최선의 결과와 궁극적 목적을 달성하는 행위는 옳고 그렇지 못한 행위는 그르다는 주장을 함으로써, 결과를 가지고 말한다는 의미에서 결과주의라고도 한다(김태길, 2002: 8). 목적론의 대표적인 학자는 아리스토텔레스다. 그는 최고선은 행복이며 그것은 본래적 가치, 본질적 가치, 그리고 목적의 가치라고 한다.

계획윤리를 주장하는 많은 학자들이 목적론적 접근법을 취한다. 목적론은 어떠한 결정에 대한 결과의 합당성을 따지기 전에는 그 결정을 사전에 정당화시키는 도덕적 원칙은 없다고 주장한다. 예컨대, 진실을 말하는 것이 옳은 결과를 가져왔을 때는 옳은 것이 되고, 옳지 않는 결과를 가져올 때는 옳지 않다고 본다. 따라서 목적론은 결과주의가 되고 도덕원칙이 절대적이라고 보지 않음으로써 상대론의 입장을 견지하고 있다. 목적론은 공리주의 이론을 탄생시켰으며 행정에서 효율성이론을 뒷받침하고 있다.

그러나 목적론은 다음과 같은 비판을 받는다. 첫째, 인생의 궁극적인 목적이 존재하느냐는 질문에 답하지 못한다. 아리스토텔레스는 이러한 목적이 행복이라고 주장하고 행복은 중용을 지키는 것이며 최종에 도달할 어떤 상태라고 보지 않는다. 둘째, 목적론은 극대화의 원리에 기초하고 있기 때문에 목적의 성취 정도를 측정할 수 없다. 셋째, 쾌락의 극대화, 공리의 극대화, 효용의 극대화가 정의를 구현할 수 있느냐는 비판과 총합의 원리를 강조함으로써 분배의 문제를 소홀히 한다는 비판이 제기된다. 넷째, 목적론은 결과에 따라 선악이 결정됨으로써 수단이나 과정의 도덕성과 윤리성을 소홀히 한다.

2. 의무론의 계획윤리

의무론(deontology)은 보편적으로 적용될 수 있는 도덕원리가 존재함을 가정한다. 그러므로 개인과 사회에는 다양한 규칙들이 존재하고 실제적으로 인간들이 결정을 내릴 때 기준이 될 수 있는 지표가 된다. 그러나 목적론자들은 다양하게 존재하는 규칙 자체가 일반적인 도덕규범이 없다는 사실을 증명한다고 보는 반면, 의무론자들은 도덕과 윤리는 존재하나 아직 충분히 이해되지 않고 있다고 주장한다. 개인의 존엄성, 생명의 존귀함, 약속의 이행 그리고 의무의 이행 등은 기본적인 덕목이므로 비록 결정의 결과가 바람직하지 않더라도 수행되어야 한다고 주장한다. 의무론의 대표적인 학자는 칸트로 인간의 행동을 좌우하는 보편적인 규칙을 정언명령이라고 부르고 사람은 누구나 이 원리에 따라 행동해야 한다고 한다.

의무론은 다음과 같은 비판이 제기된다. 첫째, 시공을 초월한 절대적인 도덕법칙이 있다는 것 자체가 의문이다. 둘째, 인간행위의 선천적인 법칙이 인간 자신의 내부에 존재한다는 주장 자체가 과학적 근거가 뒷받침되지 못하고 있다는 점이다. 심리학, 민속학, 진화론 등의 연구를 통해서 도덕관념도 시공에 따라 다르다는 것이 밝혀지고 있다. 셋째, 보편적인 도덕법칙이 존재함을 인정한다 하더라도 그것을 어떻게 발견하느냐는 문제가 있다. 넷째, 절대적인 도덕법칙이 우리의 의무라면 과연 인간에게 이를 실천할 수 있는 의지가 있느냐 하는 것이다.

제 3 절 계획윤리의 실제

계획전문가들은 스스로 윤리규범을 설정하여 준수하고 있다. 계획윤리를 제시하는 목적은 공식적인 자격을 부여받은 계획전문가들로 하여금 준수해야 할 윤리규범을 제시하고, 비윤리적 행위가 발생할 때 적용하는 제재의 기준을 주지시키는 데 있다. 또한 일반국민들과 공공기관의 관계자들로 하여금 계획전문가들에서 기대할 수 있는 역할과 행위의 원칙을 알려주는 의미도 있다. 이러한 윤리규범에서 제시하고 있는 조항들은 크게 공공에 대한 책임, 고객 및 고용주에 대한 책임, 직업과 동료에 대한 책임, 자신에 대한 책임의 네 가지 영역으로 나뉘어져 있다. 이러한 영역에서 공통적으로 언급하고 있는 계획전문가의 윤리는 계획전문가가 자신의 편견을 극복하고 객관성을 유지할 수 있어야 하며 사회적 약속인 법규를 준수해야만 한다.

1. KPA의 계획윤리

대한국토 · 도시계획학회는 1959년에 설립되어 2018년 2월 기준으로 약 7,000명의 개인회원과 다양한 공공 및 민간기관들의 단체회원으로 구성된 학술연구단체이다. 지속가능한 국토관리에 이바지할 국토 · 지역 · 도시계획의 연구 및 기술발전과 계획 기술자의 지위향상 및 상호친목을 도모함으로써 국가발전에 공헌함을 목적으로 하고 있다. 주요사업으로는 국토, 지역, 도시의 토지 · 주택 · 부동산, 교통 및 기반시설, 환경 · 에너지, 공원 · 녹지, 경관 · 디자인, 경제 · 산업, 사회 · 문화, 행 · 재정 등을 대상으로 새로운 학술 또는 기술을 개발하기 위하여 행하는 창의적인 이론 · 방법 · 기법에 관한 학문교류 및 연구용역, 학술지(학회지), 서적, 간행물의 출판 및 연구 · 기술 발표회, 강연 · 강습회, 전시회 등의 개최, 국토 · 지역 · 도시계획 관련 연구 · 기술 발전을 위한 공로자 표창 및 장학사업, 기타 본회의 목적달성에 필요한 사항 등이 있다.

전문과 5개항으로 구성된 대한국토 · 도시계획학회의 윤리강령은 성실과 공정, 기밀누설 및 사익추구 금지, 사회적 역할 인식, 공익추구 등을 주요 내용으로 하며, 전문은 다음과 같다.

우리 학회 회원은 각자가 연구하여 종사하는 국토 및 지역계획, 도시계획과 그 관련계획 등이 국가발전과 공공복리에 미치는 영향의 중대성을 깊이 인식하여 회원의 행동지침이 될 윤리강령을 아래와 같이 만들어 성실히 준수할 것을 다짐한다.

1. 우리 회원은 각자가 연구하고 종사하는 일이 국가발전과 국리민복에 중대한 영향을 미칠뿐 아니라 시민생활과 시민의 이해에 직접 관련되고 있음을 자각하고 항상 성실과 공정으로 공익증진에 이바지한다.

2. 우리 회원은 항상 전문가로서의 권위와 긍지를 유지하도록 노력하며, 연구 또는 업무의 수행에서 알게 된 기밀을 누설하거나 사사로운 이익에 이용하지 않는다.

3. 우리 회원은 전문가로서의 사회적 역할을 충분히 인식하여 여론을 오도하거나 비전문인을 현혹시키는 일이 없도록 한다.

4. 우리 회원은 항상 학술적이고 창의적인 자세로 연구에 종사하며 논문, 저술 또는 작품 등에서 국내외의 연구결과를 인용 또는 이용할 때에는 그 출처를 밝힘으로써 타인의 연구업적을 존중하는 한편, 자기연구의 권위를 아울러 제고하도록 한다.

5. 우리 회원은 물질적, 금전적 이익에 구애되어 공공이익에 어긋나거나 전문가로서의 양식에 위배되고 본분에 벗어나는 일을 하지 않을 것이며 국가·사회에 이바지한다.

2. APA의 계획윤리

미국계획협회(American Planning Association)는 1978년 당시의 두개의 대표적인 계획협회인 미국공인계획가협회(American Institute of Planners)와 미국계획공직자협회(American Society of Planning Officials)를 합병하여 만들어진 현재의 미국계획가를 대표하는 조직이다. 참고로 미국공인계획가협회는 원래 1917년에 미국도시계획협회(American City Planning Institute)로 시작하였으나 1939년에 미국공인계획가협회로 개명하였으며, 미국계획공직자협회는 1934년에 설립되었다. 미국계획협회는 1909년에에 워싱턴 DC에서 개최된 최초의 미국도시계획 콘퍼런스를 미국계획협회의 시작으로 간주하기 때문에 그 역사는 이제 110년에 이르고 있다. 미국계획협회는 2018년 현재 약 42,000명의 개인회원(그중 16,700명은 공인도시계획가)로 구성된 학술연구단체이다(https://www.planning. org/).

미국계획협회는 1992년 계획윤리 원칙을 채택하여 현재 시행하고 있는데, 계획윤리 원칙이란 계획과정에 참여하는 자문위원, 특정이익의 대변자 및 정책결정자들을 위한 윤리적 행동 지침이다. 계획과정에 참여하는 공인계획가, 실무계획가, 임명직 및 선출직 공무원 및 일반시민 등이 공통으로 준수해야 할 일련의 원칙인 셈이다(https://www.planning.org/ethics/ethicalprinciples/).

왜 계획윤리 원칙이 필요한가? 첫째, 계획과정은 공익을 위해 존재한다. 공익은 일반적인 원칙과 사례별로 적용되는 과정에서, 계속적으로 논쟁이 진행되고 있지만, 전체 지역사회에 가장 적합한 정책과 행동에 대한 양심적인 견해가 필요하다. 둘째, 계획문제는 일반적으로 가치의 충돌을 수반하며 많은 사적인 이해관계가 걸려있는 경우가 많다. 따라서 계획과정에 참여하는 모든 사람들에게는 최고수준의 공정함과 정직함이 필요하다. 셋째, 계획실무자들은 그들의 전문성을 갈망하는 모든 사람들을 인도해야하는 특별한 윤리적 요구 사항을 고수해야 한다.

누가 계획윤리 원칙을 준수해야 하는가? 계획원칙은 공인계획가가 공식적으로 준수하여야 하며, 미국계획협회내의 공인계획가협회에 의해서 관리되는 집행절차를 포함하고 있다. 그러나 본 계획원칙은 최소수준의 윤리정도를 규정하고 있다. 또한 의식적으로 달성해야하는 높은수준의 윤리를 설정해 두고 있다.

계획윤리 원칙은 사회의 일반적인 가치와 계획가가 지녀야하는 공익에 봉사해야 하는 특별한 책임으로 부터 유래한다. 사회의 기본가치는 서로 경쟁하는 경우가 많듯이 계획윤리 원칙도 때로는 경쟁하기도 한다. 예컨대, 상세한 공공정보를 제공해야 할 필요성은 공공정보와 관계된 개인의 프라이버시를 존중해야할 필요성과 경쟁하기도 한다. 계획과 프로그램은 종종 서로 다른 이해관계들의 조율에 따른 결과물이다. 윤리적 판단은 또한 사실, 이사실이 처한 맥락 및 전체 윤리원칙에 근거한 양심적 조율을 필요로 한다.

계획윤리 원칙은 일반 대중에게도 잘알려져야 하며, 또한 계획윤리 원칙의 응용에 대한 체계적인 토론을 계속하기 위한 기반이 된다. 다음은 계획원칙을 소개한다.

첫째, 계획과정은 공익을 지속적으로 추구하고 충실히 봉사해야 한다. 이를 위해서 계획과정의 참여자는 다음의 노력을 해야 한다.

1. 계획결정을 내리는데 참여할 시민의 권리를 인정한다.

2. 계획문제와 계획 및 프로그램 개발에 의미있는 역할을 할 수있는 기회에 대한 완전하고 명확하며 정확한 정보를 시민들(공식 조직이나 영향력이 부족한 사람들 포함)에 제공하기 위해 노력해야 한다.

3. 사회경제적으로 소외된 집단과 사람의 필요를 계획하는 특별한 책임을 인식하고 모든 사람에게 선택과 기회를 확대하도록 노력해야 한다.

4. 계획수립시 지역사회 목표 및 정책의 명확화를 지원한다.

5. 계획결정권자가 사용할 수 있거나 사용할 예정인 보고서, 기록 및 기타 기밀정보가 계획결정에 앞서 편리한 형식으로 대중에게 공개되도록 해야 한다.

6. 자연 환경과 건축 환경의 보전을 보호하기 위해 노력해야 한다.

7. 계획결정의 상호 관련성과 현재 행동의 장기적 결과에 특별한 주의를 기울여야 한다.

둘째, 계획과정의 참여자는 계획과정에 대한 대중의 존중이 유지될 수 있도록 높은 수준의 청렴도와 숙련도를 달성하기 위해 지속적으로 노력한다. 이를 위해서 계획과정의 참여자는 다음의 노력을 해야 한다.

1. 계획결정권자 및 자문위원으로서의 역할을 수행할 때 공정하고 정직하며 독립적인 판단을 해야 한다.

2. 자문위원 또는 계획결정권자로서 봉사하거나 봉사하도록 요청받은 계획과정에서 결정을 내릴 때 발생할 수 있는 모든 "개인적인 이익"을 대중에게 공개해야 한다.

3. 배우자, 가족 또는 거주자가 계획결정에서 직접 또는 간접적으로 얻을 수 있는 실제적 또는 잠재적 혜택 또는 이점을 포함하도록 "개인 이익"을 광범위하게 정의해야 한다.

4. 개인적 이익이 있는 모든 문제에 대해 자문위원 또는 계획결정권자로서 직접 또는 간접적으로 참여하지 말고 개인적인 이익이 공개 기록으로 남겨지지 않는 한 회의를 진행하지 않는다.

5. 선물이나 호의를 찾지 않거나 선물이나 호의가 계획과정에서 자문위원이나 계획결정권자로서 계획과정 참여자의 객관성에 영향을 미칠 것으로 예상되거나 합리적으로 추측될 수있는 상황하에서는 어떠한 것도 제공하지 않는다.

6. 이전에 특정이익의 대변인으로 참여한 계획이나 프로젝트에 대해 자문위원 또는 계획결정권자로 참여하지 않는다.

7. 계획의뢰인의 목적이 합법적이고 공익과 일치할 때에만 대변인 역할을 한다.

8. 대변인으로서의 역할이 해당 법률, 기관규제 또는 윤리담당관이나 기관의 판결에 의해 승인되지 않는 한, 이전에 자문위원 또는 계획결정권자로 봉사한 계획이나 프로그램의 모든 측면에 대해 대변인으로서 참여하지 않아야 한다. 대변인과 같은 참여는 해당 계획의뢰인이나 고용주에게 미리 공개하고 승인한 후에만 허용되어야 한다. 어떠한 경우에도 그러한 참여는 자문위원 또는 계획결정권자로서의 역할이 종료된 후 1년 이내에 시작되어야 한다.

9. 개인적인 이익을 위해 직무과정에서 획득한 기밀정보를 사용하지 않는다.

10. 법으로 요구되는 경우를 제외하고 직무 상 취득한 기밀정보를 공개하거나 법의 명백한 위반을 방지하거나 제3자에 대한 심각한 피해를 방지하기 위해 공개하지 않는다. 후자의 두 가지 상황에 대한 공개는 관련된 사실과 쟁점을 확인하고 다른 계획과정 참여자와 협의하여 그들의 별도 의견을 구할 때까지는 이루어질 수 없다.

11. 원하는 결과를 얻기 위해 사실을 왜곡하거나 정보를 왜곡하지 않는다.

12. 철저하고 부지런한 서비스를 제공하기에 충분하게 준비되고 충분하게 수용되지 않는 한 어떠한 사안에도 참여하지 말아야 한다.

13. 민권법 및 관련규정에 따라 보호받는 특성에 따라 모든 사람의 권리를 존중하고 타인을 부당하게 차별하거나 괴롭히지 않는다.

셋째, 실무계획가로서 미국계획협회 회원은 지속적으로 자신의 계획역량을 향상시킬 뿐만 아니라 동료계획가의 기량향상을 도와준다. 그들은 직업으로서의 계획분야의 수준을 향상시키는 것이 계획과정에 대한 대중의 존중을 이끌어 내고 공익을 위해 봉사한다는 것을 인식한다. 이를 위해서, 실무계획가는 다음의 노력을 해야 한다.

1. 미국공인계획가협회의 윤리강령과 일치하는 인증, 무결성, 지식 및 전문성 개발을 포함하여 높은 수준의 전문성을 확보하기 위해 노력해야 한다.

2. 전문분야로서 계획에 악영향을 주는 의도적으로 부당한 행위를 하지 아니하며, 부적절한 수단을 통하여 계획결정에 영향을 미칠 의사가 있다고 말하거나 암시함으로써 사익을 추구하지 아니한다.

3. 지속적인 전문가 교육에 참여한다.

4. 계획에 필요한 자원이 부족한 단체와 자발적인 전문가 활동에 대하여 시간과 노력을 기울인다.

5. 실무계획가들의 교육배경 및 학회활동 뿐만 아니라 계획실무를 위한 자격 등을 정확하게 나타낸다.

6. 동료계획가의 자격, 견해 및 조사 결과를 정확하게 대표한다.

7. 동료 및 다른 전문분야 회원들의 전문적인 견해에 대해 공정하게 대하고 책임감을 가지고 의견을 말한다.

8. 계획분야의 지식 증진에 기여하는 경험과 연구결과를 공유한다.

9. 각각의 특정 상황에 대한 사실과 분석에 있어서 계획이론, 계획방법 및 계획표준의 적용 가능성을 검토하고, 특정 상황에 대한 적합성을 우선적으로 정립하지 않은채 통상적인 해결책을 적용하지 아니한다.

10. 학생들, 인턴, 실무자 및 기타 동료들의 역량 개발을 위해서 시간과 정보를 제공한다.

11. 여성과 소수민족의 구성원이 전문계획가가 될 수 있는 기회를 늘리려고 노력한다.

12. 계획실무 과정에서 윤리적 문제를 체계적이고 비판적으로 분석한다.

탐구학습

1. 주요개념과 요약
   - 계획윤리의 의의: 개념, 중요성
   - 계획윤리의 주요내용: 목적론의 계획윤리, 의무론의 계획윤리
   - 계획윤리의 실제: KPA의 계획윤리, APA의 계획윤리

2. 토론과 과제
   - 계획윤리의 중요성에 대하여 설명하시오.
   - 목적론의 계획윤리와 의무론의 계획윤리에 대하여 설명하시오.
   - KPA의 계획윤리에 대하여 설명하시오.
   - APA의 계획윤리에 대하여 설명하시오.

참고문헌

김신복(1999), 발전기획론, 서울: 박영사.

김태길(2002), 윤리학, 서울: 박영사.

대한국토 · 도시계획학회 편저(2000), 국토 · 지역계획론. 서울: 보성각.

정환용(2009), 계획이론, 서울: 박영사.

Boling, T. E. and J. Dempsey(1985), "Ethical Dilemmas in Government: Designing an Organizational Response", In Martin Wachs(ed.), *Ethics in Planning*, Rutgers: The State University of New Jersey.

Braybrooke, D. and C. Lindblom(1963), *A Strategy of Decision: Policy Evaluation as a Social Process*, N. Y.: Free Press.

Dunn, William N.(1981), *Public Policy Analysis*, N. J.: Prentice Hall, Inc.

Fagothey, Austin(1967), *Right and Reason: Ethics in Theory and Practice*, (4th ed.). St. Louis: The C. V. Mosby Co.

Rein, Martin(1976), *Social Science and Public Policy*, Baltimore: Penguin Books.

http://www.kpa1959.or.kr(대한국토 · 도시계획학회)

https://www.planning.org(미국계획협회)

결 론 공공계획론의 전망과 과제

제 1 절 공공계획론의 전망

1. 계획환경의 변화

계획은 미래지향적 활동이다. 계획과 미래는 불가분의 관계이다. 여기서는 미래를 몇 가지로 구분하여 설명해 보기로 한다.

첫째는 저출산 · 고령화사회의 급속한 진행이다. 저출산은 여러 분야에 영향을 미친다. 공간적으로는 과소지역화와 지역소멸로 나타날 전망이다. 고령화도 저출산과 마찬가지로 여러 분야에 영향을 미친다. 경제적으로는 실버산업과 같은 산업구조와 노인일자리와 같은 고용구조에 영향을 주고 노인건강 · 복지와 같은 사회복지에도 영향을 미친다. 공간적으로는 고령친화형 지역기반시스템 구축이 필요하게 된다. 둘째는 4차 산업혁명과 AI시대의 도래로 산업 및 일자리의 재구조화가 일어난다. 셋째는 교통통신수단의 발달로 광역화와 접속사회가 도래한다. 이에 따라 지역간 광역적 토지이용과 네트워크화가 이루어진다. 넷째는 과학기술의 발달로 빅데이터의 생성과 활용이 확대된다. 이에 따라 미래예측과 계획분야에도 적용이 가속화될 전망이다. 다섯째는 기후변화와 지구온난화의 진행이다. 이에 따라 전세계는 지속가능한 발전과 녹색성장에 계획적 대응이 확대될 전망이다.

2. 계획수요의 증가

전 세계적으로 시장과 정부간 관계에서 정부의 역할이 증대되고 있다. 이와 같은 정부의 역할증대는 계획수요의 증가로 이어진다. 먼저 계획환경의 변화와 이의 계획적 대응으로 여러 분야에서 계획수요가 증대되고 있다.

다음은 중앙집권체제에서 지방분권체제로의 전환에 따라 계획수요가 증가하고 있다. 지방분권은 지방사무와 재정의 확대뿐만 아니라 지방의 계획고권도 확대된다. 이로 인해 지방고유의 자원을 이용한 각 부문의 계획수요가 증가하고 있다.

마지막으로 신지역화로 인한 지역재구조화에도 계획수요의 증가에 영향을 미친다.

3. 계획접근방식의 다변화

계획환경의 변화는 계획수요의 증가로 나타나고 계획의 접근방식에도 변화가 나타난다. 공간적으로 광역화와 과소화는 광역토지이용과 통합적 · 연합적 지역계획을 요구한다. 또한 공동시설계획과 인프라 구축, 그리고 공동으로 시설이용을 하게 된다.

이와 같은 광역적 · 통합적 · 연합적 계획을 수립하기 위해서는 지방간 협업적 계획 거버넌스 시스템 구축을 위한 제도화가 요구된다.

또한 지방분권의 촉진은 주민참여를 통한 상향적 접근과 점진적 접근 그리고 내발적 접근방식이 확대될 전망이다.

4. 계획기법의 발전

최근 빅데이터 활용의 확대는 계획기법에 획기적 발전이 이루어질 전망이고 이는 계획가의 전문역량과 계획분야 교육과정의 변화도 가져오게 된다. 이와 함께 AI시대의 도래는 이를 통한 계획의 문제해결 능력과 합리적 대안모색과 선택에도 크게 영향을 미칠 전망이다.

계획개념이 기존의 사전 지적작업과정에서 집행과 평가 및 환류를 포괄하는 광의의 통합계획 개념으로 확대되고 계획기법 또한 이에 부응하여 발전될 전망이다.

또한 광역·과소지역의 통합계획과 부분간 융합적 계획을 위한 기법 또한 발전된다.

5. 계획관리의 강화

전형적 계획은 하나의 계획안으로서의 원형(genotype)인 계획안을 만들고, 이를 현실세계에서 현상(phenotype)으로 실현시키는 것이다. 이에 따르면 계획은 하나의 발전적 가설로 인식된다. 그러나 최근에는 계획의 관리가 중요하게 인식되고 있다. 계획의 관리는 크게 네 가지로 구분된다. 첫째는 과정관리로 수립된 계획안을 상황변화에 따라 유연적으로 수정·보완하는 것을 말한다. 둘째는 집행관리로 계획의 이해당사자간에 협업적 거버넌스 시스템 구축을 통해 원활하게 계획을 집행하는 것을 말한다. 셋째는 성과관리로 계획의 결과에 관심을 가진다. 이를 위해서는 계획수립시 계획지표를 설정하고 사후에 성과지표로 전환하여 결과를 평가하게 된다. 넷째는 피드백관리로 긍정적 피드백과 부정적 피드백으로 구분된다. 전자는 더욱 확대하고 후자는 차년도 계획이나 다음 계획에 투입하여 개선하는데 활용하는 것을 말한다. 장래 이와 같은 계획관리가 더욱더 강화될 전망이다.

6. 계획윤리의 인식 확대

지금까지 우리 사회는 계획윤리에 대한 인식이 낮았다. 정책계획은 방향성에 주안점이 주어졌다. 사업계획은 해당사업의 집행 전·후의 평가에 치중하였다. 예산계획은 합리적 예산배분과 효율적 예산집행 관리에 관심이 많았다. 정책주체는 상대적으로 계획의 규범성과 궁극적 결과에 관심이 낮았다. 그간 높은 경제성장에도 불구하고 개인간 소득불평등과 양극화 그리고 지역간 불균형이 심화되어 왔다. 따라서 앞으로 계획윤리에 대한 인식이 확대될 전망이다.

계획윤리는 계획의 신뢰성과 책임성 그리고 안정성으로 구분된다. 먼저 계획의 신뢰성은 계획의 가치중립성과 전문성 그리고 정치로부터의 계획의 자율성을 확보하는 것을 말한다. 다음으로 계획의 책임성은 사회정의와 기회균등, 공익과 사익의 조화, 공정성 등을 확보하는 것을 말한다. 마지막으로 계획의 안정성은 정권교체에도 폐기되지 않는 계획의 지속성, 계획의 제도적 기반, 적정 계획재정의 확보 등을 일컫는다.

제2절 공공계획론의 과제

1. 계획의 전문성 강화

계획은 인간 삶의 일상사이다. 공공부문의 계획은 시장에 공공이 개입하는 것을 말한다. 공공이 시장에 개입하는 이유는 시장실패와 공공재와 외부성의 존재, 그리고 소득재분배이다. 또한 공공계획은 공공재정을 수반한다. 공공재정은 자원배분과 경제안정화와 소득재분배기능을 수행한다.

따라서 공공계획은 공공부문의 전 분야에서 일어난다. 이제 계획은 전문가의 전유물이 아니다. 모든 공공분야의 종사자들은 계획의 주체자로 참여한다. 공공계획의 전문성 강화가 필요한 이유이다.

먼저 메가트렌드와 같은 환경변화에 실효성 있는 정책계획과 사업계획의 마련을 위해서 전문성이 요구된다. 다음으로 빅데이터의 계획적 활용을 위해 전문성 강화가 필요하다. 예컨대 저출산, 고령화사회의 대응을 위해 빅데이터 기반 미래예측과 계획수립에 활용해야 한다. 마지막으로 모든 전문 교육과정에 계획교육을 위한 과목 편성과 기존 계획전문가의 역량강화를 위한 프로그램 운영이 필요하다. 이는 우리 사회의 효율화에 크게 기여할 것이다.

2. 계획의 협업성 확대

현대사회는 소유집착사회에서 공유기반사회로 이행하고 있다. 원래 소유는 사용과 수익과 처분의 세 가지 법률적 의미를 갖고 있다. 반면에 공유는 사용의 의미에 한정된다. 따라서 공유기반사회는 전략적 제휴와 협업이 중요하다. 계획의 협업성 확대는 세 가지 차원에서 접근이 가능하다. 첫째는 광역화와 과소화에 대응하기 위해 지방간 협업적 계획거버넌스 시스템 구축이 필요하다. 둘째는 공간 차원에서 인접 지역간 통합 및 연합계획과 부문간 융합적 계획을 수립하는 것이다. 셋째는 지방분권의 촉진에 따라 주민참여를 확대하여 지방의 창의와 자율을 최대한 보장함으로써 지역의 내생적 발전을 도모해야 한다. 이는 지역 고유의 문화와 환경 그리고 자원을 적정하게 활용함으로써 지속가능한 지역발전을 보장할 수 있다.

3. 계획의 신뢰성 확보

계획은 하나의 신념체계이다. 계획의 신뢰성은 정치적 지지로 나타난다. 계획의 성공여부는 신뢰성 확보에 있다해도 과언이 아니다. 계획의 신뢰성은 계획의 합목적성과 이해당사자의 공감대 형성과 상관성이 크다. 계획의 신뢰성은 정치적 권력으로부터 독립적이어야 한다. 이를 위해 계회조직으로 독립계획위원회가 운영되고 있으나 더욱 내실화되어야 한다. 이는 계획의 가치중립성 확보에 기여한다. 또한 계획의 제도적 기반은 정권교체에도 지속성과 일관성을 유지할 수 있다.

4. 계획의 윤리성 강화

계획은 사회지도체계로 기능한다. 이는 구성원들이 소망하는 미래의 방향성을 나타내는 비전과 현실에 존재하는 문제해결로서의 개선과 처방의 역할을 담당한다. 계획의 사회적 책무성은 사회정의와 기회균등 그리고 절차적 공정성에 있다. 또한 계획의 궁극적 결과로서 기능해야 한다. 주민의 삶의 질 향상과 불평등 해소가 이에 해당한다. 이와 관련하여 주민참여 계획과 사회정의 계획에 관심이 증대되고 있다.

5. 계획관리와 생산성의 향상

일반적으로 계획은 정태적이라기 보다 동태적 과정으로 설명된다. 현대사회의 계획은 확정적이라기 보다 불확정적이다.

최근 공공부문의 계획에서도 계획관리와 생산성 향상에 관심이 많다. 계획관리와 생산성 향상을 위해서는 첫째, 계획을 모니터링하고 집행과정에서 조정·적응하는 유연적 계획관리가 필요하다. 둘째, 계획의 성과지표설정과 성과지표관리가 중요하다. 성과지표별 사업계획과 예산배분, 그리고 관리·운영주체가 명확해야 한다. 셋째, 계획의 집행 이후 사후평가 및 피드백의 시스템화가 필요하다.

6. 계획의 안정성 확보

대부분의 계획환경은 미래가 불확실하고 예산 또한 불확정적이다. 하향적 계획은 집행계획이 불확실하고 상향적 계획은 예산이 불확정적이다. 이로 인해 사업계획 및 투자의 실효성이 낮다. 또한 예산의 과다지출로 효율성이 떨어지게 된다. 따라서 계획의 불확실성과 불확정성을 최소화하고 계획의 안정성을 확보하기 위해서는 계획의 제도적 기반과 불확실성의 처리 그리고 계획재정의 안정적 확보가 필요하다.

탐구학습

1. 주요개념과 요약
   - 공공계획론의 전망: 계획환경의 변화, 계획수요의 증가, 계획접근방식의 다변화, 계획기법의 발전, 계획관리의 강화, 계획윤리의 인식확대
   - 공공계획론의 과제: 계획의 전문성 강화, 계획의 협업성 확대, 계획의 신뢰성 확보, 계획의 윤리성 강화, 계획관리와 생산성의 향상, 계획의 안정성 확보

2. 토론과 과제

- 공공계획의 전망에 대해 설명하시오.
- 공공계획의 과제에 대해 설명하시오.

참고문헌

이성근, "국가개조의 핵심은 사람이다", 대구일보, 2014.7.8.
_____, "국민이 행복한 건강복지국가의 길", 대구일보, 2015.2.17.
_____, "협치의 활성화", 대구일보, 2016.5.10.
_____, "국가균형발전과 협업적 계획거버넌스의 구축", 대구일보, 2017.10.17.
_____, "지방정부간 협력강화와 계획 통합", 서울신문, 2013.7.16.
_____, "광역화와 지방정부간 협력", 대구일보, 2018.7.18.
_____, "신뢰사회는 모두의 몫", 대구일보, 2015.3.3.
_____, "성숙한 지방자치와 지방적 지역개발의 길", 대구일보, 2015.8.11.
_____, "공공참여와 정책소통을 강화하자", 서울신문, 2013.8.27.
_____, "순환이 잘되는 지역사회 만들기", 대구일보, 2012.5.10.
_____, "자연과 사람이 공존하는 생명사회 만들기", 대구일보, 2012.5.17.
_____, "투명한 사회로 가는길", 대구일보, 2015.5.6.
_____, "평등하고 공정한 사회 만들기", 대구일보, 2012.5.24.
_____, "창조적 융합사회와 지역사회 실행전략", 대구일보, 2012.6.14.
_____, "합리적 정책형성을 위한 제언", 대구일보, 2017.11.1.
_____, "유능한 정부의 조건", 대구일보, 2016.9.1.
_____, "공공정책의 본질과 실천성의 확보", 대구일보, 2015.2.3.
_____, "지역역량 강화가 선행되어야", 서울신문, 2013.10.1.
_____, "실행이 답이다", 대구일보, 2015.6.16.
_____, "자유스런 대한민국의 건설", 대구일보, 2017.3.28.
_____, "정치권에 대한 국민의 우려와 기대", 대구일보, 2018.8.30.
_____, "정치권의 국민신뢰가 우선이다", 대구일보, 2016.5.3.
_____, "국가개조의 대안은 지방분권이다", 대구일보, 2014.8.5.
_____, "지방분권형 균형발전국가를 위한 제언", 대구일보, 2012.10.18.
_____, "통합과 협업의 가치로 지방자치의 편익을 확대하자", 지방자치발전위원회, 2014.11.18.
_____, "국민행복시대의 지방적 실현은 어떻게", 서울신문, 2013.1.22.

______, “변화읽기와 미래예측”, 대구일보, 2015.1.20.
______, “저출산과 고령화의 공동체적 접근”, 대구일보, 2018.11.28.
______, “농촌의 인구절벽과 정주체계의 개조”, 대구일보, 2017.12.20.
______, “접속시대의 도래와 과제”, 대구일보, 2014.10.28.
______, “소유의 종말과 공유시대의 도래”, 대구일보, 2014.9.16.
______, “인공지능시대의 도래”, 대구일보, 2016.3.15.

찾아보기

ㄱ

ㄴ

ㄷ

ㄹ

ㅁ

ㅇ

Preface

Professor Seong Keun Lee published Policy Planning (Lee, 2006) over ten years ago. The book was originally intended to deal with policy and planning in an integrated manner. However, the book was so voluminous and complicated that he decided to publish policy and planning separately.

Public Planning is now published as the first outcome of such publication effort. Public Planning is designed to explore the theory and methods to develop a good plan, implement the plan successfully, and achieve the intended planning outcomes.

The rationalistic planning theory has been traditionally the mainstream theory among planning theories. With the change of the planning environment, new alternative planning theories also have appeared. They may include but not limited to: collaborative planning theory focusing on the interaction of planning stakeholders, the negotiated planning theory emphasizing the conflict resolution of stakeholders, social justice planning theory, and big data based planning theory.

Public Planning contains three divisions: introduction, main division, and conclusion. First, the introduction(sections 1-4) begins with the basics of public planning, which addresses the backgrounds of public planning, and the concepts and characteristics, types and functions, and major issues of public planning. Second, the main division is comprised of four parts(and twenty chapters): planning process, planning types, planning analysis, and planning management. Part One: planning process(chapters 1-5) discusses goal setting, alternative selection, implementation process, performance evaluation. Part Two: planning modes(chapters 6-10) deal with big data and planning, co-productive collaborative planning, participatory planning, negotiated planning, social justice planning. Part Three: planning analysis(chapters 11-15)explores forecast, planning information, financial analysis, feasibility analysis, and impact analysis. Part Four: planning management(chapters 16-20) reviews planning professionals, planning organization, plan sharing, and planning ethics. Third and last, the conclusion ends with the future and challenges of public planning.

Professor Lee, an original author of Policy Planning, updated the overall chapters of the existing book and wrote the future and challenges of public planning. Dr. SeongYoun Choi, who newly joined Professor Lee in updating the book, wrote new chapters on big data and planning, participatory planning, and social justice planning.

The authors heavily relied on the valuable existing research of excellent scholars around the world to update the information on public planning. The authors wish to show respect and appreciation to them. In particular, Professor Lee once wrote some chapters for Korea Local Finance(Lee et al, 2016), Public Investment Decision(Lee et al, 2014), Success Strategies and Negotiation(Woo et al, 2003). He included some contents of those chapters in Public Planning. He wish to thank the co-authors of those books.

The authors assume that the readers of this book may come from diverse backgrounds.They may include undergraduate and graduate students in the field of planning, government employees working at the central and local governments, research staff at the national and local public research institutes, and planning experts and professionals, etc. The authors believe that readers will greatly benefit from reading relevant chapters to advance the planning knowledge of their interest.

The authors also wish to thank all contributors for their assistance in updating the book. Especially, several members of YoeungNam Regional Development Research Group actively participated in proof reading the draft.

Lastly, the authors wish to thank the President of Bobmunsa, for kindly allowing the publication of this book, and Mr. Sang Hyun Ye and staff members of Bobmunsa for making a great editing effort.

February 2019

Authors Seong Keun Lee & Seong Youn Choi

Contents

Part 3 | Planning Analysis

Part 4 | Planning Management

저자 소개

이성근(李盛根) SKL2682@ynu.ac.kr

[학력 및 경력]
- 영남대학교 행정학과 졸업(행정학사)
- 서울대학교 환경대학원 졸업(도시 및 지역계획학 전공, 도시계획학 석사)
- 서울대학교 대학원 졸업(도시 및 지역계획학 전공, 행정학 박사)
- 영남대학교 명예교수(현), (사)한국지역균형연구원 원장(현), 학교법인 순총학원 이사장(현)
- 영남대학교 정치행정대학장, 행정대학원장, 전략기획단장, 테크노파크 추진기획단장, 한국균형발전연구소장
- 미국 Univ. of Illinois at Urbana-Champaign 연구교수(문교부 국비해외파견)
- 서울대학교 환경대학원 국내교류교수(문교부)
- 제8대 대구경북연구원장, (사)한국지역개발학회장, (사)대한지방자치학회장

[주요 연구실적]
- 최신지역경제학(공저, 법문사, 2018), 한국지방재정론(공저, 법문사, 2016), 공공투자분석론(공저, 집현재, 2014), 기후변화와 녹색성장(공저, 법문사, 2016), 녹색경영론(공저, 법문사, 2016) 최신지역개발론(공저, 집현재, 2013), 자립적 지역발전론(공저, 집현재, 2012), H_2O지역개발론(공저, 집현재, 2012) 외 다수

최성연(崔星然) trojanchoi93@gmail.com

[학력 및 주요경력]
- 연세대학교 문과대학 졸업(문학사)
- 서울대학교 환경대학원 졸업(도시계획학 석사)
- 미국 University of Southern California(USC) 대학원 졸업(도시 및 지역계획학 박사)
- 중앙대학교 사회과학대학 도시계획 부동산학과 초빙교수(현)
- Southern California Association of Governments(SCAG) Chief of Reserch and Forecasting
- University of Southern California(USC) 강사
- California State University, Norhridge(CSUN) 강사
- Department of State Fulbright Specialist(도시계획분야)
- AICP Certified Transportation Planner(AICP CTP)

[주요 연구실적]
- Metropolitan Growth and Regional Collaboration in the United States and Korea(공저, SCAG/DGI, 2013)
- A Spatio-Temporal Analysis of Population and Employment Growth: Vector Autoregression Application for Southern California (공저, The Annals of Regional Science, 2014)
- Neighborhood Environment and Health Behavior in Los Angeles Area(공저, Transport Policy, 2014) 외 다수

공공계획론 [개정판]

2019년 2월 20일 개정판 인쇄
2019년 2월 25일 개정판 1쇄발행

저 자 이 성 근 · 최 성 연
발행인 배 효 선
발행처 도서출판 法 文 社
주 소 10881 경기도 파주시 회동길 37-29
등 록 1957년 12월 12일 제2-76호(윤)
전 화 031-955-6500~6, 팩스 031-955-6525
e-mail (영업) : bms@bobmunsa.co.kr
(편집) : edit66@bobmunsa.co.kr
홈페이지 http : //www.bobmunsa.co.kr
조 판 광 진 사

정가 28,000원 ISBN 978-89-18-10257-3